思想政治教育学学科发展新论域

冯刚 主编

中山大学出版社
·广州·

版权所有　翻印必究

图书在版编目（CIP）数据

思想政治教育学学科发展新论域/冯刚主编. —广州：中山大学出版社，2022.5（2023.3重印）

ISBN 978-7-306-07487-4

Ⅰ. ①思… Ⅱ. ①冯… Ⅲ. ①思想政治教育—学科发展—研究—中国 Ⅳ. ①D64

中国版本图书馆 CIP 数据核字（2022）第 051397 号

SIXIANG ZHENGZHI JIAOYUXUE XUEKE FAZHAN XIN LUNYU

出 版 人：	王天琪
策划编辑：	嵇春霞　王旭红
责任编辑：	王旭红
封面设计：	曾　斌
责任校对：	陈　莹
责任技编：	靳晓虹
出版发行：	中山大学出版社
电　　话：	编辑部 020-84110283，84113349，84111997，84110779，84110776
	发行部 020-84111998，84111981，84111160
地　　址：	广州市新港西路 135 号
邮　　编：	510275　　传　真：020-84036565
网　　址：	http://www.zsup.com.cn　　E-mail：zdcbs@mail.sysu.edu.cn
印 刷 者：	佛山市浩文彩色印刷有限公司
规　　格：	787mm×1092mm　1/16　21.25 印张　381 千字
版次印次：	2022 年 5 月第 1 版　2023 年 3 月第 2 次印刷
定　　价：	68.00 元

如发现本书因印装质量影响阅读，请与出版社发行部联系调换

目　　录

绪论：把握思想政治教育学学科发展新论域 …………………………… 1

第一章　思想政治教育文化学 ………………………………………… 11
　　第一节　思想政治教育文化学的生成逻辑 ………………………… 11
　　第二节　思想政治教育文化学的研究历程 ………………………… 18
　　第三节　思想政治教育文化学的理论形态 ………………………… 28
　　第四节　思想政治教育文化学的建设思路 ………………………… 40

第二章　思想政治教育传播学 ………………………………………… 43
　　第一节　作为一门分支学科的思想政治教育传播学 ……………… 43
　　第二节　思想政治教育传播的主体研究 …………………………… 53
　　第三节　思想政治教育传播的内容研究 …………………………… 59
　　第四节　思想政治教育传播的媒介研究 …………………………… 65
　　第五节　思想政治教育传播的效果研究 …………………………… 71

第三章　思想政治教育社会学 ………………………………………… 79
　　第一节　思想政治教育社会学的创设依据 ………………………… 79
　　第二节　思想政治教育社会学的发展历程 ………………………… 87
　　第三节　思想政治教育社会学的学科范式 ………………………… 93

第四章　思想政治教育治理学 ………………………………………… 103
　　第一节　思想政治教育治理学的研究现状 ………………………… 103
　　第二节　思想政治教育治理学的理论建构 ………………………… 112
　　第三节　思想政治教育治理学的发展展望 ………………………… 124

第五章　思想政治教育文本学 ………………………………………… 138
　　第一节　思想政治教育文本学的概念、特征 ……………………… 138
　　第二节　思想政治教育文本学的研究范畴 ………………………… 142
　　第三节　思想政治教育文本学的基本内容 ………………………… 149

第四节　思想政治教育文本学的价值和范式 …………………… 166

第六章　思想政治教育叙事学 ……………………………………… 179
　　第一节　叙事学与思想政治教育叙事 …………………………… 180
　　第二节　思想政治教育叙事学的理论建构 ……………………… 190
　　第三节　思想政治教育的叙事策略研究 ………………………… 201

第七章　思想政治教育阐释学 ……………………………………… 210
　　第一节　思想政治教育阐释学的理论源起 ……………………… 210
　　第二节　思想政治教育阐释学的理论蕴含 ……………………… 216
　　第三节　思想政治教育阐释学的学科建构 ……………………… 224
　　第四节　思想政治教育阐释学的深化运用 ……………………… 229

第八章　思想政治教育数据学 ……………………………………… 238
　　第一节　思想政治教育数据学的研究现状 ……………………… 238
　　第二节　数据分析视角下思想政治教育数据学的逻辑理路 …… 246
　　第三节　数据分析视角下思想政治教育数据学的实践运用 …… 256

第九章　思想政治教育生态学 ……………………………………… 265
　　第一节　思想政治教育生态学的研究意义 ……………………… 266
　　第二节　生态学与思想政治教育生态学 ………………………… 268
　　第三节　思想政治教育生态学的建构 …………………………… 282

第十章　思想政治教育评估学 ……………………………………… 295
　　第一节　思想政治教育评估学的形成基础 ……………………… 296
　　第二节　思想政治教育评估学的基本内涵 ……………………… 298
　　第三节　思想政治教育评估学的重点任务 ……………………… 307
　　第四节　思想政治教育评估学的价值指向 ……………………… 318
　　第五节　思想政治教育评估学的未来发展 ……………………… 321

参考文献 ……………………………………………………………… 324

后　　记 ……………………………………………………………… 336

绪论：把握思想政治教育学学科发展新论域

改革开放40多年来，思想政治教育学学科取得了长足发展。在经历了初步探索、正式确立、深入发展和系统建设四个阶段后，思想政治教育学学科实现了从科学化到学科化再到系统化的质性飞跃。

从学科定位来看，党的十八大以来，以习近平同志为核心的党中央高度重视思想政治工作，相继召开了哲学社会科学工作座谈会、全国高校思想政治工作会议、学校思想政治理论课教师座谈会等重要会议，明确指出了新时代思想政治教育的新任务、新使命、新要求，并对思想政治教育学学科发展做出了顶层设计和制度安排，大力推动了思想政治教育学学科的创新发展。2016年，习近平总书记在哲学社会科学工作座谈会上明确指出："坚持和发展中国特色社会主义，需要不断在实践和理论上进行探索，用发展着的理论指导发展着的实践。在这个过程中，哲学社会科学具有不可替代的重要地位，哲学社会科学工作者具有不可替代的重要作用。"[①] 思想政治教育学学科作为我国哲学社会科学学科体系中的重点学科，必须坚持马克思主义指导地位，立足中国实际，持续推进学科创新发展，提高在构建中国特色、中国风格、中国气派的哲学社会科学学科体系、话语体系中的贡献度，从学术版图的边缘走向中心，成为中国哲学社会科学体系中的"优势学科"。同年，习近平总书记在全国高校思想政治工作会议上强调："要坚持把立德树人作为中心环节，把思想政治工作贯穿教育教学全过程，实现全程育人、全方位育人，开创我国高等教育事业发展的新局面。"[②] 这充分彰显了思想政治教育学学科的重要地位和价值取向。2019年，习近平总书记在学校思想政治理论课教师座谈会上指出："党中央对教育工作高度重视。我们对思想政治

---

① 习近平：《在哲学社会科学工作座谈会上的讲话》，载《人民日报》2016年5月19日，第2版。

② 习近平：《把思想政治教育工作贯穿教育教学全过程 开创我国高等教育事业发展新局面》，载《人民日报》2016年12月9日，第1版。

工作高度重视，始终坚持马克思主义指导地位，大力推进中国特色社会主义学科体系建设，为思政课建设提供了根本保证。"① 这一重要论述将思想政治工作上升到治国理政的战略高度，进一步明确了学科发展的任务和目标，指明了学科建设的路径和方法，对学科的理论和实践创新发展、专业人才培养提出了明确要求。党的十九届五中全会提出，"十四五"时期我国经济社会发展要坚持"以推动高质量发展为主题"，要"建设高质量教育体系"。作为中国特色社会主义教育事业的重要组成部分，思想政治教育必然也要以高质量为新的发展目标。

在中国共产党成立100周年之际，中共中央、国务院印发了《关于新时代加强和改进思想政治工作的意见》，明确提出要把思想政治工作作为治党治国的重要方式，推动新时代思想政治工作守正创新发展。②"当前，作为治党治国的重要方式，思想政治工作被时代赋予新的历史使命，又将迎来新的发展机遇。"③ 要做好新时代思想政治工作，提高思想政治工作在推进国家治理体系和治理能力现代化中的贡献度，就必须推进思想政治教育学实现内涵式、高质量发展。思想政治教育学学科建设的进一步发展为新时代思想政治工作提供必不可少的学科支撑、理论支持和人才保障。广大思想政治教育工作者必须以更鲜明的学科自觉、更坚定的学科自信积极探索思想政治教育学术研究的新论域，提高理论生产能力、学术原创能力，提供更多具有原创性、前瞻性、针对性的研究成果，在理论层面有力回应思想政治教育是不是科学的质疑，在实践层面有力回应思想政治教育有没有效果的质疑。

从学科现实来看，一方面，1983年国家正式确立"思想政治教育学"的学科名称，经过30多年的发展，思想政治教育学的基本框架和理论体系逐步完善，学术研究深入发展，实践成效不断显现，培养了一批具有学科特色和专业技能的马克思主义坚定信仰者与忠实践行者，这些成效和良好的发展态势为学科的进一步建设与创新发展打下了坚实的基础；另一方面，思想政治教育学的基础理论研究有待进一步深化，学科范畴亟待进一步廓清，研

---

① 习近平：《用新时代中国特色社会主义思想铸魂育人 贯彻党的教育方针落实立德树人根本任务》，载《人民日报》2019年3月19日，第2版。
② 参见《中共中央 国务院印发〈关于新时代加强和改进思想政治工作的意见〉》，载《人民日报》2021年7月13日，第1版。
③ 冯刚：《论新时代高校思想政治工作守正创新》，载《上海交通大学学报》2021年第10期。

究方法需要进一步规范,我们需要着眼于理论思维与实践指向,聚焦学科前沿热点问题,推进学科元理论研究的深化,推动学术研究向时代性、规范性、精准性发展,助力学科实现内涵式、高质量发展。

总而言之,新时代思想政治工作要守正创新,提高对中国式现代化的贡献度,需要思想政治教育学学科进一步加强建设,实现内涵式、高质量发展。新时代思想政治教育学学科要实现高质量发展有三大基本路径:加强理论研究、坚持实践指向、把握交叉研究趋势。

一、把握思想政治教育学学科发展的理论蕴涵

增强学科发展的理论蕴涵,是立足新时代追求高质量发展的应有之义。习近平总书记在哲学社会科学工作座谈会上指出:"这是一个需要理论而且一定能够产生理论的时代,这是一个需要思想而且一定能够产生思想的时代。"① 在这一背景下,思想政治教育学学科加强理论研究,提高思想生产和理论输出能力,创新学术体系和话语体系,增加高质量的理论供给,责无旁贷。

增强学科发展的理论蕴涵,需要加强基础理论研究。基础理论是学科确立和发展的"骨骼"和框架,为学科发展提供重要根基、丰厚滋养和持续动力。"任何一个学科,如果不上升到理论的高度,不明确基础理论研究的方向和侧重点,学科发展就会缺乏持续而根本的动力。"② 只有扎实推进基础理论研究的不断深化,才能提高思想政治教育应用对策研究的原创性、前瞻性和针对性,才能为队伍建设提供基本的价值指引、业务指引、方法指引,提高队伍建设的专业化水平。基础理论研究如果站在时代发展的前沿,就能够引领实践创新,必然蕴含着实践创新的种子,收获丰硕的成果。

增强学科发展的理论蕴涵,要全面认识学科发展现实,既要有建基于学科发展成绩之上的学科自信,也要有明晰问题所在的学科自觉。一方面,改革开放以来,思想政治教育学在学科体系建设、理论研究深化、研究范式拓展、人才队伍建设等方面实现了跨越式发展。尤其是党的十八大以来,以习

---

① 习近平:《在哲学社会科学工作座谈会上的讲话》,载《人民日报》2016年5月19日,第2版。
② 冯刚:《深化新时代思想政治教育基础理论研究》,载《思想政治教育研究》2020年第1期。

近平同志为核心的党中央高度重视思想政治工作，将思想政治工作上升到治国理政的战略高度，为思想政治教育理论研究提供了最有力的支持。思想政治教育学学科在总结思想政治教育实践的本质属性和内在规律的同时，深化理论创新，用最新的科学理论指导思想政治教育实践。在实践创新的基础上，思想政治教育理论研究进一步明确了学科的研究对象，廓清了学科的内涵与外延，总结了思想政治教育工作的基本规律，有力推进了思想政治教育学学科向纵深发展，充分彰显了思想政治教育的学科特色。另一方面，我们也要看到，在发展程度上，与哲学、社会学、经济学、心理学等传统学科相比，思想政治教育学学科还存在不小的差距，思想政治教育的一些基本理论问题，从基本范畴、规律问题到研究范式等，都还有待继续深化研究。因此，需要广大思想政治教育工作者有全面加强学科建设的紧迫感，以高度的责任感和担当精神，投身全面加强学科建设的事业中。

增强思想政治教育学学科发展的理论蕴涵，首先要加强马克思主义理论研究和指导。自党和国家明确提出在马克思主义理论一级学科下增设思想政治教育二级学科起，马克思主义理论学科始终是思想政治教育的学科发展支撑。思想政治教育学的学科门类和一级学科归属的调整确立为学科理论发展提供了基本遵循，意味着推进思想政治教育学学科发展必须全面加强马克思主义理论研究。马克思主义是我们立党立国的根本指导思想，是全党全国人民团结奋斗的共同思想基础，"将思想政治教育学科列为马克思主义理论一级学科下的二级学科，说明思想政治教育学科是'姓马'的，思想政治教育是马克思主义的思想政治教育"[①]。思想政治教育研究者只有不断打牢自己的马克思主义理论功底，才能以深厚的学识赢得社会和同行的尊重，在学术版图上占有一席之地。为此，加强思想政治教育文本学研究是加强学科基础理论研究应有之举，通过深度挖掘马克思主义经典著作和文献中有关思想政治工作的丰富论述，梳理总结党和国家领导人治国理政的重要讲话，特别是有关思想政治工作的重要论述，梳理总结党和国家有关思想政治工作的政策文件等，推进思想政治教育学学科的文本学研究，有助于提高学科学术研究的学理性、历史性，构建起具有中国特色、中国风格、中国气派的思想政治教育学的学科体系、学术体系和话语体系，有力改变马克思主义在一些学科中的"失语"现象，为巩固马克思主义在意识形态领域占主导地位这一

---

① 冯刚：《不断探索思想政治教育学科建设与发展的科学路径》，载《思想理论教育导刊》2014年第4期。

根本制度作出应有的贡献。

增强思想政治教育学学科发展的理论蕴涵，还要主动探索新的研究领域。值得注意的是，"基础理论研究的过程既要明确学科边界，又不能画地为牢。思想政治教育的基础理论研究不是等着我们去研究的封闭区域，而是需要我们主动探索的开放领域"①。基础理论研究的创新发展来源于实践，实践有当前的，也有历史上的，我们需要用党的百年奋斗历史和成功经验指引学科的进一步建设，把党的百年思想政治工作经验升华为理论，同时将实践领域的一些新前沿、新需求自觉融入基础理论，找到基础理论新的生长点，并揭示思想政治教育的规律，从而提高思想政治教育学学科的科学化水平。

总之，广大学人要坚持以马克思主义为指导，特别是要用21世纪马克思主义武装头脑，把握好思想政治教育学学科发展的理论底色，同时要积极吸收、充分利用丰富的理论资源、历史资源、实践资源，提出新论断、新观点、新思想，丰富完善思想政治教育理论研究体系，改变当前一些论域研究问题分散、成果零散、见解纷呈、共识不足、深度不够的现状，改变人们对思想政治教育学学科理论性不强、学理性不够的固有认识。

二、把握思想政治教育学学科发展的实践指向

思想政治教育学是以思想政治教育实践为基础而形成的一门应用性很强的学科，它是在实践中诞生的，也是在实践中发展的。② 思想政治教育学学科的建立及跨越式发展应和着我国改革开放的节奏及我国社会变迁的律动，其发展本身就是中国式现代化的一个重要表征。党中央明确提出要把思想政治工作作为治党治国的重要方式，这进一步强调了思想政治教育学学科的实践指向，明晰了思想政治教育学学科建设的新任务。因此，思想政治教育学学科的进一步建设、内涵式发展不仅需要加强理论研究，而且必须坚持实践指向。广大思想政治教育学人不仅要有自觉的理论追求，致力于提高思想政治教育学学科的科学化、学理化水平，承担起学术分工任务，也要有自觉的

---

① 冯刚：《深化新时代思想政治教育基础理论研究》，载《思想政治教育研究》2020年第1期。

② 参见冯刚《改革开放以来高校思想政治教育发展史》，人民出版社2018年版，第24页。

实践指向、问题导向，致力于将思想政治教育学学科建设成为一门经世致用的实践科学。广大学人既要有理论品味，也要有实践气质；既要有源于理论层面的高知，也要有来自实践层面的亲知。

新时代思想政治教育学学科发展坚持实践指向，一方面，要突出应用意识，将理论成果转化、运用于具体工作中。从认识与实践的辩证关系来看，理论成果必须回到实践中进行进一步的检视和运用，才能由一种逻辑力量变成一种现实力量。正如马克思所言："人的思维是否具有客观的真理性，这并不是一个理论问题，而是一个实践问题。人应该在实践中证明自己思维的真理性，及自己思维的现实性和力量，亦即自己思维的此岸性。"[①] 另一方面，要坚持经验研究和应用研究并重。从学术研究的规律看，基础理论研究与具体的经验研究、应用研究是分不开的。理论创新往往来自对经验研究和应用研究成果的升华，一般来说，有两种理论建构路径或者说理论思维取向：一种是从既有概念范畴、理论体系中推演出新的理论假设，再进行经验验证；另一种是以实践经验、现实问题为依据总结提炼出理论假设，再回到实践进行验证。

对新时代思想政治教育学学科建设来讲，突出思想政治教育学学科发展的实践指向有以下两大着力维度。

一是重视历史实践的研究，突出历史思维，致力于历史经验的理论升华。党的百年奋斗历史、百年来思想政治教育工作取得的重要成就和历史经验是理论研究的"富矿"，必须加大力度充分挖掘之、研究之，以丰富思想政治教育理论体系。"对于思想政治教育学科来说，深入发掘百年党史的丰厚底蕴将推动学科内容进一步深化、研究方法进一步创新、学科评价进一步系统化，强化思想政治教育学科建设的历史思维、辩证思维、创新思维、对象思维，从而引领思想政治教育学科的高质量发展。"[②] 要而言之，用百年党史的丰厚资源引领思想政治教育学学科的创新发展。

二是重视现实实践的研究，突出问题意识，坚持问题导向。党的十八大以来，以习近平同志为核心的党中央高度重视思想政治工作，制定了一系列重要文件，为思想政治工作的创新发展做出了顶层设计和制度安排，使得思

[①] 中共中央马克思恩格斯列宁斯大林著作编译局编译：《马克思恩格斯选集》第一卷，人民出版社2012年版，第134页。

[②] 冯刚：《以百年党史丰厚底蕴引领思想政治教育学科高质量发展》，载《思想理论教育导刊》2021年第10期。

想政治工作的各项制度更加完善、政策环境更加优化、队伍建设更加有力、工作方式更加多样。新时代思想政治工作不断创新发展，积累起新的工作经验，取得了新的工作成绩，为思想政治教育理论研究提供了新的材料。要而言之，用新时代立德树人的实践成果丰富思想政治教育学学科的创新发展。

与此同时，我们必须看到，思想政治教育学学科建设还存在一些不足，思想政治教育工作还面临许多复杂的挑战，思想政治教育理论创新必须符合思想政治教育实践发展的基本需要，解决思想政治教育实践中的热点、难点、痛点问题，以切实回应"培养什么人、为谁培养人、怎样培养人"这一时代课题。要完成新时代新征程所赋予的新任务，思想政治教育研究和工作范式需要引入社会学、文化学、文本学、叙事学、生态学等不同的视角和理论方法。比如，要深刻回答过去为什么思想政治工作能够成功、未来思想政治工作如何继续成功两大重要问题，就需要完整梳理、深入研究党结合时代特征和历史使命提出的一系列推动思想政治教育理论与实践创新的政策和举措，这就需要引入文本学、阐释学、叙事学等视角和理论方法；要切实地认识把握工作对象，提高工作针对性，就需要引入文化学、传播学、评估学等视角和理论方法；要切实地认识把握思想政治工作内嵌其中的我国社会结构及其运行情况，就需要引入社会学、治理学等视角和理论方法……总之，通过借鉴其他学科的知识理论，不断引入新视角、探索新论域、讨论新问题、运用新方法、提出新观点，思想政治教育学学科建设将获得新发展，而多学科的理论视角和方法将作为桥梁，沟通着思想政治教育学学科的理论创新和实践创新。

三、把握多学科交叉融合的发展趋势

当前，无论从科学发展规律看还是从学科发展现实看，进一步加大学科交叉研究力度，探索新的研究论域，建设新的分支分科，都是思想政治教育学学科创新发展的必然趋势。

从科学发展的规律来看，"科学研究范式正在发生深刻变革，学科交叉融合不断发展"[①]。自美国科学哲学家托马斯·塞缪尔·库恩（Thomas Sammual Kuhn）提出范式的概念和理论以来，人们更加清楚地认识到一门学科

---

① 习近平：《在中国科学院第二十次院士大会、中国工程院第十五次院士大会、中国科协第十次全国代表大会上的讲话》，载《人民日报》2021年5月29日，第2版。

之所以成为学科，除了要有其特定的研究对象，还要形成其独特的研究范式。自思想政治教育学学科正式成立后，范式问题就摆在学人面前。"研究范式能够对思想政治教育学科起到标识性的作用。时代的发展、学科的深化呼唤思想政治教育研究范式的转换升级。"① 可以说，研究范式的确立是思想政治教育学学科发展成熟的标志，范式的转换升级、新范式的拓展是思想政治教育创新发展的推动力，而学科交叉融合是新范式拓展的动力和基本路径。其中，交叉学科的提出、探索、建设和确立，既是范式拓展的成果表征，又是思想政治教育学学科实现创新发展的可能性节点。反言之，一个学科如果把自己封闭起来，不和其他学科、理论、学术进行交流，结果只会使自己停滞不前，被时代抛在后面。习近平总书记强调指出："对人类创造的有益的理论观点和学术成果，我们应该吸收借鉴，但不能把一种理论观点和学术成果当成'唯一准则'，不能企图用一种模式来改造整个世界，否则就容易滑入机械论的泥坑。"② 所以，广大思想政治教育学人要以开放、变革、进取的精神积极主动探索新论域，推动思想政治教育研究范式的升级拓展。

从思想政治教育学学科发展的现实看，思想政治教育是研究人的思想政治素质形成发展和思想政治教育运行规律的学科，自建立之初就带有综合学科、交叉学科的色彩。随着互联网时代的到来，社会思想文化领域的交锋越来越频繁，思想问题越来越复杂，仅从思想政治教育实践中提炼理论与方法已经不能够满足学科的发展，借鉴其他相关学科的理论与方法成为学科发展的题中之义。③ 而且，在学科建立之初，我们比较关注实践经验的总结与深化。随着学科的深入发展，应该不断分化、细化并形成思想政治教育领域各个分支领域甚至分支学科。④

具体而言，顺应多学科交叉融合发展趋势，加大学科交叉研究力度对思想政治教育学学科建设具有两大重要意义。

第一，通过交叉研究推动思想政治教育研究范式的转换升级，推动学科

---

① 冯刚：《深化新时代思想政治教育基础理论研究》，载《思想政治教育研究》2020年第1期。

② 习近平：《在哲学社会科学工作座谈会上的讲话》，载《人民日报》2016年5月19日，第2版。

③ 参见冯刚《深化新时代思想政治教育基础理论研究》，载《思想政治教育研究》2020年第1期。

④ 参见冯刚《深化新时代思想政治教育基础理论研究》，载《思想政治教育研究》2020年第1期。

主干领域突破既有研究格局和思维定式。在过去30多年里，思想政治教育学的学科建设和发展合理融合了政治学、教育学、管理学、伦理学、哲学、社会学、心理学等相关学科的理论、知识和方法，建立起具有自身特色的研究范式和话语体系，形成了思想政治教育学原理、思想政治教育方法论、思想政治教育发展史、比较思想政治教育等多个体现规律性的研究领域。通过引入社会学、治理学、文化学、文本学、叙事学、阐释学、生态学、评估学等学科视野对思想政治教育的基本概念、基本范畴、基本要素进行前提性反思和根源性探索，能够进一步廓清思想政治教育概念范畴，提高思想政治教育理论的解释力，从而提升学科的规范化、科学化水平和理论输出能力。在聚焦思想政治教育学原理、思想政治教育方法论、思想政治教育发展史、比较思想政治教育等主干领域的同时，建设新的分支领域，可以丰富研究论域和学科体系，很好地增强学科的学理性和解释力。

第二，通过交叉研究推动思想政治教育工作范式的转换升级，提升思想政治教育工作的科学性、预见性和创造性。我们需要更加聚焦社会思想领域的重大问题，有效应对国际、国内各种思想竞争，运用新技术使工作"活"起来，推动思想政治教育工作传统优势同信息技术、智能技术高度融合，增强工作的时代感和吸引力。在经济全球化、世界多极化和网络信息化的冲击下，思想政治教育对工作对象的吸引力、影响力有所削弱，需要解决的思想问题和实际问题愈加复杂，仅仅依靠思想政治教育基本理论和方法已不足以解决实践中出现的新问题和新矛盾，亟待借鉴其他学科的理论和方法。由此可见，多学科交叉融合是思想政治教育学学科发展的大趋势，能助力本学科突出优势、拓展领域、指导实践。

综上所述，时代在变化，实践在发展，思想政治教育学的学科知识结构、研究范式等必然不断调整进步。广大思想政治工作者要自觉遵循学科发展规律，坚持以马克思主义唯物史观为指导，以百年党史学习为载体，提高运用科学思维的能力，秉承时代变革逻辑、范式演进逻辑和方法论转换逻辑，通过助力学科对象、学科方法、学科结构、学科功能等的整体建设来推动思想政治教育学学科发展，完善和构建彰显马克思主义理论品格、体现思想政治教育学科特色、立足立德树人实践的思想政治学科体系，持续深化和推动思想政治教育学科高质量发展。[①] 在加强与马克思主义学科下设的

---

① 参见冯刚《以百年党史丰厚底蕴引领思想政治教育学科高质量发展》，载《思想理论教育导刊》2021年第10期。

其他二级学科协同创新的同时，我们要深化与相关学科的对话沟通，在理论借鉴、方法互通、思源共享的联动协同中推进思想政治教育学学科的不断发展。学科建设关涉多维度、多层面相关因素的互动协同，需要顺势而为向系统化建设迈进，通过整合思想政治教育多方资源，建构宏观、中观、微观相统一的"大思政"新格局。思想政治教育学整合相关学科的理论与实践资源，借鉴文本学、阐释学、治理学、叙事学、传播学、评估学、文化学、生态学、社会学等学科研究范式，拓宽宏观视野，加强中观实践，关注微观体验，推动形成思想政治教育体系的新形态，深化思想政治教育学学科体系的新论域。

最后，需要做出几点说明：第一，本书探讨的九个新论域并没有穷尽所有可能的理论生长点。我们加大学科交叉研究力度，探索新论域，探讨可能的分支学科方向，是为了推动本学科笃定前行，走出徘徊不前，走出重复劳动，让思想政治教育学从人们眼中的"边缘学科"走向学术版图的中心，让思想政治教育学从党和国家大力支持的重点学科成长为彰显中国特色、中国风格和中国气派的优势学科。第二，本书探讨的九个新论域中，有的可能建设成为分支学科，有助于学科体系的完善；有的可能只是新的研究领域，有助于促进学科理念更新，使工作方法跟上时代发展的要求和技术发展的趋势。第三，本书对这些新论域的探讨只是拉开了研究的序幕，还有赖于学术共同体成员在高度的学术自觉、坚定的学科自信的指引下致力于新论域的开拓、新分支学科的建设，积极主动投身新时代思想政治教育学术研究。我们期待与学界同仁共同探索、公开讨论，一起推动学科建设的高质量发展，并以这样的方式实质性参与全面建设社会主义现代化国家、实现中国梦的伟大事业。

第一章　思想政治教育文化学

习近平总书记指出："科学研究范式正在发生深刻变革，学科交叉融合不断发展。"① 思想政治教育学本身是一门综合学科，需要以学科交叉融合的方式实现研究和工作范式的创新。思想政治教育文化学是思想政治教育学与文化学交叉融合的新兴学科，开辟了新时代思想政治教育范式创新的文化学路向。

第一节　思想政治教育文化学的生成逻辑

思想政治教育文化学的生成逻辑就是思想政治教育文化学何以可能的问题，亦即思想政治教育学与文化学结合的必要性和可能性问题，可以从理论逻辑、历史逻辑、实践逻辑三个方面加以理解。

一、思想政治教育文化学生成的理论逻辑

思想政治教育学与文化学之所以需要结合（必要性）并能够结合（可能性），源于思想政治教育与文化内在的亲缘关系。从属性、价值、目标、资源等方面来看，二者均具有契合性，二者的结合满足各自学科发展的需要，可以形成协同发展的耦合关系。

首先，思想政治教育既是一种政治现象，也是一种文化现象，文化性是思想政治教育的基本属性。"思想政治工作本身即是人类在劳动实践过程中创造的一种文化现象"②，因为它"以特定文化成果的传递、传播、践行等

---

① 习近平：《在中国科学院第二十次院士大会、中国工程院第十五次院士大会、中国科协第十次全国代表大会上的讲话》，载《人民日报》2021年5月29日，第2版。
② 冯刚：《在遵循规律中提升思想政治工作质量》，载《思想教育研究》2017第4期。

为基本载体，以个体由'自然人'、'生物人'向'社会人'、'政治人'、'文化人'的发展为基本取向，是'文化化人'现象的特殊表现形式"①。思想政治教育是做人的工作的，而人是一种文化动物、符号动物，所以要做好人的工作，就需要尊重人的文化特性，满足人的精神文化发展需求。思想政治教育本身是人的一种重要的精神活动、精神交往，是人类重要的文化活动，应遵循文化发展规律，"思想政治工作本身即是人类在劳动实践过程中创造的一种文化现象，这就要求思想政治工作要注重以文化人以文育人，增强思想政治工作的文化力量，要重视受教育者的思想情怀的培养，注重对人的思想的引导和塑造，体现思想政治教育的人文性"②。为此，思想政治教育需要引入文化学范式，在研究中提高人文"观照"，在实践中增加人文"关照"。

其次，文化化人与思想政治教育育人都是人类社会的特有现象，对人的意义具有一致性。文化既是一个名词，也是一个动词。文化作为名词即"人化"，指人化的一切结果，有人为的意蕴，与自然范畴相对；文化作为动词即"教化"，指化人的行动，有社会性、政治性的意蕴，与社会概念相连。在西方，文化（culture）一词的本意是耕犁、维护，与农业（agriculture）紧密相关。耕犁土地，就是拔除杂草，生产出果实；与之相似地，如果把人看作耕犁对象，是一种"产地"的话，那么"人这个'产地'的'文化性过程'可理解为人的真正意义上的生产性过程"③。也就是说，文化是拔除思想品德中的杂草，生产真正意义的人。文化的耕犁是为了让人从自然存在物成为人的自然存在物，获得人之属性。在这个意义上，可以说文化就是人化、教化。人类社会的存在和发展离不开教化，即用人类获得的知识教育后代，使之完成社会化的过程，从而也完成了人类社会文化的积累和传承。"在中国文化中，'人文'既与'天文'相对，又与'武'相对，'人文化成''文治教化'，其含义就是指人的修养和行为养成的过程。"④ 1838年，当德国经济学家拉弗日尼·培古轩（Lavergne Peguilhen）第一次提出"文化

---

① 沈壮海：《关注思想政治教育的文化性》，载《思想理论教育》2008年第3期。
② 冯刚：《在遵循规律中提升思想政治工作质量》，载《思想教育研究》2017第4期。
③ 张广斌：《博尔诺夫的哲学人类学研究范式及其教育意蕴》，载《外国教育研究》2009年第2期。
④ 李春华：《文化的"化人"与思政的"育人"》，载《马克思主义研究》2012年第9期。

学"这个词时,其意图就是要建立一门认识人类与民族的教化改善之法则的学问。由此可见,"其实,文化与思想政治教育从来就是密不可分地联系在一起的,文化的'化人'与思想政治教育的'育人'本来就是同一个过程。社会的存在与发展既需要以文化'化人',也需要以思想政治教育'育人'。人的存在与发展既要受到文化的'化',也要接受思想政治教育的'育'。因此,只有将二者结合起来,才能更好地促进社会的全面进步与人的全面发展"①。思想政治教育文化学发展有助于解答思想政治教育育人和文化化人的规律,有利于两个学科的互促发展。

再次,文化是思想政治教育的重要资源、重要载体和全程育人的基本场域。习近平总书记强调:"要认真汲取中华优秀传统文化的思想精华和道德精髓,大力弘扬以爱国主义为核心的民族精神和以改革创新为核心的时代精神,深入挖掘和阐发中华优秀传统文化讲仁爱、重民本、守诚信、崇正义、尚和合、求大同的时代价值,使中华优秀传统文化成为涵养社会主义核心价值观的重要源泉。"②他还强调思想政治教育要坚持显性教育与隐性教育的统一,而文化熏陶是隐性教育的重要方式。思想政治教育应"注重文化的浸润、感染、熏陶功能,既要重视显性教育,也要重视潜移默化的隐性教育,实现入芝兰之室久而自芳的效果"③。总之,提高思想政治教育的文化品位,增强思想政治教育的人文性,运用文化方式开展思想政治教育能够充分激活教育活动的深层影响力和感染力。

最后,思想政治教育是文化化人的重要载体和表现形式。思想政治教育活动及其构成要素本身就是人类丰富的文化世界中的一种基本存在。在现实生活中,人们常常有意识无意识地把思想政治教育排除在文化的大门之外,谈到文化建设,很少想到思想政治教育工作,这是极其错误的。④文化建设必然也必须有一个方向,我国文化建设事业必须坚持社会主义先进文化的基本方向。思想政治教育是建设和传播社会主义先进文化、处理好马克思主义

---

① 李春华:《文化的"化人"与思政的"育人"》,载《马克思主义研究》2012年第9期。
② 《习近平在中共中央政治局第十三次集体学习时强调 把培育和弘扬社会主义核心价值观作为凝魂聚气强基固本的基础工程》,载《人民日报》2014年2月26日,第1版。
③ 《习近平首次点评"95后"大学生》,载《人民日报》2017年1月3日,第2版。
④ 参见齐卫平《基于文化自觉和文化自信的思想政治教育反省》,载《思想理论教育》2012年第1期。

一元指导和文化多样性发展辩证统一关系的重要力量，有助于传承和发扬中国优秀传统文化，赓续中华民族精神谱系，维持我国文化生态的健康发展，促进我国文化事业的大发展大繁荣。所以，不仅思想政治教育工作的发展离不开文化的支撑，社会主义文化事业的大发展也离不开思想政治教育的支持。

二、思想政治教育文化学生成的历史逻辑

一方面，任何一门学科的创立、成熟、创新都有其自身发展的历史逻辑、学术逻辑；另一方面，我国思想政治教育学学科的确立和发展离不开党的领导和支持。思想政治教育工作本身就是党的奋斗实践的重要组成部分，这一学科发展的小的历史逻辑、学术逻辑是嵌入在党百年奋斗的大的历史逻辑、实践逻辑中的。因此，思想政治教育文化学生成的历史逻辑包括两大方面。

第一，建构思想政治教育义化学符合思想政治教育学学科自身发展的历史逻辑。从目标导向的角度看，新时代思想政治教育工作要实现高质量发展亟须范式拓展。纵观思想政治教育学学科正式确立以来的30多年发展历史，可以说是一部学科交叉研究不断拓展、深化的历史。思想政治教育学学科的成熟发展，并取得丰硕成果，离不开学科交叉研究的推动。1984年，作为一个大学术共同体的思想政治教育学学科正式确立，范式问题就随之摆在了思想政治教育研究者和工作者的面前。作为一门新兴学科，一开始学者们更多地借鉴管理学、教育学、政治学、伦理学等进行学科建设，主要是完成主干学科的建构工作，围绕"论、史、方法、比较"建立起了主干学科，产出了丰硕的成果。今天，思想政治教育学学科处于一个新的发展起点，要守正创新实现高质量发展，需要再次推进交叉研究的深度和广度。思想政治教育文化学为思想政治教育通过范式拓展实现现代转型提供了重要路向，因为"发挥文化的力量、运用文化的方式，不断增强文化蕴涵，是新形势下提升思想政治教育质量的现实要求"①。

从问题意识的角度看，思想政治教育学要解决发展困境亟须范式转型。"我们在持用既有范式来解答经济社会的发展给思想政治教育提出的重要理

---

① 王振：《增强新时代思想政治教育文化蕴涵的理论思考》，载《思想政治教育研究》2019年第2期。

论和实践问题时，客观地感受到理论回应现实的钝性和乏力。"① 在中国哲学社会科学这个大学术共同体中，诟病思想政治教育学理性不强、质疑思想政治教育科学性的声音依然存在。通过思想政治教育文化学研究，一是可以深化对思想政治教育研究对象、构成要素的理解，提出更多令人信服的理论，从而提高思想政治教育的学理性；二是能够拓展新的研究空间、增加新的研究思路，从而提高本学科的知识生产力，促进本学科的知识生产和输出，推进思想政治教育的科学化建设和学科化发展，以便更好地完成在学术分工体系中的任务，进而扭转被质疑的局面，夯实学科合法性基础。实际上，思想政治教育学的邻居学科——哲学——也是在不断转换视角、创新思路的过程中认识自己的研究对象，产生新的研究理念，探讨新的研究议题，在不断回应"哲学无用"的质疑声中发展壮大。

总之，范式转换是一门成熟科学实现创新发展的基本模式。库恩称之为"科学革命所赖以转动的轴心"②。人文社会学科学领域的范式转换不是推翻、取代已有范式，否定、贬低已有成就基础，而是在这一基础上推动思想政治教育理论研究的新发展和新成就，让思想政治教育始终充满活力。文化学范式在思想政治教育理论研究和实践应用中的引入，源于思想政治教育问题日益凸显文化（学）特征，既体现为文化（学）问题之于思想政治教育研究的一种从边缘到中心的理论演化逻辑，也体现为文化（学）方法之于思想政治教育工作的一种从自在到自觉的实践演化逻辑，它有利于思想政治教育实现"顶天立地"的自我要求。

第二，党的百年思想政治教育、文化建设的伟大成就和重要经验需要挖掘提炼、继承和发扬。

我们党历来高度注重总结历史经验。2021 年 11 月，党的十九届六中全会通过的《中共中央关于党的百年奋斗重大成就和历史经验的决议》总结了党百年奋斗的历史经验，为我们总结党在具体领域的奋斗经验提供了指南。中国共产党自成立起就高度重视推动马克思主义大众化工作，高度重视思想政治工作，高度重视文化建设工作。在党的四个历史时期根据所处历史阶段的不同、主要任务的不同、具体形势的不同，进行了不断的理论创新和

---

① 沈壮海：《论思想政治教育理论研究的新范式与新形态》，载《思想理论教育导刊》2007 年第 2 期。
② [美] 托马斯·库恩：《科学革命的结构》，金吾伦、胡新和译，北京大学出版社 2012 年版，第 31 页。

实践创新，取得了丰硕的成果，积累了丰厚的实践经验。尤其是党的十八大以来，中国特色社会主义进入新时代，以习近平同志为核心的党中央高度重视思想政治工作，就思想政治工作作出了一系列重要指示和工作部署，在文化建设上取得了历史性成就。"党的十八大以来，我国意识形态领域形势发生全局性、根本性转变，全党全国各族人民文化自信明显增强，全社会凝聚力和向心力极大提升，为新时代开创党和国家事业新局面提供了坚强思想保证和强大精神力量。"①

"站在新的历史起点上，回顾过去，展望未来，全面总结党的百年奋斗重大成就和历史经验，特别是改革开放40多年来的重大成就和历史经验，既有客观需要，也具备主观条件。"② 百年来，党的思想政治工作的成就和经验、文化建设的成就和经验需要进一步的总结提炼，尤其是党的十八大以来新的成就和经验需要上升到规律性认识层次。推动思想政治教育文化学研究是完成这一任务的客观需要，在文化学视野中借鉴吸收文化学的概念范畴、理论工具，深入阐释过去为什么思想政治工作能够成功、未来思想政治工作如何继续成功两大重要问题，从而增强思想政治教育理论构建和实践的文化逻辑，更加突出思想政治教育对促进人的全面发展的本体性价值。

站在新的历史起点上，总结和研究作为一种文化现象的党的思想政治教育的成就和规律，具有世界意义。早在20世纪80年代，英国著名历史学家汤因比就曾预言中国文化的世界意义："就中国人来说，几千年来，比世界上任何民族都成功地把几亿民众，从政治文化上团结起来。他们显示出的这种在政治、文化上的统一的本领，具有无与伦比的成功经验。这样的统一正是今天世界的绝对要求。"③

三、思想政治教育文化学生成的实践逻辑

马克思本人就是在探索过程中，发现了哲学与经济学结合的必要性，在

---

① 《党的十九届六中全会〈决议〉学习辅导百问》，党建读物出版社、学习出版社2021年版，第48页。
② 《党的十九届六中全会〈决议〉学习辅导百问》，党建读物出版社、学习出版社2021年版，第72页。
③ ［日］池田大作、［英］汤因比：《展望二十一世纪：汤因比与池田大作对话录》，荀春生等译，国际文化出版公司1985年版，第294页。

晚年还意识到吸收人类学、东方学成果的必要性,并不断丰富、完善自己的理论。作为马克思主义理论下的二级学科,思想政治教育也需要在不断自觉自身功能、任务的情况下,不断加大学科交叉研究的动力和力度。立足于新时代这一基本的历史方位,在两个大局中,思想政治教育文化学的实践逻辑主要体现在两个方面。

第一,思想政治教育要提高对建设文化强国的贡献度,不论是理论研究还是实践都需要文化学视角的引入。习近平总书记在党的十九大报告中强调:"文化是一个国家、一个民族的灵魂。文化兴国运兴,文化强民族强。没有高度的文化自信,没有文化的繁荣昌盛,就没有中华民族伟大复兴。"[①]从理论上看,没有文化自觉、自信和自强,就没有真正的民族复兴,把我国建设成为文化强国是建成社会主义现代化强国不可或缺的组成部分。从现实上看,一方面,党的十八大以来,随着我国社会主义市场经济的迅速发展,我国在文化建设上取得了历史性成就,国家的文化软实力明显提升;另一方面,我们需要看到,目前我国的文化事业发展与人民群众日益增长的美好生活需要是不匹配的,文化软实力、全球文化影响力与我国日益增长的经济硬实力、全球经济影响力是不匹配的,所以建设文化强国重担在肩。在世界面临百年未有之大变局中,我国的文化建设事业不可能在风平浪静中完成,我们的文化强国梦不可能轻轻松松实现。西方敌对势力必然会加紧意识形态攻势,全面抵制中国的文化影响力。在此背景下,思想政治教育作为党的文化建设的重要组成部分、国家文化安全的重要守护力量,理应以自我革命的思想自觉通过守正创新的行动自觉来追求高质量发展,这就需要在新的起点上,加强思想政治教育文化学的建设,推动文化学范式下思想政治教育研究的高质量发展,从而为思想政治教育的实践创新提供智力支持和理论指导。

第二,思想政治教育要完成培育时代新人的历史使命,不论是理论研究还是实践都需要文化学视角的引入。青年是思想政治教育的重要对象群体。青年兴则国家兴,青年强则国家强。将当代青年培育成能够担当民族复兴大任的时代新人,是当代思想政治教育者的重要历史使命。思想和行为是思想政治教育的核心范畴,而人,尤其是青年的思想和社会行为是由时代最流行的文化模式所决定的。青年与文化天然具有亲密关系,在某种意义上,我们可以说青年不仅是一个群体,而且是一种生活方式、一种文化。在现代科技的形塑下,人类社会的后喻文化特征愈加凸显;在现代科技的加持下,青年

---

① 习近平:《习近平谈治国理政》第三卷,外文出版社2020年版,第32页。

的文化反哺能力愈加突出。所以，在思想政治教育研究中加大从文化学视角研究青年的力度，对思想政治教育来说具有适切性。

此外，在思想政治教育实践中引入文化学范式，能有效提高思想政治教育的亲和力。因为文化学范式下的思想政治教育研究将不仅仅是逻辑的，而且是心理的、社会的、历史的，文化学范式下的思想政治教育实践会更关注受教育者作为文化主体的情感需要，让思想政治教育真正走进青年、贴近青年，从而有针对性地展开思想政治教育。"我们在思考大学生思想政治教育问题时，应有文化的视野和文化的眼光，将思想政治教育置于整个文化环境中来思考，通过对文化环境的净化、优化才能帮助学生正确进行文化选择、文化消费，来强化思想政治教育的效果。"①

第二节 思想政治教育文化学的研究历程

需要说明的是，虽然学界普遍认为最先明确提出思想政治教育文化学概念、主张建设思想政治教育文化学的是张耀灿（时间大致在2006年），但本书对思想政治教育文化学研究的回顾并不是从2006年开始的，因为在这之前已有学者提出思想政治教育与文化学的交叉研究，而且任何一门学科的提出都不是凭空出现的，而是需要一些实践和经验性成果以及前期理论探索与理论成果作为基础的。在思想政治教育文化学明确提出之前，研究思想政治教育与文化的文章数量已具一定规模，而且学界取得了一些基本共识和理论成果，文化环境、文化载体、文化功能等概念已成为思想政治教育的重要范畴，并被收录于思想政治教育学原理教材中。这些成果为思想政治教育文化学的提出奠定了基础，为思想政治教育文化学准备期、蓄力期或前范式阶段的研究做了一定的理论准备。因此，2006年之前的思想政治教育与文化的相关研究应该被纳入思想政治教育文化学的研究历程。

笔者通过分析从中国知网上搜索到的相关研究论文的统计数据发现，有关思想政治教育与文化的研究论文在20世纪80年代初就已出现，从1983年左右开始有小幅上升，之后一直呈平稳发展状态，大致在2005年出现过一个小的增长，在2008年之后呈现迅猛增长态势，于2012年出现了研究高潮。这反映出思想政治教育文化学研究与思想政治教育学学科建设过程密切

---

① 陈金龙：《文化环境与大学生思想政治教育》，载《思想教育研究》2006年第4期。

相关，所以我们把思想政治教育文化学的研究历程分为三个阶段：第一阶段（1983—2004年），即思想政治教育文化学研究的前范式阶段，主要特点是把文化作为思想政治教育的要素；第二阶段（2005—2011年），即思想政治教育文化学的正式提出阶段，主要特点是把文化作为思想政治教育的研究视角、视野和范式；第三阶段（2012年至今），即思想政治教育文化学研究的持续探索阶段，主要特点是多样性成果的涌现。

一、第一阶段：思想政治教育文化学研究的前期准备

通过统计、分析研究主题与关键词等，可以发现这一阶段的研究呈现四大特点。

第一，从研究的结论来看，其核心主张是将思想政治工作与文化有机结合。早在20世纪80年代后期，我国就出现了大量研究企业文化与思想政治工作的文章，这跟党的中心工作转移到经济建设上来，促进思想政治工作者尤其是企业思想政治工作者的解放思想、创新工作思路有关。1997年，邱振常在《思想政治工作与"文化"接轨的思考》一文中指出，承认了思想政治工作是管理工作的一部分，实际上也就是认同了思想政治工作成为管理学范畴。管理学是一门综合性学科，除了自然科学有关学科的参与外，相关的人文学科有社会学、文化学、心理学、传播学、美学等，因此思想政治工作同文化"接轨"是情理之中的事情。[①] 此可谓最早提出思想政治工作与文化学接轨的文章，不过这时的文化学是借管理学与思想政治工作产生联系的。

第二，从研究的文化场域来看，思想政治（教育）工作与文化的研究呈现从企业到校园到网络的空间演变趋势。20世纪80年代企业文化研究呈井喷之势，20世纪90年代校园文化研究开始兴起，1997年出现计算机文化的研究，2001年出现网络文化的研究，之后网络文化研究逐年增多且后来居上，这显然与互联网技术的普及这一大背景紧密相关。研究场域的变迁也反映了研究的主要对象由企业员工转向了大学生，包括大学生在内的青年群体是思想政治教育的重要对象。

第三，从研究的文化类型来看，大致从1996年开始，学界出现主文化

[①] 参见邱振常《思想政治工作与"文化"接轨的思考》，载《江西社会科学》1997年第12期。

与反文化的研究讨论，1998年开始出现传统文化研究，2000年左右开始出现有关大众文化的论文且数量较多。这与20世纪90年代的大众文化兴起、流行文化盛行、传统文化回归，以及社会文化呈现多元、多样发展态势有关。值得注意的是，在探讨企业文化阶段，文化更多是作为一种工作手段、方式被引入思想政治工作的，关联关键词更多是"结合""创新"，换言之，研究者对文化的关注更多是出于优势视角。在探讨网络文化、大众文化时，文化更多是作为一种重要环境进入研究视域的，关联关键词更多是"挑战""应对"，换言之，研究者对文化的关注主要是出于问题视角。2001年，先进文化的新提法进入研究视野，学界普遍认为建设先进文化是思想政治工作的重点。此后，思想政治教育与主流文化的关系成为重要研究主题，并构成思想政治教育文化学的重要研究模块。

第四，从研究的成果来看，这一时期的研究者主要把文化当作思想政治教育的重要因素，文化环境、文化功能、文化载体等重要范畴获得学界广泛认同。首先得到学界广泛认同的是把文化环境当作思想政治教育环境研究的基本范畴。不过，当我们把文化仅看作思想政治教育的精神环境时，实际上还是从外在关系来看待二者的关系，多多少少忽略了思想政治教育本身的文化属性、内含的文化要素和内在的文化价值。进入21世纪，学者们从外在关系视角进入内在关系视域，深化了对思想政治教育与文化的关系的认识，具体表现为：一是从单纯把文化当作一种工作手段、方式、环境到提出思想政治教育的文化功能、文化价值、文化载体等。比如郑永廷在《论思想政治教育的功能发展》一文中提出，思想政治教育的功能从单一的政治功能扩展到经济、文化多样功能，思想政治教育的文化功能要从传承思想文化传统、传授思想政治价值、传播思想理论知识、传递思想道德信息等传统功能拓展到解放思想、更新观念、创设文化环境等。① 较早提出以文化为思想政治工作新载体的是杨广慧的《探索新路子，寻找新载体》，作者基于深圳经验，提出在商品经济条件下，在不搞政治运动的情况下，除了新闻媒介等大众传播手段外，需要自觉运用文化这个新载体。② 二是从强调文化环境对思想政治教育的支撑作用到认识到思想政治教育与文化是互相影响、双向建构的关系。比如罗洪铁、周琪指出："文化环境作为影响思想政治教育和人的文化

---

① 参见郑永廷《论思想政治教育的功能发展》，载《思想理论教育》2001年第2期。
② 参见杨广慧《探索新路子，寻找新载体》，载《思想政治工作研究》1992年第10期。

要素的总和,之所以能够进入思想政治教育领域,不仅是由于文化环境与社会环境的其他子系统一起构建了人们实践活动的基础,而且是因为思想政治教育具有'文化力',它能够与文化环境相契合,与之形成双向建构。"① 以上讨论及成果为思想政治教育文化学的提出奠定了基础,尤其是重视思想政治教育的文化性这一共识的达成可谓思想政治教育文化学成立的前提。2002年,郑永廷在《思想政治教育学科发展的历史与现状——兼论思想政治教育学科基础理论的发展》一文中总结了这一阶段的研究,并提及了思想政治教育文化学概念。他指出,在思想政治教育学科综合深化发展阶段,"其他学科,如教育学、管理学、心理学、文化学等学科的专家与思想政治教育学的专家相结合,进行学科之间的交叉与渗透,形成了一些富有特色的探索领域与研究成果。例如,以弘扬、开发我国的传统文化为特色的思想政治教育文化学,以研究人的全面发展为重点的人格发展理论与方法,以探讨思想教育与行政管理相结合为基点的思想政治教育管理学,等等"②。可见,这一阶段思想政治教育文化学的主要内容是开发我国的传统文化,这样的研究成果还不是完整意义上的思想政治教育文化学,或者说只是狭义的思想政治教育文化学。

二、第二阶段:思想政治教育文化学的正式提出

2005年12月,国务院学位委员会和教育部印发《关于调整增设马克思主义理论一级学科及所属二级学科的通知》,思想政治教育成了马克思主义理论一级学科所属的五个二级学科之一,在增强了思想政治教育者的学科归属感和身份认同的同时,也引发了学者们对如何在新起点、新方位下更好地推动思想政治教育学科建设的深入思考。

2006—2007年间,张耀灿就思想政治教育学科的定位与建设构想发表了多篇文章,并首次正式提出"思想政治教育文化学"这一概念,认为思

---

① 罗洪铁、周琪:《文化环境:思想政治教育运行的新视界》,载《马克思主义研究》2007年第3期。

② 郑永廷:《思想政治教育学科发展的历史与现状——兼论思想政治教育学科基础理论的发展》,载《思想教育研究》2002年第6期。

想政治教育文化学应作为思想政治教育学科体系分支学科来建设。① 这一学科定位的主张获得了学界的普遍赞同。而关于思想政治教育文化学的内涵或者说思想政治教育文化学的研究内容（应该研究什么）概括起来有以下两种观点。

观点一：文化学作为研究视野对思想政治教育的观照。2006年，郑忠梅、秦在东在《文化视野：思想政治教育研究的新范式》一文中虽然没有直接使用思想政治教育文化学这一概念，但对思想政治教育文化学研究范式的内容做出了解读，提出"从文化学的视角审视思想政治教育，要关注'基于文化情境下的思想政治教育研究'和'基于深刻的文化关怀意识下的思想政治教育研究'"。所谓基于文化情境下的思想政治教育研究指的是从文化、文化与人的角度重新思考思想政治教育活动及其诸要素，并在此基础之上建立起新的方法论。基于深刻的文化关怀意识下的思想政治教育研究则应当积极参与当代中国文化的发展，关注研究对象在日益复杂的当代中国文化情境中是如何生存与生活的。② 2007年，张耀灿首先提出："思想政治教育文化学是以思想政治教育活动为研究对象，以所运用的学科为理论分析框架。"③ 2008年，吴琼在《思想政治教育范式解析》一文中指出："思想政治教育文化范式是采用文化学原理对思想政治教育的理论和实践进行文化认知和文化解读，针对思想政治教育中存在的问题建构一种基于文化、融于文化的思想政治教育样式。"④

观点二：思想政治教育文化学是研究思想政治教育文化发展规律的学问。2008年，周进基于《辞海》中对"文化"一词的解释，给出了思想政治教育文化学的定义："所谓思想政治教育文化学，就是人们在做思想政治工作的过程中，为了维护和保障既定方针、目的的实现和有序发展，所运用和创造的一切有形无形的文化，这些文化不断地由低级向高级逐步发展迈进

---

① 参见张耀灿《试论思想政治教育学科的定位与建设》，载《思想理论教育导刊》2006年第7期。

② 参见郑忠梅、秦在东《文化视野：思想政治教育研究的新范式》，载《学校党建与思想教育》2006年第5期。

③ 张耀灿：《思想政治教育学科理论体系发展创新探析》，载《学校党建与思想教育》2007年第5期。

④ 吴琼：《思想政治教育范式解析》，载《北京教育（德育）》2008年第3期。

的一般规律的科学，是思想政治教育学的一个分支。"① 可以看出，这一定义实际上涉及思想政治教育文化概念，将思想政治教育文化学视作研究思想政治教育文化的科学。而思想政治教育文化概念是指人们在做思想政治工作的过程中所运用和创造的一切有形和无形的文化，也就是说，思想政治教育与文化的关系在于前者本身就是一种文化存在。在此基础上，思想政治教育文化学的概念是指研究"这些文化"由低级向高级逐步发展的一般规律的科学。周进还将思想政治教育文化学研究对象进一步聚焦到"思想政治教育过程中的一切精神文化现象、文化行为、文化本质、文化体系和文化产生发展演变的规律"②。这一观点不是把文化作为一种研究视野，而是认为思想政治教育本身就是一种文化存在，或者说存在思想政治教育文化这一特殊的文化类型。

目前，第一种观点获得的学界认同更多，按其思路开展研究得出的成果也更丰富。率先在文化视野下探究思想政治教育运行中涉及的一些带规律性问题的专著是2005年沈壮海的《思想政治教育的文化视野》。该书将思想政治教育放入整个文化系统进行思考，从文化建设与发展的大背景观照思想政治教育的学术兴趣与研究路向。③ 更多的研究成果以论文形式发表。因为是起步阶段，学者们更多借用文化学的基本概念和理论来解读思想政治教育中存在的具体问题，比如将文化学中的文化、教化、文化化、濡化、涵化等基本概念以及文化结构、文化特征、文化现象、文化传统、文化传承、文化传播、文化变迁等基本原理用在思想政治教育的论域。这些研究成果推动了文化视野和文化范式下的思想政治教育研究，但也存在"笼统地在文化一般语境或视野下研究思想政治教育"或"将文化学中的文化概念和术语生硬地移植到思想政治教育文化问题研究中"④ 的问题。因此，关于思想政治教育文化学的系统研究和理论建构成为摆在思想政治教育学者面前的一项重要课题。

---

① 周进：《思想政治教育的文化学视野》，载《政工研究动态》2008年第6期。
② 周进：《思想政治教育的文化学视野》，载《政工研究动态》2008年第6期。
③ 参见沈壮海《思想政治教育的文化视野》，人民出版社2005年版，第400页。
④ 周琪：《思想政治教育文化问题研究的再思考》，载《学校党建与思想教育》2007年第8期。

三、第三阶段：思想政治教育文化学研究的持续探索

2012年，有关思想政治教育与文化的研究出现了第一个研究峰值，年度发文量达62篇。这与党的十八大以来以习近平同志为核心的党中央高度重视社会主义文化建设密切相关，体现了政策导向对思想政治教育与文化研究的巨大推动作用，符合思想政治教育学学科坚持党的领导、服务党和国家中心工作的发展规律。之后，相关论文发文量成波动态势，但年度发文量均保持在30篇以上。可见，思想政治教育与文化的研究是学界目前重要的前沿热点课题，但没有发现明确以思想政治教育文化学为篇名的论文。雷骥的《思想政治教育的文化自觉研究》（2008年）可以算是文化学视域下思想政治教育理论研究的一本专著，但与真正的思想政治教育文化学研究还是有一定的距离。

这一阶段的思想政治教育文化学研究的论文成果概括起来有以下三大方面。

（一）在范式视域下对思想政治教育文化学内涵的进一步描述

前一阶段学者是从范式转换角度阐释思想政治教育文化学的出场，这一阶段学者对其内涵的界定更注重对标库恩对范式的多维描述，在研究对象之外增加了学术共同体、价值立场、方法论维度的界定，对研究内容进行了更为详细的描述。比如2012年，徐伟在《思想政治教育文化范式探微》一文中提出："思想政治教育文化范式内涵可以初步定义为：思想政治教育理论研究专家和实践工作者在思想政治教育研究领域引入文化学价值取向，在文化视野观照下对思想政治教育本身的内在结构、精神特征和发展演变进行梳理，对思想政治教育的基本理论和实践问题进行文化认知与解读，形成一种基于人类社会文化实践的思想政治教育共同研究方法和构建一种化于人类社会文化实践的思想政治教育共同学说主张。"[1] 另外，2014年，赵志业、崔华华在《思想政治教育范式研究反思及文化范式出场》一文中提出："所谓思想政治教育文化范式是指由思想政治教育理论研究人员和实践工作人员组成的科学共同体。这一科学共同体基于对文化与思想政治教育的关系存在着基本一致的看法，从而将文化的相关理念与价值引入思想政治教育的理论和

---

[1] 徐伟：《思想政治教育文化范式探微》，载《湖北社会科学》2012年第5期。

实践研究之中，在文化视野的关照下对思想政治教育的基本理论进行文化解读，对思想政治教育的文化历史演进进行梳理总结。在此基础上对思想政治教育的文化理论进行创新，对思想政治教育实践进行文化认知和阐释，从而形成一种人类文化实践的思想政治教育共同研究方法和共同学说主张。"①另外，他们还做出了定域关注的尝试，认为人的精神家园的生成是贯穿于思想政治教育文化范式的主线，思想政治教育文化范式的问题域有：第一，确定思想政治教育相应的文化价值观；第二，从文化视角对思想政治教育基本理论进行深入探讨；第三，探索新时期思想政治教育的文化境遇与文化使命；第四，集中研究思想政治教育文化利益理论、思想政治教育文化权理论和思想政治教育文本理论，为新时期思想政治教育开辟新的理论空间；第五，探讨新时期思想政治教育的文化进路。② 并且，赵志业还在另一篇文章中提出，改进思想政治教育文化范式既有的方法论——实证主义和诠释学，重建马克思主义社会建构论为根本的新范式方法论。③ 此外，2012年韩迎春从研究的重点和目的界定了思想政治教育文化学的内涵，"从文化视野探讨思想政治教育的本质与规律，进而探寻思想政治教育的文化使命，旨在揭示当代思想政治教育创新与发展应当实现的文化内涵拓展和建设体现时代发展要求的文化价值目标和追求"。并从应然和实然、历史视野和全球视野的维度提出四方面研究内容：首先，从文化理念上确立当代思想政治教育应然的文化追求和文化使命；其次，从历史传承的维度来审视当代思想政治教育发展的文化根基；再次，从现实文化生态的视角来分析当代思想政治教育文化选择的困惑及可能存在的问题；最后，从全球化的视野和弱势文化的立场来探讨文化建设与当代思想政治教育正在遭遇的困惑。④

一方面，这些讨论推进了对思想政治教育文化学研究内容的厘清，将前一阶段的观点加以细化、具体化，有助于思想政治教育文化学作为一种新范式走向成熟；但另一方面，这些定义都存在模糊和有待商榷的地方，比如，

---

① 赵志业、崔华华：《思想政治教育范式研究反思及文化范式出场》，载《未来与发展》2014年第8期。

② 参见赵志业、崔华华《思想政治教育范式研究反思及文化范式出场》，载《未来与发展》2014年第8期。

③ 参见赵志业《思想政治教育文化范式方法论的反思与重建》，载《江苏高教》2016年第4期。

④ 参见韩迎春《思想政治教育的文化本性及使命》，载《求实》2012年第5期。

是用文化视野还是文化学视野更准确，笼统地说引入文化学价值取向、文化的价值是否妥帖。要知道，文化学是个复数概念，而不是单数概念。

思想政治教育学学科发展的每一个阶段都有学者们的反思。对这一阶段思想政治教育文化学发展态势的反思以佘双好、蔡如军等为代表。2012年，佘双好提出思想政治教育学学科目前存在四种发展取向：传统取向、科学取向、人文取向和综合取向。沈壮海、戴锐等是人文取向的代表，他们"更多的是把思想政治教育定位为人文学科取向，主要目的是提升人的价值、塑造人的精神世界以及对人的整体性本质的把握与塑造，因而从总体上可以归为人文科学的范式，是一种思想政治教育的文化视野"。佘双好认为："思想政治教育具有人文性的一面，并且在思想政治教育的过程中也应体现人文的关照。但思想政治教育作为一门学科，其本质上属于社会科学，因为思想政治教育过程需要有教育者或受教育者之间的双向互动。这样，思想政治教育内容就不能仅仅停留在人的精神世界，这就使得思想政治教育过程具有社会现象的特点，具有可供社会科学研究的属性。因而，思想政治教育具有更充分的社会科学特性，思想政治教育学学科的研究更应以社会科学研究方法来介入思想政治教育过程，而不能使思想政治教育现象仅仅局限于个人的思想层面。"[①] 佘双好并不是反对人文取向，而是认为还应关注思想政治教育的社会科学属性，主张引入社会科学研究方法，主要从学科属性到研究方法对文化学研究范式进行反思和补充。蔡如军则从另一个角度指出文化范式研究存在的不足，认为"文化范式重于挖掘和凸显思想政治教育的文化底蕴、文化资源和文化功能，彰显人的精神性文化实践和文化存在，对于促进思想政治教育学科研究与实践形态的发展具有重大意义。但它存在着思想政治教育与文化的简单嫁接之嫌，未能从完整意义上建构思想政治教育文化范式以及廓清思想政治教育文化范式的独特内涵与逻辑结构"[②]。他指出的仍是那个"老问题"，这个问题实际上不是短时间能解决的，而是需要学界更多研究者的共同努力。马寒同样认为思想政治教育文化范式研究还尚未独立，但他提出了一个较新的角度，即思想政治教育文化学范式还只是作为人学范式的

---

① 佘双好：《论思想政治教育的学科属性及发展路径》，载《学校党建与思想教育》2012年第1期。
② 蔡如军：《思想政治教育学科范式的反思与建构》，载《思想政治教育研究》2015年第4期。

一部分而尚未独立。[①]

（二）继续探讨思想政治教育文化的内涵

因为思想政治教育文化是前述第二种思想政治教育文化学定义的中心概念，所以这些新主张可算是对第二种定义的补充、完善。赵志业借鉴文化学的文化建构理论将思想政治教育文化本质定义为"特定阶级或集团用特定文化的价值和意义对人们进行文化建构的过程与活动"[②]。王莹、孙其昂借用文化广义和狭义的界定方式，提出"思想政治教育文化是指人类在思想政治教育实践中所创造的思想政治教育要素及其活动成果的总和，其中文化观念属于核心要素"，并提出思想政治教育文化是一个有机的系统，包括文化产品系统、活动方式系统和文化观念系统三个子系统。[③]

（三）有关思想政治教育与各类文化之间的关系的多样化研究

第一类是理论研究，对习近平总书记提出的文化自信、文化安全、文化育人等重要论述的理论内涵的阐释和实践路径的探析，探讨文化自信、文化安全与思想政治教育的关系，或者以它们为视角谈思想政治教育的创新。可以说是把思想政治教育研究从20世纪80年代微观的文化环境影响研究发展到在文化建设大背景中探讨耦合发展的宏观研究。第二类是探讨中国优秀传统文化、革命文化、红色文化、非物质文化遗产等融入思想政治教育的路径，可以说是实践取向的研究范式。第三类是现实研究，主要探讨思想政治教育与校园文化的关系、对青年文化的引导等。这一阶段对校园文化、青年文化研究占比很大，这跟党中央高度重视青年教育与青年文化蓬勃发展密切相关。

综上所述，越来越多的学者将思想政治教育文化学视为学科的生长点，但学界尚未有思想政治教育文化学的研究专著，成果形式主要是论文，且主要是在探讨思想政治教育学学科发展、范式创新的论文中提及，概念也尚未统一，有思想政治教育文化学范式、思想政治教育文化范式、思想政治教育

[①] 参见马寒《当前思想政治教育文化问题研究谫论》，载《学校党建与思想教育》2014年第1期。

[②] 赵志业：《思想政治教育的文化本质及其实现》，载《理论与改革》2015年第1期。

[③] 参见王莹、孙其昂《思想政治教育文化及其系统解读》，载《思想教育研究》2015年第2期。

文化视野等多种提法。虽然学界关于思想政治教育文化学范式的讨论在增长，但相关的研究对象、问题意识、核心概念、基本理论、方法论还没有体系化。虽然有以文化学的视角探索思想政治教育要素、方法和途径的研究成果，但成果较为零散，还没有形成真正或者说完全地以文化学视角推进思想政治教育学创新发展的研究思路和方向。换言之，学界对于思想政治教育文化学的研究仍然在起步阶段，我们还需要付出更多更大的努力，推动这一分支学科实现跨越式发展。

第三节 思想政治教育文化学的理论形态

新范式的确立和发展，不能靠预设，而是需要在新的研究实践中摸索。在此，我们对思想政治教育文化学可能的理论形态做一个展望，对文化学范式的思想政治教育研究的基本特征做一个描述。就像马克思在《关于费尔巴哈的提纲》里提出新唯物主义的设想，具体内容有待之后研究深化完成，在该提纲里只是对新唯物主义的基本特征、核心概念、基本观点、目标任务做出提纲挈领的描述。

一、思想政治教育文化学的学科定位

定位是指在坐标系中确定位置，所以思想政治教育文化学要在与其他相关学科的纵横关系中找到自己在学术分工中的位置，从而明确自己的边界、目标和任务，在建构过程中需要处理好与主干学科的关系、与其他分支学科的关系，以及与马克思主义理论一级学科外部学科的关系。

从纵向上看，思想政治教育文化学是思想政治教育学的分支。思想政治教育文化学是思想政治教育学与文化学的交叉学科，是思想政治教育学的重要分支学科。如果说思想政治教育学在整个中国特色哲学社会科学版图上是一个新兴学科，那么思想政治教育文化学则是在整个思想政治教育学中的新兴学科；如果说思想政治教育学已经为社会上大多数人所认可，那么思想政治教育文化学则还是一个需要更多人讨论、论证、扩大影响的新生学科。

从横向上看，因为文化学本身是一门综合性学科，所以思想政治教育文化学不仅是与文化学交叉研究，也会与其他分支学科有一定的结合交叉，比如与生态学、传播学、阐释学等。

很多学科，比如语言文学、历史学、艺术史、政治学、社会学、教育学等都出现了文化学的方向，出现了文化学的分支或者研究模块，这些学科构成了文化学的学科群。所以，从这个角度上讲，思想政治教育文化学也是中国文化学学科群的一个分支，体现了中国特色。正如马克思主义政治经济学在马克思主义理论学科下，也是经济学的一个分支。

二、思想政治教育文化学的发展意义

从学科定位出发，思想政治教育文化学的设立和发展有两大方面的意义。

第一，推动思想政治教育学学科的完善和创新发展。经过30多年发展，一方面，思想政治教育主干学科取得了丰硕的成果，发展较为成熟，构成了范式创新的基础；另一方面，分支学科的创设和发展，既有助于主干学科的巩固和丰富，也有助于推动主干学科的转型发展。成熟范式的定域关注功能表征着一种成就，具有指导学科规范发展的重要意义；同时，定域关注也会带来一些限制，比如，思想政治教育研究出现落后于实践变化的危险，被受教育者活泼的发展动态抛在后面的问题，等等，所以分支学科的拓展反过来有助于推动主干学科的创新发展。思想政治教育文化学的意义在于促进对思想政治教育基本要素的再思考，回应时代提出的新的重大理论和实践问题，让思想政治教育学始终保持生机活力，提高理论解释力和实践成效。换言之，思想政治教育文化学既要对新问题作出回应和探索解决思路，也要用新的研究方法"重新"研究老问题，提出新的理论观点和新的解决方式，开辟新的工作场域。比如，思想和行为是思想政治教育的一对核心范畴。文化可以看作社会奠定基础的精神和物质交互关系与活动之总体性，这些关系与活动决定了一个群体的个体行为特点。[①] 换言之，文化是操控人感知和行为的"范型"，通过文化学研究可以加深我们对思想和行为这对核心范畴的认识，提出创新理论。

有必要指出的是，自然科学的科学革命是范式的取代和重建，人文社会科学的科学革命是范式的拓展和完善。当我们用范式的视角来看思想政治教育与文化学结合时，首先需要有一个认识前提：作为一门人文社会科学，思

---

① 转引自［德］安斯加·纽宁、［德］维拉·纽宁《文化学研究导论：理论基础·方法思路·研究视角》，闵志荣译，南京大学出版社2018年版，第30页。

想政治教育学的创新发展并非物理学、化学等自然科学那样以范式革命为学科发展成熟的模式,而是以"范型""范例"为核心逐步丰富和拓展的发展模式。

第二,推动中国特色文化学的创新发展。西方文化学的兴起源于对西方现代性的反思。一是面对近代自然科学的蓬勃发展,科学与文化、道德的关系问题引起了近现代西方哲学家们的关切,产生了哲学取向的文化学传统。18世纪,卢梭对文化的批判、康德对文化批判的批判是对科学与道德的关系问题所做的深入探讨,对后世影响深远。20世纪,众多现代西方哲学家深入探讨了自然科学与文化科学的关系,如生命哲学家狄尔泰把科学分为自然科学和精神科学,并把"文化体系学"作为精神科学的主干。二是资本主义文化在全世界的强势推行过程中,其他民族文化存在的合理性和合法性问题引起了一些倡导文化学研究者的关注,促进了文化人类学的蓬勃发展,开创了人类学取向的文化学传统。文化学在我国的兴起也是学界出于对现代性的问题意识,不同的是作为现代化转型后发国家,我们在面对西方文化现代性时存在着矛盾心理:一方面是向先行者学习的态度,另一方面是保持民族主体意识的自觉。五四运动以来,我国出现了一些专门研究文化学的学者,如李大钊、张申府就提出过"文化学"一词。20世纪30—40年代对此真正做过研究的代表人物有黄文山、陈序经、吴文藻、阎焕文、孙本文等,尤其是黄文山、陈序经被称为"中国文化学双峰"。但囿于当时的时代背景,他们的论著有一个显著的缺点——英美学风印痕较深、中国人文传统不彰。如今中国文化学建设得以在文化自觉、自信、自强的背景下展开,有了发展的底气。所以,思想政治教育文化学研究不仅有利于推动思想政治教育的现代化,而且有利于文化学研究的中国化和时代化。

一言以蔽之,通过思想政治教育文化学研究,让思想政治教育与文化两个领域的功能、贡献对于彼此来说是可见的。

三、思想政治教育文化学的建设原则

思想政治教育文化学是学科交叉研究的产物,在这一交叉研究的过程中,需要注意两大建设原则。

第一,坚持以思想政治教育为主位交叉结合的原则。运用文化学的理论和方法透视思想政治教育现象,运用思想政治教育理论和方法透视文化现象,在这种双向建构中,是以思想政治教育为主来为思想政治教育学术研究和实践工作服务的。"需要强调指出的是，倡导以交叉学科视野推进思想政治教育的创新发展研究，不是无限扩张思想政治教育的学科边界，而是要坚守思想政治教育的学科特质，不能简单地'借船出海''借鸡下蛋'，更不能'种了别人的田、荒了自己的地'，而是要进一步明确学科意识、丰富学科内涵、增强学科自信，不断提高思想政治教育学科发展的科学化水平。"① 郑永廷在提及思想政治教育文化学的文章中，指出两个倾向需要注意：一是用文化学替代思想政治教育学的倾向。"仍然有人以国外没有这一学科质疑思想政治教育学科的科学性，偏向于用心理学、管理学、文化学等引进学科，替代思想政治教育学。"② 换言之，就是这种文化学的引入不是为了促进思想政治教育学的学科发展，而是取代思想政治教育学的存在，把文化性和政治性对立起来，用文化性弱化乃至取消政治性，这就偏离了学科建设的初衷。所以，思想政治教育文化学建设的第一个重要原则，就是坚持思想政治教育的本质属性——政治性的主位。强调思想政治教育的文化性而并非否定思想政治教育的政治性，即政治性仍旧是思想政治教育的第一属性。"思想政治教育这种文化现象同时又是一种政治现象，它以政治取向来汲取文化资源，以政治需要来规导育人规格，以文化教化来实现政治目的。"③ 文化学与思想政治教育的结合要立足于思想政治教育的学科化立场和归宿点，有一个文化学范式适应思想政治教育研究的问题，要注意文化学在引入思想政治教育学过程中学科视角和问题域的转换。二是使用取向或工具取向。"为了解决方法的科学性问题，往往对社会上比较有效和流行的方法，如管理方法、心理方法、文化方法等在思想政治教育中运用和研究较多。"④ 这提醒我们思想政治教育文化学研究和应用要处理好短期效用和长期规律的关系。也就是说，借鉴文化学的概念、理论工具、方法等不仅仅是为了解决一时所需，而且要运用这些理论去揭示思想政治教育发展规律这个根本问题，文化学范式的研究不是局限于文化作为思想政治教育的某种要素形态，比

---

① 冯刚：《交叉学科视野下思想政治教育的创新发展》，载《思想理论教育导刊》2011年第11期。

② 郑永廷：《思想政治教育学科发展的历史与现状——兼论思想政治教育学科基础理论的发展》，载《思想教育研究》2002年第6期。

③ 沈壮海：《关注思想政治教育的文化性》，载《思想理论教育》2008年第3期。

④ 郑永廷：《思想政治教育学科发展的历史与现状——兼论思想政治教育学科基础理论的发展》，载《思想教育研究》2002年第6期。

如方法、载体，而是要注重从文化学视野出发对思想政治教育的复杂性和整体性进行深入研究。

第二，坚持中国立场交叉研究的原则。文化学和社会学、心理学等学科一样，是西方首先发展起来的学科。作为先行者，英美等发达国家的确在这些学科的生产力、生产成果（概念、分析工具、范例等）方面处于世界领先地位。我们在学习借鉴"先进"、大胆拿来用的过程中，从"先行者"那里吸取经验时，需要始终坚持中国立场，要意识到文化学是个复数概念，文化的本土性决定了文化学的本土性。如果说第一个原则在政治性和文化性二者之间强调政治性是主位，那么第二个原则在文化学的世界性和本土性之间坚持本土性是主位，而且越是民族的就越是世界的。文化学研究既要坚持开阔的世界文明视野，积极融入人类文化发展大势，有中国的发展离不开世界的自觉；也要坚持扎根中国大地，聚焦中国文化安全和文化发展问题，关切中国的文化利益，有世界的发展离不开中国的自信。英美式文化研究的全球化及其在全世界接受过程中，有遗忘文化学具有差异性的危险，我们必须意识到，除了英美式文化研究，还有大量其他研究思路可以为人文学科的创新发展带来重要动力。在这个意义上，思想政治教育文化学的研究和发展有利于推动中国文化学学科建设突破西方文化中心论的束缚，走出文化自信的学科发展道路。中国现代意义文化学的领军人物陈序经在20世纪30年代就说过："谁敢相信五十年后，或一百年后的中国的文化，不会超越西洋的文化呢？"[①] 与陈序经并称"中国文化学双峰"的黄文山也说道："中国学术固应取法欧西，舍短取长，补我不足，但文化的自立自主，求迈进于创造之途也是天经地义的。"[②] 虽然他们意识到这个基本原则，但囿于当时的大的时代背景，他们的文化学英美风痕迹明显，陈序经甚至主张"全盘西化论"。如今，立足于中国特色社会主义建设事业取得举世瞩目的成就，中国学者应更有底气建设中国特色文化学。

一言以蔽之，思想政治教育文化学研究在借用文化学概念和理论时需要注意适应性改造，即学科的适应和本土化的适应。

---

① 陈序经：《文化学概观》，岳麓书社2010年版，第313页。
② 黄文山：《文化学及其在科学体系中的位置》，岭南大学西南社会经济研究所1949年版，第16页。

四、思想政治教育文化学的理论意涵

"交叉学科视野下的思想政治教育研究，就是以交叉学科的研究视角和理论视野观照、审视、研究思想政治教育。"① 我们主张思想政治教育文化学是在文化学视野中研究思想政治教育的一种分支学科。因为文化既可以作为一种视野和方法，也可以作为一种对象，所以，思想政治教育文化学既研究作为方法的文化问题，也研究作为对象的文化问题，即包括两大方面：一是运用文化学的理论和方法透视思想政治教育现象，二是运用思想政治教育理论和方法透视文化现象。思想政治教育文化学的研究范围可以定义为：分析思想政治教育中的文化现象或文化中的思想政治教育存在，提炼思想政治教育的要素、智慧，寻求思想政治教育与文化发展的互促共生机制。在范式视域下，思想政治教育文化学的理论意涵除了前面已经阐述的学科定位、功能定性外，还有价值立场、研究对象、研究内容、研究思路、方法构想等。

（一）思想政治教育文化学的价值立场

范式首先意味着学术共同体拥有共有的价值立场、前提性认识。思想政治教育文化学的价值立场是以人为目的，促进人的全面发展，坚持以人民为中心的。从这一立场出发，思想政治教育文化学认为必须正视教育主体和受教育者的多元诉求，特别是弱势群体的文化境遇和发展要求，否则，以人民为中心的立场将不能得以充分体现，思想政治教育的价值将不能充分彰显。

思想政治教育文化学应以三大共识为前提：一是人是一种精神存在物、文化存在物，受教育者本身出生和成长于一定的文化背景中，通过文化学范式的引入，探讨思想政治教育的理想和理想的思想政治教育；二是思想政治教育具有文化性、文化价值，承担着建设社会主义先进文化、建成中国特色社会主义文化强国的历史使命；三是思想政治教育文化学的理论基础是马克思主义文化理论。

（二）思想政治教育文化学的研究对象

思想政治教育文化学的研究对象是思想政治教育的所有组成要素，尤其

---

① 冯刚：《交叉学科视野下思想政治教育的创新发展》，载《思想理论教育导刊》2011年第11期。

是受教育者的思想和行为特点，思想政治教育内容转化为受教育者思想和行为的规律。思想政治教育文化学不同于自然科学。自然科学以具体的、特定的自然现象及其形成发展的规律为研究对象，是一种自然的客观存在现象。而思想政治教育文化学的研究对象是存在于精神领域的文化现象。也就是说，二者研究对象存在的领域不同。其他社会科学，如经济学以经济现象及其产生发展规律为研究对象，而思想政治教育文化学则以思想政治教育过程中的一切精神文化现象、文化行为、文化本质、文化体系和文化产生发展演变的规律为研究对象。也就是说，二者具体的研究内容不同。

（三）思想政治教育文化学的研究内容

德国数学家戴维·希尔伯特（Daviel Hilbert）曾说："只要一门科学分支能提出大量的问题，它就充满生命力，而问题的缺乏则预示着独立发展的衰亡和终止。"著名物理学家爱因斯坦讲过："提出一个问题往往比解决一个问题更重要，因为解决问题也许仅是一个数学上或实验上的技术而已。而提出新的问题、新的可能性，从新角度去看旧的问题，却需要有创造性的想象力，而且标志着科学的真正进步。"[①] 所以，思想政治教育文化学的研究内容就是它应该研究哪些问题。

既然思想政治教育文化学是文化学视野中的思想政治教育研究，那么可以先来看看文化学研究的是什么。第一种观点："文化学既研究文化理论，又重视文化实际；既研究精英文化，又研究大众文化；既研究文化历史，又重视文化实际。"[②] 结合思想政治教育的性质和职责，我们可以说思想政治教育文化学既研究阐释马克思主义文化理论、批判分析其他文化理论，即理论状态的文化，也研究具体的文化现象，即实践状态的文化；既研究主流文化，也研究非主流文化，包括大众文化、流行文化、青年亚文化等；既研究文化"历史"，也研究文化"现在"，还研究文化"未来"。第二种观点，即"总体上来看，在文化学旗帜之下集中着以下四类文化研究：第一类是对文化现象的研究；第二类是文化的哲学研究；第三类是对组织文化和特定人群的文化研究；第四类是文化分析，即对所关注对象从文化分析角度进行研究和把握，如经济的文化分析、制度的文化分析、教育的文化分析、现代化的

---

① 转引自徐伟《思想政治教育文化范式探微》，载《湖北社会科学》2012年第5期。
② 郭齐勇：《文化学概论》，武汉大学出版社2014年版，第22页。

文化分析等。"① 借鉴这种对文化学的研究分类，我们认为思想政治教育文化学研究的内容主要包括三个层级。

第一个层级是思想政治教育文化学的元理论研究，即马克思主义文化理论及其中国化和时代化研究。主要通过研究马克思主义经典作家的文化理论、中国化马克思主义的文化建设理论，尤其是习近平总书记有关文化建设、思想政治教育工作、宣传思想工作的重要论述（这些重要论述为马克思主义文化理论的建构提供了新的思想源泉和科学指南），回答了以下基本问题：经济、政治与文化的关系，思想政治教育与文化的关系，文化的教化功能，思想政治教育的文化性及文化功能和文化价值，思想政治教育文化的内涵、特点、结构及运行、演进的规律，人与思想政治教育文化的关系，中国特色社会主义文化的内涵、特点及结构，中国特色社会主义文化道路的理论意蕴，等等。研究指向马克思主义文化理论建构和与时俱进的发展，认清推进思想政治教育守正创新的文化基础和文化使命。

第二个层级是对思想政治教育的文化学透视，即从文化角度对思想政治教育的基本要素和基本问题等进行分析、再审视。这些问题学界已有成果，但还有深化、细化的空间。比如，从文化学的视角审视思想政治教育的本质、目的和功能，有助于进一步增强思想政治教育学术共同体的学科意识和文化使命意识，提高思想政治教育在整个中国特色哲学社会科学体系建构和"五位一体"总体布局中的贡献度。从文化学视角出发，对思想政治教育活动及其诸要素（如主体、环境、载体等）进行再思考。这些范畴研究学界已经有一些共识性成果，下一步研究的重点应该是从抽象、共性研究进入具体研究，与主干学科思想政治教育学原理之间的关系类似于马克思、恩格斯创立的历史唯物主义与资本主义社会批判理论的关系。比如，从文化学角度深入阐释思想政治受教育者，把握当代青年的思想行为特点。从文化学的视角剖析思想政治教育的一些基本问题，有助于我们深化对思想政治教育基础理论的认识，更充分和更深入地把握思想政治教育的内在规律，更有效地创新思想政治教育研究和工作方法体系。比如，思想形成发展规律、转化规律等一直是思想政治教育研究的任务和难点，文化学的引入有助于我们研究这两大规律。被称为"人类学之父"的爱德华·伯内特·泰勒（Edward Burnett Taylor）于1871年在《原始文化：神话、哲学、宗教、语言、艺术和习

---

① 张应强：《中国教育研究的范式和范式转换——兼论教育研究的文化学范式》，载《教育研究》2010年第10期。

俗发展之研究》中指出:"文化或者文明在最广的种族学意义上是知识、信仰、艺术、道德、法律、习俗和其他一切人类作为社会成员而习得的能力与习惯之总和。以多样的人类社会形式表现出的文化状态,只要它可以在普通原则的基础上得以探究,就是一个适于研究人类思想与行为规律的对象。"[1]文化学的一些成熟的研究成果就是在解释风俗习惯、制度、道德等是如何影响个体行为选择的。总之,思想政治教育文化学强调把文化性作为充分理解思想政治教育基本属性的要素,从文化性维度丰富思想政治教育内涵式发展的意蕴,强调思想政治教育的文化价值(凸显思想政治教育对文化的选择性、主导性、规约性功能),强调思想政治教育应该承担的文化使命(提升国民的文化自觉、文化自信和文化自强),更加重视人作为一种文化存在的属性和基本需求,反思建构思想政治教育的理论体系。研究范围和研究内容主要来自党的理论、思想政治教育工作史和当前实践,通过研究让文化不仅以资源的方式融入思想政治教育内容中,还要以要素的方式置于运行机制的构建、教育实践活动的过程中。比如,学校教育如何在传授科学知识的同时,涵养青年的文化认知、文化归属和文化自信等。研究指向思想政治教育研究学理性的增强,思想政治教育工作方法、制度体系科学化的提升,以及育人质量的改进。

第三个层级是对文化现象的思想政治教育透视,即从思想政治教育角度出发,对历史上和现实中各种文化现象的研究。一个是历史维度的思想政治教育以文育人的历史实践、成就和基本经验研究,另一个是现实维度的当代文化现象研究。思想政治教育理论的研究对象是各种思想政治教育现象,思想政治教育文化学的研究对象则是各种思想政治教育文化现象,目的是揭示思想政治教育文化引导、文化育人、文化治理规律等。思想政治教育文化学通过这些研究,丰富和完善思想政治教育理论体系、学科体系、治理体系,增强思想政治教育的实效性,提高思想政治教育在全面建成社会主义现代化强国过程中的贡献度。包括政党文化、组织文化、特定人群的文化研究,优秀传统文化、革命文化、社会主义先进文化与思想政治教育的融合,思想政治教育如何引导大众文化、消费文化、网络文化、青年亚文化等,思想政治教育对亚文化群体的思想引领问题,等等。毛泽东曾指出:"科学研究的区分,就是根据科学对象所具有的特殊的矛盾性。因此,对于某一现象的领域

---

[1] 转引自[德]安斯加·纽宁、[德]维拉·纽宁《文化学研究导论:理论基础·方法思路·研究视角》,闵志荣译,南京大学出版社2018年版,第29~30页。

所特有的某一种矛盾的研究,就构成某一门科学的对象。"① 从这个角度讲,思想政治教育文化学要研究文化产品与人民群众日益增长的文化需要之间的矛盾、主流文化与多样文化的对立统一关系等。通过解决主流文化的建构、传播、大众化,对各种非主流文化的引导和整合问题,满足人民群众的文化生活需要。在全球化视野下,思想政治教育文化学研究文化隔阂、文化歧视、文化冲突问题,通过探索如何增进文化对话和理解,如何反对文化霸权主义等问题,讲好中国文化故事。

总而言之,思想政治教育文化学致力于借鉴文化学的研究视角和范例,促进思想政治教育研究的高质量发展与思想政治教育实践的守正创新,它的总特点主要包括:更加致力于发掘优秀传统文化中的思想政治教育智慧,并推动其实现创造性转换和创新性发展;重视思想政治教育的日常生活化研究;重视亚文化群体的思想政治教育问题;重视激发和塑造全体国民,尤其是青年的文化自觉、文化自信;重视对多元文化的整合,保证马克思主义文化、社会主义核心价值观的主导地位,对多样社会思潮的引领,巩固马克思主义在意识形态领域占指导地位的根本制度,促进中国特色社会主义文化建设,彰显思想政治教育的文化价值、时代价值和强大的生命力。

(四) 思想政治教育文化学的方法论体系

范式作为学术共同体所遵从的信念体系,表征着特定的学科立场,作为学术共同体所遵从的研究和实践规范,还表征着特定的方法论取向。思想政治教育文化学的方法论体系分为研究方法体系和工作方法体系两大类。如图1-1、图1-2所示,二者的致思路向和工作路向略有不同。

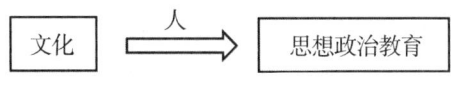

图1-1 思想政治教育文化学研究的致思路向

图1-2 思想政治教育文化学实践的工作路向

---

① 毛泽东:《毛泽东选集》第一卷,人民出版社1991年版,第309页。

文化学主要包括哲学取向和人类学取向两大类①，其思维方法和研究方法各有特点。相应地，思想政治教育研究的文化学范式有两种基本实践样态：哲学取向的人文主义传统和人类学取向的实证主义传统。

哲学取向的思想政治教育文化学是文化哲学、价值哲学、精神科学、现象学等范式在思想政治教育研究中的综合应用，主要是文化哲学。文化哲学也分为两种：一种是哲学研究层面将人与文化作为研究主题，另一种是文化研究层面对文化进行哲学思考，呈现出理解—阐释主义方法论范例，代表着人文主义传统，以思辨研究为主。思想政治教育文化学借鉴以人文主义传统为基本取向、以哲学思辨研究为方法范例的哲学文化学范式进行研究，主要是一种宏观研究，其方法论呈现两大特点。

第一，关注人存在的意义和价值，关注人的精神存在、文化需求，重视从历史文化和存在价值入手探究思想政治教育内涵式发展的内容和方向，重视主体赋能，提高人从思想政治教育中的获得感，对人自身发展的价值，包含对人存在意义和价值、人类社会命运的深切关怀，是对教育走向技术主义、实用主义的反思和纠偏，为塑造完整人格提供助力。之所以有必要引入哲学取向的文化学研究路向，是因为"思想政治教育研究的目的，不只是要从客观量化的研究中来了解事实，更重要的在于了解和解释这些事实背后的意义，以此作为批判、改进和超越不合理的思想政治教育现象的基础"②。恰如马克思所说，问题不仅在于解释世界，而且在于改变世界。尤尔根·哈贝马斯（Jürgen Habermas）把人类知识的构成兴趣分为三类，认为除了有技术的认识兴趣、实践的认识兴趣，还有解放的认识兴趣。马克思主义属于"解放的认识兴趣"。思想政治教育作为马克思主义理论一级学科之下的分支学科，应该秉持马克思主义这一基本理论特色。

第二，关注人的生活世界，主张理论世界向生活世界的转向，注重从真实的生活世界发现思想政治教育的问题、探寻问题的答案和方法，注重在具体的文化情景中开展思想政治教育活动。"可以说在文化视野关照下的思想

---

① 人类学取向的文化学研究近年来成果突出，所以有学者甚至认为，文化学是从人类学、社会学文化研究基础上分化出来的一个分支学科。而本书认为文化学包括文化哲学、价值哲学等在内的哲学取向的文化学传统。

② 郑忠梅、秦在东：《文化视野：思想政治教育研究的新范式》，载《学校党建与思想教育》2006年第5期。

政治教育研究，是一种自下而上的研究，是一种充满'人情味'的研究。"①哲学文化学把人视为一种文化或者说符号的存在，认为要认识人就需要回到其具体的生活世界、文化背景中。因为文化学范式把人视为文化存在，认为文化与日常生活密切相关，使得研究可以超越技术范式的局限，为研究带来从关注"学校生活"到"日常生活"的方法论转向。文化范式的引入将促进思想政治教育实践与日常生活的内在关联，提升教育的实效性。

如果说哲学取向的文化学为思想政治教育文化学研究提出了从理论世界向生活世界转向的要求，那么人类学取向的文化学则提供了具体的路径和方法，主要包括田野工作和个案研究两大基本方法。

田野工作、田野调查是人类学的基本工作方法。人类学的田野工作研究范式实际上涵括一系列基于实践和生活的研究路径。学习借鉴人类学这一方法论原则，首先就是要改变思想政治教育研究仅限于书斋的研究范式和宏大理论阐释范式，真正做到理论联系实际，从理论世界向生活世界转向。其次是人类学取向的文化学范式以英美文化人类学为范例，田野工作研究范式的兴起、移民潮引发的多元社会文化背景，是其兴起的双重根基。所以文化学范式不仅关注"作为生活方式"的文化与"作为日常生活"的教育的一体关系，而且强调"尊重他者""倾听底层"，倡导在"活的教育"中构建"活的教育学"。②强调研究要尊重他者，保持主客位的视角平衡，对我们研究群体文化、做好不同群体的思想政治教育工作很有启发意义。

除了传统的田野工作外，今天的人类学日益突出虚拟田野、历史田野工作的方法。网络时代的到来，使虚拟田野（社区）取代物质田野（社区）成为重要研究对象，即田野由现实的地理空间变成虚拟的网络空间，民族志相应地发展出虚拟民族志，兴起网络民族志方法或称网络观察法。青年是思想政治教育的重要对象群体。如果说对作为网络移民的成年人而言，网络是一种工具，那么对作为网络原住民的当代青年来说，网络是一种生活。要想做好青年的思想工作，就必须了解青年，而要了解青年就需要关注今天青年聚集的网络平台，如豆瓣、知乎、B站（哔哩哔哩弹幕网站的简称）等，运用网络民族志方法走近青年。

---

① 郑忠梅、秦在东：《文化视野：思想政治教育研究的新范式》，载《学校党建与思想教育》2006年第5期。
② 参见满忠坤《教育研究的文化学范式及其方法论阐释》，载《中国教育学刊》2021年第4期。

人类学还常用个案研究方法，重视微观分析。"典型的人类学方法，是通过极其广泛地了解鸡毛蒜皮的小事，来着手进行这种广泛的阐释和比较抽象的分析。"① 因为受教育者的复杂性、多样性、主体性的凸显，思想政治教育需要借鉴这种方法，才能从之前的大水漫灌式教育主动调整为精准施策，真正做到因材施教。

总之，文化学范式的引入，有助于思想政治教育研究不仅在本体论意义上与单一本质范式相区别，而且在方法论意义上与"书斋理论"范式形成对比，与定量实证主义、技术主义范式形成对比。前文提到不少学者关注并讨论如何兼顾思想政治教育的人文科学与社会科学的身份、人文性和科学性，其中，侧重解决思想政治教育的科学性问题的学者，主张引入社会调查方法、定量研究方法等；关注思想政治教育人文性问题的学者，则提出实证主义方法带来技术主义的隐忧。人类学研究方法的借鉴可以为这个问题提供一个解题思路：将"理解—阐释主义和科学—实证主义"统合起来。因为"人类学作为社会科学中最具有人文精神和最接近人性的学科……被期望能够去处理人类认知、交往、建构和互动的世界的'广泛复杂性'"②。当然，问题的解决需要靠学界的共同努力。

第四节　思想政治教育文化学的建设思路

任何一门学科的发展过程都不是一帆风顺的，中间既会有跨越式发展，也会有曲折停顿；既会有探讨，也会有争论。当前思想政治教育文化学研究遭遇的困境主要有研究意识不显，该分支学科在学界未获得更广泛的认同，研究动力不足，现有研究力量薄弱、分散，学术共同体尚未形成，成果目前呈零星分布状态，真正从文化学视野出发研究的成果不多，知识储备不够，进一步研究能力有短板，研究视野不够开阔，研究方法基本空白，转换渠道单一，功能不彰，等等。要破解制约学科发展的这些桎梏，推动思想政治教育文化学跨越式发展，可以考虑在以下三个方面下功夫。

---

① ［美］克利福德·格尔茨：《文化的解释》，韩莉译，译林出版社1999年版，第21页。

② ［英］奈杰尔·拉波特、［英］乔安娜·奥弗林：《社会文化人类学的关键概念》，华夏出版社2005年版，第211页。

首先,通过加强对思想政治教育文化学研究意义的诠释和正向激励机制的建构,激发更多人的学术自觉和研究动力。"科学发展史上,许多具有重大理论意义和实践价值的科研话题,往往只是在赢得更多人的关注之后才获得自己长足的发展和进步的条件。"[①] 学科要发展依赖学者们的努力,需要更多学者有研究这一交叉学科的自觉意识、使命意识和问题意识,自觉新的任务、自觉存在的问题。可以通过组织召开相关学术研讨会、设置课题指南等方式吸引更多研究人员进入这一领域。不仅如此,思想政治教育文化学要从前范式阶段向范式阶段转换升级,需要研究者有范式意识,探索建构起范式发展模式。通过统一价值立场、厘清研究论域、探讨核心概念、创建研究方法、构筑基本框架来推动思想政治教育文化学研究的秩序化、结构化和规范化,提高本学科的知识生产力,输出更丰富的理论成果,强化成果的应用性,让理论令人信服,使早期的知识输入升级到成熟时期的知识输出。

其次,加强平台建设,提供成果发布、转化渠道。比如,通过召开相关主题的学术会议,让相关研究者有场域交流研究成果,统一研究思路,吸引更多人来关注这一分支学科的发展;期刊不定期提供专题板块,扩大研究成果的传播面和影响力,形成鼓励研究的正向激励。除了论文这一成果形式、期刊和论坛等成果发布渠道外,还可以通过转换为政策建议,通过智库渠道等发挥思想政治教育文化学研究的咨政功能,提高自身影响力和成果的应用性。

最后,通过课程设置,培养后备人才,让未来的研究者做好知识储备。纵观思想政治教育学学科 30 多年的发展,离不开思想政治理论课这一重要成果转换渠道和知识储备池。可以在思想政治课(简称"思政课")课程体系建设中增加思想政治教育文化学方向的课程,比如中华民族传统文化课,现有课程有的已经引入了传统文化资源,但还是零散的教学,需要对优秀传统文化进行深入开掘、系统梳理、专业化研究,完成育人资源的整合和更新,形成传统文化教育的整体氛围;需要将教材体系转化为教学体系,可以鼓励思政课教师在课程内容的选择上增加中国特色文化学知识,在文化学视野中建构教学体系,阐释思政课内容;可以开设文化学课程群,积极开发课程思政中的文化学内容,比如在文化哲学、人类学课程中进行课程思政开发,让青年学生积累文化学的知识;在思想政治教育专业研究生课程体系建

---

① 张耀灿、钱广荣:《思想政治教育研究范式论纲——思想政治教育研究方法的基本问题》,载《思想教育研究》2014 年第 7 期。

设中增加相关课程群。"研究范式……主要是为以后将参与实践而成为特定科学共同体成员的学生准备的。因为他将要加入的共同体,其成员都是从相同的模型中学到这一学科领域的基础的,他尔后的实践将很少会在基本前提上发生争议。以共同范式为基础进行研究的人,都承诺同样的规则和标准从事科学实践。科学实践所产生的这种承诺和明显的一致是常规科学的先决条件,亦即一个特定研究传统的发生与延续的先决条件。"[1]

库恩在其代表作《科学革命的结构》一书中写下了这段话:"从现代编史学的眼界来审视过去的研究记录,科学史家可能会惊呼:范式一改变,这世界本身也随之改变了。科学家由一个新范式指引,去采用新工具,注意新领域。……在革命之后,科学家们所面对的是一个不同的世界。"[2] 本章是对思想政治教育文化学轮廓的描述,只是为这一分支学科建设拉开序幕,期待更多学者共同努力完成"剧本",创作出思想政治教育文化学新范式,也期待看到思想政治教育新的理论世界。

---

[1] [美]托马斯·库恩:《科学革命的结构》,金吾伦、胡新和译,北京大学出版社2012年版,第9～10页。

[2] [美]托马斯·库恩:《科学革命的结构》,金吾伦、胡新和译,北京大学出版社2012年版,第101页。

第二章 思想政治教育传播学

把思想政治教育传播学作为思想政治教育学分支学科的设想早已有之。早在 2005 年，学者欧阳林就以"思想政治教育传播学"为题出版专著，对思想政治教育传播过程、传播类型、内容、受众、传播者、传播媒介、传播效果和传播活动与实践等问题进行了系统研究，为思想政治教育传播学的研究做出了开拓性贡献。[①] 之后，对于设立这样一门分支学科的探讨，学界不乏富有见地的发声，如有学者提出："思想政治教育传播学的设立不仅是思想政治教育学科科学化发展的需要，也是社会发展的需要，是思想政治教育学与传播学适应时代发展的共同指向。"[②] 近年来，无论是围绕思想政治教育的传播学分析，还是基于传播学视角的思想政治教育分析，学者们都投入了很大的热情，形成了不少研究成果；但总体看来，现有研究多是对传播学相关理论和视角的"工具性"借鉴；就思想政治教育传播学自身而言，尚未建立起一套独特的学科知识体系，不仅核心概念、专业术语鲜有提出，关于这门交叉学科的研究对象、基本范畴、学科特点等问题也缺乏足够的关注与讨论，这些问题皆有待进一步挖掘与深化。有鉴于此，本章内容旨在在总结、梳理前人研究的基础上，尝试对这门分支学科的建立基础加以探讨，并选取思想政治教育传播的几个核心要素分别展开论述。

第一节 作为一门分支学科的思想政治教育传播学

思想政治教育"是指社会或社会群体用一定的思想观念、政治观点、道德规范，对其成员施加有目的、有计划、有组织的影响，使他们形成符合一

[①] 参见欧阳林《思想政治教育传播学》，北京交通大学出版社 2005 年版。
[②] 鲁杰：《思想政治教育传播学设立的必要性及构想》，载《思想教育研究》2011 年第 5 期。

定社会或一定阶级所需要的思想品德的社会实践活动"①。思想政治教育学是以思想政治教育为研究客体的综合性应用科学。传播是"社会信息的传递或社会信息系统的运行"②，传播学是研究社会信息传播活动及其规律的科学。由此看来，思想政治教育的传播，既是一种教育实践活动，也是一种传播实践活动，是将思想政治教育的有关信息蕴含于传播活动中的特殊社会实践。

从结构要素和过程方式上看，思想政治教育与传播具有重合、相通之处，都是（特定）信息为实现一定目标在社会系统中的传递、交流；而从研究目的上看，无论是思想政治教育学还是传播学，都非常重视结果，即反馈，这使得二者的交叉融合具有了天然的契合性。作为人类社会传播活动的一个特殊领域，思想政治教育必然受到传播环境和传播规律的制约，正如传播学研究者马歇尔·麦克卢汉（Marshall McLuhan）所言，"任何技术都逐步创造出了一种全新的人的环境，环境并非消极的包装用品，而是积极的作用过程"③。幸运的是，学者们对这一问题的认识是清醒的，"思想政治教育需要分析现代传播环境，探讨新的信息环境下思想政治教育的传播规律，开发和利用多种传播资源，完善思想政治教育过程体系，强化思想政治教育科学性、针对性和有效性"④。在这样一种背景和共识下，思想政治教育学与传播学的交叉成为某种必然。

一、思想政治教育传播学的研究对象

在学者陈万柏、张耀灿看来，"思想政治教育学分支学科是运用思想政治教育学的基本理论研究思想政治教育的某一方面所形成的学说"⑤。根据这一观点，思想政治教育传播学是运用思想政治教育学的基本理论研究思想

---

① 陈万柏、张耀灿主编：《思想政治教育学原理（第二版）》，高等教育出版社2007年版，第4页。
② 郭庆光：《传播学教程》，中国人民大学出版社1999年版，第2页。
③ ［加］马歇尔·麦克卢汉：《理论媒介——论人的延伸》，何道宽译，南京大学出版社2004年版，第6页。
④ 张博、付长海、李静霞：《传播学视域下的"生命线"》，知识产权出版社2017年版，第13页。
⑤ 陈万柏、张耀灿主编：《思想政治教育学原理（第二版）》，高等教育出版社2007年版，第14页。

政治教育传播的一门科学,"思想政治教育"和"传播"是该学科的两个中心概念。如果说思想政治教育的实质是实现特定教育内容的信息流动,那么如何增强信息传播效果、实现信息的有效互动,即是思想政治教育传播学研究的实质,而作为一种相对独立的学科,思想政治教育传播学必须具有相对独立的研究对象和研究体系。

确定研究对象是一个学科成立的根据,也是一个学科发展的逻辑起点。在学者欧阳林看来,"思想政治教育传播学的研究对象就是思想政治教育信息系统本身,思想政治教育传播学就是研究思想政治教育信息系统及其运行规律的科学"[①]。这是基于信息科学的角度对思想政治教育传播学研究对象的科学认识,它抓住了思想政治教育乃是一种信息传播活动的本质,可将其称之为研究对象的"规律说"。笔者认为,思想政治教育传播学是研究、揭示思想政治教育传播规律的一门科学。这门学科领域中的特殊矛盾就在于思想政治教育实践无法有效适应新的信息传播环境之间的矛盾,对这一特殊矛盾的研究,构成了思想政治教育传播学的研究对象。上述有关研究对象"矛盾说"的观点的提出,为学者们从实践需求上认识这门学科提供了视角。

有学者对思想政治教育传播学的具体学科问题展开探讨并提出:"其学科领域应包括思想政治教育学与传播学的交叉研究、新兴媒体工具在思想政治教育中的应用、解决思想政治教育传播实践中的问题等;其研究内容是以传播环节为框架、传播话语为内容、传播符号为单元;其研究方法,是以历史唯物主义与辩证唯物主义为遵循原则,用传播学、符号学和福柯的话语理论等方法综合研究。"[②] 这些论述对推进思想政治教育传播学的设立和发展具有积极意义。需要加以明确的是,思想政治教育传播学以传播为依托,借鉴传播学的模型及相关理论来研究思想政治教育传播活动,其第一要义是思想政治教育,第二要义是传播,二者的关系不能颠倒。也就是说,思想政治教育传播学研究、总结思想政治教育信息传播规律,最终要为思想政治教育所用,所谓"思政为体,传播为用",思想政治教育的信息如何通过有效传播被受教育者顺利接收并接受,最终内化于其自身思想及行为之中,应该成为思想政治教育传播学的重要研究内容,而这也是思想政治教育的最终指向。

---

① 欧阳林:《思想政治教育传播学》,北京交通大学出版社 2005 年版,第 11 页。
② 鲁杰、边卫军:《思想政治教育传播学:领域、内容与方法》,载《教学与研究》2016 年第 6 期。

要真正地认识事物,就必须把握住、研究清楚它的一切方面、一切联系和"中介"。思想政治教育传播学作为新的学科发展方向的设立,不仅丰富了传统思想政治教育学的学科研究视域,还使得思想政治教育传播活动中的很多重要问题获得专门的归类研究,这对提升思想政治教育实效性具有直接的指导作用和现实意义。作为思想政治教育学下一个相对稳定、相关成果不断涌现的研究分支,思想政治教育传播学立足思想政治教育实践前沿,具有自身鲜明的时代特色和发展优势,是推动思想政治教育学学科内涵式发展的重要着力点。对这一分支学科形成的理论基础、实践基础和学科基础加以探析,有助于从学科建设的高度把握其内在形成规律,不断推动产出新的交叉学科研究成果。

二、思想政治教育传播学的理论基础

马克思主义和思想政治教育学原理为思想政治教育传播学提供了理论指导,传播学相关理论为思想政治教育传播学提供了理论借鉴。作为一门交叉学科的分支学科,思想政治教育传播学的理论基础有赖于众多相关学科的共同支撑。

(一)马克思主义和思想政治教育学原理为思想政治教育传播学提供了理论指导

马克思主义为思想政治教育传播学提供了根本理论指导。坚持以马克思主义为指导思想,是思想政治教育传播学得以建立和发展的根本条件。马克思主义对思想政治教育传播学的理论指导,不在于它为研究中的具体问题准备了现成的答案,而在于它提供了科学的认识工具,坚持了正确的世界观和方法论:唯物辩证法中普遍联系的观点、发展的观点、矛盾的观点,揭示了事物存在的辩证性质,为深入研究思想政治教育传播实践活动提供了科学的指导原则;一切从实际出发、解放思想、实事求是的原则,启发研究者们从客观事实和实际出发,而非从抽象的原则和教条出发,不停留在事物的表面和现象上,而要从中把握规律与本质;坚持以认识和实践相统一的观点为指导,就要充分运用认识对实践的能动作用,以不断发展着的科学理论指导传播实践,充分发挥思想政治教育的各项功能。

思想政治教育学原理为思想政治教育传播学提供具体理论指导。思想政治教育学原理中关于人的思想产生、形成和变化的理论,关于人的思想与行为活动变化的理论,关于思想政治教育与管理的理论,等等,多涉及思想政治教育的理论基础、地位功能、产生根源和本质等内容,为思想政治教育传播学在学科定位、目标方向上提供了具体理论指导。同时,思想政治教育学原理随着我国社会实践和中国特色社会主义理论体系的发展而不断丰富、完善,注重面向网络、面向心理领域的拓展。作为思想政治教育学的分支学科,思想政治教育传播学要对思想政治教育学原理的拓展、深化研究及时关注,以不断调整研究内容。

张耀灿等学者在《思想政治教育学原理》一书中对"思想政治教育"做了细致的概念分析,在廓清"思想政治教育是人类社会历史不同阶段和不同阶级共有的社会活动"之后,提出思想政治教育可"特指无产阶级培养人的思想品德的活动"。[①] 思想政治教育传播学以思想政治教育的传播规律为研究客体,旨在在研究、掌握思想政治教育传播规律的基础上提高思想政治教育的有效性,其最终指向是服务于社会主义建设事业。可见,思想政治教育传播学以马克思主义和思想政治教育学原理为指导,是由其"质的规定性"所决定的。

(二)传播学相关理论为思想政治教育传播学提供了理论借鉴

传播学相关理论为思想政治教育传播学提供了直接的理论借鉴。基于传播学中经典的"5W模式",传播主体(who)、传播内容(what)、传播受众(to whom)、传播媒介(in which channel)、传播效果(with what effect)作为传播过程的基本构成要素,为思想政治教育传播学搭建起基本的学科框架结构。围绕思想政治教育传播主体、传播内容、传播受众(也称"传播对象")、传播媒介及传播效果展开的研究不仅成果丰富,而且视角多样,使得研究者们对思想政治教育传播活动的科学认识与规律把握不断深化。虽然"三要素说""四要素说""隐含要素说"等在思想政治教育传播要素上存在着不同的见解和观点,对思想政治教育传播模式也有不同的解读,但总体而言都是对传播学中相关理论的借鉴。

此外,传播学中很多理论如"议程设置""把关人""使用与满足""涵化理论"等,都对思想政治教育具有直接的启发意义。在中国知网数据库以"思想政治教育"和上述任一理论名称为主题词进行检索,都能得到

---

① 参见陈万柏、张耀灿主编《思想政治教育学原理(第二版)》,高等教育出版社2007年版,第5页。

数十篇乃至上百篇的论文检索结果。仅以"议程设置"理论为例，其在网络思想政治教育中的价值被众多学者关注和研究，代表性成果如《新时代大学生网络思想政治教育议程设置创新研究》①《新媒体背景下高校网络思想政治教育新思路——基于议程设置理论的解析》②《网络议程设置与思想政治教育虚拟环境优化》③。

"思想政治教育学的综合性特征，决定了在以马克思主义基本理论作为学科的理论基础的同时，还必须借鉴吸收其他学科的合理理论与方法。同时，社会发展与时代变迁背景下，思想政治教育有效性面临的挑战也要求从其他学科中吸收营养，借鉴融合相关学科的知识于研究之中。"④ 思想政治教育传播学正是学科交叉、理论互鉴的发展成果。作为一门新兴交叉学科，思想政治教育传播学要从传播学母体中吸收借鉴相关理论，"尤其是发挥大众传播媒介和新媒体对思想政治教育的推动作用，包括要强化思想政治教育传播主体担当、明确传播目标、关照传播对象、规范传播内容、转换传播话语、优化传播策略，以提升传播效果，助推思想政治教育创新发展"⑤。

三、思想政治教育传播学的实践基础

应该看到，思想政治教育传播学这门分支学科是在思想政治教育传播实践的基础上产生和发展起来的。新的传播实践经验是思想政治教育传播学学科理论建设的重要资源，需要及时总结和提炼。而新媒体的发展应用及思想政治教育研究范式的转换为思想政治教育传播学提供了实践基础。

（一）新媒体的快速发展与应用

以数字技术、网络技术、移动通信技术为依托的新媒体日益嵌入社会生

---

① 参见曹杰《新时代大学生网络思想政治教育议程设置创新研究》，载《思想理论教育导刊》2020年第6期。
② 参见洪涛、张苗苗、马冰玉《新媒体背景下高校网络思想政治教育新思路——基于议程设置理论的解析》，载《思想政治教育研究》2017年第6期。
③ 参见岳金霞《网络议程设置与思想政治教育虚拟环境优化》，载《中国青年政治学院学报》2009年第4期。
④ 邱伟光、张耀灿：《思想政治教育学原理》，高等教育出版社1999年版，第12页。
⑤ 冯刚、王树荫主编：《思想政治教育研究热点年度发布·2017》，团结出版社2018年版，第431页。

活的各个层面，悄然间改变着公众的生产、生活方式乃至思维方式。美国著名传播学杂志将新媒体定义为"所有人对所有人的传播"，有学者认为它"是建立在计算机信息处理技术和互联网基础之上，发挥传播功能的媒介总和"[①]。毋庸置疑，新媒体的应用和发展正改变着思想政治教育的实践面貌，思想政治教育在面临传统经验"失灵"的同时，也获得了前所未有的创新发展机遇。

新媒体丰富了思想政治教育的传播手段，拓宽了思想政治教育的传播渠道，为思想政治教育创新发展提供了更多可能。新的信息传播载体、传播方式的不断涌现，公众信息接收与消费习惯的变化，都加速了思想政治教育领域的调整和革新。在新媒体应用的时代大潮下，很多高校、企业运用新媒体思维开展思想政治教育工作，开设官方微博、微信、微视频等新媒体平台发布信息，呈现观点，交流情感，引导舆论，取得了良好的效果。近年来，VR（Virtual Reality，虚拟现实）、AR（Augmented Reality，增强现实）等技术也逐步在党史教育、高校党建和大学生红色教育等活动中得到应用，有效增强了思想政治教育的吸引力和实效性。

对新媒体技术的有效应用使得思想政治教育传播实践大踏步前进，也为思想政治教育传播学的建立积累了丰富的实践经验。新的实践催生新的理论，新的理论引领新的实践。随着信息传播环境的飞速变化，新的思想政治教育传播实践不断推动思想政治教育传播研究走向深入，开辟出新的研究热点；同时，最新的理论成果也为思想政治教育传播活动的开展提供了及时的指导与帮助，在理论与实践的双向互动中，思想政治教育研究的功能性作用得到了有效的发挥。

（二）思想政治教育研究范式的转换

研究范式是研究共同体进行科学研究时所遵循的模式与框架，其首要功能是为一个科学共同体或学派共同体的学者与新人提供一套解题的方法与研究常规。回顾思想政治教育的学科发展，不难发现思想政治教育研究正经历着由社会哲学范式向人学范式的转换，马克思主义人学的创建为这一转换奠定了理论基础，而新的历史条件下对人的价值的重新发现和深刻体认是促成这一转换的直接动力。"思想政治教育研究的人学范式是对社会哲学范式的

[①] 熊澄宇、廖毅文：《新媒体——伊拉克战争中的达摩克利斯之剑》，载《中国记者》2003年第5期。

继承和超越。它强调以人为本,既要推动社会进步,又要促进人的自由全面发展;既要坚持思想政治教育的意识形态功能,又要努力促进受教育者生存发展方式的优化提升,将二者有机统一起来。"[①]

思想政治教育研究的人学范式转换,使受教育者的主体性地位获得确认,是一个非常重要的转向。以往研究者们对思想政治教育的认识长期停留在社会需要、工具价值层面,而对人的主体性地位有所忽视。人学范式的转换,促使研究者们重新认识每个移动终端背后的个体,从他们的动机、需求、个人发展、利益诉求上寻找思想政治教育的切入点,发现思想政治教育与优化个人生存发展的结合点。这一转向暗合了传播学中关于受众地位的发展趋势,传播学中有关受众分析的理论如"个体差异论""使用与满足""选择性定律"等与思想政治教育学的结合,进一步丰富了思想政治教育传播学的研究内容。

"思想政治教育个体价值的研究不仅成为一个具有极大理论价值的学术性课题,而且也是一个具有重大现实意义和实践价值的政治性课题,它有助于思想政治教育实现'立德树人'根本任务。"[②] 思想政治教育研究的人学范式转换,推动思想政治教育传播学不断走向成熟和完善,在人学范式下,思想政治教育传播的规律不仅关涉信息的外部传播,而且包括信息的"人内传播",即个体系统内的信息传播,具体包含个体思想品德的形成和发展规律、个体价值的发掘,以及思想政治教育传播过程中的"获得感"等内容。换句话说,多样化的传播载体、多元化的传播路径、海量丰富的传播内容,最终都要落实到人,以及人的全面发展这一最终指向上来。

四、思想政治教育传播学的学科基础

任何学科的形成都要借鉴其他学科的研究成果。思想政治教育传播学的快速发展,有赖于学科建设的不断加强,这既包括思想政治教育学学科体系的不断完善,也得益于不同学科间交叉融合的发展趋势,可以说,多种交叉学科共同构成了思想政治教育传播学的学科基础。

---

① 张耀灿:《推进思想政治教育研究范式的人学转换》,载《思想教育研究》2010年第7期。

② 张耀灿:《研究思想政治教育价值的拓新之作——评付安玲的〈思想政治教育个体价值论〉》,载《思想教育研究》2018年第12期。

(一) 日益完善的思想政治教育学学科理论体系

思想政治教育作为一门社会科学领域中综合性特征明显的二级学科，其学科发展有赖于学科交叉的认识及其研究资源的滋养，尤其是在思想政治教育学学科自身体系资源比较匮乏、独立学科体系建构不足的情况下，积极寻求与其他人文、社会科学乃至自然科学的交叉、渗透，相互汲取、丰富和创造新的思想学术资源，显得尤为重要。在思想政治教育的理论研究和应用实践中，来自政治学、教育学、心理学、管理学、历史学等不同学科的成果均被及时吸收和借鉴，使得思想政治教育的时代性、科学性得以体现。

思想政治教育学学科历经多年积淀，目前已经形成了思想政治教育学原理、思想政治教育史、思想政治教育方法论、比较思想政治教育、思想政治教育跨学科研究等几个大的研究方向，积累了许多的理论研究成果，共同构筑起了相对成熟的思想政治教育学学科理论体系。其中，以原理、方法、历史为基本维度的学科体系和研究方向早已确立，并向深度不断扩展。学科间的渗透与融合，研究理论与方法的相互借鉴，已成为思想政治教育学学科建设的宝贵经验。

作为思想政治教育学的分支学科，思想政治教育传播学与思想政治教育学具有直接的学科关联性，思想政治教育学学科建设发展的现状为思想政治教育传播学提供了发展动力和基础。一方面，思想政治教育学学科在理论体系上的不断完善与丰富，为思想政治教育传播学等分支学科的孵化提供了基础；另一方面，由于对现实问题的解释力及其指导解决实际问题的张力受到挑战，思想政治教育学学科的"成熟度"还有待学科建设的不断强化。思想政治教育学学科自身的成熟是分支学科建立的前提，同时，交叉学科的充分发育将使思想政治教育学学科不断获得新的"营养"，突破学科研究的"瓶颈"，并不断摆脱学科发展及实践发展的现实困境。

(二) 多种学科交叉融合的发展趋势

"学科的交叉融合，是学科发展成熟到一定程度后的必然要求和表现，只有以不同学科的视角来审视本学科的发展，本学科才能不断获得新的生长点，这是学科发展的客观规律。"[①] 当前，学科交叉已然成为世界学术主流

---

① 冯刚：《交叉学科视野下思想政治教育的创新发展》，载《思路理论教育导刊》2011年第11期。

发展方向之一，它既是学术研究前沿的生长点，也是新创造、新发展、新发现的高产地。学科交叉可以有效形成多学科协同攻克复杂的综合性难题，满足经济社会发展的现实需要。

作为一门新兴的分支学科，思想政治教育传播学的建立和发展得益于学科交叉的广泛、深入推进。伴随传播实践和传播形态的不断发展，思想政治教育不断加强、改进以求得教育实效、传播内容、传播方式等不断创新发展，与之相应地，思想政治教育学学科在研究内容、研究方法上也不断拓展，既有范畴、领域越来越精细化、专门化，思想政治教育的分支研究逐渐活跃，各种交叉研究、比较研究成果日益丰富。正是在这一背景下，思想政治教育传播学作为思想政治教育的研究分支，展现出旺盛的学术生命力。

思想政治教育传播学是探寻思想政治教育传播规律、研究如何掌握和运用传播规律来开展富有成效的思想政治教育的一门科学。鉴于传播要素多样性、传播环境复杂性、传播内容特殊性等特点，思想政治教育传播学的研究内容可谓包罗万象，涉及微观、中观、宏观等多个层面，需要借鉴多种学科的理论视角，如对传播内容的分析需要向文本学、修辞学寻求理论关照，对传播效果的研究可以借鉴接受学的研究视角。

当然，思想政治教育传播学自身也可以尝试归纳出多个基本范畴，如传播规律和接受规律、话语形式和话语内涵、话语编码和话语解码等，这都有赖于对其他学科相关理论知识的借鉴和吸收。需要强调指出的是，思想政治教育传播学应从多种学科中寻求知识、理论、思维方式乃至研究方法的关照，但这并不意味着可以随意"嫁接"和"套用"，"这种集合和交融，不同于简单机械的拼凑，而是基于学科之间存在的内在逻辑关系相互联结和渗透之后再创造或创新的过程"[①]。也就是说，思想政治教育传播学在借鉴吸收其他学科"养分"的同时，要坚守自身的学科特质。

如上述分析所言，思想政治教育传播学在理论、实践和学科基础上已事实性地形成了一定积累，这为学科的创设和培育提供了有利的外部环境。"思想政治教育与传播的交叉研究，并不是人为的撮合。一方面，它是人文社会科学中各个学科开放与交叉趋势的必然要求，反映着社会系统与学科系统的交互渗透；另一方面，它又是思想政治教育学学科自身发展的必然途径，是思想政治教育学学科属性与社会进步功能耦合的自然要求，并最终将

[①] 董雅华：《交叉学科视野下的思想政治教育学科发展》，载《复旦教育论坛》2014年第3期。

思想政治教育研究的发展推向一个更高、更新的阶段。"① 从"学科交叉"走向"交叉学科",思想政治教育传播学只待时机成熟。

第二节 思想政治教育传播的主体研究

无论是思想政治教育,还是传播,主体研究都是无法越过的重要内容。对思想政治教育传播而言,主体是思想政治教育传播活动的实践者和参与者,是传播活动的信息源和起点,在思想政治教育信息传播过程中发挥着不可替代的主导性作用。对思想政治教育传播主体的研究,有助于从整体性的视角上深化对思想政治教育传播活动的理解和把握。

一、思想政治教育传播的主体界定

对思想政治教育传播主体的界定有助于全面、科学地认识思想政治教育传播活动,而对"思想政治教育者""思想政治教育主体""思想政治教育传播主体"几个相近概念的厘清是做好界定工作的前提和基础。

(一)思想政治教育者

如何定义思想政治教育者?《思想政治教育学原理(第二版)》对此有如下论述:"思想政治教育者是指依据一定社会或阶级的要求,对思想政治受教育者的思想品德施加教育影响的个体或群体。简言之,思想政治教育者就是思想政治教育活动的发起者、组织者和实施者。"紧随其后,作者还做了补充:"思想政治教育者是一个广泛的概念,既包括专职思想政治教育者,也包括兼职思想政治教育者,还包括在特定时间和空间针对特定对象进行某种思想政治教育活动的人。"②

由上述定义可知,思想政治教育者专指特定的个体或群体,他们承担一定思想政治教育任务与相应的思想政治教育职责。这类专职、兼职思想政治教育者普遍存在于社会各行各业当中。以高校为例,高校中的思想政治教育

---

① 欧阳林:《思想政治教育传播学》,北京交通大学出版社2005年版,第6页。
② 陈万柏、张耀灿主编:《思想政治教育学原理(第二版)》,高等教育出版社2007年版,第149~150页。

者主要由"学校党政干部和共青团干部、思想政治理论课和哲学社会科学课教师、辅导员和班主任"构成。应该看到,思想政治教育者在含义上指向具体的个人或群体,属于思想政治教育活动微观层面的概念。

(二) 思想政治教育主体

"主体"和"客体"源于哲学领域的概念,后被研究者们引入借以分析教育过程中教育者和受教育者之间的互动转化关系。"当我们着手分析思想政治教育者和受教育者在这一过程中作用的性质时,在描述它们生动丰富的相互作用和相互转化的情景时,教育者和受教育者这对概念就显得有些词不达意了。引进哲学认识论中的主体和客体的概念构成思想政治教育的主体和客体及其相互关系,可以更清晰地表达思想政治教育中的教育者和受教育者相互作用的性质和相互转化的情景。"①

对主、客体概念的引入极大丰富和拓展了思想政治教育的理论与实践,也使思想政治教育主体研究日益丰富,涌现出多种主体说,如"单一主体说""双主体说""主体间说"等,这里不再详细展开论述。相较"思想政治教育者"这一表述,"思想政治教育主体"在内涵上更为丰富。从词义和功能上讲,"主体"不仅可以指代作为个体存在的人,还可以指代组织、社团乃至国家,具有更广泛的适用性。由此,思想政治教育主体可以不局限于个人或群体,企业、学校、传媒机构等都可以纳入思想政治教育主体的范围。基于此,有学者将思想政治教育主体界定为"能够根据一定社会、阶级的意志和要求,有意识、有目的、有步骤地向受教育者施加意识形态影响,形成共同的政治意识水平和政治觉悟程度,规训并促进人的发展的组织、机构、系统和个人"②。总而言之,思想政治教育主体概念的引入和广泛使用,使得基于不同层面的、有关思想政治教育问题的讨论更加顺畅,也更为深入。

(三) 思想政治教育传播主体

一般认为,思想政治教育传播主体与思想政治教育主体具有高度重合

---

① 祖嘉合:《对思想政治教育主体及其特性的思考》,载《教学与研究》2007年第3期。
② 王会勇、姚兵、赵永军:《当代思想政治教育体系建构及其有效性研究》,九州出版社2018年版,第42页。

性，在一定条件下可以同义互换。然而，二者之间又确实存在一些概念上的差异，不能完全等同。从概念上看，思想政治教育传播主体的行动指向"传播"，而思想政治教育主体的行动指向"教育"，二者间的区别类似"传播主体"与"教育主体"之间的差异。就传播而言，其被认为是"社会信息的传递或社会信息系统的运行"，而教育则被普遍认为是一种有目的、有计划、有组织的社会活动。因此，教育主体在行动目标上更加清晰，具有明确的目的性，而传播主体则相对宽泛，在动机方面尚有"有意""无意"之分。例如，一篇报道科研攻关取得突破、致敬科研工作者矢志报国的推文无疑是典型的思想政治教育传播素材，参与转发、点赞、评论的很多公众并非专职从事思想政治教育工作，但也在有意无意间成为思想政治教育内容的传播主体。这种传播行为是移动互联网时代非常普遍的现象，对这类公众思想政治教育传播主体身份的认定是基于对传播主体的较为宽泛的理解。

事实上，思想政治教育属于政治的范畴，带有强烈的阶级性和意识形态性。与之相应地，思想政治教育的传播也必然带有这一属性。传播主体在从事思想政治教育传播活动的过程中，必须坚持维护阶级利益、服务人的全面发展、服务社会秩序稳定的政治导向。因此，思想政治教育的传播主体需要具有坚定的政治立场，对传播内容有所把关，对传播效果有一定的预判，有意识地学习和运用一定传播规律指导思想政治教育传播实践。

关于思想政治教育传播主体的界定，学界目前缺乏统一的定论。有学者提出："在互联网这样一个相对开放的环境中，任何人都可能成为思想政治教育的传播主体。"[1] 这是关于思想政治教育传播主体的"泛主体论"。也有学者将思想政治教育的传播主体定义为"是在思想政治教育信息的发出、传播、接受过程中，起着控制、选择、加工、传导作用且发挥着教育功能的人或组织"[2]。无论何种定义，学者们对思想政治教育传播主体的如下特征已基本达成共识，即传播主体本身参与传播活动；传播的内容与思想政治教育相关；传播主体可以是个人、团体，也可以是组织、机构；传播主体承担一定的思想政治教育主体责任。

首先，传播主体本身参与传播活动。就思想政治教育传播的整个过程而

---

[1] 杨增崇、杨国辉：《当代思想政治教育若干前沿论域》，中国财富出版社2020年版，第100页。

[2] 陕西省哲学社会科学规划办公室：《陕西省哲学社会科学成果选介汇编（2015年）》，三秦出版社2015年版，第250页。

言,传播主体处于传播链的开端,既是信息的编码者,也是信息的发布者和传播者。思想政治教育过程中的知、情、信、意、行之间的转化不仅需要参与传播活动,更需要传播主体的高度专注投入,包括传播前的精心设计、传播过程中的互动反馈、传播结束后的总结反思等。在很大程度上,传播主体对传播活动的开展具有主导作用,是思想政治教育传播中的关键因素。

其次,传播的内容与思想政治教育相关。思想政治教育传播是传播主体利用各种传播媒介开展思想政治教育活动的信息传播、教育沟通过程。这一过程中的传播内容围绕思想政治教育展开,具有意识形态、思想政治观念、道德品质教育等内容属性。

再次,传播主体具有不同的社会形态。一般认为,思想政治教育的传播主体至少包含三个层级:个体主体、组织主体和国家主体(也有研究者将其称为"制度主体"),这三个层级分别对应思想政治教育传播的微观、中观和宏观层面。其中,广大思想政治教育工作者是思想政治教育传播中的个体主体,也是核心主体[①];学校、企业、传媒机构等是思想政治教育传播的组织主体。

最后,思想政治教育传播主体承担一定的主体责任。对传播内容的把关是思想政治教育传播主体最重要的职责。"思想政治教育传播者既决定着思想政治教育传播过程的存在和发展,又决定着思想政治教育传播内容的数量和质量、流量和流向。"[②] 相比一般大众传播,思想政治教育传播具有更鲜明的无产阶级党性,这就要求传播主体在信息的把关过程中要时刻保持高度警惕和头脑清醒,防止负面信息进入传播过程,避免给思想政治教育传播带来不良影响。

二、思想政治教育传播主体的素质要求和社会责任

思想政治教育传播是一个复杂的系统,它是思想政治教育传播主体通过传播实践把社会要求内化为受众思想、外化为受众行为的动态的传播过程。思想政治教育功能的实现,依托于传播过程中各要素之间的有效配合和功能协作,其中,思想政治教育传播主体的素质能力和职责担当具有举足轻重的地位。

---

① 不少学者也使用"思想政治教育传播者"指代思想政治教育传播主体中的个体和群体。——作者注

② 欧阳林:《思想政治教育传播学》,北京交通大学出版社2005年版,第103页。

（一）思想政治教育传播中个体主体的素质要求

对思想政治教育传播个体主体的素质要求可以分为一般素质和能力的要求，以及媒介素养要求。其中，媒介素养要求是因应时代发展变化而向传统思想政治教育者提出的新的要求，也是传统思想政治教育者向思想政治教育传播者转变的必备素质要求。

1. 一般素质和能力要求

"思想政治教育传播者所肩负的历史使命及职业的特殊性，决定了思想政治教育者的素质所特有的内容，那就是他们更应具备坚定正确的政治信念、崇高的道德品质等，这是其区别于其他行业人员素质的显著标志。"[①]对思想政治教育传播的个体主体而言，其职业背景、政策水平、理论素养、学识层次、人格魅力等，都会对受教育者的接受程度产生直接影响。

亚里士多德早在《修辞术》中就有过论述，"由言辞而来的说服论证有三种形式，第一种就是'演说者的品格'"，"依靠演说者品格的言说能使听者觉得可信。因为在所有事情上我们更多愿意信赖好人，在那些不精确和有疑义的地方也毫无保留地相信"。[②] 传播学中的相关研究也证明，信源的权威性对传播效果有直接影响。因此，思想政治教育传播的个体主体不仅要具备一定的理论水平，更要有高尚的道德情操，要不断提升个人修养，增强个人魅力，以达到"亲其师而信其道"的教育传播效果。

2. 媒介素养要求

媒介素养指的是"人们面对媒介各种信息时的选择能力、理解能力、质疑能力、评估能力、创造和生产能力以及思辨反应能力"。[③] 随着信息传播模式的深刻变革，信息生产与传播方式随之发生巨变，思想政治教育传播主体的权威性不断弱化。一方面，随着传播主体的信息生产和传播权被动或被迫地让渡给互联网络的参与者，其对受教育者的教育话语权被削弱，信息把关和议程设置能力下降，对教育内容和教育节奏的掌控不再；另一方面，大数据时代信息获取的便捷性、资源的丰富性等特征，使思想政治教育传播主

---

① 陈万柏、张耀灿主编：《思想政治教育学原理（第二版）》，高等教育出版社2007年版，第155页。

② 参见郑东兴《受众心理与传媒引导》，新华出版社1999年版，第244页。

③ 转引自郭同峰《网络时代思想政治教育研究》，九州出版社2018年版，第228页。

体的信息优势逐渐丧失，受教育者在信息获取、意见交流等方面拥有了更多自主选择的机会和渠道。

可见，在新的信息传播模式下，传播主体自身媒介素养的高低会直接影响传播效果的达成。思想政治教育传播的个体主体亟待提升媒介素养、提高传播技能，以争夺信息传播的控制权和教育引导的主动权。因此，在新的信息传播环境下，对传播主体媒介素养的要求也被提到了一个前所未有的高度。伴随信息传播载体的不断拓展和演化，传播主体对信息的编码面临着技术升级和改造。这种升级改造至少包含两个方面：一是信息内容的选择和重组。面对海量信息的包围，思想政治教育传播的个体主体应具备相应的辨识能力，对各类信息进行及时、准确识别，去粗取精、去伪存真，灵活吸收有助于思想政治教育的素材为我所用。二是信息呈现方式的技术引入。新媒体环境下，信息传播由单向走向交互，信息呈现由静态走向动态，传统的以文字为主要呈现方式的思想政治教育传播效果被不断削弱，倒逼传播主体借助图像、音频、视频乃至虚拟现实等多种技术手段对信息进行编码加工，以提升内容吸引力和教育穿透力。

（二）思想政治教育传播中组织主体的社会责任

以学校、企业、传媒机构为代表的社会组织构成了思想政治教育传播的组织主体，在思想政治教育传播实践中起组织动员、氛围营造、价值引领、舆论导向的重要作用。思想政治教育传播要取得良好的效果，必须增强组织主体的阵地意识，强化组织主体的责任意识，为开展思想政治教育营造良好的传播环境。思想政治教育传播中组织主体的社会责任主要包括以下两点。

一是传播主流价值观，弘扬社会主旋律。社会主流价值观是思想政治教育传播的重要内容，对主流价值观的宣传和弘扬有助于公众树立正确的价值观和人生观，为实现个人成长成才努力奋斗。新媒体环境下，传播主体的多元化导致传播内容良莠不齐、鱼龙混杂，各种拜金主义、利己主义的价值观念对社会公众起到不良示范效应。各类组织主体要切实发挥作用，积极与各类负面信息的传播争夺舆论阵地，传播、弘扬主流价值观念。

二是强化担当，做好网络舆论引导。做好网络舆论引导，是新时代做好意识形态工作的有效途径，也是确保思想政治教育传播有序、有效开展的重要保障。面对负面网络舆论，各类组织主体要第一时间发声引导，发挥网络舆论引导短、平、快的优势，主动、密集地发出正确声音，回应公众关切，为思想政治教育传播掌好舵、护好航。

第三节 思想政治教育传播的内容研究

内容是教育的基本要素，是教育任务和教育目标的具体化。思想政治教育传播的内容涉及信息材料的选择与加工，是思想政治教育传播中最为本质的东西，对思想政治教育传播效果有着直接、重要的影响作用。对思想政治教育传播内容的研究，有助于在传播视域中重新审视思想政治教育内容的"供需矛盾"，深化思想政治教育传播内容的"供给侧改革"。

一、思想政治教育传播的基本内容

一般认为，思想政治教育传播内容是根据一定的社会或阶级要求，传播主体针对传播受众的思想实际状况，经过选择设计后，有目的、有计划、有组织地传播给受教育者的相关信息。思想政治教育传播的具体内容在不同历史时期具有很大的特殊性，并随着社会条件和具体教育目标的变化而变化。本节讨论的思想政治教育传播内容立足新时代，聚焦新媒体环境下思想政治教育传播内容的发展及其创新。

（一）思想政治教育传播的内容及结构

学者欧阳林提出，在社会主义初级阶段，思想政治教育传播作为社会主义精神文明建设的重要组成部分，其基本的、主体的内容有以下三个方面：世界观、人生观、价值观的教育传播，爱国主义、集体主义、社会主义的教育传播，社会公德、职业道德、家庭美德的教育传播。[①] 不难发现，这三个方面的内容分别与思想政治教育中包含的"思想教育""政治教育"和"道德教育"形成对应，三者相互联系又各自有着不同的功能地位，形成了一定的系统结构。

第一，认知性的思想教育。"思想教育归根结底是有意识地、系统地进行世界观、方法论教育，培养和发展受教育者反映客观世界的思想观念

---

① 参见欧阳林《思想政治教育传播学》，北京交通大学出版社2005年版，第78～85页。

与认识能力。"① 有关世界观、人生观、价值观的教育传播属于认知性教育，是思想政治教育传播的基础性内容。思想教育的传播有助于受教育者树立科学的世界观和方法论，为政治教育和道德教育的开展创造先决条件。

第二，方向性的政治教育。"我们讲的政治，是马克思主义的政治，是建设有中国特色社会主义的政治……只有讲政治，才能保证把党的基本理论、基本路线、基本方针和各项政策，把国家的法律法规贯彻到经济建设和各项工作中去，防止和排除各种错误思想、错误倾向的干扰，保持正确的发展方向。"② 有关爱国主义、集体主义、社会主义的教育传播属于方向性教育，是思想政治教育传播的主导性内容。新时期加强政治教育，就是要坚持以理想信念教育为核心，树立我国社会主义初级阶段的共同理想和共产主义的远大理想，坚定走建设中国特色社会主义道路的政治信念。

第三，规范性的道德教育。道德教育是一定社会和阶级的道德意识转化为个人的道德品质和普遍的道德行为的教育引导过程。社会公德、职业道德、家庭美德的教育传播分别着眼于社会公共生活领域、职业活动领域和家庭生活领域的道德养成，以点带面，以改善整个社会的道德风气，促进社会主义精神文明建设。道德教育属于规范性教育，是思想政治教育传播的拓展性内容。

以上三方面内容在传播渠道的选择上也各有侧重。比如，思想教育中涉及大量的马克思主义理论知识，传播渠道主要为思想政治理论课、专题讲座及各类读书会；政治教育的传播渠道主要为大众传媒；道德教育除了依靠教育体系中的思想品德课程，还依赖优秀文学作品、文化作品的熏陶和感染。学者骆郁廷认为，在思想政治教育内容系统及其结构关系当中，思想教育、政治教育、道德教育各自具有不同的地位和作用，"思想教育是先导，政治教育是核心，道德教育是基础"③。三者在内容上相辅相成，在体系上共通共融，构成了社会主义精神文明大厦不可或缺的重要基石。

---

① 骆郁廷：《思想政治教育引论》，中国人民大学出版社2018年版，第106页。
② 江泽民：《江泽民文选》第一卷，人民出版社2006年版，第516页。
③ 冯文全、冷泽兵、卢清主编：《教育学》，电子科技大学出版社1996年版，第407页。

（二）对思想政治教育传播内容的把关

思想政治教育传播作为一种具有特定信息内容的教育传播活动，是国家意识形态领域里一种重要的控制力量，具有鲜明的阶级性和政治性。因此，其传播的信息相较一般的大众传播内容，需要经过更为严格的筛选和把关，这是由思想政治教育传播活动本身质的规定性所决定的。

1. 把关主体与把关环节

对思想政治教育传播内容的把关，不同的传播主体都肩负着一定的职责使命。就思想政治教育传播的个体主体而言，因其直接面对传播受众，对传播受众具有直接的教育、引导、示范作用，为此，个体主体对传播内容的把关就显得十分重要。在思想政治教育的传播中，提倡什么，反对什么；弘扬什么，批评什么；宣传什么，抑制什么；这些指向性都必须是鲜明的，不容含糊。思想政治教育传播的组织主体，同样在内容把关中发挥着重要作用，如大众传媒作为国家意识形态机器，必须增强责任意识，对烦冗的社会信息进行层层把关、筛选与编码，坚守立场、方针和原则，始终坚持正确的舆论导向，传播先进的思想理论，消解各种错误和腐朽思想的影响。

新媒体环境下，对思想政治教育传播内容的把关还涉及信息的不同流通环节，如流通前的把关和流通过程中的把关。其中，流通前的内容把关最为常见，也是传统的把关形式，如对影视作品的内容审查。"电影、广播电视节目、书籍、新闻、报道等随处可见的文化产品或服务，它们所提供的并不仅仅是消息和娱乐，同时也是传播社会价值或政治观点的工具。最终，它们会对全社会的精神结构产生深刻的影响。"[①] 与此同时，流通过程中的信息把关也越来越受到关注，如对网络舆情、网络舆论引导的研究已成为思想政治教育研究的热点问题。应该看到，这是新媒体环境下传播主体泛化、传播内容混沌带来的不可避免的现实挑战，需要思想政治教育传播主体发挥集体智慧，主动作为。"思想政治教育网络传播的'把关'不仅要避免信息的重复更迭，控制或屏蔽不良的信息，还要关注利用'把关'适应受众选择性接受的特征，营造良好的网络传播环境和氛围，帮助受众更快更好地完成对高质量信息的浏览和学习，以提高思想政治教育网络传播的正效果。"[②]

---

① 郭庆光：《传播学教程》，中国人民大学出版社1999年版，第253页。
② 端学红、元林：《论思想政治教育网络传播"把关"的特殊意义》，载《北京交通大学学报（社会科学版）》2010年第4期。

2. 增强把关效果

对思想政治教育传播内容的把关,既是实现思想政治教育目标的内在要求,也是面对复杂严峻的传播环境、抵御各种错误社会思潮的必然选择。新媒体环境下,网络信息泥沙俱下,信息传播的"自律"和"他律"都亟待加强。对思想政治教育传播的个体主体而言,提高政治导向意识,提升网络媒介素养,有助于增强对传播内容的把关效果。

提高政治导向意识是做好内容把关的前提。随着市场经济和改革开放走向深入,世界范围内各种文化思潮的交流、交融、交锋日趋频繁,意识形态领域的斗争也更加隐蔽、复杂。文化帝国主义、历史虚无主义、宪政民主思潮、世界主义、西方新闻观等不断渗透,思想政治教育传播主体对此要保持高度警惕,丝毫不能放松。

提升网络媒介素养是做好内容把关的有效手段。新媒体环境下,信息传播具有自主性和开放性,海量信息下隐藏着多元价值观的竞争与冲突。提升网络媒介素养有助于提高信息甄别能力,帮助传播主体正确理解媒介及其信息,指导传播受众建设性地使用媒介传播资源,培养健康的媒介解读和批判能力,使其在多元媒介环境中,能够充分、合理利用网络资源,获取有效信息,过滤无效信息和有害信息,不断完善自我、融入社会。

二、思想政治教育传播内容的"供给侧改革"

伴随信息传播方式的改变,思想政治教育传播面临传播主体多元化、传播地位去中心化的现实挑战。在这一背景下,一方面,思想政治教育传播内容不断迎合受众偏好,呈现出"碎片化""浅显化""娱乐化"的特征,将直接造成思想政治教育功能的弱化;另一方面,传统的以认知性为主要特征的思想政治教育内容因缺乏创新,在新媒体环境下的信息竞争中处于劣势,则容易陷入"自说自话""曲高和寡"的尴尬境地。由此可见,思想政治教育传播内容的"供给侧改革"迫在眉睫。

(一)说什么:传播内容的守正固本

作为一种特殊的信息传播活动,思想政治教育传播肩负着培育文化自信、增强民族和国家认同、巩固主流意识形态的重要使命。思想政治教育传播的内容虽然丰富,但众多内容的地位和作用并不平行,其中,政治教育始终居于主导地位,决定和支配着思想政治教育的其他内容。

然而，在具体的传播实践中，政治教育不断被弱化，主导地位受到挑战。一味迎合传播受众的信息偏好，使得传播主体在原则问题上发生动摇，传播内容呈现"碎片化""浅显化""娱乐化"特征，"重点不突出，甚至主次颠倒，用相对次要的教育内容冲淡乃至代替主要的教育内容。其突出表现就是淡化政治，少讲或不讲政治，不重理想信念教育，用道德教育来代替政治教育、思想政治，或者把道德教育等同于整个思想政治教育"①。由此导致思想政治教育传播流于形式，主次不分明，旗帜不鲜明，直接削弱了思想政治教育的影响力。这一现象在思想政治理论课堂上表现尤其，"大学生的'泛娱乐化'倾向，使部分高校思想政治理论课教师在坚守课程底色还是迎合学生'娱求'、坚守学理性阐释还是增添解构性分析、坚守内容讲授还是强化'感官'刺激这三个方面产生了摇摆困顿"②。

要改变这一现状，必须坚持传播内容的守正固本。思想政治教育的传播主体要旗帜鲜明讲政治，体现思想政治教育的本质。要坚持以政治教育为主导，以理想信念教育为核心，加强爱国主义、集体主义、社会主义教育，牢固树立建设共产主义远大理想和中国特色社会主义共同理想，不断增强中国特色社会主义道路自信、理论自信、制度自信和文化自信。

（二）怎么说：话语表达的改革创新

思想政治教育传播内容的改革不仅涉及"说什么"，还要思考"怎么说"。"说什么"和"怎么说"如同一枚硬币的正反两面，只有同时兼顾、相互结合才能达到令人满意的传播效果，而"怎么说"就涉及话语表达。"思想政治教育话语表达在本质上是对思想政治教育内容的呈现，关于思想政治教育话语权的构建，直接影响思想政治教育的效果。"③ 因此，思想政治教育话语表达的改革创新就构成了传播内容"供给侧改革"的另一重要面向。

吴琼、林冬芳指出，在互联网日益发达的今天，思想政治教育传播者要运用多种潮流新颖的方式来增进话语吸引力，一方面要创新话语载体形式，

---

① 骆郁廷：《思想政治教育引论》，中国人民大学出版社2018年版，第121页。
② 张恂、吕立志：《网络"泛娱乐化"影响下高校思想政治理论课困境审思》，载《思想教育研究》2021年第8期。
③ 刘燕、刘龙飞：《新媒体时代思想政治教育话语表达研究》，载《学校党建与思想教育》2021第9期。

努力占领新的舆论场；另一方面，应运用大众喜闻乐见的话语表达方式。①赵春丽认为，思想政治教育话语表达方式可分为刚性表达和柔性表达两类，刚性表达可以可视化、科学化、论辩式和批判式等方式来进行话语表达创新，柔性表达可从生活化、故事化、生动化以及引导协商式表达等方面进行创新。②陆风提出："进行话语信息的可视化表达，即利用大数据可视化技术，把抽象的话语内容以数字、图片、视频等易理解的视觉方式呈现出来，转换视角，进行理论话语创新。"③

可见，在现代网络文化的传播语境下，对思想政治教育传统话语的改造创新势在必行。如何运用信息技术手段将深奥的、晦涩的理论知识内容重新"加工"，结合具体案例，用通俗易懂、生动有趣的语言表达出来；如何图文并茂、言简意赅地宣传党的理论创新成果；如何用贴近公众日常生活、富有感染力的语言进行思想道德教育，成了思想政治教育传播主体必须面对的挑战和任务。思想政治教育传播主体要在全面深入把握"学情"的前提下，加快推进思想政治教育传播内容的话语转变，适当地借助传播受众喜闻乐见的网络语言叙述观点，增强语言感染力，力求在语义表达和情感沟通上更加精妙。

需要指出的是，思想政治教育传播内容的"供给侧改革"并非对原先传播内容的全盘否定与抛弃，而重在对传播内容的再加工、深加工，围绕供给情境、供给对象、供给需求等不断进行分类、细化，追求"分类供给""有效供给"和"精准供给"。传播内容的"供给侧"改革要追求经典性和大众化的结合、时代性和创新性的结合、广泛性和针对性的结合。唯其如此，才能"生产出有理论深度的'高大上'又不失人性温度的'接地气'的新颖、生动、鲜活的话语产品，使思想政治教育话语迸发出持久而又深刻的感召力、感染力和亲和力"④。

---

① 参见吴琼、林冬芳《短视频时代思想政治教育话语面临的挑战与进路》，载《思想理论教育》2021年第10期。

② 参见赵春丽《创新思想政治教育话语表达方式的路径》，载《思想教育研究》2018年第3期。

③ 陆风：《新时代背景下思想政治教育话语创新研究》，载《中国矿业大学学报（社会科学版）》2021年第3期。

④ 胡中月：《新时代高校思想政治教育话语优化的三维审视》，载《思想教育研究》2020年第9期。

第四节　思想政治教育传播的媒介研究

传播媒介，也可以称为传播工具、传播渠道，是传播内容的各种载体。随着人类传播技能和技术的发展演进，传播媒介大致经历了从口语、文字、印刷媒介、电子媒介到如今网络媒介的发展过程。诚如传播学研究者韦尔伯·施拉姆（Wilbur Schramn）曾指出的那样，"媒介一经出现，就参与了一切重大意义的社会变革"①，媒介技术变革的影响力不可估量，其对思想政治教育传播的影响也日渐深远。围绕思想政治教育的传播媒介展开专门的研究和探讨，对指导思想政治教育传播实践、提升思想政治教育传播实效具有至关重要的现实意义。

一、思想政治教育传播的媒介种类及其比较选择

思想政治教育传播媒介是在思想政治教育传播过程中，传播主体与传播受众借以开展信息交流互动的不同载体和形式。传播学认为，传播媒介一般包括两类：一是传递信息的手段，如网络、电话、报纸等与传播技术有关的媒体；二是从事信息采集、选择、加工、制作和传输的机构或组织，如电视台、报社等。换句话说，传播媒介既可以指传播的技术手段，也包括从事一定传播活动的组织或机构。就思想政治教育传播而言，作为技术手段的传播媒介和组织化的传播媒介相互配合、协同作用，在思想政治教育传播过程中发挥着不同的功能和作用。

（一）作为技术手段的思想政治教育传播媒介

思想政治教育活动自有阶级社会以来就一直存在。在不同时代和历史条件下，思想政治教育的传播主体充分借助多样化的传播媒介，持续开展有关政治观念、道路选择、道德品质等的理论灌输和宣教活动。随着人类传播技术的不断突破，新的媒介技术手段日益丰富着思想政治教育传播的实践样态，新、旧媒介相互竞争合作，共同推进思想政治教育传播的创新发展。

---

① ［美］韦尔伯·施拉姆：《大众传播媒介与社会发展》，金燕宁、蒋千红、朱剑红译，华夏出版社1990年版，第3页。

一般而言，思想政治教育传播的技术媒介主要有以下四类。

第一类是口头语言。口头语言是思想政治教育传播的重要媒介，是思想政治教育传播主体与传播受众间最直接、最有效的交流互动方式。思想政治教育是做人的工作，对人的思想观念发挥影响作用，没有什么比面对面的交流互动更为有效了。革命导师马克思和恩格斯曾对口头语言的功能作用有过如下论述："站在真正的活生生的人面前，直接地、具体地、公开地进行宣传，比起胡乱写一些令人讨厌的抽象文章、用自己'精神的眼睛'看看同样抽象的公众，是完全不同的两回事。"[①] "一次演说将胜过十篇文章和一百次访问。"[②] 可见，作为人际交流沟通的最主要方式，口头语言在建立信任关系、激发求知热情、观点意见交流方面有其自身不可替代的媒介传播优势。作为思想政治教育主渠道的思想政治理论课，即主要依靠教育传播者口头语言的运用。在日常思想政治教育的开展过程中，面对面的交流、谈心也是必不可少的思想政治教育传播形式。

第二类是印刷制品。思想政治教育是有关人的世界观、政治观、人生观、法治观、道德观的特殊教育，需要在科学理论的指导与帮助下系统展开。马克思主义基本原理有关辩证唯物主义、历史唯物主义的基本观点是关于人类社会发展的最一般规律的科学，对其相关内容的学习有助于树立正确的世界观，是人们科学认识世界、改造世界的思想武器；党的理论创新成果是坚定共产主义道路、实现共产主义的思想指南；党的路线方针政策教育是团结社会各方力量、提高贯彻执行自觉性的必然要求。上述这些思想政治教育的重要内容往往需要人们反复阅读、深度思考，因此，必须借助书面语言及其印刷制品帮助理解、加深记忆。"我们通过口头、书信和报刊，影响着最杰出的盟员的理论观点。"[③] 书面语言及其印刷制品的使用，在思想政治教育理论学习、政策宣传中发挥着重要作用。

第三类是电子传播媒介。电子传播媒介是指以各类电子产品为信息传播工具的媒介，以广播、电视、电影为代表。相比口头语言和印刷制品，电子

---

① 中共中央马克思恩格斯列宁斯大林著作编译局编译：《马克思恩格斯全集》第27卷，人民出版社1956年版，第24页。

② 中共中央马克思恩格斯列宁斯大林著作编译局编译：《马克思恩格斯全集》第27卷，人民出版社1956年版，第119页。

③ 中共中央马克思恩格斯列宁斯大林著作编译局编译：《马克思恩格斯选集》第四卷，人民出版社1995年版，第198页。

传播媒介具有传播面广、传播迅速等优势，因此很快被思想政治教育传播主体所掌握和运用。1949年12月30日，延安新华广播电台的开播标志着人民广播的发端，思想政治教育开始不受时间和空间的限制。电视、电影作为视听兼备的思想政治教育传播媒介的出现，极大地激发了公众的参与热情。借助电子传媒，思想政治教育的形式、内容、效果均发生了巨大变化。

第四类是网络信息传播媒介。网络信息传播媒介一般指借助互联网这个信息传播平台，以电脑、移动电话等为终端，以文字、声音、图像等形式来传播信息的一种数字化、多媒体的媒介。网络信息传播媒介的出现，大大拓展了思想政治教育传播的渠道和方式，由此带来的新的思想政治教育传播规律有待思想政治教育传播者和研究者不断探索、发现和总结。

（二）组织化的思想政治教育传播媒介

以组织形态存在的、肩负并从事一定思想政治教育工作的组织和社会机构众多，包括且不限于学校、科研单位、社区、党团组织等。这些组织机构的存在，将思想政治教育传播活动以制度化、体系化的方式固定下来，是思想政治教育传播体系中的"中流砥柱"。

学校是思想政治教育传播的重要阵地，世界各国或地区都非常重视未来一代的思想政治素质的培养。从幼儿园到小学乃至高等学校，思想政治教育一直是我国教育的重要组成部分。思想政治教育传播主体依据受教育者的不同认知特点和能力，将社会主流价值观念和意识形态贯穿于各级各类学校的教育教学过程之中，使之成为民族、国家所需的合格建设者和接班人。

大众传媒是思想政治教育的天然载体。"必须记住，大众媒介乍看是一种传播信息和提供娱乐的工具，但实质上不发挥思想引导、政治控制等功能的大众媒介在现代社会是不存在的。"① 大众传媒对公众思想政治观念的形成、转变发挥着重要作用，尤其是在信息资源爆发式增长的今天，大众传媒以"反复强化、综合强化和累积强化"的方式对人的思想观念和情绪心理发挥着长期浸润的作用。

一种价值观要真正发挥作用，必须融入社会生活，让人们在实践中感知它、领悟它。因此，要注意把我们所提倡的与人们日常生活紧密联系起来，在落细、落小、落实上下功夫。思想政治教育传播要结合实际，贴近受教育者日常生活，就必须用好组织化的思想政治教育传播媒介，充分发挥组织在

---

① ［美］马尔库塞：《单向度的人》，刘维译，重庆出版社1993年版，第7页。

政治统领、教育引领、管理服务方面的育人功能，把组织建设与教育引领结合起来，强化各类组织的育人职责。

（三）思想政治教育传播媒介的选择

开展思想政治教育传播面临对不同媒介的选择。不同媒介在功能、形式、保存、成本等方面均有所不同，对不同传播内容的展示、教育效果也各有优劣，教育者要具备相应的选择智慧。关于这一问题，学者欧阳林提出的几个建议或可作为思想政治教育传播媒介选择的基本原则，即根据传播信息的内容选择传播媒介、根据传播受众的特点选择传播媒介、从经济合理性考虑传播媒介的选择。[①] 此外，作为一种教育传播工具，传播媒介的选择还要综合考虑传播主体的信息技术水平与自身特点，做到优势互补、扬长避短。

二、新媒体环境下思想政治教育传播的挑战与应对

传播媒介技术创新对思想政治教育带来的影响是广泛而深远的。张瑜提出，思想政治教育传播媒介的发展演变不断影响着思想政治教育的发展变化，其影响作用主要体现在思想政治教育的形成和发展、思想政治教育的规律、思想政治教育的方法、思想政治教育管理四个方面。[②] 新媒体环境下，"数字化生存"成为常态，思想政治教育传播面临史无前例的冲击和挑战。

（一）新媒体为思想政治教育传播带来机遇与挑战

根据最新的《中国互联网络发展状况统计报告》，截至2021年6月，我国手机网民规模达10.07亿，网民使用手机上网的比例为99.6%[③]。可见，新媒体的广泛、迅速普及为思想政治教育传播的"全民覆盖"提供了便利。新媒体的优势在于它改变了传统大众传媒的一点对多点的传播方式，具有良好的交互性、有效的即时性、高度集成性与泛在的网络性等特点。其在教育方面的优越性在于资源丰富、方便快捷、开放共享、尊重个性、互动性强、

---

① 参见欧阳林《思想政治教育传播学》，北京交通大学出版社2005年版，第62~63页。
② 参见张瑜《论思想政治教育传播媒介的主要特征、历史发展及其影响》，载《思想理论教育导刊》2020年第12期。
③ 参见中国互联网信息中心（CNNIC）第48次《中国互联网络发展状况统计报告》。

虚拟仿真，更具人性化。这些优势有利于思想政治教育传播者及时了解和把握传播受众的思想动态，提高思想政治教育的针对性和实效性。

媒介环境学认为，"传播媒介在将数据或信息从一个地方传递到另一个地方时并不是中性的、透明或无价值的渠道。相反，媒介的内在物质结构和符号结构在塑造什么信息被编码、传输，怎样被编码、传输，以及怎么被解码的过程中，扮演着解释和塑造性的角色"①。新媒体的出现打破了以往思想政治教育传播中一元主导的结构和模式，传播主体与传播受众间对话语权的争夺"暗流涌动"，思想政治教育传播面临一系列新的挑战。

首先，思想政治教育传播主体的权威性不断被消解。新媒体独特的传播模式降低了传统思想政治教育过程中传播主体的权威性，主、客体间的界限不断消融。新媒体环境下，传播受众在信息资源获取方面具有了更多的主动权，教育者不再是思想政治教育信息的唯一来源。同时，新媒体平台的开放性、共享性打破了单向传输方式，基于互动式关系的建立实现了主客体的相互融合，传播主体的权威性不断被消解，取而代之的是平等、自由的互动关系。

其次，思想政治教育传播内容的"触达"受限。新媒体环境下，思想政治教育传播内容无法快速、有效地"触达"传播受众。一方面，以微信、微博、短视频平台为代表的新媒体成为公众获取信息的主要渠道，海量且丰富有趣的资讯内容挤占了"信息通道"，思想政治教育传播面临激烈的注意力争夺；另一方面，"碎片化""娱乐化"的信息消费方式也带来思维方式的变化，公众乐于接受轻松、娱乐的信息而逃避深度思考和理性分析，这使得思想政治教育中具有理论高度和逻辑深度的内容面临难以消化、不愿消化的困境，很难实现入脑入心。

最后，网络意识形态斗争更为隐蔽与激烈。哈贝马斯曾提出"科学技术即意识形态"的结论。在新媒体传播环境下，网络意识形态的斗争更为隐蔽与激烈，思想政治教育传播面临的环境更复杂。在人人都是信息发布者、传播者的新媒体环境下，对网络信息的"把关"速度永远跟不上信息生产和传播的速度。信息传播海量化与碎片化同在、开放性与圈群化共存等特征，使得网络意识形态斗争异常激烈。以高校为例，胡元林总结指出，"开放化传播环境增大校园网络文化安全风险、交互式传播方式消解教育者'一元

---

① 单波、王冰：《西方媒介生态理论的发展及其理论价值与问题》，载《新闻与传播研究》2006 年第 3 期。

化'权威、交互性传播和裂变性扩散加剧校园舆论引导难度"①,可谓对这一挑战的形象概括。

（二）发挥新媒体在思想政治教育传播中的功能优势

2016年12月,习近平总书记在全国高校思想政治工作会议上强调,"要运用新媒体新技术使工作活起来,推动思想政治工作传统优势同信息技术高度融合,增强时代感和吸引力"②。2019年1月,在中共中央政治局第十二次集体学习时,习近平总书记再次强调,"要运用信息革命成果,推动媒体融合向纵深发展,做大做强主流舆论"③。如何积极应对挑战,有效发挥新媒体的技术功能优势,是思想政治教育传播面临的时代新课题。

先进的思想,若无先进的传播手段支撑,便很难深入人心;正确的主张,若没有快速多样的先进技术传播,便无法有效占据舆论阵地。如果要发挥新媒体在思想政治教育传播中的功能优势,就要充分利用新媒体的即时性、互动性、开放性以及移动性特点,创新思想政治教育的传播内容和传播方式,推动思想政治教育传播的转型升级。

一方面,创新思想政治教育的传播内容。新媒体颠覆了传统媒体信息生产的范围和传播形式,为思想政治教育传播提供了生动、鲜活的优质内容资源。在新媒体场域中,每个人都能成为活跃的内容生产者和传播者,其中,用户生产内容中的正能量传播蕴含着丰富的思想政治教育资源。"边防战士吃雪止渴""遇见最美劳动者""疫情一线护士与女儿隔空拥抱"等动人情景的热议和传播,无不起到了"润物细无声"的教化效果。"帮不了国家大忙,遇到了就想着出点力"这句刷屏网络的金句,更是爱国主义精神的动人体现。这些内容的"走红"为思想政治教育传播的内容创新启发了思路,思想政治教育传播者要充分发挥新媒体在思想政治教育传播中的优势特色和功能,挖掘、整合各类思想政治教育传播资源,从而推动思想政治教育传播不断走向深入。

---

① 胡元林:《高校微信公众平台的思想政治教育实践逻辑》,载《思想政治教育研究》2020年第12期。

② 《习近平在全国高校思想政治工作会议上强调:把思想政治工作贯穿教育教学全过程 开创我国高等教育事业发展新局面》,载《人民日报》2016年12月9日,第1版。

③ 《推动媒体深度融合,做大做强主流舆论》,载《人民日报》2019年1月26日,第2版。

另一方面，创新思想政治教育的传播方式。传播学研究者马歇尔·麦克卢汉提出，媒介是人的延伸。在网络传播中，网络媒介所延伸的已经不是单一作用于人的某种感官的信息，而是集文字、数据、图像、音频、视频等为一体的多媒体信息；人们的认知也不是原来那种单一的线性的阅读方式，而是超链接的非线性的阅读方式。身处多媒体、超链接的网络媒介环境中，人的信息接收和阅听习惯已发生变化，思想政治教育传播要吸引受教育者的注意力，必须"顺应技术发展的趋势，采用图文并茂、声像俱全的多样、鲜活的形式传播思想政治教育信息，促进思想政治教育传播媒介从平面性向立体化、从静态向动态、从现实空间向虚拟空间转变"[1]，以增强思想政治教育的时代性和吸引力。

在发挥新媒体功能优势的同时，不能全盘否认或抛弃传统媒体在思想政治教育传播中的重要作用，应力求构建一个新老结合、优势互补的立体传播系统。思想政治教育传播者要从实际出发，注重新媒体与传统媒体的有机结合，在思想政治教育传播过程中发挥多种媒体的综合效应。

第五节 思想政治教育传播的效果研究

传播效果是传播过程中的核心要素之一，也是传播目的的最终体现。对传播效果的研究，有助于深入分析传播过程中的多个要素及其作用机制，进而改进、提升传播活动和行为。思想政治教育传播的效果研究是对思想政治教育传播活动之于传播受众产生的效果、性质、强度以及发生机制进行科学的定性与定量分析，以正确评估思想政治教育传播结果、对思想政治教育传播过程进行适时反馈、控制的一个过程，具有重要的理论和实践意义。

一、思想政治教育传播的效果及其影响因素

厘清思想政治教育传播效果的定义、类型和层次，是开展传播效果研究的前提和基础，而对传播效果有关影响因素的识别和分析，是推动传播效果研究走向深入的重要着力点。

---

[1] 朱耀华、郝小芳：《高校网络思想政治教育理论与实践》，湖北科学技术出版社2013年版，第68页。

(一) 思想政治教育传播效果探析

传播学认为，传播效果有两重含义：一是指带有说服动机的传播行为在受传者身上引起的心理、态度和行为的变化；二是指传播活动尤其是报刊、广播、电视等大众传播媒介的活动对受传者和社会所产生的一切影响和结果的总体。[①] 如果将前者视为狭义的传播效果，则后者可看作广义的传播效果。

对思想政治教育传播效果而言，同样存在狭义、广义之分。"狭义的思想政治教育传播效果是指思想政治教育传播者发出的信息经媒介传至受传者，引起受传者的心理、态度和行为的变化。通常意味着这一活动在多大程度上实现了传播者的意图或目的。广义的思想政治教育传播效果是指思想政治教育传播活动对受传者和社会所产生的一切影响与结果的总体，不管这些影响是有意的还是无意的，直接的还是间接的，显在的还是潜在的。"[②]

上述定义为认识和把握思想政治教育传播效果提供了帮助，也引发我们对效果类型和层次的进一步思考：狭义的传播效果偏向微观，着眼于受传者心理、态度和行为的变化，是一种直接的、显性的、短期的变化描述；而广义的传播效果偏向宏观，具有长时段的、整体性的分析视角。可见，思想政治教育传播效果具有不同的考察面向，涉及多种类型和层次。就传播效果的考察对象而言，个体的成长成才、群体的团结凝聚、社会的稳定进步，都应包含其中；就传播受众的态度改变而言，认知、认同、践行构成了不同的效果层次；就传播效果的呈现形态而言，有显性和隐性之分；从传播效果的作用时间上看，又有长期和短期之别。因此，对思想政治教育传播效果的研究，不应一概而论，而应根据不同传播主体和研究对象，设计内容合理、重点突出的效果研究方案。

(二) 影响思想政治教育传播效果的因素分析

思想政治教育的传播效果受到多种因素、多个环节的共同制约，既有主观因素，又有客观因素；既受制于传播主体，又受限于传播受众，不可不谓错综复杂。对这些影响因素逐一进行分析，有助于深化对思想政治教育传播效果形成过程的认识，进而为提升思想政治教育传播的有效性提供科学指导

---

① 参见郭庆光《传播学教程》，中国人民大学出版社1999年版，第188页。
② 欧阳林：《思想政治教育传播学》，北京交通大学出版社2005年版，第164页。

和帮助。

第一，传播主体。传播主体的权威性、可信性对传播效果有着直接的影响，即便是同一内容的信息，如果出于不同的传播主体，它的传播和接受程度也是不一样的。这是因为，人们首先要根据传播主体自身的可信性对信息的真伪和价值作出判断。对组织主体而言，增强信息发布的权威性、实效性与透明度，有利于建立良好的信任关系，进而达成既定的传播效果；对个体主体而言，提高理论政策水平，提升个人道德修养和人格魅力，都是良好传播效果的有力铺垫。在学者刘建军看来，思想政治教育工作者要追求思想家的高度、政治家的深度、教育家的温度，三者结合才能承担起立德树人的神圣使命，这一理想状态应成为每一位思想政治教育传播者的追求目标。①

第二，传播内容。传播内容与传播效果的关系，要通过两个角度来考察：一是"说什么"，即特定内容；二是"怎么说"，即特定内容的传播方式、方法等。② 高质量的传播内容，首先要能满足传播受众的需求，如知识获取、思想交流、情感沟通等，即传播学中的"使用与满足理论"；其次，在传播内容的表现形式和表现方式上，应适度迎合受众的信息消费习惯，运用图片、动图、音视频等多媒体手段，增强趣味性和互动性，引导传播受众参与到传播活动中来，往往可以取得事半功倍的传播效果。

第三，传播媒介。传播媒介之于传播效果的影响，一是可触达性，即媒介传递的信息能否被传播受众顺利接收，这涉及媒介的使用频率、覆盖范围等因素；二是媒介与传播内容的契合性，即被选择的传播媒介是否很好地发挥了自身优势，将传播内容准确、真实又得当地表达出来。传播媒介的选择重在质量，而非数量。正如彭伟步指出的那样，"媒体的不同组合产生不同的传播效果，越多的媒体进行传递信息，并不一定得到越好的传播效果"③。可见，传播媒介的使用并非多多益善。此外，以长时段的视角分析，因传播媒介技术突破带来的信息传播方式的变化，还会引发社会组织形态和公众交往方式的改变，进而对传播效果产生深远影响。

第四，传播受众。有效传播的达成，还要根据不同的传播受众对传播内

---

① 转引自张傅、付长海、李静霞《传播学视域下的"生命线"》，知识产权出版社2017年版，第54页。

② 参见欧阳林《思想政治教育传播学》，北京交通大学出版社2005年版，第192页。

③ 彭伟步：《网络不同媒体组合的传播效果检测分析》，载《国际新闻界》2002年第2期。

容做出适当的调整。不同传播受众在性别、年龄、学历层次、职业背景、态度倾向、兴趣爱好上的个体差异,使得他们对传播内容的需求程度、理解能力、交流意愿等不尽相同,故而传播效果也因人而异,亦即传播学中的个人差异论。因此,思想政治教育传播要充分考虑不同个体、不同群体的特性,因人而异、因材施教,尊重传播受众的主体性。

第五,传播环境。环境对思想政治教育的传播效果也有着一定的影响,这里的环境既包括宏观社会环境(如政治制度、社会文化),也包括微观环境(如家庭环境、工作环境、人际关系等)。同时,现场环境对传播效果的影响也显而易见,如传播学奠基人之一库尔特·卢因(Kurt Lewin)提出的群体动力学就主要研究群体与个体之间的关系,特别是群体对个体行为的影响,即个体对传播内容的反应会受到群体压力的约束。另外,一些传播环境中的"噪音"如谣言等也会影响传播效果的巩固。

此外,对某些特定、特色内容的思想政治教育传播活动而言,恰当的时机选择、合适的施教场域都会对传播效果产生不一样的影响。由此可见,良好传播效果的取得受到多重因素、多个环节的制约。作为一种特殊的信息传播活动,思想政治教育传播要达到既定目标,必须在具备整体性、系统性思维的同时,着眼于传播过程中的每个环节,深入分析和研究多个不同因素,因地制宜、因材施教,向分类传播、精准传播和有效传播等不断迈进。

二、思想政治教育传播的效果研究取向和思路方法

如何提高思想政治教育的传播效果一直是学界关注的重点和难点,而对传播效果的研究也必然涉及对传播过程中其他要素的探讨,由此,思想政治教育传播效果研究不断被学者们引向深入,起到了"以点带面"的研究效果。与此同时,引入新的研究思路和方法也愈显迫切,这对推动思想政治教育传播的科学化、专业化发展无疑具有重要意义。

(一)思想政治教育传播效果的研究取向

一般而言,围绕传播效果的研究,大都包含"效果如何""效果为何""如何提升"三个方面的内容。从已有研究来看,有关思想政治教育传播效果的研究多集中于"如何提升",这类成果在研究数量上占比较大,而有关"效果如何""效果为何"两方面的研究还有待更多的关注和深入探索。

针对"效果如何",魏晓文、李晓虹对新媒体环境下高校思想政治教育

传播效果现状进行了实证调查，发现新媒体环境下高校思想政治教育传播效果偏低，具体表现在传播内容的现实性与适应性不足，传播方法与渠道较为单一、缺乏互动性。① 王嘉、张维佳提出，在沉浸传播时代，思想政治受教育者对教育内容的接受程度可以用"沉浸指数"来表示，而"沉浸指数"可以用仪器设备实时测量，即通过多种隐藏于智能空间的感应器随时测量"沉浸人"（即受教育者）的面部表情、脉搏、心率、脑电波等各项生理指标，以直接、客观的测量数据反映被测试者对思想政治教育内容的接受程度。②

针对"效果为何"，胡建、何沙沙聚焦高校思想政治理论课视域下大学生政治认同教育传播效果不佳问题，总结出高校政治认同教育课程设置不完善、部分教育主体作用发挥不充分、教育环体影响复杂等原因。③ 魏晓文、李晓虹将其归因为高校思想政治教育在传播内容及方法上与大学生的价值需求不相匹配。④ 王保友提出，适当的传播距离是形成和谐传播关系、实现理想传播效果的必要条件，因此，适度把握传受双方之间的认知距离、情感距离和态度距离是增强思想政治教育传播效果的重要措施之一。⑤

针对"如何提升"，众多学者提出了优化策略。如黄明伟认为，优化思想政治教育传播主要包括建设良好的思想政治教育传播者队伍，更新思想政治教育传播理念，创新思想政治教育传播艺术，开辟思想政治教育传播新途径和优化思想政治教育传播环境五个方面的内容。⑥ 徐帅、陈博对如何提高思想政治教育传播效果提出如下建议：培养"专家型"思想政治教育传播队伍、把握受教育者利益需求、培养受教育者媒介素质、调控传播过程中的

---

① 参见魏晓文、李晓虹《新媒体环境下高校思想政治教育传播效果研究》，载《大连理工大学学报（社会科学版）》2015年第1期。

② 参见王嘉、张维佳《论沉浸传播时代下的思想政治教育》，载《教学与研究》2020年第1期。

③ 参见胡建、何沙沙《高校思想政治理论课视域下大学生政治认同教育的问题及对策》，载《思想教育研究》2016年第8期。

④ 参见魏晓文、李晓虹《新媒体环境下高校思想政治教育传播效果研究》，载《大连理工大学学报（社会科学版）》2015年第1期。

⑤ 参见王保友《适度把握"传播距离"增强高校思想政治教育的实效性》，载《江苏高教》2011年第11期。

⑥ 参见黄明伟《思想政治教育传播优化初探》，载《理论探讨》2004年第5期。

各种因素。① 李洁、何沙认为，应从信息传播的视角，强化教育者的"把关"责任、深化传播受众认识、借鉴信息理论、运用传播技巧，建立一种理性、科学的传播方式，以实现思想政治教育效果的优化。② 然而，无论着眼于思想政治教育传播，还是思想政治教育传播效果，学者们提出的策略建议都存在相似之处，都是从传播过程的几个要素与环节出发，对传播过程乃至传播结果加以优化。

从研究视角上看，现有成果既有对思想政治教育传播活动的整体性效果考察，也有专门针对思想政治教育传播中某一特定传播活动，如思想政治理论课的效果研究；既有对高校思想政治教育传播效果的聚焦，也有对大众传媒思想政治教育功能的效果探析。③ 在研究方法的运用方面，已有研究以定性分析为主，间或采用问卷调查等实证研究方法，对更加精准的量化分析方法也开始尝试，如黄艳等人基于全国35所高校的调查数据，运用有序Logistic回归模型分析了互联网接触对大学生思想政治教育传播效果的影响及其作用机制。④

总体而言，当前学界围绕思想政治教育传播效果的研究，多基于当前传播效果有待提高的前提假设提出对策建议，而对思想政治教育传播效果的具体状况缺乏足够的定性描述和定量分析，也就是说，经验主义的研究成果居多，而实证分析类的成果偏少。这一状况使得"医者"们对传播效果这一"病情"缺乏深入细致的病理性认知，也使得"药方"在解决具体问题的效用上稍显不足。

（二）思想政治教育传播效果的研究思路和方法

传播学中有关传播效果的研究经历了一段发展探索的过程。从当前媒介效果的发展历程来看，研究取向中最为显著的共性是，把对受众的关注放在

---

① 参见徐帅、陈博《试论如何提高思想政治教育传播的效果》，载《理论月刊》2004年第11期。

② 参见李洁、何沙《信息传播视域下思想政治教育效果的优化研究》，载《思想教育研究》2011年第9期。

③ 参见梁庆婷、陈勇、陈旻《大众传媒思想政治教育功能的效果探析》，载《思想理论教育导刊》2013年第1期。

④ 参见黄艳、李佳玲、黄金岩《互联网接触对大学生思想政治教育传播效果的影响研究——基于全国35所高校调查数据的实证分析》，载《高校教育管理》2021年第11期。

首位，这与思想政治教育接受论尊重受众主体地位的研究取向高度一致。在传播学"受众理论"演进的过程中，取得了许多富有启发性和实践性价值的理论成果，这对推进基于受众视角的思想政治教育传播的效果的研究具有积极意义。

作为一种特殊的信息传播现象，思想政治教育传播涉及不同层次的传播主体，其针对个体、群体和社会有着不同的传播效果。由此，思想政治教育的传播效果具有了不同类型、不同层次的区分，相应地，传播效果研究也应具备分类、分层的意识。研究者梅尔文·德弗勒（Melvin Defleur）和桑德拉·鲍尔-洛基奇（Sandra Ball-Rokeach）曾提出"波纹效果论"，这一理论把传播效果分为认识的效果、感情的效果、行为的效果等结构性效果，以及对个人的、人际的、组织的、系统的、社会的效果等微观和宏观的层次性效果。这与思想政治教育传播效果的作用机制十分契合。"波纹效果论比之其他大多数综合性的效果理论，它不仅具有更大的优越性和普遍性，而且更适合于对付当今的大众传播和即将兴起的以电脑为主体的互动传播问题。"①

对思想政治教育传播效果的考察分析，既要注重不同个体、群体作为传播受众在认知、情感和行为上的变化规律，即"说服性"传播的效果分析，也要对"讯息类"传播的中长期效果予以关注，因为它是不同受众传播环境的重要构成。可见，个体差异、群体分类、社会关系、社会文化都应纳入思想政治教育传播效果研究的视域，正如学者付耀霞、池忠军提出的，要将传播学"受众理论"的四种研究范式予以互补整合，并要结合学科实际予以批判性的汲取和借鉴。②

在研究方法的运用上，鉴于效果研究内容的丰富性，多样化的研究方法就成了必然之选。"思想政治教育学学科是一门综合性很强的实践学科，除了传统的理论分析之外，更需要从实践中观察问题、发现问题，并通过数量化的方式进行分析验证，做到经验总结与理论建构并用。"③ 具体而言，在围绕"如何提升效果"的理论阐述方面，要发挥质性研究方法的优势，而在深入探究"效果如何"以及"效果为何"上，则要秉持实证主义的研究

---

① 邵培仁：《传播学》，高等教育出版社2000年版，第263页。
② 参见付耀霞、池忠军《传播学"受众理论"对破解思想政治教育困境的适用》，载《大连理工大学学报（社会科学版）》2016年第2期。
③ 刘妍：《全国高校思想政治教育基础理论创新高端论坛综述》，载《思想教育研究》2017年第5期。

精神，配合使用多种定性研究和定量研究方法，既注重案例分析和经验总结，又致力于思想政治教育传播效果机制分析，以达到多种研究方法优势互补、各取所长的效果。

当前，围绕思想政治教育传播的效果研究仍缺乏较为统一的范式，在研究思路和研究方法上有待进一步创新。大数据为思想政治教育传播效果研究带来了机遇，也带来了以"样本＝总体""不是精确性，而是混杂性""不是因果关系，而是相关关系"为显著特征的思维方式变革。从已有研究成果来看，实证分析类研究应在科学性和规范性上有所加强，如增加对采集数据的信效度检验、关联性分析，尝试针对具体现象和问题提出研究假设并予以检验等。这些科学研究方法的引入，将有助于增进人们对思想政治教育传播效果的科学化认知，补充以往经验主义研究的不足。

第三章　思想政治教育社会学

众所周知，思想政治教育是在吸收社会科学相关学科成果的同时合理吸收新兴科学、交叉科学理论与方法的一门综合性科学。思想政治教育社会学是在现代社会背景下提出，立足于思想政治教育学和社会学学科关联性基础上生成的崭新学术生长点。学者郑杭生认为，社会学存在两大传统：一是从孔德开始的西方社会学传统，二是与它几乎同时的从马克思开始的马克思主义社会学传统。[①] 1894年，列宁在《什么是人民之友》中曾言："马克思一开始从事写作活动和革命活动时，就十分明确地表示过他对社会学理论的要求，社会学理论应当确切地描写现实过程……他在《资本论》里极其严格地遵守了这个要求。"[②] 我国早期马克思主义社会学学者李达撰写了《现代社会学》《社会学大纲》，对社会学的性质、社会的本质、社会构造、社会起源等问题进行了论述。毛泽东、张闻天、陈瀚笙等做了许多实地调查工作。改革开放后，在重建社会学的过程中"一直遵循着一个方针：以马克思主义为指导，结合中国实际，为社会主义建设服务"[③]。可见，无论中外，社会学都与思想政治教育学的理论依据——马克思主义如影随形。

第一节　思想政治教育社会学的创设依据

社会是人存在和活动的基础，也是思想政治教育的基础。20世纪80年代以来，随着思想政治教育社会实践的发展和学科建设的推进，一些学者从思想政治教育学与社会学的学科关联出发，就探索思想政治教育学与社会学

[①] 参见郑杭生《中国社会学百年轨迹》，载《东南学术》1999年第5期。
[②] 中共中央马克思恩格斯列宁斯大林著作编译局：《列宁专题文集·论辩证唯物主义和历史唯物主义》，人民出版社2009年版，第198页。
[③] 费孝通：《社会学初探》，鹭江出版社2003年版，第8页。

的契合性与兼容性开展了许多有益的尝试。他们认为,从当代中国的时代境遇出发对思想政治教育这一社会实践活动加以考量,创设交叉学科思想政治教育社会学进而推进思想政治教育学与社会学的深度融合,是社会发展和思想政治教育实践与理论发展的现实召唤,具有重要的理论价值和现实意义。①

一、思想政治教育学与社会学的学科关联

思想政治教育学和社会学究竟存在着怎样的学科关联呢?作为马克思主义理论一级学科下属的二级学科,思想政治教育学与社会学既有明显的学科边界,又在研究对象、内容、方法上具有一定的亲缘关系。② 要进一步明确这一问题,则需要联系中国语境,在梳理中国社会学和思想政治教育学发展脉络的基础上加以比较。

从全球来看,社会学起源于西欧,创立于19世纪30年代。当时西欧资本主义迅猛发展,社会矛盾日益突出,农民破产、工人贫困失业、经济危机周期性发生等社会问题猛烈冲击着整个西方社会。随着启蒙运动以来社会学说和历史哲学的发展以及社会调查的初步尝试,人们试图像自然科学认识大自然那样认识社会,寻求解决社会问题的内在规律。于是,社会学便应运而生了。

19世纪30年代至19世纪末,西方社会学逐渐从一般社会哲学向专门具体科学演变。孔德在其1838年出版的《实证哲学教程》第四卷中,最先提出和使用了"社会学"一词。他区分了研究社会结构的社会静力学和研究社会发展的社会动力学,并概括了社会学的一些研究方法。斯宾塞则把进化论应用于社会学研究,认为社会是一个有机体,其进化和生物进化遵循着同一条规律,提出了社会有机体论和社会进化论。

19世纪末至20世纪30年代,西方社会学逐渐确定了自己的研究范围和方法,形成了独立的学科体系,研究的问题越来越具体化和专门化。这一时期形成了以埃米尔·迪尔凯姆(Émile Durkheim,又译为"涂尔干")为代

---

① 参见孙其昂《思想政治教育社会学研究的回顾与展望》,载《河海大学学报(哲学社会科学版)》2011年第3期。

② 参见杨威《思想政治教育学与社会学:学科交叉的视角》,载《思想教育研究》2014年第4期。

表的实证主义路线、以马克斯·韦伯（Max Weber）为代表的反实证主义路线及以芝加哥学派为代表的重视社会调查的传统。20世纪40—70年代，西方社会学得到了前所未有的发展，其中心由欧洲转向美国，呈现出结构多元、学派林立、观点分歧的局面。这一时期的主要理论有结构功能主义、社会冲突论、社会交换论以及符号互动论等。20世纪70年代后期，西方社会学在反思的基础上试图超越传统理论中行动与结构、主观与客观、微观与宏观之间的二元对立，在对立中寻求调和之路，使各理论派别之间的界限变得模糊不清；同时，与其他学科的交流日益增强。总体而言，西方社会学主要着眼于维护资本主义的社会秩序。

就中国而言，19世纪末至20世纪初，社会学作为"西学"的一部分传入中国。最早在中国出现的社会学译著包括英国社会进化论者赫伯特·斯宾塞（Herbert Spencer）、美国社会学家富兰克林·季廷史（Franklin Giddings）及数位日本学者的论著。1895年，严复在天津《直报》上发表《原强》，首次介绍斯宾塞及其群学。1898年，上海的《昌言报》连载由曾广铨翻译、章太炎笔述的《斯宾塞文集》。梁启超、谭嗣同也分别在他们的著述中提到过"群学""社会学"。1902—1903年，章太炎翻译日本学者岸本能武太的《社会学》和日本学者有贺长雄的《族制进化论》、严复翻译斯宾塞的《群学肄言》、吴建常自日文翻译的季廷史的《社会学提纲》、马君武翻译斯宾塞的《社会学引论》。可见，上述大多数人都曾参加过社会改良或革命运动，其主要关注的也是当时盛行全球的社会进化论思想。

此后，中国的社会学学科体制开始创设，表现为学者发表相关研究成果、高等学校设立相关科系培养学生、成立专业学会、出版专业期刊等。此时中国的社会学学者[①]开始以大学为基地，专注于若干重大问题或专门领域的研究，努力将社会学的某些理论和调查方法应用于研究中国社会实际，试图在中国找到一条连接传统与现代、融合东西方文化的现代化道路。他们中的一些人（如陶孟和、李景汉等）认为，只有进行社会改造才能实现政治改造，而首要的是通过社会调查认识社会。这里的社会调查指从数量众多的普通人民的琐碎生活中发现规律、提炼原理，其目的在于使人们有根据地改善实际生活，解决社会问题，增进人民幸福。中国社会调查运动自1918年陶孟和发表《社会调查》至1937年抗日战争全面爆发，历时20年，其影响

[①] 一般而言，这些学者既深受中国传统文化的熏陶，又获得了比较系统而完整的西方学术训练。——作者注

超出了社会学，扩大到整个知识界。这里，值得一提的是由"深入民间"逐步汇聚而成的"乡村建设"运动。此运动的参与者（如杨开道、梁漱溟等）视乡村为中国社会学研究与应用的实验室，主张立足农业以发展农业，认定唯有如此才是解决中国问题的根本出路。20世纪30年代中期开始特别是抗日战争期间，在吴文藻的主持下，费孝通等燕京大学社会学系的青年学者以燕京—云南社会学研究工作站为基地，以"社区研究"为方法，以"功能主义"为理论基础，推出了一批有价值的学术成果。此外，受西方社会学影响（在西方主流社会学界看来，社会现象归根到底是人有意识地创造的文化现象），1949年前的中国社会学界还将文化视为社会研究的基本问题。

同时，马克思列宁主义自苏联十月革命后传入中国，中国共产党以之为指导，展开了大规模的社会革命。作为社会革命的理论基础，马克思列宁主义本身便是一种社会学说。共产党早期的一些理论家、实践家从不同领域对马克思主义理论和西方社会学作了比较和评判，并针对某些社会问题或展开实地调查或提出一套观点，在客观上形成了一个马克思主义社会学的流派。20世纪20年代，上海大学曾经出现过以传授马克思主义学说为目的的高校社会学系。无论是马克思主义社会学还是西方社会学，其出发点都是认识社会现象，解决社会问题，建立公平和谐的社会秩序。但毋庸讳言，二者之间差异明显，简言之，二者是唯物主义和唯心主义之争，社会革命与社会改良之争。

中华人民共和国成立后，社会学在院系调整中被取消。高校社会学系教师曾经做出各种努力，试图保住社会学系。他们尝试运用马克思列宁主义特别是阶级分析的观点，主动从思想上批判资产阶级社会学，但在否定的同时又肯定其价值。他们承认，虽然在马克思以前，社会学者早就提出了冲突或矛盾的对立或矛盾的观点，但他们偏于研究社会的合作与和谐，而不愿意去了解阶级之间的对立与矛盾。这些社会学学者还特别强调了社会学的应用性，但最终还是没能挽救社会学的命运。在1956年"百花齐放，百家争鸣"方针提出之后，社会学者在1957年上半年开展了一系列试图恢复社会学的学科活动。然而，进入1957年下半年，这些学者所在的高校、研究机构开始对他们进行批判。当时的主流舆论界认为，社会学在资产阶级社会科学中居于原理地位，是为资产阶级服务的历史唯心主义的社会科学原理，将社会学作为资产阶级学说进行批判。

在党的十一届三中全会后的1979年3月，全国哲学社会科学规划会议筹备处主持召开了"社会学座谈会",探讨社会学学科的恢复和重建问题。同年3月30日,邓小平在《坚持四项基本原则》的重要讲话中指出:"政治学、法学、社会学以及世界政治的研究,我们过去多年忽视了,现在也需要赶快补课。"① 由此,社会学全面展开恢复重建工作。这个过程既是社会学中国化的过程,也是马克思主义社会学理论体系不断创新发展的过程。新时期中国的马克思主义社会学在克服西方社会学理论在世界观、历史观和方法论方面的缺陷以及批判其为资本主义辩护的狭隘立场的基础上,注重汲取其中合理的养分,致力于对社会问题进行科学研究。

梳理了社会学尤其是中国社会学的发展脉络之后,我们来探寻思想政治教育学与社会学的联系。思想政治教育是一种在阶级社会中普遍存在的社会活动,是与一定社会和阶级的意识形态活动相联系的教育活动。其目的在于让一定的社会成员掌握和接受一定的思想观点,形成一定的世界观、人生观和价值观。作为一个学科,思想政治教育脱胎于中国共产党的思想政治教育基本经验,兴起于我国改革开放的过程中。学科设立30多年,逐渐形成了相对稳定的研究对象和领域以及相对明确的研究方法与相对集中的研究队伍。回顾过去,思想政治教育学的发展离不开包括社会学在内的其他学科的滋养。进而言之,思想政治教育学与社会学在研究对象、研究内容、研究方法上有着密切的学科关联。

从研究对象来看,思想政治教育学的研究对象是研究人类在社会中的思想政治教育及其规律,社会学则旨在探索人与人之间的社会关系或群体之间相互交往和相互影响的原因及其结果。人的思想品德素质形成发展过程的社会性、思想政治教育主客体关系和互动过程的社会性、社会意识形态发展过程的社会性,是思想政治教育学与社会学在研究对象上存在亲缘关系的基本依据。②

从研究内容来看,一方面,社会学的研究领域大体可分为理论社会学和应用社会学,无论是形成许多普遍使用的概念工具(如社会人、社会化、社会网络等)的理论社会学,还是针对具体社会现象进行研究的应用社会学(如教育社会学、家庭社会学、组织社会学等),都与思想政治教育学存在共通性;另一方面,作为思想政治教育的理论基础,马克思主义理论及中国

---

① 邓小平:《邓小平文选》第二卷,人民出版社1994年版,第180~181页。
② 参见杨威《思想政治教育学与社会学:学科交叉的视角》,载《思想教育研究》2014年第4期。

化的马克思主义中蕴含着极其丰富的社会学思想,后者更是马克思主义社会学思想在中国的丰富和发展。

从研究方法来看,社会学有三种基本的方法论,即历史唯物主义方法论、实证主义方法论和人文主义方法论。马克思主义社会学秉持历史唯物主义方法论。实证主义方法论和人文主义方法论则构成了现代西方社会学的方法论基石。整体而言,历史唯物主义方法论对于科学认识思想政治教育的作用和功能,实证主义方法论对于提升思想政治教育理论研究的科学性,以及推动思想政治教育学的应用研究、人文主义方法论对于思想政治教育理解个体主观意义结构,皆有积极的意义。社会学中的文献研究法、调查研究法等具体方法,被思想政治教育学广泛应用。

二、思想政治教育社会学的研究意义

思想政治教育社会学的发展具有历史必然性,社会学是其客观基础,而思想政治教育学是其学科依托。思想政治教育是以人的思想为对象的社会实践活动,是以社会为母体的活动。社会是思想政治教育社会学产生的源泉和基础,社会的发展推动了思想政治教育社会学的产生。为了推动思想政治教育学更好地发展,需要借鉴包括社会学在内的其他学科的理论、知识和方法,从而实现思想政治教育社会学的发展。

思想政治教育社会学以思想政治教育与社会的相互关系为研究对象,而思想政治教育学以思想政治教育本身的规律为研究对象,这是二者的根本区别。社会学以研究社会的良性运行和协调发展的规律为主要内容;而思想政治教育社会学是介于个体微观和社会宏观之间,研究个体的一部分行为(主要是政治行为)同社会的相互作用,不仅研究个体如何适应和服从社会整体,更重要的是侧重于研究个体的政治行为变异对整个社会的影响以及对社会风尚变迁的作用,从而揭示思想政治教育与社会相互作用的一般特征。[1]思想政治教育社会学既是一门学科、一种实践,又是一种研究方法。研究思想政治教育社会学在理论、实践、方法论、现实方面具有重要意义。[2]

---

[1] 参见周黎鸿、王淑娥《"思想政治教育社会学"范畴论纲》,载《河南教育(高校版)》2008年第8期。

[2] 参见孙其昂《论思想政治教育社会学的缘起和意义》,载《思想政治课研究》2019年第4期。

第一，思想政治教育社会学的理论意义。思想政治教育社会学研究，不仅有助于拓宽思想政治教育研究领域、推动思想政治教育学学科发展，而且有助于将思想政治教育与现代社会、当下中国紧密结合起来，为建设文明社会提供有益的理论指引。在新时代的社会背景和教育背景下，单一性的学科思维已难以支撑某一学科的持久发展。不同学科之间只有打破原先故步自封式的学科思维方式，转而进行互镜、对话才是学科发展的应然生态。思想政治教育社会学正是立足于思想政治教育学和社会学关联性基础上的崭新的学术生长点，对于拓展思想政治教育的研究领域、丰富思想政治教育的理论体系具有重要意义。通过对思想政治教育社会学的研究，可以将其内在的思想政治教育与社会的关系呈现出来，产出思想政治教育社会学的知识成果，成为思想政治教育学学科新的分支。建构一门思想政治教育社会学学科，开拓出思想政治教育学学科的分支学科，必将促进思想政治教育理论发展和学科建设。同时，思想政治教育社会学对于丰富社会学理论具有潜在价值。对社会学而言，把思想政治教育作为研究对象，既可以为应用其理论和方法提供机会，又可以取得研究其他社会现象所不能取得的成果。这对社会学理论的发展同样具有推动和完善的作用。

第二，思想政治教育社会学的实践意义。思想政治教育是由一定政党或集团组织开展的，对所属成员进行思想教育，动员其为当前和长远目标而奋斗的社会实践活动。思想政治教育不仅是一项具有阶级性的政治活动，而且是一项具有强烈实践性的社会活动。可见，社会性是思想政治教育自身所具有的属性。在哲学中，其属性是"一事物与他事物在相互联系中表现出来的质"，它是一事物区别于他事物的"内部所固有的规定性"[1]。思想政治教育具有社会性属性，是指思想政治教育在发生、运行以及变化过程中与社会系统之间的相关性。明确思想政治教育的社会性是建立在对以往思想政治教育社会效果的反思以及对现代社会条件下思想政治教育特点的考量基础上的。针对过去思想政治教育过于注重政治性、偏向意识形态宣传的局限性，现代思想政治教育要充分认识并发挥好自身的社会性，才能取得应有的社会效果。在分化型的社会结构、开放性的知识条件和多元化的社会背景下，思想政治教育越来越依赖于社会系统。传统的一元性、灌输式的思想政治教育方式已经难以支撑思想政治教育的现代发展。思想政治教育由传统到现代的重

---

[1] 李秀林等主编：《辩证唯物主义和历史唯物主义原理（第五版）》，中国人民大学出版社2004年版，第175页。

要发展趋向之一就是使它不断地社会化,并逐步地趋向思想政治教育发展的理想形态,即社会化的思想政治教育。现代社会中,思想政治教育发展的重点是将思想政治教育渗透到社会生活的不同层面,进而提升其社会化的程度。

思想政治教育与社会的关系,基本性质不会变,但具体形式会有所变化。"社会是一个不断变化发展的社会,社会的发展变化也必然迫使思想政治教育在实践中对社会的变化作出灵活的回应。"① 这就需要一个专门学科来研究思想政治教育与社会的关系,指导思想政治教育实践,适应政治、经济、文化等社会条件的变化,以实现思想政治教育的社会功能,保持其生命力。

第三,思想政治教育社会学的方法论意义。方法论有两重含义:一是方法的理论,二是包括理论思维在内的具体方法。② 思想政治教育社会学的方法论,以马克思主义特别是辩证唯物主义和历史唯物主义为基本依据,探讨思想政治教育的社会基础和社会思维,从理论上将思想政治教育与社会连接起来,为辩证认识和处理思想政治教育与社会、思想政治教育学及学科与哲学社会科学的系统思维提供指南。作为社会科学的基础性概念,社会不仅具有本体性的内涵、价值性的维度、批判性的功能,还具有方法论的特质。社会不仅是构成思想政治教育的背景、条件和中介,而且是审视思想政治教育的思维方式。马克思从具体的社会生产关系入手揭示社会的生成与内涵,认为"应当避免重新把'社会'当作抽象的东西同个体对立起来",并认为"人是社会的动物"③。就社会自身的内涵和要素而言,马克思指出社会是人与人相互作用互动形成的关系体。④ 社会是由人构成的,但并不是人与人的机械叠加,而是人与人之间的有机互动。思想政治教育社会学提出社会思维,既是马克思主义社会学的题中应有之义,也是当前思想政治教育思维方式创新的重要体现。以摒弃抽象化、孤立化、隔离化、非生活化等取向为指

---

① 张耀灿等:《思想政治教育学前沿》,人民出版社2006年版,第458页。
② 参见孙其昂《论思想政治教育社会学的缘起和意义》,载《思想政治课研究》2019年第4期。
③ 中共中央马克思恩格斯列宁斯大林著作编译局编译:《马克思恩格斯全集》第2卷,人民出版社2003年版,第302页。
④ 转引自叶方兴《社会之镜:思想政治教育社会整合研究》,上海人民出版社2018年版,第64页。

向，社会思维形塑了思想政治教育现实性、互动性、生活化等品格，不仅成为思想政治教育自身的思维，同时也是把握现代社会条件下思想政治教育自身境遇及其未来发展的重要方法论。唯有以社会思维审视思想政治教育，发掘思想政治教育的社会本性，揭示社会所具有的方法论特质，并对思想政治教育做出多方面的理解与把握，才能探索和寻找出处理思想政治教育与社会关系的具体方法和技术。

第四，思想政治教育社会学的现实意义。作为对社会群体展开的政治社会化活动，思想政治教育从本质上体现为人的活动，既由人来实施，又对人来开展，并以提升人的思想政治素质、传递社会的政治价值观为终极指向。对思想政治教育社会学的研究，不仅可以在理论上拓展与深化思想政治教育学和社会学的学科视域及理论研究，而且还可以在社会实践中有效地提升思想政治教育的适应性、实效性。思想政治教育不仅是一项具有阶级性的政治活动，而且是一项具有强烈实践性的社会活动。作为一种社会活动，它一方面受制于一定的社会、经济、政治、文化条件，另一方面又对一定的社会、经济、政治、文化起着能动的反作用。就其归宿而言，在于运用思想政治教育的理论来解释社会、推动社会的发展。不断变化的当下中国社会为思想政治教育发展提供了现实条件，提出了理论需求，成为思想政治教育发展源源不断的动力。社会现代化的推进以及全面深化改革的深入，不仅为思想政治教育带来了新的发展契机，也为思想政治教育社会学提出了新的理论课题。面对中华民族伟大复兴战略全局和世界百年未有之大变局，中国思想政治教育社会学研究应从根本上真正掌握社会发展规律以及人的思想观念发展、转化规律，进一步将思想政治教育与现代社会、当下中国社会紧密结合起来，处理好思想政治教育与社会的关系，提升思想政治教育社会学的理论层次、实践效果以及社会认同，推动社会进步和人的全面发展。

第二节 思想政治教育社会学的发展历程

思想政治教育社会学是一门以思想政治教育与社会之间的关系为研究对象的新兴交叉学科，是思想政治教育学的一个分支学科。思想政治教育社会学是以思想政治教育学和社会学为理论来源和理论基础的，并以这两门学科的发展为依托，寻求自身的发展路径。社会学作为思想政治教育学的重要支撑学科之一，其在思想政治教育学学科发展中的地位和作用日益凸显。由此,思想政治教育学与社会学的交叉研究也在不断推进。虽然思想政治教育社会学的学科发展历史较短,且发展节点较为模糊,但它同样经历了一个发展历程,大体上可分为从社会学解读思想政治工作的尝试、思想政治教育社会学学科意识的形成、系统性思想政治教育社会学研究的展开三个历史阶段。

一、从社会学解读思想政治工作的零星尝试

社会学是关于社会良性运行和协调发展的条件与机制的综合性具体社会科学。① 在社会科学中,社会学作为基础性学科之一,其理论和方法对其他社会科学产生了深刻而广泛的影响。20世纪80年代,思想政治教育学学科开始形成并逐步发展。在形成和发展过程中,思想政治教育学需要从社会学中汲取相关理论来满足自身学科建设的需要。在思想政治教育学研究中,借鉴社会学的理论知识,对思想政治教育领域的某些教育问题或现象进行社会学层面的解读并寻求理论借鉴,为思想政治教育学与社会学的学科交叉融合提供了有利契机。

"思想政治教育学源于思想政治教育,源于思想政治工作。"② 思想政治工作是全社会的事业,主要在社会中展开。重视思想政治工作是我们党的优良传统和政治优势。改革开放初期,老一辈无产阶级革命家就提出要加强和改进思想政治工作。1982年11月,中央书记处书记宋任穷在全国党员教育工作会议上的报告中明确提出:"思想政治工作,党员教育工作,这是一门科学,是一门治党、治国的科学,在这个岗位上的几百万干部要努力钻研这个专业,造就大批思想政治工作专家,去完成新时期赋予我们的任务。"可见,在思想政治教育学学科建设过程中,党非常重视和强调思想政治工作所具有的社会特性,将思想政治工作视为一项社会实践来对待和研究。

作为一项具有鲜明政治性的社会实践活动,思想政治工作想要取得深层次的理论阐释,就必须揭示思想政治工作的社会实践特性。这就需要在思想政治工作中引入全新的理论视域,即利用社会学视域去解读思想政治工作。

---

① 参见杨威《论社会学对于思想政治教育学的学科价值》,载《学校党建与思想教育》2013年第4期。

② 孙其昂:《论思想政治教育社会学的缘起和意义》,载《思想政治课研究》2019年第4期。

1983年，张蔚萍、张俊南在其专著《思想政治工作概论》中提出，思想政治工作是一门涉及多种科学知识的综合性科学，要做好思想政治工作，必须去了解和挖掘多领域、多方面的学科知识，不仅要了解马克思主义理论学科的相关知识，还要摄取社会学、伦理学、美学、道德学、生态学等学科的科学知识，只有这样才有利于我们更好地了解并掌握人们的思想动态和行为活动的一般规律，有效提高思想政治工作的效率和质量。1988年，学者王辉在其主编的《思想政治工作与社会学》一书中明确提出"思想政治工作需要社会学"并进行了论证。对于不同的阶层、不同的人以及不同的社会化时期，思想政治工作都非常重要。"社会学是一门既重理论又重应用的科学，而应用于思想政治工作，是这门科学在新时期的重要任务之一。"[1] 如果有效应用社会学既重理论又重实践的这一特质，那么，将可以有效提升思想政治工作的实际效果。

改革开放以后，由于社会结构转型引起的思想效应，思想政治工作不适应社会关系变化的弊端日益凸显。随着社会结构的转型，社会日益分化为体制内和体制外。1999年，中共中央明确提出要扩大思想政治工作覆盖面，体制内、体制外都需要开展思想政治工作。可以说，这是体制内思想政治工作的拓展与延伸，其中包含着更多的社会属性与特质。在社会转型过程中，社会学的知识能够为解决当时思想政治工作中出现的新问题、新现象提供理论层面和操作层面的有益指导。这一背景下，从社会学的角度解读思想政治工作，运用社会学的科学知识和理论方法解决思想政治工作中遇到的新问题，对于思想政治工作者来说显得尤为重要。

此后，一些学者著书立作尝试从社会学角度去解读思想政治工作。譬如，1993年学者杨力行通过《思想教育社会学》一书对思想教育的社会目标、社会网络、社会机制、社会效果等方面的研究，力图揭示思想教育同社会的各个方面、各个要素之间的相互联系和影响。[2] 学者孙其昂在其2001年出版的《社会学视野中的思想政治工作》一书中提出，他在教学、科研、指导研究生等工作过程中积累了一些体会和经验，由此萌发了建立"思想政治工作社会学"的想法。由于社会条件和理论条件都不够充分，当时他并没有直接使用"思想政治教育社会学"这一名词，而是将其命名为"社会学

---

[1] 王辉：《思想政治工作与社会学》，天津人民出版社1988版，第2页。
[2] 参见谢宏忠《思想政治教育社会学研究述评》，载《福建论坛（社科教育版）》2008年第6期。

视野中的思想政治工作",意为运用社会学的视角去分析和研究思想政治工作。虽然书中也借鉴了哲学、政治学理论成果,但主要是从社会学视角解读和分析思想政治工作:从宏观视角上,运用社会学的结构主义理论对思想政治工作进行解读,阐述了思想政治工作的系统性;从微观视角上,运用社会学原理和方法分别分析了思想政治工作者的社会角色、社会群体中的思想政治工作、人际交往和社会互动对思想政治工作的重要作用。该书初步将社会学原理和方法运用于思想政治工作,为今后社会学与思想政治教育学的进一步融合提供了基础和借鉴,也吸引着更多学者从事思想政治教育社会学研究工作。

二、思想政治教育社会学学科意识的日益形成

学科意识,就是关于学科的理念。思想政治教育社会学的学科意识就是对思想政治教育社会学的学科关注意识、认同意识、归属意识、维护意识、发展意识、反思意识以及责任意识的综合体现,是对思想政治教育社会学的历史、现状和发展给予关注,并积极努力投入为学科建设发挥作用,促进思想政治教育社会学的学科发展,完善思想政治教育社会学理论研究和实践工作,推动思想政治教育社会学科化、专业化。① 简言之,思想政治教育社会学学科意识,就是主体能够准确认识思想政治教育社会学的独特学科地位,保持对学科发展持久的关注和关心。

20世纪末,虽然也有个别学者尝试从社会学的角度去解读思想政治工作,但在思想政治教育社会学的研究中并未出现自觉的学科意识和理论研究。人们对于思想政治教育与社会学之间关系的讨论,多数停留在思想政治教育学的教材中探讨思想政治教育的社会功能、价值等范畴。进入21世纪后,随着思想政治教育应用研究的不断发展,越来越多的学者不再满足于只对社会学的理论进行浮光掠影式的介绍和解读,而是利用社会学的某些理论和方法,结合思想政治教育中的具体现实问题进行跨学科研究,既推动了思想政治教育的应用研究,也为思想政治教育学与社会学的融合提供了现实依据,同时为思想政治教育社会学的构建提供了新的可能。

在2004年《中共中央 国务院关于进一步加强和改进大学生思想政治

---

① 参见李思颖、刘学坤、孙其昂《思想政治教育社会学的问题意识"三思"》,载《思想教育研究》2020年第2期。

教育的意见》(中发〔2004〕16号)和2005年《中共中央宣传部　教育部关于进一步加强和改进高等学校思想政治理论课的意见》(教社政〔2005〕5号)出台后,思想政治教育学的学科体系不断完善,学科建设也进入了新的规范发展阶段。2005年,原先从属于政治学的二级学科马克思主义理论与思想政治教育两个学科,被设置成为马克思主义理论一级学科,思想政治教育与其他二级学科共同从属于马克思主义理论一级学科。学科的调整与重组进一步强化了学科共同体建设的认同感与归属感,学科建设发展也进入了规范化发展阶段。此后的一段时间里,学界围绕学科的理论建设与研究规范等问题的讨论颇为热烈,学科问题意识更加强烈,学科内涵研究日益深化,学科理论体系也逐渐完善。

　　长期以来,学者将目光聚焦于思想政治教育社会学的独立性研究。人们对于思想政治教育与社会的关系一度存在非此即彼的误解,常常采取两极对立的简单化方式:要么过分强调思想政治教育的政治性,将思想政治教育从社会大系统中抽离出来;要么过分强调思想政治教育的社会性,以社会系统的其他要素消解思想政治教育的政治性。事实上,思想政治教育社会学既不是思想政治教育学,也不是社会学,更不是思想政治教育学与社会学的机械结合物,而是二者联姻的产物,它建立在对思想政治教育学与社会学之间的契合性和互融性的深刻把握之上。思想政治教育社会学是一门独立的学科,有自己的研究对象、研究目的、研究内容、研究方法等。尤其是随着研究的不断深入,学者们开始从学科层面对思想政治教育学与社会学进行整体性研究和深层次思考,建构思想政治教育社会学。随着研究的学科意识的不断加强,进一步提高了思想政治教育社会学的专业化、综合化和科学化。

　　2007年,学者张耀灿在《思想政治教育学科理论体系发展创新探析》一文中,系统地勾画了思想政治教育学科体系,主张在思想政治教育学科建设和理论建设时,应建立若干分支学科,其中就包括思想政治教育社会学。[①] 在这一想法的启发下,学者孙其昂着手编写了《思想政治教育社会学概论》,同时撰写发表了《社区思想政治工作基本问题的探析》(2010)、《思想政治教育社会学研究对象发微》(2011)等多篇学术论文。这一阶段研究思想政治教育社会学的学者还有杨威、周黎鸿、叶方兴等。

　　就思想政治教育社会学建构的初衷而言,主要是摒弃思想政治教育单一

[①] 参见张耀灿《思想政治教育学科理论体系发展创新探析》,载《学校党建与思想教育》2007年第5期。

化、孤立化的学科视域,通过研究揭示思想政治教育与社会之间的关联性和互融性。学者杨威提到,思想政治教育与社会关系、社会结构、社会运行等社会要素之间存在着紧密的联系,这在客观上决定着思想政治教育学与社会学之间的学科关联性。① 学者叶方兴在论及思想政治教育跨学科研究时也提到,单一的思想政治教育学学科无法有力回应复杂的现代化社会问题。② 社会的快速发展迫切要求我们寻求不同的知识、理论之间的融合和互动。思想政治教育需要随时去面对和解决现代化发展过程中出现的社会建设、公共安全等复杂的现实问题,所以只有去除单一化的学科范式,在发展中与其他学科互镜、互鉴,才能提升自身解决问题的能力。从思想政治教育解决现实问题的角度,利用学科之间的融合、联姻催生出的思想政治教育社会学学科意识,进一步推动了思想政治教育的跨学科研究。

思想政治教育社会学的提出和发展源于社会发展和思想政治教育实践与理论发展的需要,目的是加强和改进思想政治教育,推进思想政治教育的理论建设和学科建设。随着社会形势的变化和现代化的推进,国人的思想观念和行为方式发生巨大变化,对思想政治教育的需求日益多样化。尽管一些人没有将社会问题的解决思路指向思想政治教育的自觉意识,但是只有在思想政治教育的参与下,许多社会问题才能得到有效解决。正因如此,思想政治教育社会学立足社会、关注社会、解读社会,适应现实而生。

三、系统性思想政治教育社会学研究的逐渐展开

党的十八大以来,思想政治教育理论研究与实践得到了飞跃式发展,思想政治教育学的学科交叉研究扩大了研究视域,不再局限于以往的教育学等门类,而是扩展到社会学、生态学等更为丰富的交叉学科视野,并展开了系统性的研究,取得了一系列具有独创性的研究成果。尤其是习近平总书记关于宣传思想工作的一系列重要论述,为思想政治教育学本身的发展提供了思想源泉,也为交叉学科的发展提供了契机。

党的十八大以来,对思想政治教育社会学的研究日趋升温,在广度、深度、力度等方面都逐渐呈现出系统性特征。在研究广度上,研究论题涉及研

---

① 参见杨威《论社会学对于思想政治教育学的学科价值》,载《学校党建与思想教育》2013 年第 4 期。

② 参见叶方兴《论思想政治教育的跨学科研究》,载《思想教育研究》2013 年第 9 期。

究对象、研究主题、研究意义、研究方法、研究现状、研究思路、问题意识、学科特质、学科功能、学科范式、发展路径等，较之前更为系统全面。在研究深度上，思想政治教育社会学历经知识借鉴、问题聚焦，现已步入学科融合阶段，奠定了扎实的基础。但学界对一些基本范畴的认识尚未统一，理论研究在一定程度上呈现出与社会现实脱节的"断裂"状态。在研究力度上，河海大学、武汉大学、华东师范大学等一批研究人员逐渐将思想政治教育社会学作为稳定的研究方向，开设相应课程，推出了《思想政治教育社会学的理论探索》《社会之镜：思想政治教育社会整合研究》《思想政治教育的社会学研究》《社会阶层结构变迁与思想政治教育互动研究（1978—2012）》等一批学术专著及学术论文。总体而言，这一阶段思想政治教育社会学研究取得了一定的进展，相关研究成果较为集中，但研究的深度和广度仍有待提升。①

经过30多年的努力，思想政治教育社会学经历了从无到有、由浅入深的发展历程。展望未来，学界应从研究范畴着手对现有知识体系做规范分析，创生一批更有解释力的概念；紧密结合现实开展应用研究，寻求理论把握现实的机制，提升思想政治教育社会学的影响力；加强组织和人才保障，培育和壮大多学科背景的专业研究队伍。当前，思想政治教育社会学发展中最突出的问题在于理论难以直面社会现实和解决实际问题，该问题也是造成学科发展滞后、人才队伍短缺的基础性问题。因此，更多关注现实、解决实际问题，是思想政治教育社会学应有的基本态度和发展趋势。

第三节　思想政治教育社会学的学科范式

学科范式是学科内容和方法的统一。20世纪80年后，库恩的范式理论被中国学界广为了解，它以促进学科发展成熟的独特魅力，彰显着学科发展的起落，具备其他概念所不具备的历史回溯和未来预测的功能。21世纪初，范式理论被引入思想政治教育研究领域并成为重要的学术范畴。当然，面对学科建构和发展的需要，思想政治教育社会学应当进一步明确学科范式，实现高质量发展。

---

① 参见杨增崟《思想政治教育学科交叉研究的历史回溯》，载《学术论坛》2020年第5期。

一、思想政治教育社会学的问题意识

问题是推动思想政治教育社会学理论创新的动力和源泉。所谓思想政治教育社会学的问题意识,就是指思想政治教育社会学研究应当以人们在社会生产、生活实践中遭遇的思想观念问题作为出发点,以思想政治教育的方式关注和回应社会,解释社会现象,解决现实问题,化解思想政治教育与社会之间的紧张矛盾。思想政治教育社会学的问题意识既能够展现思想政治教育强大的社会解题能力,也反映着思想政治教育应有的时代精神与现实关怀。

因此,思想政治教育社会学既是学科、学问,也是活动。思想政治教育社会学扎根中国大地,它是一项广泛性的社会实践活动,牵涉政治、经济、文化等各个方面。

第一,思想政治教育依赖于社会,社会结构决定着思想政治教育的运行状态及发展水平。[1] 社会性是思想政治教育的一个基本属性,指的是思想政治教育在发生、运行以及发展过程中所体现出来的与社会系统之间的关联性。具体来讲,思想政治教育的发生有着深刻的社会根源,社会经济结构、社会政治结构及社会文化结构均影响着思想政治教育的运行和发展。其一,社会经济结构决定思想政治教育的发展水平。马克思指出,经济基础决定上层建筑,一定的社会经济结构决定着一定的社会意识形态结构。作为意识形态领域的一项实践活动,思想政治教育受社会经济结构的决定性影响。社会物质生产力的发展水平决定着精神生产力的发展水平。生产工具、生产方式决定着意识形态的传播方式,从而制约着思想政治教育载体的发展程度。社会经济结构决定思想政治教育的根本性质。经济基础的根本性质决定着思想上层建筑的根本性质,从而决定着思想政治教育的根本性质。社会经济结构决定思想政治教育的运行方式。思想政治教育作为社会子系统,在运行过程中受劳动力、自然资源、技术、经济体制等复杂因素的影响。因此,思想政治教育的运行不能脱离一定社会的经济结构,相反必须不断适应社会经济结构的变化。其二,社会政治结构决定思想政治教育的本质属性。作为本质属性之一,政治性决定着思想政治教育的基本目标。思想政治教育总是为一定的阶级和政治集团的根本政治利益服务的。一定的阶级特别是统治阶级,为

---

[1] 参见杨威、符莹《论思想政治教育的社会根源》,载《思想政治教育研究》2015年第3期。

了实现和巩固自己的统治，需要运用思想上层建筑的资源对社会成员施加有计划、有组织的影响，通过思想政治教育的形式确立自身政治统治的合法性。社会政治结构决定思想政治教育的主要内容。政治教育是思想政治教育的主要内容，而政治教育的基本内容是由一定的社会政治结构决定，并为一定的社会政治结构服务。其三，社会文化结构影响思想政治教育的价值导向。思想政治教育承载的是一定社会的主流价值体系，具有鲜明的价值导向性，而一定社会的主流价值观教育又受特定文化结构的影响，必须适应社会文化结构的发展；社会文化结构也影响思想政治教育内容，有什么样的文化结构，就会有相应的思想政治教育内容结构。同时，社会文化结构影响思想政治教育的运行效果。思想政治教育对人们的影响主要在文化和思想方面，思想政治教育效果的取得，一方面有赖于思想政治教育子系统内部的结构优化，另一方面又受到社会环境特别是文化环境的制约。良好的文化环境和舆论环境对思想政治教育效果的发挥具有积极的促进作用。综上所述，思想政治教育的存在有赖于社会存在，它是社会有机体不可或缺的组成部分，是社会有序运行的重要保障。

第二，社会自身发展需要思想政治教育发挥作用。社会的存在与维系需要一定的思想意识作为团结成员的纽带。人类发展史证明，通过思想的软控制能够有效地实现社会整合的目标，使社会变得更有秩序。"社会需要思想政治教育，它是凝聚一个社会共同体意识的'社会水泥'，是一种社会整合的有效的软力量。"[①] 思想政治教育对社会的软控制主要体现在以下三点[②]：一是思想政治教育对社会风险进行控制，从而达到社会秩序稳定有序的目的。思想政治教育可以创造一种社会不同群体平等表达、民主沟通的利益对话机制，在畅通利益表达渠道的基础上，通过对话和协商的方式寻求各方利益的共同点，解决可能存在的矛盾。而且，思想政治教育还能通过人文关怀和心理疏导来营造良好的文化心理氛围进而控制社会风险，从深层次上解决社会发展和个体发展的精神动力问题，引导人们树立正确的"三观"，塑造健全人格。同时，思想政治教育还可以通过学校教育、舆论宣传、实践演练等多种方式，增强人们的防范安全意识，有效预防社会风险，促进社会的和

---

① 孙其昂、叶方兴：《论思想政治教育社会学的学科视野》，载《思想教育研究》2012年第5期。

② 杨威：《社会控制视野中的思想政治教育》，载《武汉大学学报（哲学社会科学版）》2012年第3期。

谐稳定发展。二是思想政治教育对社会思想秩序的控制。思想政治教育通过建构和传播主流意识形态引导思想秩序，通过整合思想意识形式维系和保障思想秩序。社会行动和社会关系的有序化往往是以个体认知和社会思潮的有序化为前提的。一个社会在精神文化生活领域要从无序走向有序，离不开主流意识形态的引导和规约。主流意识形态是凝聚不同阶级、阶层的"社会水泥"，是确立、维系统治阶级社会秩序的思想纽带和精神力量，同时统摄着其他社会意识形态。思想政治教育将反映统治阶级利益的思想体系、价值体系、信仰体系等凝练提升为本阶级的意识形态，继而通过系统的、有组织的思想教育、道德教育和政治教育，在广大社会成员中传播本阶级的意识形态，并使之内化为社会成员的思想政治品德素质，为社会的长治久安和有序发展奠定坚实的思想保障。三是思想政治教育对个体行为的控制。思想政治教育通过对社会成员施加系统的、长期的、潜移默化的教育影响，培养社会所要求的思想道德素质，促使社会成员养成良好的行为习惯，从而实现个体行为的自律。思想政治教育对个体行为的控制具有主动性、积极性、长效性和传导性。思想政治教育通过说理教育、启发引导，使个体对道德规范、法律规范背后所蕴藏的社会价值体系产生社会认同和自觉遵从，由被动压服转变为主动信服来体现其主动性；思想政治教育通过行为养成、榜样示范等方式，培养社会成员良好的行为习惯和健康的生活方式，自觉摒弃有悖于社会规范的行为方式来体现其积极性；思想政治教育通过陶冶情操、锻炼意志，塑造个体健全的人格，形成坚定的意志品质，树立符合社会要求的长远人生规划和理想信念来体现其长效性；思想政治教育通过自我教育、同伴教育，培养社会成员的自律意识、合作意识，推动社会成员之间彼此共享教育成果来体现其传导性。思想政治教育是一种激发个体自觉遵守社会规范性要求的巨大精神力量。它通过思想道德教育、行为养成教育等多种途径，充分调动社会成员的调控意识，使个体行为自觉纳入社会规范的既定轨道；并通过规约社会成员的行为，保障社会关系的良性有序。

简而言之，思想政治教育社会学是在现实呼声中产生的，也注定将在回应现实问题中完善和发展自身。为了实现思想政治教育社会学回应和解答现实社会问题的重要使命，必须将问题意识作为改善现状的突破口。问题是研究的起点，也关乎学科的命脉。"只要一门科学分支能提出大量的问题，它就充满生命力；而问题的缺乏则预示着独立发展的衰亡和终止。"[①] 当前，

---

① 林定夷：《问题与科学研究》，中山大学出版社2006年版，第2页。

思想政治教育社会学在理论研究方面存在知识供应不力、理论运用低效、研究方法缺位等问题；在实践工作方面存在进入、深入、超越社会困难等问题；在学科建设方面存在学科意识不强、学科人才不足、学科组织体系不全等问题。[①] 今后，思想政治教育社会学在着力解决上述问题的同时，应不断拓宽"问题域"，开创思想政治教育社会学研究的崭新局面。

二、思想政治教育社会学的学科建构

学科建构以相应的知识体系为支撑。一门学科只有具备独立的研究对象、主题、范畴及研究目标，才能将自身抽离出来形成独立的学科。目前，学界已基本认同思想政治教育社会学的独立学科地位。学科建构是当前思想政治教育社会学研究的显性特征。[②]

关于思想政治教育社会学的研究对象。因为思想政治教育是一种社会现象，构成社会系统要素，所以思想政治教育社会学是对思想政治教育进行社会学的审视。它运用社会学的原理和方法分析思想政治教育发生、发展、变化的规律，讨论人的思想行为与社会之间的相互关系；它以思想政治教育、社会存在状态、思想政治教育在社会中的活动、思想政治教育系统与社会系统，以及社会系统其他要素之间的相互关系等为研究对象。具体来讲，思想政治教育社会学研究包括两个方面：一方面，研究思想政治教育系统在社会系统中的地位、功能、价值和运行；另一方面，研究思想政治教育系统与社会系统及其他要素之间的相互关系，包括社会对思想政治教育的支持。概而言之，思想政治教育社会学既源于"母学科"，又超越于"母学科"，扬弃了思想政治教育学的理论性、抽象性与社会学的实证性、描述性。作为思想政治教育社会学的研究对象，思想政治教育与社会的关系决定了对其研究，既反映出社会学的现实性和现实灵动的社会气息，又体现思想政治教育对人的精神世界的反映、引领和提升。[③]

---

① 参见李思颖、刘学坤、孙其昂《思想政治教育社会学的问题意识"三思"》，载《思想教育研究》2020年第2期。

② 参见叶方兴《从"学科建构"到"问题解答"——思想政治教育社会学研究的思路专向》，载《学术论坛》2014年第7期。

③ 参见叶方兴《当前思想政治教育社会学学理拓深的前提反思》，载《思想政治教育研究》2019年第5期。

关于思想政治教育社会学的研究主题。科学研究应该以关切人作为起点和主题。英国哲学家大卫·休谟（David Hume）在《人性论》中指出，一切科学知识无一不是人的认识活动的产物，以往各学科中争论无穷，进展甚微，根本原因就在于忽视了研究人性。他将人性科学看作"其他科学唯一牢固的基础"，并认为"任何重要问题的解决关键，无不包括在关于人的科学中间；在我们没有熟悉这门科学之前，任何问题都不能得到确实的解决"[①]。不管是思想政治教育学还是社会学都关涉人的研究，人是二者共同的主题，也成为二者联姻、结合的逻辑起点。思想政治教育学是以人的思想行为变化及思想政治工作规律为研究对象的学科。其研究对象包括社会与人、社会与人的思想的关系，研究从思想到行为的转换的规律等。人是思想政治教育的对象，也是思想政治教育的最终目的。人的思想品德变化发展的规律是思想政治教育学的重要研究内容。同时，人的思想政治品德素质的形成和发展过程又是一个社会过程。人的思想和行为都是在社会，特别是社会关系中产生发展的，具有社会属性。"社会学帮助我们了解自己，人是社会的动物，我们的行为不仅是我们的意志所造，也是在社会约束下的产物。"[②] 社会学对"人"进行研究，它的研究基点主要是作为社会群体的人。社会学侧重于对作为社会活动承担者的社会群体的研究，而社会群体的生成依赖于个人之间的互动。社会学指认个人的行为受制于群体和社会结构，对个人行为的注解往往要通过人与人以及人与社会之间的互动来完成。思想政治教育社会学在对人的研究方面，其着力点主要在揭示人的思想政治行为产生、发展的规律，以及影响人们开展思想政治教育的社会因素。"它不仅研究个体如何适应和服从社会整体，而且研究个体的政治行为变异对整个社会的影响和对社会风尚变迁的作用，揭示出思想政治教育与社会相互作用的一般特征。"[③] 宽泛地说，思想政治教育社会学旨在揭示思想政治教育与社会之间的关系。更准确地说，二者之间的关系可以展现为多个侧面，形成多重主题，前者比较典型地表现为揭示微观层面的思想政治教育个体的社会接受机制、中观层面的各种思想政治教育社会中介、宏观层面的思想政治教育的社会格局，而

---

① 转引自叶方兴《思想政治教育社会学的理论基础初探》，载《思想政治教育研究》2010年第1期。

② 杨威：《思想政治教育的社会学研究》，中国社会科学出版社2014年版，第12页。

③ 叶方兴：《思想政治教育社会学的理论基础初探》，载《思想政治教育研究》2010年第1期。

后者则表现为涉及思想政治教育的社会基础、思想政治教育的社会形态、社会的思想政治教育需求、社会的思想政治教育机制等代表性主题。①

关于思想政治教育社会学的研究范畴。范畴是思想政治教育社会学的重要内容，研究范畴关涉思想政治教育社会学学科话语体系和理论体系的创新发展。范畴的精确化、规范化，是任何一门学科持续发展的客观要求。范畴是把事物进行归类的依据。有了范畴，才可以"把我们的观察资料归属到一个秩序井然的符号系统中去，以便使它们相互间系统连贯起来并能用科学的概念来解释"②。作为思想政治教育社会学研究的重要领域，范畴关系到学科建设的方方面面，是促进学科向高水平发展的重要一环。范畴的研究和发展反映了本学科理论原创能力的提升，新的范畴往往是理论生长点，规范化的范畴体系为理论创新提供基本的逻辑思维工具。按照重要性和作用大小的不同，范畴一般可分为基本范畴、重要范畴和具体范畴。近年来，随着思想政治教育学研究的逐步深入以及学科视域的逐步拓展，旨在探索思想政治教育与社会之间关系的思想政治教育社会学应运而生，形成了一批卓有成效的研究成果。③ 然而，作为一个新兴交叉学科，思想政治教育社会学研究虽然在学者们的努力下获得了丰富的成果，奠定了扎实的基础，但学界对一些基本范畴的认识尚未统一，范畴体系建设任重道远。总之，立足当下，我们需要用富有思想含量和时代内涵的范畴体系构建思想政治教育社会学的话语体系，凸显思想政治教育社会学在国家治理现代化中的特殊价值。

关于思想政治教育社会学的研究目标。思想政治教育社会学所指向的，并不仅仅是学科创设与学科培育，其终极目标是通过思想政治教育社会学，促进思想政治教育学的学科发展，为马克思主义理论学科在中国哲学社会科学中的指导地位与领航作用形成示范，实现从学科自觉到学科自信。④ 思想政治教育社会学是针对当前思想政治教育实践及研究中的不足与缺陷而提出的，目标在于促进思想政治教育现代转型与范式重构，超越单一学科发展困

---

① 参见叶方兴《当前思想政治教育社会学学理拓深的前提反思》，载《思想政治教育研究》2019年第5期。

② 冯刚：《深化高校思想政治教育范畴研究》，载《马克思主义理论学科研究》2021年第9期。

③ 参见孙其昂《思想政治教育社会学研究的回顾与展望》，载《河海大学学报（哲学社会科学版）》2011年第3期。

④ 参见沈东《从学科自觉到学科自信：马克思主义理论一级学科再定位》，载《湖北社会科学》2015年第10期。

境与共同体认知局限,强化思想政治教育实证研究与理论构建,进而实现学科发展的新突破。相较思想政治教育学而言,思想政治教育社会学的研究从微观的视角和更为具体的层面入手,分析思想政治教育与社会之间的关系和相互作用机理。虽然思想政治教育社会学广受关注,但是相关知识来源较为匮乏、学科理论准备不足、分支学科界限较为封闭,导致其研究一直处于不温不火的状态。思想政治教育社会学研究仍处于起步阶段,在知识来源、理论支撑以及学科建制上仍然依赖于母体学科,受制于母体学科知识体系,但这种依赖与受制,并非单向度的阻碍,而是一种学科培育的过程。① 全面建设社会主义现代化国家正是思想政治教育社会学发展的有利时机,下一步要着力解决好学术研究组织建设、学术资源配置、研究队伍建设等问题。需要格外注意的是,虽然思想政治教育社会学对于思想政治教育学和社会学都具有拓展学科视野的意义,但一个学科的稳定长远发展,更多需要的是立足于自身独特性和独立性的知识来源,而非工具性和机械性的借鉴。思想政治教育社会学要十分重视在两个学科或多个学科之间的中间领域开展探索,争取新知识供应。②

三、思想政治教育社会学的研究方法

对于一门新兴的学科来说,研究方法是衡量其成熟与否的重要标识,也是一个学科研究范式的基础。若没有成熟的研究方法,那么研究范式也就无从谈起;反之,要想推动学科研究范式走向成熟,就必须从研究方法着手,完整有效地认识思想政治教育社会学研究这一科研实践活动,从而打开研究局面。要掌握思想政治教育社会学的研究方法,首先要明确什么是方法与方法论。所谓方法,就是人们在认识世界和改造世界的过程中,为达到预期目的所采用的方式或手段。所谓方法论,就是关于认识世界和改造世界的理论,简言之,就是关于方法的学说或理论。方法论有层次之分,一般分为哲学方法论、一般科学方法论、具体科学方法论。其中,哲学方法论对一般科学方法论、具体科学方法论具有指导意义。就此而言,思想政治教育社会学

---

① 参见沈东、孙其昂《思想政治教育社会学:目标、问题及超越》,载《思想教育研究》2018年第4期。
② 参见李思颖、刘学坤、孙其昂《思想政治教育社会学的问题意识"三思"》,载《思想教育研究》2020年第2期。

的研究方法就是为了达到思想政治教育社会学研究目的而采用的方式和手段。思想政治教育社会学方法论是关于思想政治教育社会学研究这一科研实践的方法理论,关注思想政治教育社会学研究方法的形成、变化和发展的规律,是探讨思想政治教育社会学研究方法的依据、性质、作用、功能及特点等,以及各种研究方法之间的联系等问题的理论,指向思想政治教育社会学研究这一科研实践。

哲学层面的研究方法论高悬于具体操作层面的方法之上,偏重于抽象哲学思维的练就。如果说技术层面和理论层面的研究方法论是对过去和现在的方法的审视和分析,那么,哲学层面的研究方法论就是对过去和现在的反思以及对未来的预设。就其本质而言,思想政治教育社会学研究方法论需要一种哲学思维的练就,需要用哲学思维对思想政治教育社会学的前提、条件、实践、现象及其方法进行透视和解剖,进而实现思想政治教育社会学理论的超越,从一般的哲学层面上把握思想政治教育与社会的关系。① 所以,哲学层面的方法论更重要的是超越性,表现在对过去、现在及未来的超越,乃至以超越性的眼光去审视方法论的过去、现在和未来。

理论层面的方法论具备普遍性、一般性的特征。"研究方法论包括研究理念、研究方法理论、研究方法思维等在内的观念形态的总体,以理论的形态存在,从理论和观念上影响并规范思想政治教育研究方法运用与研究活动。"② 从一般化的层面去考察思想政治教育社会学研究方法论可知,其兼具社会科学的独特气质与思想政治教育的系统性。

技术层面的方法更多偏重于具体方法,涉及具体领域的方法理论。很多学者提出,要将具体方法一一枚举,从而建立思想政治教育社会学研究"方法库"。虽然"方法库"的建立在一定程度上可以为研究者们提供现成的、相对规范且公认的研究方法,但是也会催使研究方法承担起"刻板印象"的负效应,使得研究方法的提出、运用失去灵活性。为了保持研究方法的生动、活泼,应该建构指南性理论来反映研究方法。立足当下,思想政治教育社会学的研究方法主要分为三个层次:第一个层次是系统思维即系统分析方法,第二个层次是思想政治教育学研究方法和社会学研究方法及二者的结合

---

① 参见张建晓、孙其昂《思想政治教育社会学研究方法论建构——兼论思想政治教育社会学研究方法的发展走向》,载《探索》2017年第3期。

② 张建晓、孙其昂:《思想政治教育社会学研究方法论建构——兼论思想政治教育社会学研究方法的发展走向》,载《探索》2017年第3期。

运用，第三个层次是在跨学科研究的背景下借鉴多学科的研究方法。① 可以预见，对于具有独立学科地位的思想政治教育社会学而言，研究方法的推进、形成和系统化是未来发展的重点。

库恩的范式理论对分析并规范思想政治教育社会学具有重要的方法论意义。整体来说，20世纪80年代以来的思想政治教育社会学研究尚处于"前范式学派"阶段，而"取得了一个范式，取得了范式所容许的那类更深奥的研究，是任何一个科学领域在发展中达到成熟的标志"②。对思想政治教育社会学而言，学科范式研究无疑是一种学科自觉性的表现，是以现代科学研究规范为参考展开的学科自我认识和建构。范式理论在一定意义上拓展了我们对学科概念的理解，赋予学科研究更具立体性、历史性和实践性的含义，使其更具内部性和动态性。因此，走进范式，让知识生产拥有内在的秩序和更高的效率，提升研究的深度和广度，直面现实，不断攻克学科建构中的诸多理论难题和发展瓶颈，是思想政治教育社会学建设应坚持的方向。

---

① 参见孙其昂、叶方兴《论思想政治教育社会学的学科视野》，载《思想教育研究》2012年第5期。

② 金林南：《思想政治教育学科范式论：现状、问题与发展》，载《思想理论教育》2014年第5期。

第四章 思想政治教育治理学

中国特色社会主义进入新时代以来,治理的意义和价值愈加凸显。学界在研讨思想政治教育学基础理论问题和重大实践问题中,逐渐意识到治理理论对拓展思想政治教育学领域存在一定的影响。党的十九届四中全会进一步明确部署关于推进国家治理体系和治理能力现代化的安排以来,社会治理逐渐成为新时代思想政治教育学发展的重要视角。基于现有研究动态,可推断思想政治教育治理学成为思想政治教育学分支学科的可能性在加大。因此,全面把握国内外思想政治教育治理研究的现实状况和基本动态,尝试分析思想政治教育治理学的理论框架,并对思想政治教育治理学的发展趋势进行预判,能够为深化思想政治教育治理理论,初步构建思想政治教育治理学的知识体系、范畴体系、学科体系提供重要启示。

第一节 思想政治教育治理学的研究现状

思想政治教育与治理的结合研究,是近年来思想政治教育界一个方兴未艾的研究方向。在国家学术文献总库(CNKI)期刊数据库中以"思想政治教育治理"为主题进行检索发现,截至 2021 年 12 月 31 日,公开发表的相关文献有 280 余篇,但关于思想政治教育治理学的体系化研究尚未出现。从文献的整体分布来看,党的十八大之前每年的发文量基本少于 5 篇,绝大部分为党的十八大之后的研究成果,尤其自 2013 年年底党的十八届三中全会第一次将"完善和发展中国特色社会主义制度,推进国家治理体系和治理能力现代化"[①] 作为全面深化改革的总目标,明确了国家治理体系和能力的现代化目标方向后,关于"思想政治教育"和"社会治理""治理视域""治

---

① 《中共十八届三中全会在京举行 中央政治局主持会议 中央委员会总书记习近平作重要讲话》,载《人民日报》2013 年 11 月 13 日,第 1 版。

理现代化"的结合研究年度发文量呈现倍数式增长。总的来看，思想政治教育与治理的结合研究在学术界取得了一定的成果，尤其是在实践层面展开了一些地区性、对象化的研究，研究视角主要聚焦于思想政治教育治理的内涵与外延，在实现路径与现代化两个维度上初步形成了思想政治教育治理学格局。

一、"治理"理论的兴起

国内外学者自20世纪便对"治理"理论展开了一些有针对性的研究，以下主要就"治理"概念的研究进行总结和提炼。

(一) 缘起于西方的"治理"概念

通过文献梳理可以发现，国外学术界主要集中在对治理理论的研究，较少论及关于"思想政治教育治理"的专题式理论研究。西方治理理论的出现绝非偶然，是因为西方国家信赖市场和政府在调节社会方面能够保持持久效力。从西方经济发展脉络中可以清晰地看到，"市场万能论"作为古典自由主义经济学的基本信条，曾有过深厚地位和统治基础。经济危机发生之后，更多的学者、管理者开始意识到"市场"并非万能，于是政府开始扮演纠错角色。当"政府"过度干涉影响市场活力时，这一缺陷又该如何弥补？20世纪90年代后，一批西方政治学家与管理学家在政府统治手段失灵和市场配置失效后，用"治理"手段为社会资源找到了新的配置方式并就此明确了"治理"对于国家和社会发展的必要性与重要意义。在"治理"的必要性上，全球治理理论的主要创始人美国学者詹姆斯·N. 罗西瑙(James N. Rosenau)、英国学者罗伯特·罗茨(Robert Rhodes)不约而同地指出"治理"概念与"统治"既存在区别，又有一定的关联性。一方面，"治理"比"统治"的主体范围更大，它指的是"一种共同的目标支持的活动，这些活动的主体未必是政府，也无须依靠国家的强制力量来实现"[①]；另一方面，治理也意味着"新的统治过程"与"统治条件"。[②] 在此之后，

[①] [美] 詹姆斯·N. 罗西瑙：《没有政府统治的治理》，剑桥大学出版社1995年版，第5页。

[②] 参见 [英] 罗伯特·罗茨《新治理：没有政府的治理》，载《政治研究》1996年第154期。

越来越多的西方学者选择在西方国家治理困境中，探讨治理理念的发展与演变过程。他们认为，"治理"概念在调和各种利益关系，加强国家和市民社会之间的良性互动中[1]，获得了更加宽泛的意义，甚至提出社会的高效运转可以没有政府统治，但不能没有治理。[2] 这些观点让"治理"的内涵和特征逐渐明晰，也为我们开展治理研究指明了方向。

（二）中国对"治理"概念的初探

通过横向比较可以发现，治理理论在国内的发端与治理的国际应用基本持平。国内对治理理论的关注始于改革开放发展初期。这一时期，国内学者在探索中国经济发展方式的过程中，开始关注西方治理理论。起初的研究主要集中在对治理经典文本的译介和传播上，这其中就包括戴维·奥斯本（David Osbome）、文森特·奥斯特罗姆（Vincent Ostom）、詹姆斯·N.罗西瑙、安东尼·吉登斯（Anthony Giddens）、托尼·麦克格鲁（Tony McGrew）等，使得"治理"研究在国内开始成为一门"显学"。随后，学界便展开了对"治理"（governance）翻译的探究和治理效率等方面的讨论。20世纪90年代末，学界就"governance"翻译成"治理"还是"治道"曾展开过激烈论战。一方观点认为，"governance"是指在管理一国的经济和社会资源中运用公共权力的方式，应翻译为"治理"，而非"治道"。[3] 另一方则提出，如果将"治理"视为一种新的治理道路的选择和变革实践，那么"治道"要更加妥当。[4] 可见，"治理"在中国的早期研究主要着眼于对西方译本中"治理"内涵的精准性把握，以及"治理"效率和功能性的发挥，等等，而缺乏深入、系统和本土化的研究。

（三）治理理论在中国的适用研究

进入21世纪后，国内学界围绕治理理论与中国实际相结合的议题展开

---

① 参见全球治理委员会《我们的全球伙伴关系》，牛津大学出版社1995年版，第23页。

② 参见［瑞士］弗朗索瓦-格扎维尔·梅里安、肖孝毛《治理问题与现代福利国家》，载《国际社会科学杂志（中文版）》1999年第2期。

③ 参见徐勇《GOVERNANCE：治理的阐释》，载《政治学研究》1997年第1期。

④ 参见毛寿龙、李梅、陈幽泓《西方政府的治道变革》，中国人民大学出版社1998年版，第11页。

了讨论。研究成果主要集中在引入治理理论的必要性与现实可能性上。在"社会治理"概念提出后，中国式治理理论得以进一步发展。一是治理理论引入的必要性。关于中国是否需要引入西方治理理论，国内学者的态度大体保持一致，但在引入方式上出现了分歧。在2009年以前，有一种观点认为，西方治理理论固然具有很强的借鉴性，但如果不顾中国的社会传统和政治文化，强行移植"治理"理论到中国，则容易掉入政治浪漫主义的陷阱，或过早产生新的风险问题。[①] 因此，他们对引入持慎重态度。2009年以后，有另一种观点认为，治理理论已经成为推进公共管理的重要组成部分[②]，且在破解国内的有效适用困境上有新的思路和选择[③]。因此，选择引入西方治理理论恰逢其时。[④] 二是实证研究为治理理论的本土化转向提供现实可能性。引入治理理论不仅具有必要性，而且具有现实依据。随着具体地区、对象群体、社会问题等实证性考察的推进，治理研究在具体地区、特定群体和特定现实问题上，已经形成了可复制、可推广的治理经验。这些研究既为治理理论的本土化发展提供了较为丰富的实践素材，又为治理理论的体系化研究提供了现实可能性。三是"社会治理"和"国家治理"概念的提出。党的十八届三中全会后，"治理"在成为国家政治实践新概念的同时，具有了国际意义。[⑤] 此后，"社会治理"，尤其是"国家治理"成为学界关注的焦点。一般认为，国家治理包含社会治理和政府治理，二者在本质上具有一致性，即都是国家治理体系现代化的重要组成部分[⑥]，其本质表现为党的领导[⑦]。上述理解用中国式治理回应了部分学者对于引入西方治理理论的担忧和困惑。

[①] 参见郁建兴、王诗宗《治理理论的中国适用性》，载《哲学研究》2010年第11期。

[②] 参见陈庆云、鄞益奋、曾军荣等《公共管理理论研究：概念、视角与模式》，载《中国行政管理》2005年第3期。

[③] 参见魏崇辉《公共治理理论有效适用的困境及其破解：共识、精英与阶层变迁的视角》，载《行政论坛》2014年第3期。

[④] 参见何翔舟、金潇《公共治理理论的发展及其中国定位》，载《学术月刊》2014年第8期。

[⑤] 参见孙其昂、张宇《论思想政治教育与治理——基于"推进国家治理体系和治理能力现代化"》，载《思想政治教育研究》2015年第2期。

[⑥] 参见王磊、周沛《社会治理现代化：社会服务伙伴关系演化、本土化及治理之道》，载《社会科学研究》2015年第4期。

[⑦] 参见王浦劬《国家治理、政府治理和社会治理的含义及其相互关系》，载《国家行政学院学报》2014年第3期。

基于此，关于治理的价值原则、系统构成和体制创新、特定人物的社会治理思想研究等内容，为中国式治理研究提供了思路和方向。

二、思想政治教育与治理的关系

思想政治教育作为国家政治体系的重要组成部分，其对中国社会的制度、运行模式、道路发展具有特殊的社会职能。"治理"作为党中央在国家层面推进的目标、理念、主张和重大实践要求，自然要与思想政治教育走在一起。对于思想政治教育与治理关系的研究，显示了思想政治教育和治理的融合应该也有必要成为一个专门研究领域。

（一）思想政治教育与治理的内在一致性

就其内在逻辑关联来看，思想政治教育与治理在目标选择、社会群体等诸多方面具有契合性。思想政治教育通过思想教育、政治教育、道德教育、心理教育等方式让自己成为社会的载体和中介，通过教育者对受教育者的思想进行启发和引导，从而最终影响个人实践行为。[1] 而社会治理无论在价值目标选择还是在目标群体和作用主体上并无二致。"思想政治教育是社会治理的重要方式，社会治理为思想政治教育有效开展创造良好基础。"[2]

（二）思想政治教育为治理提供政治引领

就中国具体实践而言，思想政治教育引领社会治理的最高原则是正确的政治引领，即保持党的执政地位，确认党政的主导作用。因此，我们在理解"治理"时，要注重给市场和企业、社会组织、公众分配一定的治理权限，同时要凸显执政党、政府（国家）的主导地位，避免造成去执政党化、去政府化的印象。[3] 具体而言，思想政治教育应从增强社会政治认同、引领社

---

[1] 参见张耀灿、郑永廷、吴潜涛等《现代思想政治教育学》，人民出版社2006年版，第261～262页。

[2] 郑永廷、田雪梅：《社会治理与思想政治教育的发展》，载《思想理论教育》2017年第2期。

[3] 参见王莹、孙其昂《近年来思想政治教育治理研究综述》，载《教育评论》2018年第1期。

会主流价值观念①、助推社会治理政策落地、引导社会舆情走向等方面保证治理价值和能力。② 在宣传国家治理理念、方针政策时，需要教育者避免简单化、一刀切，而应当科学选取社会所需、群众喜闻乐见的方式方法，做到政治性与科学性的统一。

（三）思想政治教育的治理功能

思想政治教育治理功能的实践导向，逐渐成为学界关注的重要方面。整体看来，思想政治教育治理功能主要包括引领主流意识形态、疏导社会成员心理、协调社会关系、化解社会矛盾、激发民众活力、收集舆情③、弥补"刚性"治理的不足，以及价值引导、道德教化、主体平等对话、信息反馈等多个方面的内容。从思想政治教育的个体性功能和社会性功能来看，应重点发挥思想政治教育的政治功能、经济功能和文化功能。④

（四）网络视域中思想政治教育治理研究

近年来，从国家治理、法治、党建、基层组织等视角分析思想政治教育的作用、功能和价值的文章不在少数。进入新时代以来，随着网络生活的覆盖面扩大、复杂化程度加深、渗透力加强，网络视域中关于思想政治教育治理研究的热度居高不下。具体来说，这些文章主要围绕大数据风险应对、虚拟社会、网络空间、网络文化、网络暴力、网络舆情、数据治理、自媒体应用、商业校园 App（手机应用程序）等主题进行研究。其中，高校成为网络思想政治教育治理研究的重点。在国家学术文献期刊数据库中关于思想政治教育治理的 280 余篇文章中，有 80 余篇是高校思想政治教育与治理理论的关联性研究，包括"机制建设""体系建构""功能研究""路径探析""方式创新""风险评估""危机管理""队伍建设"等研究关键词。

---

① 参见王学俭《新时代国家治理与思想政治工作创新发展》，载《马克思主义研究》2021 年第 8 期。
② 参见李卓、王永友《思想政治教育社会治理的三重价值》，载《湖北社会科学》2019 年第 6 期。
③ 参见汪玲、张斌《思想政治教育的社会治理功能分析》，载《求实》2014 年第 9 期。
④ 参见郑永廷、田雪梅《社会治理与思想政治教育的发展》，载《思想理论教育》2017 年第 6 期。

三、思想政治教育治理的实现途径和现代化

党的十九届四中全会指出:"坚持和完善中国特色社会主义制度、推进国家治理体系和治理能力现代化,是全党的一项重大战略任务。"① 基于此,学界也从战略层面,围绕体制机制、评价体系、监督和风险防控体系具体领域等对思想政治教育治理的实践提出了新要求。

(一) 思想政治教育治理的体制机制

思想政治教育治理体系的现代化进程,离不开系统完备、科学规范、运行有效的制度机制建设。尽管西方没有明确提出思想政治教育的概念,但实际上,其思想政治教育大多隐于制度规范内,其制度条文实际上就是对价值判断的引导,这对开拓我国思想政治教育治理现代化路径具有重要的借鉴意义。因此,推进思想政治教育治理体系的现代化,要在强调其政治导向和价值引领作用②、顶层设计的意义③的前提下,完善制度机制。具体而言,可从党对思想政治教育工作的全面领导制度机制、思想政治教育"三全育人"机制、思想政治教育运行和执行保障机制、社会主义核心价值观教育制度体系、思想政治教育队伍可持续发展制度机制、思想政治教育质量评价体系机制六大方面建立起思想政治教育治理的机制体系框架。④

(二) 思想政治教育治理的质量评价体系

质量评价是实践工作的标尺和指引,思想政治教育治理体系的现代化离不开科学有效的质量评价。质量评价机制可对受教育者、教育工作机制、教育方式方法的发展和创新、教育效果提升起到有益的作用。在微观层面,学者徐艳国认为思想政治教育治理指标体系包括思想政治教育治理体系(包括

---

① 《中共中央关于坚持和完善中国特色社会主义制度 推进国家治理体系和治理能力现代化若干重大问题的决定》,载《人民日报》2019年11月6日,第1版。
② 参见李卓、王永友《思想政治教育社会治理的三重价值》,载《湖北社会科学》2019年第6期。
③ 参见徐艳国《思想政治教育治理体系和治理能力现代化探析》,载《清华大学学报(哲学社会科学版)》2014年第3期。
④ 参见冯刚、高山《新时代高校思想政治教育治理论》,中国社会科学出版社2021年版,第133~142页。

政策完善度、政策结构合理度、政策约束力度、政策延展度）与思想政治教育治理能力（包括政策执行监督水平、政策落实程度、政策有效度、政策管办评分离度）的一级、二级指标，以及36个三级指标组成。① 在宏观层面，笔者认为可从评价内涵（基本内涵、目标要求）、评价路径（正向、逆向）、评价维度（治理体系、治理能力、治理效能）、评价方法（过程评价与结果评价、定性评价与定量评价、线下评价与线上评价）四大方面加强对思想政治教育治理评价体系的系统性建设。②

（三）思想政治教育治理的监督和风险防控体系

作为一个宽泛的场域，治理体系引入更多的主体，也赋予更多群体以治理权限。所以，相比传统的政府管理，其产生了更多的监督和风险防控的视域。这就要求建立经验择优推广机制和政策督查机制，并促进其协调发展。③ 尤其在配套的体系建设中，严密法治监督奖惩机制是必须的路径之一。④ 为此，学者提出了加强治理体系中的内部监督机制和外部机制的联动，建立起事前、事中、事后的风险防控体系，找到相应的风险点、风险评估、风险应对的建议。⑤

（四）思想政治教育治理的现代化

思想政治教育治理现代化不应是对国家治理现代化的照搬和套用，在实现思想政治教育治理现代化的过程中，更应该厘清思想政治教育治理自身的生成逻辑、特征和发展路径。从生成逻辑看，在新时代国家治理现代化继续向前推进的大环境下，思想政治教育治理要通过实现现代化自觉，为国家治

---

① 参见徐艳国《关于思想政治教育政策环境现代化的指标体系设计》，载《思想理论教育导刊》2014年第7期。
② 参见冯刚、高山《新时代高校思想政治教育治理论》，中国社会科学出版社2021年版，第219～243页。
③ 参见梁家峰、吕素香《思想政治教育治理体系和治理能力现代化的三个维度》，载《思想教育研究》2014年第10期。
④ 参见张静《增强思想政治教育管理者法治意识的意义与路径》，载《湖北民族学院学报（哲学社会科学版）》2016年第6期。
⑤ 参见冯刚、高山《新时代高校思想政治教育治理论》，中国社会科学出版社2021年版，第254～274页。

理现代化源源不断地输送高素质人才,由此思想政治教育治理现代化的研究论题开始生成并得到确证。现代化的理论特征则是科学化、制度化、协调化和效能化。因此,思想政治教育治理现代化的发展路径应是"治理体系现代化、能力现代化"[1]。就具体的内容而言,推进思想政治教育治理体系现代化,需要引导治理主体现代化,实现治理客体现代化,确保治理目标现代化,促进治理方式现代化。[2]

可见,脱胎于西方市场和政府管理危机中的治理理论,将公众、非政府组织都纳入治理主体范围,并赋予他们必要的功能和价值。中国在借鉴西方治理理论的基础上,为治理理论注入了中国特色,并使其在中国社会具有了新的内涵和特征。中国式治理既强调和谐、稳定、政府主导,又强调发展、活力和公众参与[3],包括党的执政地位的确保、公众参与的关键作用、法治建设和德治规范的双重推进等。党的十八届三中全会后,治理逐渐成为推动国家发展的重要战略手段,而思想政治教育又是国家政治建设的重要组成部分。因此,在确认思想政治教育与治理具有共通性之后,二者的关联性研究取得了很大进展,也呈现出关系性研究、价值研究、功能研究、效能研究、制度体系研究等多元视角和方向。在中国情境下,思想政治教育治理的实现路径需要在党的领导下,推进机制完善成熟、评价体制优化、监督和防控体系升级,提升治理体系和能力,助推治理主体、客体、目标和方式的现代化路径实现。从整体研究情况看,现有研究成果为进一步推进思想政治教育治理发展、形成思想政治教育治理学提供了必不可少的理论素材和具体思路。同时,也存在着研究深度不够、体系化有待加强、重复性视域较多等问题。随着相关研究热度的逐步升温,未来思想政治教育治理学将成为学界重要的研究领域。

---

[1] 王学俭、阿剑波:《思想政治教育治理现代化的内涵、特征与发展路径》,载《思想理论教育》2020年第2期。

[2] 参见冯刚、高山《新时代高校思想政治教育治理论》,中国社会科学出版社2021年版,第53页。

[3] 参见卢岚《社会治理视野下的思想政治教育若干问题研究》,载《理论与改革》2016年第1期。

第二节　思想政治教育治理学的理论建构

作为未来可能形成的一门新型交叉学科，思想政治教育治理学既涉及理论结构、范畴体系、学科体系等理论命题，又涉及思想政治教育与治理学的逻辑关联、如何把握思想政治教育治理学的基本规律和内在机理，以及如何提高传统思想政治教育效能等实践问题。要准确理解其中的理论意蕴，科学回答这些实践问题，必须重点围绕思想政治教育治理学的理论基础、学科属性、研究内容等展开研究。

一、思想政治教育治理学的理论基础

理论基础是支撑学科知识体系建构的重要基石，思想政治教育治理学与其他学科一样，如果没有理论基础作为学科研究的坚强后盾，就难以建立起系统化、立体化、科学化的学科体系。作为一门综合性的交叉学科，思想政治教育治理学既坚持马克思主义科学理论成果的指导，从中华优秀传统文化中汲取中国智慧，又善于借鉴人类文明的有益成果，博采各学科之长。

（一）以马克思主义的理论成果为理论支撑

马克思主义的科学理论成果不仅是思想政治教育治理学的根本内容，也是思想政治教育治理学坚实的理论基础，为思想政治教育治理科学化和学科化发展提供重要的理论支撑。

一是马克思主义经典论述为思想政治教育治理学的展开提供根本指导。这其中主要关涉意识形态理论。意识形态理论作为一种关于无产阶级革命理论与革命实践关系的理性认识，是思想政治教育的直接理论依据。意识形态理论是马克思、恩格斯运用唯物史观对以往意识形态理论进行扬弃的重大理论成果。在马克思、恩格斯看来，一方面，"经济的前提和条件，归根到底是决定性的"①，"不是人们的意识决定人们的存在，相反，是人们的社会存

---

① 中共中央马克思恩格斯列宁斯大林著作编译局编译：《马克思恩格斯选集》第四卷，人民出版社2012年版，第604～605页。

在决定人们的意识"①；另一方面，社会意识又自成系统，有着自己特有的发展形式与规律。19世纪末至20世纪初，出于革命实践对科学理论指导的需要，列宁在《怎么办？》中丰富了意识形态理论。他提出，广大的工人阶级仅凭主观意识只能形成"工联主义的意识"，而无法产生"社会民主主义的意识"。可见，马克思主义经典作家对意识形态理论的相关论述，对理解思想政治教育治理学的本质、把握思想政治教育治理功能有重要启示。

二是思想政治工作理论为思想政治教育治理学的展开提供了价值取向。重视思想政治工作是党的优良传统、鲜明特色和突出政治优势。在长期革命、建设、改革的实践中，党不仅把思想政治当作一切工作的生命线，而且高度重视用科学政治工作方法培养社会主义建设者和接班人。一方面，关于思想政治工作"生命线"的理论，是开展一切工作的前提和基础。中华人民共和国成立以来，思想政治工作作为党的一切工作的生命线，在深入推进经济建设、政治建设、文化建设、社会建设、党的建设，以及促进人的全面发展的历史进程中，取得了丰硕的理论成果。② 这充分说明了思想政治教育治理学把思想政治工作作为治党治国的重要方式的重要性。另一方面，关于接班人的培育理论，反映了思想政治工作的根本任务。思想政治工作归根到底是做人的工作，党正是在动员群众、武装群众、凝聚群众的实践中，创造性提出了一些理论，奠定了思想政治教育治理学科学化发展的重要理论基础。思想政治工作对培育德智体美劳全面发展的社会主义建设者和接班人的重视，为分析思想政治教育治理对象、落实根本任务提供了重要启示。

三是马克思主义中国化最新理论成果为思想政治教育治理学的展开提供了科学指引。党的十八大以来，习近平总书记关于思想政治教育与国家治理现代化的重要论述，是指引思想政治教育治理学不断取得新发展的思想武器。科学理论为思想政治教育治理学的发展提供了具体思路。

（二）以中华优秀传统文化为思想资源

中国传统文化源远流长、底蕴深厚，积淀了中华民族最深沉的精神追

---

① 中共中央马克思恩格斯列宁斯大林著作编译局编译：《马克思恩格斯选集》第二卷，人民出版社2012年版，第2页。

② 参见沈壮海《中国共产党在动员群众、武装群众、凝聚群众的实践中，创造性提出一些理论，奠定了思想政治教育治理学科学化发展的重要理论基础》，载《思想教育研究》2009年第10期。

求。而思想政治教育治理学作为一门具有鲜明中国特色的学科，汲取了中华优秀传统文化生生不息、不断发展壮大的丰厚滋养，为推进学科理论发展树立了强大的文化自信心。

中华优秀传统文化中蕴含了关于思想政治教育治理功效的丰厚智慧，其中，化民成俗、兼收并蓄、知行合一的品质表现得尤为突出。一是化民成俗。所谓"化民成俗"是指为政者要达到"建国军民"，必须"教化百姓，使形成良好的风尚"。化民成俗的教化智慧为思想政治教育从管理向治理的范式转化提供了有益的方式。化民成俗的实践教化揭示了思想政治教育治理学要善于通过隐性教育，化"他律"为"自律"。二是兼收并蓄。兼收并蓄的品质为思想政治教育治理学的发展提供了可能性基础。中国是一个多民族的国家，中国传统文化在推进过程中经历了各民族文化融合发展的阶段。兼收并蓄的品质蕴含了开放包容的心态和胸怀，为思想政治教育治理学的发展提供了强有力的心理支撑。三是知行合一。知行合一为思想政治教育治理学坚持理论创新与实践创新的互动提供了重要方法论启示。中华优秀传统文化中，十分重视对知行合一思想的探讨。自宋明的程朱理学家提出"知"与"行"问题以来，历代学者们就从不同的角度阐发了知行合一的观念，而强调知行合一主要的落脚点还是"行"。知行合一的悠久传统对思想政治教育治理学正确处理理论创新与实践创新的辩证关系产生了重大影响。

（三）以现代治理理论为知识借鉴

思想政治教育治理学具有动态性、复杂性和系统性的特点，其形成是一个积淀、融合和发展的过程，要求其现代化进程必须在秉持开放、包容、批判、继承原则的基础上，以思想政治教育实践为导向，并寻求国家治理现代化理论和教育治理现代化理论作支撑。①

思想政治教育治理学的发轫、形成、发展与国家治理现代化理论和教育治理现代化理论有着"不解之缘"。其中，国家治理现代化理论为推进思想政治教育治理学的发展提供了整体分析框架和行动方案。只有以国家治理智慧和战略为方向，推进思想政治教育治理体系和治理能力的现代化，思想政治教育治理学才能在中国特色社会主义制度的支持和保障下，实现顶层设计、政策执行、机制构建、评价质量等方面的治理体系现代化发展。教育治

---

① 参见冯刚《推进新时代思想政治教育治理体系现代化》，载《中国教育报》2020年3月19日，第5版。

理现代化则是保持思想政治教育持久效力的先导和基础。只有在遵循教育现代化及教育治理现代化理念，创造性运用和创新性发展教育现代化、教育治理现代化相关理论成果的同时，又走在教育治理现代化的前列，才能在一定程度上推进思想政治教育治理学学科体系的创新发展，增强思想政治教育解决问题的能力。①

二、思想政治教育治理学的学科属性

对思想政治教育治理学的学科属性的认识是准确定位思想政治教育治理学，推进思想政治教育学的学科发展的基点所在。明晰思想政治教育治理学的学科属性，不仅有利于准确把握思想政治教育治理学的特性，而且能够在已有研究成果的基础上进一步深化认识、创新思想政治教育理论。② 当前，探讨思想政治教育治理学的学科属性必须厘清思想政治教育学与治理学的学科融合，明确思想政治教育治理学的学科定位，准确把握思想政治教育治理学的学科特点。

（一）思想政治教育学与治理学的学科融合

学科的交叉融合，是学科发展成熟到一定程度后的必然要求和表现。③ 思想政治教育治理学的出现正是思想政治教育主动适应学科交叉趋势，不断实现自身创新发展的必然结果。作为一门综合性的学科，思想政治教育治理学不仅需要广泛借鉴其他学科的理论和方法，而且要找到思想政治教育学与治理学的学科融合点。具体说来，二者在实施主体、作用对象、实施过程等方面的共通性，决定了二者进行学科融合的可能性与必要性。④

第一，现实的人是思想政治教育学与治理学融合的逻辑起点。一方面，思想政治教育主要是做人的思想工作。这种工作并不是改造自然世界的客观

---

① 参见徐艳国《思想政治教育治理体系和治理能力现代化探析》，载《清华大学学报（哲学社会科学版）》2014年第3期。
② 参见张澍军《试论思想政治教育学科前沿的若干重大问题》，载《马克思主义研究》2011年第1期。
③ 参见冯刚《交叉学科视野下思想政治教育的创新发展》，载《思想政治教育研究》2011年第11期。
④ 参见杨威《思想政治教育学与社会学：学科交叉的视角》，载《思想理论教育》2014年第4期。

实践活动，而是以现实的人的思想行为变化为研究对象，其目的是实现人的自由而全面的发展。因此，现实的人是现代思想政治教育治理学科成立的逻辑起点。① 另一方面，对现实的人的关注也是构建社会治理学的前提条件。尽管社会治理最初是作为一种政治分析框架在西方出现的，但无论是"治理"还是"治理共同体"，它们的价值取向都直接指向现实的人。治理是指"在一个既定的范围内运用权威维持秩序，以增进公众的利益"。这意味着"个人的幸福和尊严"不仅是人类追求的永恒价值，也是实现善治、改善民生、推进民主的关键。② 同样，所谓的"治理共同体"，也是指"政府、社会组织、公众等基于互动协商、权责对等的原则，基于解决社会问题、回应治理需求的共同目标，自觉形成的相互关联、相互促进且关系稳定的群体"③。可见，关于现实的人的研究为思想政治教育学与治理学的兼容提供了理论前提与基础。

第二，社会关系是思想政治教育学与治理学融合的逻辑中介。作为个体与社会互动机制的社会关系，是思想政治教育学与治理学共同作用的对象，思想政治教育学与治理学都关涉社会关系的研究。就思想政治教育学而言，该学科是基于社会实践活动形成的，而实践活动本身又是在各种社会关系中展开的，其中涉及的主体、介体、客体也是由社会关系串联起来的。无论是思想政治教育要教育人、培养人，还是使用人，都要发展人与人的社会关系。④ 这意味着思想政治教育活动本身源于社会，又在社会中不断丰富、发展。因此，"思想政治教育与人的关系，实际上就是思想政治教育与社会关系的关系"⑤。就治理学而言，个人与社会关系是治理学研究的核心主题。从社会管理到社会治理的转变，无论是政府统治社会，还是政府治理社会，任何变革在本质上都是对既定社会关系的调整。⑥ 治理学对社会关系的研究不仅有助于把握影响个体思想道德素质形成发展的社会因素，而且有利于我

---

① 参见宋德勇《人学视角的现代思想政治教育研究》，河南人民出版社2016年版，第19页。
② 参见俞可平《善治与幸福》，载《马克思主义与现实》2011年第2期。
③ 郁建兴：《社会治理共同体及其建设路径》，载《公共管理评论》2019年第3期。
④ 参见杨威《思想政治教育学与社会学：学科交叉的视角》，载《思想理论教育》2014年第4期。
⑤ 孙其昂：《思想政治教育学基本原理》，河海大学出版社2004年版，第46页。
⑥ 参见严仍昱《从社会管理到社会治理：政府与社会关系变革的历史与逻辑》，载《当代世界与社会主义》2015年第1期。

们揭示思想政治教育子系统与其他社会因素之间的互动关系,对把握思想政治教育活动的内在规律具有重要的社会意义。①

第三,社会运行是思想政治教育学与治理学融合的逻辑归宿。社会运行是思想政治教育学与治理学不可缺失的实施过程。无论是思想政治教育学还是治理学,二者最终的目标都是弘扬社会正气,提高社会治理效能。其中,思想政治教育学要想弘扬社会正气,就必须完成思想政治教育社会属性的实践转化。②"改革推进到哪一步,思想政治工作就要跟进到哪一步。"③ 作为社会思想上层建筑和意识形态建设的有机组成部分,思想政治教育系统的完善得益于社会系统中诸要素（子系统）的有序运行与和谐发展。正是因为与社会结构的其他部分处于相互联系、相互作用之中④,思想政治教育才能够成为社会结构的有机组成部分。对治理学而言,要想提升治理成效,必须以社会运行为主线。只有在准确地把握中国社会快速转型期间不断显现的新特点、新挑战和新趋势的基础上,才能形成完整的治理知识体系和学科体系。社会治理关于社会结构和社会运行的研究,有助于我们从意识形态与经济、政治以及社会其他要素的互动关系中揭示其变化发展的内在规律,从而拓宽意识形态教育的社会视域,为思想政治教育的发展营造良好的社会条件。

（二）思想政治教育治理学的学科定位

学界关于思想政治教育治理学的学科定位一直未有定论。有学者将其视为马克思主义理论所属的二级学科思想政治教育中的一门分支学科,也有学者主张从社会现代化治理视域把握思想政治教育的学科站位,还有学者认为思想政治教育治理学既不属于思想政治教育学学科范畴,也不属于社会治理学的学科范畴,它是一门基于二者的独立学科。实际上,思想政治教育治理学是一门复杂的交叉学科,将其简单定位为人文学科或社会学科都是不可取

---

① 参见杨威《思想政治教育的社会学研究》,中国社会科学出版社2014年版,第10页。

② 参见李敏《论思想政治教育社会属性的本质规定及实践运行》,载《思想政治教育研究》2018年第8期。

③ 习近平:《把握改革大局自觉服从服务改革大局　共同把全面深化改革这篇大文章做好》,载《人民日报》2015年5月6日,第1版。

④ 参见陈万柏、张耀灿主编《思想政治教育学原理（第二版）》,高等教育出版社2007年版,第45页。

的做法。要准确把握思想政治教育的学科融合，既要看到它作为一门理论学科需要遵循学科原则的普遍性，又要关注其宗旨和内容的特殊性，以抓住其最根本、最本质的方面。① 因此，正确处理思想政治教育相关学科的互动关系，必须采取综合取向。大体而言，可从以下三个维度把握思想政治教育治理学的学科定位。

一是思想政治教育治理学是思想政治教育学的一门分支学科。所谓学科定位是指把某个学科放到一定的学科背景中，考察它在这个体系中所处的位置，并揭示其性质和特点以及建设的意义和方向。② 2005年，国务院学位委员会、教育部颁布的《关于调整增设马克思主义理论一级学科及所属二级学科的通知》，将思想政治教育作为二级学科隶属于马克思主义理论一级学科，并归于法学门类内。这说明思想政治教育是"姓马"的，思想政治教育治理学是马克思主义的思想政治教育学，这一学科培养的人才是马克思主义理论工作者和实践工作者。③ 正如《马克思主义理论一级学科及所属二级学科简介》指出，"思想政治教育是运用马克思主义理论与方法，专门研究人们思想品德形成、发展和思想政治教育规律，培养人们正确的世界观、人生观、价值观的学科"。如果按照这样的学科属性来定位思想政治教育治理学，那么，可将思想政治教育治理学归属为思想政治教育二级学科下属的分支学科。

二是思想政治教育治理学是社会治理学的一门分支学科。思想政治教育治理学是理论研究与实践导向兼而有之的科学，它不仅涉及马克思主义理论学科，它还关涉社会治理学领域。因此，思想政治教育治理学在切中马克思主义理论学科定位的同时，要注重社会治理学的依托。④ 就概念而言，社会治理学是一门研究立足于一定的社会基础之上、有效进行社会管理和社会良性自治及其规律的科学。社会治理学通过对规律的把握，从而进一步指导如何夯实社会基础，有效管理社会和社会良性自治。社会治理是否科学、有

---

① 参见荆兆勋等《思想政治教育的学科定位及建设思路研究》，山东人民出版社2011年版，第89页。

② 参见张麦兰、刘建军《关于思想政治教育学科定位的思考》，载《思想理论教育》2006年第9期。

③ 参见冯刚《不断探索思想政治教育学科建设与发展的科学路径》，载《思想理论教育导刊》2014年第4期。

④ 参见王树荫《思想政治教育学科边界再思考》，载《思想教育研究》2013年第6期。

效，直接影响着国家、社会和人类自身的发展。① 尽管这一学科具有很强的实践性、实务性、实用性和实操性，但它与思想政治教育治理学在问题导向上存在"重叠共识"。一方面，社会治理学的研究对象，如社会群体、社会失调现象、社会危机等构成了思想政治教育治理的外部生态环境；另一方面，社会治理学的实践展开是一个理论建构与经验研究一体化的过程。它在矫正现代社会人们思想与行为问题的过程中，也需要探寻思想问题发生的社会根源。因而，思想政治教育治理学科被视为社会治理学的一门分支学科。

三是思想政治教育治理学是一门交叉融合的综合性学科。较之于上述学科定位，我们不仅要看到思想政治教育治理学是思想政治教育学与其他诸多学科融合的结果，同时也必须认识到思想政治教育治理学有其自身的发展规律、发展特点和发展路径。因此，在实际研究和探索过程中，必须谨记思想政治教育治理学在借鉴其他学科的概念、原理和研究方法的同时不能打破思想政治教育的学科边界，突破思想政治教育的学科内涵与定位。② 只有在坚持自身独立性的基础上，进行学科的交叉融合，才能立足思想政治教育学学科自身的阵地和自身的发展，为我所用，不能喧宾夺主。由此，可以将思想政治教育治理学归结为思想政治教育学与治理学的交叉融合，同时又保持与其他学科之间的适度张力的有中国特色的思想政治教育治理学。相较于依附于马克思主义理论和西方社会治理理论的思想政治教育治理学，此种分类在模糊思想政治教育学与其他学科的学科边界的基础上，进一步推动了思想政治教育治理的学科化发展。

（三）思想政治教育治理学的学科特点

思想政治教育学作为一门新兴学科必然具有其独有的学科特性，明确思想政治教育所具有的学科特点是把握思想政治教育学学科定位的必然要求。③ 整体看来，思想政治教育治理学是一个多维统一体，它是意识形态性与科学性、理论性与实践性、综合性与协同性、动态性与开放性的辩证统一。

一是意识形态性与科学性的辩证统一。一方面，意识形态属性是思想政

---

① 参见殷绍举《社会治理学》第1卷，广东高等教育出版社2014年版，第2页。
② 参见王树荫《思想政治教育学科边界再思考》，载《思想教育研究》2013年第6期。
③ 参见代玉启、陈文旭《思想政治教育学科定位新探——社会、属性、功能三位一体定位分析》，载《思想政治教育》2009年第25期。

治教育治理学最普遍、最核心的属性。这一属性既是思想政治教育治理学区别于教育学、治理学的最显著标志，又是论证思想政治教育具有合法性的最有力依据。思想政治教育与意识形态之间具有内在的紧密联系。作为一项疏导人的思想的工作，思想政治教育具有明显的政治性。思想政治教育鲜明的意识形态性是由我国社会主义政治制度的根本性质决定的，要求思想政治教育具有社会性政治功能，传播主流政治思想，促进政治人格的形成，维系政治运转。另一方面，思想政治教育治理学是以马克思主义科学理论为指导的一门科学。它不仅要体现阶级的要求，还要超越一般剥削阶级意识形态表象而形成科学的意识形态和思想观念。[1] 尤其是中国特色社会主义进入新时代以来，科学化日益成为思想政治教育治理学发展的重要诉求和趋势。随着时代的发展，科学化日益突破传统的学术认知，逐渐演化为规律性、适应性、长效性。[2] 现在所谓的科学是由科学精神、科学规范和科学知识组成的"三位一体"的概念。[3] 思想政治教育治理学的科学化则是科学的知识体系、科学的范畴体系、科学的学科体系的统一体。

二是理论性与实践性的辩证统一。思想政治教育治理学是一个理论体系和学科建设实践体系并向发展的学科。其中，理论体系侧重于完善思想政治教育治理理论的知识结构，探寻思想政治教育治理现象、治理活动背后的规律，总结思想政治教育治理理论对现代社会发展的方法论意义；实践体系则倾向于挖掘思想政治教育中存在的治理问题、治理对策和手段，提高思想政治教育的回应能力和治理效能。思想政治教育治理学因问题而生，也因问题而推进。尽管思想政治教育治理活动大多以理论的形式出现，但分析问题、解决问题始终是思想政治教育治理学产生和存在的根本动力。实践存在的问题是思想政治教育治理学关注的重点领域。社会变迁与社会转型带来的各种社会失调现象，如人口问题、就业问题、家庭问题、交往问题成为思想政治教育学面临的社会生态环境。如何发挥思想政治教育治理在社会问题介入和解决应对过程中的作用，广泛凝聚社会力量，是思想政治教育治理学迫切需

---

[1] 参见佘双好《论思想政治教育的学科属性及发展路径》，载《学校党建与思想教育》2012年第1期。

[2] 参见冯刚、徐先艳《现代性视域中思想政治教育治理的生成逻辑、基本内涵及时代价值》，载《教学与研究》2021年第5期。

[3] 参见刘建军《论思想政治教育的科学化》，载《教学与研究》2011年第3期。

要回应的课题。① 正如习近平总书记强调的:"不管建立和完善什么制度,都要本着于法周延、于事简便的原则,注重实体性规范和保障性规范的结合和配套,确保针对性、操作性、指导性强。"②

三是综合性与协同性的辩证统一。思想政治教育治理学立足于思想政治教育整个有机系统的宏观性战略本质,不仅映现在思想政治教育治理的顶层设计与谋篇布局上,表现出治理的整体性和系统性特征;而且也映现在思想政治教育治理的手段选择、主体建构与方式运用上,表现出治理的综合性与协同性。一方面,思想政治教育治理的手段和方法丰富多样。单纯使用一种手段难以最大限度地发挥思想政治教育治理的效能,只有突破传统思想政治教育的思想壁垒,合理运用新的技术手段,加强技术手段运用的丰富性和多样化,才能生动诠释思想政治教育治理的综合性。另一方面,思想政治教育工作的有效展开并不是单方力量操控的结果,而是多方力量共同参与的成果。只有共同发挥作用,才能达到甚至超越思想政治教育工作的预期效果。因此,思想政治教育治理重视对治理主体的协同建构,强调在党的领导下围绕治理目标体系共担责任、有效配合、协同发力,诠释思想政治教育治理的协同性。③

四是动态性与开放性的辩证统一。思想政治教育治理在本质上就是一种以内在的反思性状态保障自身处于不断修正、改进和完善的呈螺旋式上升的过程。这种本质属性映现在思想政治教育治理过程中,呈现出治理的动态性与开放性的特征。具体来说,思想政治教育治理不是一成不变或一蹴而就的暂时性的活动,而是一个复杂演进和相互调适的过程。因此,思想政治教育治理过程的相关要素只有处于一个动态性的评价系统中,才能在实践中发展,在发展中评价,在评价中改进,在改进中趋于完善。同时,思想政治教育治理在理论与实践的发展进程中,又不可避免会遇到一些难题与困境。只有始终保持理论与实践的开放性,有效借鉴多国、多学科的相关思想智慧,才有助于思想政治教育治理破解难题、摆脱困境。

---

① 参见罗仲尤《思想政治教育属性研究》,知识产权出版社2017年版,第40页。
② 中共中央文献研究室编:《习近平总书记重要讲话文章选编》,中央文献出版社、党建读物出版社2016年版,第53页。
③ 参见冯刚、高山《新时代高校思想政治教育治理论》,中国社会科学出版社2021年版,第84页。

三、思想政治教育治理学的研究内容

按照《辞海》和《现代汉语词典》的解释,一门学科的研究对象、研究范围共同构成了其内在规定性,是该学科区别于其他学科的显著标志。因而,上述要素也应当成为思想政治教育治理学考察和研究的核心内容。[①]

(一)思想政治教育治理学的研究对象

在分析思想政治教育治理学的学科融合、学科定位、学科特点之后,我们认为,应当从思想政治教育治理过程中固有的矛盾去探寻思想政治教育治理学的研究对象。这就意味着思想政治教育治理学必须首要解决"思想政治教育治理学研究什么"这一根本问题。要解决这一问题,关键是要把握思想政治教育治理学的根本性矛盾何在。在现代社会背景下,就学科自身的交叉融合属性来看,思想政治教育治理学是在传统的以政治为主轴的整体性社会结构被不断地肢解,而以碎裂化、异质化为特征的现代社会结构已经无法"容纳"传统的以知识教条和政治宣传为中心的思想政治教育的背景下产生的。这样,思想政治教育在现代社会条件下如何融归社会"母体"就成为思想政治教育治理学迫切需要面对的时代课题。据此,我们认为,以系统论的视角理解思想政治教育,把握思想政治教育与治理之间的关联性,是确定思想政治教育治理学研究对象必备的前提要件。也就是说,思想政治教育治理学以思想政治教育系统、社会治理系统及该系统其他要素之间相互关系为研究对象。

(二)思想政治教育治理学的研究范围

思想政治教育治理学的研究是应思想政治教育和思想政治教育学的现实需要而生的,即为了加强改进思想政治教育,推进思想政治教育学的理论建设,促进思想政治教育学的学科建设。其基本路向大体为,立足现代风险社会和思想政治教育,运用治理学原理方法,研究思想政治教育的社会基础、思想政治教育的社会治理功能,构建思想政治教育的治理机制,探讨思想政治教育治理要素和思想政治教育治理方法。为此,思想政治教育治理学要聚

---

① 参见沈壮海《推进思想政治教育学科建设的思考》,载《思想理论教育》2006年第6期。

焦社会中的思想政治教育，要结合社会治理研究思想政治教育。具体看来，可涵括如下内容：一是研究思想政治教育的社会基础，二是研究社会的思想政治教育功能，三是研究思想政治教育的社会治理功能，四是研究思想政治教育治理机制，五是研究社会治理领域的思想政治教育。

（三）思想政治教育治理学的具体研究领域

思想政治教育治理学的具体研究领域广泛，既涉及思想政治教育治理的主体、过程、方法、规律和结果，也包括思想政治教育治理的环境与载体、风险与防控、效能与评价。而思想政治教育治理的主体、过程、方法、规律和结果在前文已有所论及不再赘述，这里以高校思想政治教育治理为例重点讨论思想政治教育治理的环境与载体、风险与防控、效能与评价。

一是思想政治教育治理的环境与载体。环境与载体是影响思想政治教育治理学能否顺利推进的两种因素。其中，环境是思想政治教育的基本要素之一。思想政治教育治理总是处在一定的环境之中，良好的治理环境对高校思想政治教育治理至关重要。进入新时代，既要认清只有对思想政治教育产生影响的环境才属于思想政治教育的治理环境，也要在推进国家治理体系和治理能力现代化的背景下，认识人与环境的辩证关系，从教育治理、社会治理入手，分析社会内部治理和外部治理结构，把握社会内部治理和内部环境、外部治理和外部环境的关系。与此同时，载体是新时代思想政治教育充分发挥其治理作用，实现其治理功效与能力的有力工具。推进思想政治教育治理学的发展，必须选好活动载体，推进新时代高校思想政治教育治理专业化；依法依规管理，推进新时代高校思想政治教育治理法治化；激活大众传媒载体，推进新时代高校思想政治教育治理智能化；以文化人提升治理能力，推进新时代高校思想政治教育治理系统化。

二是思想政治教育治理的风险与防控。思想政治教育治理的风险防控是推进思想政治教育治理现代化的关键一环，防控好坏直接影响思想政治教育的治理成效。当前，加强思想政治教育治理的风险防控是破解思想政治教育治理困境，强化国家治理现代化的题中应有之义。加强思想政治教育治理的风险防控，不仅能有效应对意识形态失语危机、安全事故失控局面、身心健康失调困境，而且可以优化思想政治教育治理效能。思想政治教育治理的风险防控主要包括查找风险点、评估风险源、防控风险群三个环节。其中，查找风险点是风险防控的基础，它主要是探查风险的外在样态。评估风险源是风险防控的桥梁，它发挥着承上启下的作用，既是对风险点的拓展与延伸，也为风险防控提供了必要依据。防控风险群则是风险防控的具体实施，它是在风险评估的基础上，对风险事件的有效规避和提前预防。

三是思想政治教育治理的效能与评价。效能与评价是反映思想政治教育治理学成效的定性与定量指标。思想政治教育治理效能是指通过治理的手段和举措推动思想政治教育体系形态的优化塑造，充分发挥思想政治教育培养中国特色社会主义事业合格建设者和可靠接班人的功能作用。治理与思想政治教育的深度融合，不但为思想政治教育学的学科内涵式发展拓展了理论空间，更加丰富了思想政治教育工作的实践环节构成。思想政治教育治理的效能评价正是思想政治教育治理过程中的重要内容、环节和机制。高校思想政治教育治理的质量评价以思想政治教育治理相关工作的开展为前提。要充分认识、深刻把握新时代思想政治教育治理的质量评价，就必须准确诠释它的内在意蕴，探寻思想政治教育治理质量评价的路径，分析高校思想政治教育治理质量评价的维度，寻找高校思想政治教育治理质量评价的方法。

此外，思想政治教育治理学不仅是一种理论命题，更是一种实践命题。它的实践展开能够有效推动思想政治教育治理学的丰富、发展和完善。为了更好地适应国家治理现代化和教育现代化趋势，建立系统完备、结构科学的思想政治教育治理体系，提升思想政治教育政策执行的效力和质量，不仅要将治理的价值理念全方位、深层次地融入思想政治教育治理的主体、过程和方法中，而且要通过处理好显性与隐性、刚性与柔性的协同关系，强化治理的方法载体在新时代思想政治教育实践中的运用。同时，还需要通过形成党对思想政治教育工作全面领导制度机制、思想政治教育"三全育人"机制、思想政治教育治理的执行保障机制，以完善思想政治教育治理的制度机制。只有这样，才能在实践中把我国的国家制度和国家治理体系的内在优势转化为思想政治教育自身的治理效能。

第三节　思想政治教育治理学的发展展望

国家治理现代化是新时代党对治国理政理论的一次重要创新，是社会主义中国走向现代化的一个崭新维度。随着国家治理现代化的不断深入，大数据技术、虚拟现实技术、人工智能技术的快速发展和广泛普及，以及以智能科技、智慧治理、数字经济等为表征的大数据智能化时代的到来，思想政治教育治理学作为思想政治教育的一个重要分支也会不断发展。在国家治理现代化视域下,思想政治教育治理的未来发展要从探寻思想政治教育治理规律、实现思想政治教育治理自身的现代化、提升思想政治教育治理的效能、创新思想政治教育的治理方法四个方面着手。

一、思想政治教育治理规律探寻

国家治理现代化是国家治理的内在要求和系统体现,集中表现为国家治理体系和治理能力的现代化。党的十九届四中全会明确提出:"我国国家治理一切工作和活动都依照中国特色社会主义制度展开,我国国家治理体系和治理能力是中国特色社会主义制度及其执行能力的集中体现。"[1] 因此,未来思想政治教育治理的发展方向首先应把握新时代思想政治教育治理规律,并以此推进思想政治教育治理的现代化。

(一) 思想政治教育治理要与国家治理现代化相适应

思想政治教育治理作为国家治理的重要组成部分,内含于国家治理现代化的推进中。思想政治教育治理的发展要着力构建与国家治理现代化同向同行的思想政治教育治理体系,提升思想政治教育治理的实际效能,进而为推进国家治理现代化提供软实力支持。[2] 构建与国家治理现代化同向同行的思想政治教育治理体系,主要是要求思想政治教育治理融入国家治理现代化的推进过程,要与中国特色社会主义的政治、经济、法治和文化等制度体系有机融合,通过与制度体系的融合,把党和国家的意志转化为全国师生的行动。

在与中国特色社会主义制度体系的融合过程中,思想政治教育治理要充分彰显中国特色社会主义的制度优势,充分彰显党的集中统一领导的政治优势、全面依法治国的独特优势、全国上下一盘棋的合力优势和人民至上的价值立场,把增强新时代受教育主体的"四个自信"作为思想政治教育治理学的学科发展目标,不断推动思想政治教育治理体系的完善与发展,进而提升思想政治教育的治理水平和治理能力。

---

[1] 习近平:《中共中央关于坚持和完善中国特色社会主义制度 推进国家治理体系和治理能力现代化若干重大问题的决定》,载《人民日报》2019年11月6日,第1版。
[2] 参见冯刚《构建新时代思想政治教育治理体系》,载《中国教育报》2021年9月13日,第6版。

思想政治教育治理的一个重要发展维度是服务于国家治理的现代化,使思想政治教育更好地服务于国家发展大局,从而实现思想政治教育治理的学科自觉和理论自觉,自觉遵循国家治理现代化的内在逻辑。思想政治教育治理要围绕国家治理体系和治理能力现代化而开展。思想政治教育治理作为非正式制度治理的一种重要方式,要为国家各种治理活动提供重要的思想指导,着力提升国家治理主体的能力和培育治理文化,提升国家党政领导干部在国家治理体系现代化和治理能力现代化过程中的素质与能力。

(二)思想政治教育治理要实现自身的治理现代化

思想政治教育治理的发展方向是要实现自身的治理现代化。思想政治教育作为上层建筑的重要组成部分,对实现社会主义国家现代化的建设与发展具有重要的助推作用,是推进国家治理体系现代化和治理能力现代化的重要利器。传统的思想政治教育模式已不适应当前的社会发展需求,在当前的复杂形势下已很难有效地解决新时代面临的思想政治教育方面的难题。因此,思想政治教育治理学作为思想政治教育学的一个分支,要适应现实需求,促使人们形成符合当今国家发展和社会发展需要的思想观念、政治观念和道德品质,在国家发展和社会实践中将思想转化为行动,从而有力促进国家治理体系现代化。思想政治教育治理要在"国家治理现代化视域下,遵循系统化、制度化、效能化的原则,运用治理理念、思维以及现代化的方法手段,有力推动新时代思想政治教育治理现代化"[①]。

思想政治教育治理的发展目标是要整体推进思想政治教育治理的现代化。从国家治理现代化的视域看,要推进思想政治教育治理的现代化,须从科学理论、制度机制和质量评价着手。在科学理论方面,推进思想政治教育的治理现代化需要以科学理论为指导,以习近平新时代中国特色社会主义思想为指导,聚焦新时代新任务,注重思想政治教育治理的科学性与系统性。在制度机制方面,思想政治教育治理的现代化要在遵循中国特色社会主义制度的基础上,进一步构建和完善思想政治教育治理的制度机制,促进高校政治教育治理符合治理规律,满足思想政治教育治理的发展要求,促使思想政治教育治理的规范发展。在质量评价方面,要推进思想政治教育治理的现代化,须进行科学有效的质量评价。思想政治教育治理现代化的质量评价,主

---

① 冯刚、高山:《新时代思想政治教育治理论》,中国社会科学出版社2021年版,第313页。

要是通过确立先进的评价理念、确定科学的评价目标、设计完善的评价指标体系和评价标准、运用科学完备的评价方法等方面对高校的思想政治教育治理工作成效进行评估，通过成效来检验和推进思想政治教育治理的现代化。[①] 通过质量评价的完善和发展，推进思想政治教育治理的现代化，进而促进思想政治教育治理的发展。

要实现思想政治教育治理现代化，还须不断推进自我改革创新。互联网发展和新技术的不断革新为实现思想政治教育治理现代化提供了新的机遇。新时代，互联网已经成为人们信息、思想、话语交流的主要渠道，并深刻影响着新时代主体的生活方式、思维方式和交往方式。思想政治教育治理该如何借助现代信息技术发展带来的新情况、新问题、新契机，通过发达的网络技术准确把握受教育者的思想发展状况，提升教育主体对新时代受教育主体思想道德素质发展的影响力和引导力，是当前思想政治教育治理学面临的一个新课题。互联网技术的深入发展为多元治理主体有效参与思想政治教育治理提供了更多的契机。在互联网的深入发展下，思想政治教育治理要敢于打破传统管理模式，避免思想政治教育治理主客体二元分立甚至二元对立的格局，运用治理现代化理念和思维，充分利用互联网技术，协同多元主体，协调各要素，形成全员、全过程、全方位的思想政治教育治理格局。通过有力协调多元主体的有效参与和合作，形成思想政治教育的强大合力，推动思想政治教育治理向前发展。

（三）思想政治教育治理要推动思想政治教育的学科发展

思想政治教育治理的发展要始终加强和推动思想政治教育的学科建设，促进理论研究和实践发展相结合，不断为思想政治教育治理实践注入勃勃生机。在国家治理现代化视域下，思想政治教育治理既要在新时代和新形势下不断完善学科体系，又要把立德树人作为根本任务，引导新时代受教育主体树立正确的世界观、人生观和价值观，为中国特色社会主义事业培养德智体美劳全面发展的合格社会主义建设者和接班人。

思想政治教育治理要推动思想政治教育的学科发展，须运用马克思主义立场观察时代、解读时代和引领时代。马克思主义作为思想政治教育的指导思想、理论基础和根本内容，为思想政治教育的学科发展提供了理论指导。

---

① 参见冯刚《推进新时代思想政治教育治理体系现代化》，载《中国教育报》2020年3月19日，第5版。

随着国家治理体系现代化和治理能力现代化的发展，思想政治教育的学科发展要适应时代发展，回应时代之问。思想政治教育的学科发展要引导新时代受教育主体运用马克思主义理论观察时代，帮助新时代受教育主体运用马克思主义理论和价值立场正确把握国际国内形势，把握时代发展大势。思想政治教育的学科发展要引导新时代受教育主体运用马克思主义理论正确解读时代，引导受教育主体正确认识时代责任和时代使命，引导受教育主体勇立时代潮头，做时代前列的奋进者和开拓者，成为德智体美劳全面发展的合格社会主义建设者和接班人。思想政治教育的学科发展要引导受教育主体运用马克思主义理论引领时代，在国家治理现代化视域下，推进思想政治教育学的学科发展"不是一个理论的问题，而是一个实践的问题"[①]。一百年来，党团结带领全国各族人民推动中华民族迎来了从站起来、富起来到强起来的伟大飞跃，中国日益走近世界舞台中央，不断为人类文明进步作出新的更大贡献。推动构建人类命运共同体，携手建设更加美好的世界，是世界各国人民的美好愿望。因此，思想政治教育学的学科发展要关注人类社会的发展，引领受教育主体从构建人类命运共同体出发科学认识人类社会、国际形势、国际关系和意识形态较量等。

二、思想政治教育治理的系统设计

党的十九届四中全会提出要"加强系统治理、依法治理、综合治理、源头治理"[②]。思想政治教育是一项复杂的系统工程，对思想政治教育治理进行系统设计，是思想政治教育治理一个重要发展的方面。在国家治理现代化视域下，思想政治教育治理要更加注重整体把握和系统治理，全面统筹各领域、各环节、各方面的资源和力量。对思想政治教育治理进行系统设计，应该从坚持党的领导、优化主体系统、调整内部要素等完善体制机制上下功夫。

---

① 中共中央马克思恩格斯列宁斯大林著作编译局编译：《马克思恩格斯选集》第一卷，人民出版社2012年版，第134页。

② 习近平：《中共中央关于坚持和完善中国特色社会主义制度　推进国家治理体系和治理能力现代化若干重大问题的决定》，载《人民日报》2019年11月6日，第1版。

（一）坚持党的领导

2022年1月6日，在中共中央政治局常务委员会召开的会议上，习近平总书记指出："治理好我们这个拥有9500万党员的大党、这个拥有14亿多人口的大国，必须坚持党的全面领导特别是党中央集中统一领导。党的十八大以来，党和国家事业取得历史性成就、发生历史性变革，根本原因就在于我们坚持党的领导不动摇，坚持党中央权威和集中统一领导不动摇。"国家治理是如此，思想政治教育治理亦是如此。

在对思想政治教育治理进行治理系统设计的过程中，必须坚持党的领导。思想政治教育事关国家的未来发展，思想政治教育治理的治理系统设计必须坚持正确的方向，确保正确的道路。坚持党的领导，主要是确保思想政治教育治理系统设计之坚持的正确方向。思想政治教育治理的治理系统设计要坚持党的领导，就是要把思想政治教育的育人宗旨同党"全心全意为人民服务"的宗旨相结合。因为，思想政治教育治理必须以人的全面发展为根本，紧紧围绕立德树人这一根本任务开展，唯其如此，我国思想政治教育才能培育出能够肩负起时代使命的时代新人。在思想政治教育治理的全过程中，要始终把思想政治教育的育人理念同党的人民至上的执政理念统一起来，只有始终不忘思想政治教育的根本问题：培养什么人、怎样培养人、为谁培养人，只有做到时时以此问题躬身反省，思想政治教育工作才能做到不忘初心、永不变质。

（二）优化治理主体系统，形成多元主体系统整体治理合力

思想政治教育治理的系统化是思想政治教育治理所追求的目标。那么，思想政治教育治理的未来发展该如何形成高效的思想政治教育治理系统？从思想政治教育治理的发展来看，要形成高效的思想政治教育治理系统关键在于优化治理主体系统，形成多元主体系统综合治理格局。在国家治理现代化视域下，思想政治教育治理系统化主要强调多元主体协同育人机制的形成。思想政治教育治理体系是一项复杂的系统工程，要形成高效的思想政治教育治理系统须加强各治理主体之间的协同。同时，思想政治教育治理在发展中需要加强横向和纵向的协同联动。

从横向来看，思想政治教育治理主体主要包括学校内的宣传部、组织部、教师工作部等职能处室和教学、科研、后勤、服务等多个部门，也包括政府、社会和家庭等校外治理主体。在学校内，思想政治教育治理体系的现

代化进程需要积极构建制度机制,加强各部门的沟通合作,协调各项具体育人工作,形成思想政治教育育人合力,真正实现"人人育人""时时育人""处处育人",即实现全员育人、全过程育人、全方位育人的"三全育人"系统。同时,思想政治教育治理需要加强校内与校外相关部门、组织的协同,要与家庭、社会、政府形成良好的互动关系,做到各尽其责,融合育人资源,加强交流合作,推动形成学校、家庭和社会教育协同育人机制。要创造良好社会育人环境,倡导社会主义核心价值观,减少社会的负面信息对思想政治教育治理的影响。家庭在孩子成长、成才的过程中具有独特作用,家长是孩子的第一任教师。因此,家庭潜移默化的影响将对孩子的世界观、人生观尤其是性格的形成起着至关重要的作用。要积极发挥家庭的独特作用,提倡构筑文明和谐的家庭,鼓励家庭与学校积极配合,形成思想政治教育合力,提升家庭在思想政治教育中的独特作用,共同促进受教育主体的身体健康和成长成才。

从纵向来看,思想政治教育治理体系包括不同的治理层级,因而思想政治教育治理的发展需要加强和完善不同治理层级的协同联动。加强校内思想政治教育各治理层级的协同联动,需要有效调动各个层级参与思想政治教育的积极性、主动性和创造性,激发包括教师、管理干部、辅导员和学生在内的各个层级力量参与推动思想政治教育创新发展的内生动力。从学校到院系、班级,从校党委行政到各职能部门,均需要统一思想、坚持问题导向,将思想政治教育工作融入人才培养的每一个环节,积极协同攻关、联动协作,形成合力育人的工作机制。同时,还要加强校外思想政治教育各治理层级的协同联动。从中央到地方,从部委到学校,需要在相关政策制定、文件落实、问题聚焦、难题解决等方面加强协同联动,为思想政治教育治理提供与时俱进、遵循规律、科学有效的政策支持和制度保障。①

(三)调整系统内部要素,推进各要素多维度的系统化治理

思想政治教育治理作为一个复杂的系统,由多个子系统构成,内容子系统的多样性、话语子系统的竞争性、载体子系统的技术性,决定着思想政治教育这一系统的复杂性。当前,我们要推动思想政治教育理论探讨和实践模

---

① 参见冯刚《推进新时代思想政治教育治理体系现代化》,载《中国教育报》2020年3月19日,第5版。

式从碎片化转为系统化。①

思想政治教育治理优化调整系统内部要素，推进各要素多维度的系统化治理，要推进思想政治教育治理内容的系统化。思想政治教育治理要以立德树人为根本使命，整合和拓展思想政治教育内容。要从培养社会主义建设者和接班人的战略高度肩负起传道、解惑、授业的神圣使命，贯彻习近平总书记关于高校思想政治工作的系列重要讲话精神，落实好"四有"好老师、"六要"、"八个相统一"等具体要求，坚持以习近平新时代中国特色社会主义思想铸魂育人。要根据习近平总书记提出的要求，把中国特色社会主义取得的举世瞩目的成就，新时代中国特色社会主义思想，博大精深的优秀传统文化，以及在革命、建设改革过程中锻造的革命文化和社会主义先进文化作为思想政治教育内容的重要支撑。②

思想政治教育治理优化调整系统内部要素，推进各要素多维度的系统化治理，要推进思想政治教育话语治理的系统化。我们要根据受教育者的思想行为特点，整体推动思想政治教育话语方式、结构、内容、语境的创新。在推进思想政治教育话语治理系统化过程中，各主体要切实尊重和正确引导受教育者。以习近平新时代中国特色社会主义思想为指导，提升思想政治教育话语的思想性和亲和力。

思想政治教育治理优化调整系统内部要素，推进各要素多维度的系统化治理，要推进思想政治教育载体治理的系统化。随着5G、人工智能、大数据等科学技术的不断发展，思想政治教育载体不断更新升级，思想政治教育治理主体要及时掌握新技术并应用于实际工作中。要树立系统化创新思想政治教育载体的思维，加强思想政治教育传统优势同信息技术高度融合，增强思想政治教育的时代感和吸引力。挖掘互联网领域的思想政治教育资源，发展思想政治教育新载体，加强线上线下一体化的思想政治教育，形成思想政治教育矩阵，引导受教育者自觉维护网络空间生态，正面发声，传播正能量，成为社会主义核心价值观的坚定践行者。③

---

① 参见冯刚、高山《新时代思想政治教育治理论》，中国社会科学出版社2021年版，第7页。
② 参见冯刚、高山《新时代思想政治教育治理论》，中国社会科学出版社2021年版，第318页。
③ 参见冯刚、高山《新时代思想政治教育治理论》，中国社会科学出版社2021年版，第318页。

三、思想政治教育治理的效能评价

思想政治教育治理的未来发展方向应提升思想政治教育治理效能，建立相应的治理效能评价机制。思想政治教育治理的效能评价发展是指"对思想政治教育治理效能化的过程和结果的判定，包括评价、反馈、优化等环节"①。思想政治教育治理的效能评价是为了更好地实现思想政治教育治理现代化的时代使命和最终目标。

（一）实现思想政治教育治理的评价方法科学化

在2018年9月的全国教育大会上，习近平总书记强调："要深化教育体制改革，健全立德树人落实机制，扭转不科学的教育评价导向，坚决克服唯分数、唯升学、唯文凭、唯论文、唯帽子的顽瘴痼疾，从根本上解决教育评价指挥棒问题。"② 在思想政治教育治理效能评价中，要坚持转变不科学的教育评价导向，将其导向为科学的教育评价方法。只有实现思想政治教育治理评价方法科学化，才能从根本上解决教育评价的问题。同时，思想政治教育治理效能评价要将评价方法的实际效能放在第一位，坚持去除评价方法中功利化、形式化、简单化的方面，避免有的高校为了应付评价，设置不合理、不科学的评价体系，或为追求华丽的评价结果而凭空捏造数据。在评价方法方面，任何一种评价方法针对的都只是事情的某一方面，各具优势或者劣势。在面对多种多样的评价对象时，若是只考虑一种评价方法，其得出的结果必然是片面的、不完整的。因此，评价方法要结合各地思想政治教育等具体情况，将过程评价和结果评价、定性评价和定量评价、线下评价和线上评价等多种评价方法相结合并综合运用。根据评价对象的具体情况采用多种评价方法，力求从各个方面对评价对象进行评价。在评价标准方面，要建设具有多元化、梯队化的思想政治教育评价标准。作为德育学科，思想政治教育不只是对学生的知识、能力进行培养，更重要的是对学生的德行加以培

---

① 冯刚、高山：《新时代思想政治教育治理论》，中国社会科学出版社2021年版，第331页。
② 《习近平在全国教育大会上强调 坚持中国特色社会主义教育发展道路 培养德智体美劳全面发展的社会主义建设者和接班人》，载《人民日报》2018年9月11日，第1版。

养。因此,思想政治教育涉及多方面能力的综合锻炼和提升。与之相应,评价标准也不应该是单一的。单一的评价标准只能反映评价对象的某一特点或者某一方面,并不能完整、全面、科学地呈现出评价对象的具体情况。所以,不断完善和丰富不同的评价内容,设立不同的评价标准,对形成思想政治教育治理效能评价体系具有重要意义。各大高校在推进思想政治教育治理的过程中,要结合评价标准中的要求,找准自身在评价标准中的定位,确定不同阶段间的差距,最终达到解决问题的目标。

(二)设置思想政治教育治理的评价主体合理化

设置合理的思想政治教育治理的评价主体是实现效能评价的关键。教育并不只是教育主体或教育客体单方面的事,教育是在教育主、客体双方交互的过程中完成的。然而,若仅凭此认为教育只是事关教育者和受教育者,其实也不完全正确。教育活动虽然涵括于教育之中,是处于某一具体社会中发生的现象,但思想政治教育的评价主体不仅存在于教育者和受教育者之间,更要考量到高校之外的主体。因此,教育(包括思想政治教育)乃是事关整个社会的事,不仅包括教育者、受教育者,还要包括教育的管理主体、社会主体。而理解这一点,对于建立高效的思想政治教育治理的效能评价机制显得尤为重要。因为,高效的思想政治教育治理的效能评价机制,必然依赖于多元化的评价主体的参与。除了传统的教育主体评价和教育客体评价,还应该广泛吸纳来自其他主体的评价,如社会评价和家庭评价等。在传统的管理模式下,思想政治教育的评价主体较为单一,主要为领导者、教育者,呈现出一种自上而下的评价结构,缺少横向以及逆向的评价体系,同时还缺少横向和纵向的评价主体之间协同合作的问题。在国家治理现代化视域下,思想政治教育治理的评价主体注重横向、纵向的多元主体协同治理,涉及管理主体、教育主体、学习主体和社会主体等多个主体。思想政治教育治理的评价主体多元化有利于构建多方参与、上下互动的一种评价设置,可以规避单一评价主体因主观独断产生的偏差。另外,由于思想政治教育治理的评价主体多元化,在推动思想政治教育治理现代化的过程中必须注重优化人力资源管理配置。因此,思想政治教育治理的效能评价主体要进行相应的调整和完善。面对管理主体、教育主体、学习主体和社会主体等多个评价主体,思想政治教育治理的评价主体的设置要实现合理化。一方面,要注重评价主体的个体素质,还要优化评价主体的专业、年龄结构,提高多元主体的整体素质,促使整个评价体系和结构科学化、合理化;另一方面,要避免传统管理模式下评价主体设置出现的弊端，尽量设置多种评价主体，应设置合理的、多元的评价主体结构，充分考虑到多元主体之间的互动，还要考虑到横向和纵向评价主体之间的组合，从而构建相互制约、协同配合、综合评价的治理效能评价体系，为思想政治教育治理现代化提供强大的保障。

（三）注重思想政治教育治理的评价结果导向性

思想政治教育治理的效能评价不是目的，而是实现新时代思想政治教育现代化目的的重要手段。如果把思想政治教育治理的效能评价作为最终目的，为了评价而评价，则评价就会偏离于其设计的初衷，评价的结果也就失去了评价的作用和功效。因此，应注重思想政治教育治理的评价结果导向性，引导的根据是评价的结果，结果的导向是评价活动的继续和发展。

在思想政治教育治理中，要充分发挥评价指挥棒的作用，在评价活动的过程中注重评价的导向作用，促进思想政治教育治理的发展。事实证明，思想政治教育治理的评价结果对思想政治教育治理具有重大的影响。评价结果可以引导思想政治教育朝着所要求的方向发展。被评价者会根据评价的内容与标准来理解和把握工作的中心及重点，将工作任务按轻重缓急进行分级评价，清晰地认识评价指标中的重要部分，根据具体任务的难易程度调整工作目标。评价在此过程中发挥着无形的指挥棒的作用。因此，评价具有重要的导向作用，它可以为推进思想政治教育治理开辟道路，对思想政治教育治理过程中出现的各种状况进行调控，为思想政治教育治理指明努力的方向。思想政治教育治理的评价结果具有正、负两个导向功能。一方面，其正导向功能可以引导高校对自身思想政治教育治理的情况做出正确的认识，判断自身在治理过程中是得到肯定还是否定。同时在评价结果中吸取经验，对其中得到肯定的方面发扬光大，再接再厉，取得更大的进步；对其中得到否定的方面予以改善，避免重复犯同样的错误，指明未来的发展方向。另一方面，评价结果的负向功能可能致使个别被评价者为了追求良好的评价结果和评价名次，片面地追求评价体系中的指标数据而忽略自身在思想政治教育治理中存在的真正问题，轻视评价体系中的其他指标，出现弄虚作假的行为，甚至触犯法律。在思想政治教育治理的评价过程中，评价体系的设置不仅要注重评价、反馈、优化各过程之间的衔接，还要注重再评价、再反馈、再优化等反馈系统的完整循环。

四、思想政治教育治理的方法创新

在新时代背景下,思想政治教育治理的未来发展方向要借助新兴科技、转变传统教育方式、创新方式方法。要转变教育思维,促进思想政治教育功能由传统的分散性转为现代的系统性;要注重分类施教,提高思想政治教育工作的针对性和时效性;要依托大数据智能化,推动思想政治教育工作与互联网深入融合,在网络思政建设中守好互联网阵地。

(一)思想政治教育治理要运用系统的治理方法

传统思想政治教育注重在当时的时代背景下去解决具体实际问题,这在中国社会主义革命、建设与改革过程中发挥过重要作用。但是,面对现代社会日趋呈现出的开放性、复杂性、多样性等特征和国家治理现代化的要求,传统思想政治教育的分散性已经不再适用,当下思想政治教育治理要运用系统的治理方法。

系统性是现代社会的一种表现,也是当今重要的思维方式。从系统论的视角看,就是把思想政治教育功能作为一个独立的"系统"进行观察,从系统与要素、要素与要素,以及系统与环境之间的相互联系、相互作用等方面综合地对思想政治教育进行认识与考察,把握思想政治教育发展规律,构建完整的功能体系与科学运行模式,使思想政治教育功能的发挥与价值实现成为可能。在思想政治教育这个大系统中,基本的要素有思想政治教育理论、思想政治教育队伍、思想政治教育平台。思想政治教育理论的完善为思想政治教育队伍的建设和思想政治教育平台的建立提供理论指导,思想政治教育队伍素质的提升为思想政治教育理论的贯彻和思想政治教育平台的升级提供人才支撑,思想政治教育平台的完善为思想政治教育工作的落实和思想政治教育队伍的实践提供活动空间。在思想政治教育治理的过程中,应注重各要素的整体推进以及各要素间的整体协同关系,运用系统的治理方法推动思想政治教育治理的发展。在思想政治教育治理的具体实践中,应强化党委的领导力,激发思想政治教育工作者的活力,依托社会力量形成教育合力。同时,应建立多方参与、全面有效的督察机制和开放包容、科学合理的评价机制。

（二）思想政治教育治理要运用分类施教的治理方法

思想政治教育治理的发展不仅要着眼于系统的治理方法，也要密切关注受教育者的现实思想道德状态。受教育主体是思想政治教育的对象，其生长环境、教育背景各有不同，思想道德水平也有较大差异。面对如此多样性的受教育主体群体，思想政治教育治理的未来发展方向应充分运用分类施教的治理方法，推动思想政治教育治理的发展。

在长期实践中，思想政治教育工作者观察到，虽然高校经常通过各种途径开展思想政治教育，如开设思想政治理论课、开展受教育主体社会实践活动等，但效果却不尽如人意。这与受教育主体作为思想政治教育受众群体的复杂性有关。对于思想政治教育，不同的受教育主体有不同的需求。一些受教育主体主动接受思想政治教育，是因为其自身关注时事政治，想要更好地认识世界，找到现实事件背后的理论支撑；一些受教育主体更为关注个人道德修养和社会伦理规范，希望通过思想政治教育在多元价值观中找到自己的理想信念和人生价值；一些受教育主体则完全受制于考试要求，其本身对思想政治教育并不感兴趣甚至有些许抵触。由此可见，学生的需求差异巨大，分类施教更能增强思想政治教育的针对性和时效性。高校可通过发放调查问卷和随机访谈等方式，了解学生的政治态度和思想状况。对于积极主动的学生，应更多关注其理性认知和道德素养的培育；对于消极被动的学生，则应更多向其澄清模糊认识，引导其坚定政治立场，激发其对祖国和人民的热爱之情，从而增强其社会责任感。

（三）思想政治教育治理要运用大数据智能化的治理方法

随着信息时代的进一步发展，依托大数据、人工智能技术的网络空间正成为潜力无穷的数据宝库，人们也逐渐习惯从中获取知识及自己需要的信息。因此，网络阵地逐渐为思想政治教育工作者所重视，"网络思政"成为近年的研究热点。思想政治教育治理的未来发展方向应是运用大数据智能化技术推动思想政治教育治理主体的多元化，通过大数据智能化技术建构多元主体协同的治理机制和治理模式，提升治理方式的信息化等。

习近平总书记指出："要有效利用新媒体新技术做工作，加快思想政治教育工作的发展速度，跟紧时代步伐，把思想政治工作的传统优势与数据信息技术相互结合,增强吸引力和感召力。"① 当今时代,传统教育正逐渐向"互联网+教育"的形态转变,线上与线下相结合的教育模式在生活中屡见不鲜,并在新冠感染疫情期间发挥了重要作用。如今,教育信息化的程度大大加深,教育新形态也更为成熟。思想政治教育治理的发展要依托大数据智能化,探索建立网络空间的思想政治教育治理新模式,守好网络阵地,推动思想政治教育治理智能化发展。即运用大数据技术对受教育主体网络数据进行分析,分析受教育主体思想政治教育现状,从而在思想政治教育治理中进一步改进。同时,通过大数据智能化技术,思想政治教育治理的发展要变革思想政治教育的参与形式,将思想政治教育以更易于接受的方式潜移默化地融入受教育主体的生活。开启应用开发的巨大潜能,通过与一些软件应用之间的合作形成信息收集与信息共享的良好通道,破除思想政治教育只关注个别与自身的狭隘做法,加强全国思想政治教育平台建设,整合思想政治人才与资源,推进大学思政课与中小学德育课的一体化进程。总而言之,随着大数据智能化技术的深入发展,思想政治教育治理应进一步提升思想政治教育治理的智慧化,完善思想政治教育治理的科学性和整体性,优化思想政治教育的治理机制,提升思想政治教育治理多元主体的协同化、规范化和开放化。

---

① 习近平:《把思想政治工作贯穿教育教学全过程 开创我国高等教育事业发展新局面》,载《人民日报》2016年12月9日,第1版。

第五章 思想政治教育文本学

文本承载着作者对部分历史存在的思考。基于文本，作为读者的我们与作者之间究竟有多远的距离？可否进行穿越时空的对话和交流？当思想政治教育以文本形式出现，思想政治教育文本研究作为思想政治教育学与文本学交叉融合的学术生长点，会面临哪些新范畴、新概念、新理论？本章内容旨在在总结、梳理前人研究的基础上，尝试对思想政治教育文本学的建立基础加以探讨，以期进一步拓展思想政治教育的研究领域。

第一节 思想政治教育文本学的概念、特征

在这里，首先需要对"文献学"与"文本学"两个概念进行辨析。文献学具有基础性意义，其目的是力求回到原本和还原当时。主张文本"回到"和"走近"，就是基于文献学的情景还原。文本学则是一种基于文献的文本阅读方法或者研究方法。在中国知网输入关键词"文本学"进行查询，发现学术期刊论文336篇、学位论文37篇、其余28篇，其中纯粹的文本学探索仅4篇。整体而言，文本学视野下的马克思文本研究相对丰富，马克思主义和马克思主义中国化文本学研究相对聚焦，而与此相伴随的是思想政治教育文本学研究的日渐兴起。

一、思想政治教育文本学概念

党的十八大以来，习近平总书记高度重视思想政治教育的改革创新，提出了一系列新理念和新要求，为深化新时代思想政治教育文本研究提供了强大动力和科学指导。"思想政治教育文本"属文本学领域与思想政治教育学的学科领域交叉互构的全新范畴。"文本并不是一种给定的对象，而是理解

实践过程中的一个阶段。"① 我们把"历史文本思想解释"理解成对待"静态文本"的研究过程，体现为理解文本创作的实践过程，并力所能及地还原和回到当初。"凡是我们把事物归并进经验时遇到阻力的地方，凡是回溯到想象的所与物时能为理解指出一个指向的地方，文本这个词就会得到广泛传播。"② 当我们在事物的发展进程中遭遇阻力时，"静态文本"得到广泛运用，"聚焦社会现实的理论理解"或"结合传统文化的文本构建"则形成理解现实事物的"动态文本"，承载传统的文化价值和现实的思想价值。

20世纪80年代，思想政治教育学科归属马克思主义理论一级学科。"在思想政治教育学科中，具有思想政治教育的作用和功能，能够承载和记录思想政治教育的信息，并能为思想政治教育所运用和传播的文本就是思想政治教育文本。"③ 思想政治教育文本包含了思想政治教育学科中的"静态文本"和"动态文本"，一是附着"一定的思想观念、政治观点、道德规范"的原有文本，二是运用这些原有文本对其成员施加"有目的、有计划、有组织的影响"而形成的动态文本（因为经验不可能不总结，不形成规律性就无所谓科学、学科），三是使其成员"形成符合一定社会或一定阶级所需要的思想品德的社会实践活动"的这类动态文本。尤其是此处所谈到"一定社会或一定阶级"更显示文本的动态性，如中外剥削统治阶级为维护自身利益，运用各种手段和方法奴化、教育被统治阶级，其手段和方法均属于思想政治教育文本；而马克思主义不同于历史上其他统治阶级在于其一诞生就旗帜鲜明地宣布：教育和团结全体无产者，凝聚磅礴革命建设力量，推翻剥削和压迫的社会制度，建立每个人能自由而全面发展的共产主义社会。所以，思想政治教育文本不仅包括传统教育教学过程中的纸质媒介（教材、读物、辅导材料等）、现代教育教学过程中的网络语言及非语言的多媒体文化，也包括可以被认知、理解，或说可能对人的思想产生影响、客观存在的一切文化和价值的承载物。

"思想政治教育文本学"研究思想政治教育文本的形成过程、思想政治

---

① ［德］汉斯-格奥尔格·伽达默尔：《诠释学Ⅱ——真理与方法》，洪汉鼎译，商务印书馆2016年版，第433页。

② ［德］汉斯-格奥尔格·伽达默尔：《诠释学Ⅱ——真理与方法》，洪汉鼎译，商务印书馆2016年版，第427页。

③ 渠长根、耿金虎：《论活动和文本是思想政治教育的基本载体》，载《中国校外教育（下旬刊）》2011年第1期。

教育文本的基本内容及其实践发展、思想政治教育文本的特征，以及思想政治教育文本的理解和解读规律。首先，思想政治教育文本具有客观性，思想政治教育学科的"静态文本"和"动态文本"不是虚无缥缈的主观想象，而是一种自然的文本存在，如教育者在施教过程中运用的教材文本，是一种客观存在的思想政治教育文本，教材文本是解读和施教的前提存在。其次，在思想政治教育文本的理解与解读过程中，教育者与受教育者都会受到教材文本的影响，并在教育过程中产生二者互动的新动态文本。"要把教材体系转化为教学体系，引导学生树立正确的人生观、价值观，必须要完整准确地理解理论的内容，正确全面地领会和掌握党的路线和方针政策。采取断章取义、歪曲篡改的方式进行教育，不仅不能形成正确的思想和科学的世界观，还会导致思想理论上的混乱。"① 教育部提出这一要求，即思想政治教育解读者需要完成"静态文本"的动态转换，要"把教材体系转化为教学体系"。最后，思想政治教育文本学要探究以思想政治教育文本"化人"的问题，"一切语言性的和非语言性的人文社会现象都属于马克思主义的诠释学视野中的文本"②。承载一定思想观念、情感态度和价值取向的思想政治教育文本，必然具有传播知识的普及性、学科教育性和价值指引性，从而体现"培育新人"的文化功能。

二、思想政治教育文本学的本质特征

毛泽东指出："科学研究的区分，就是根据科学对象所具有的特殊的矛盾性。因此，对于某一现象的领域所特有的某一种矛盾的研究，就构成某一门科学的对象。"③ 思想政治教育领域研究的特殊矛盾，是区分思想政治教育领域与其他研究领域的本质所在。就思想政治教育内在系统而言，特殊矛盾又叫"思想政治教育研究领域的基本矛盾"。思想政治教育研究领域的特殊矛盾是一定社会、一定阶级对人们思想品德的要求与人们实际的思想品德水准之间的矛盾。也就是说，思想政治教育工作的直接目的是把本阶级、本社会的思想政治品德要求内化为人们的思想品德追求，实现从"现有"向

---

① 李颖：《思想政治理论课教师的诠释行为及影响因素》，载《教师评论》2009年第5期。
② 彭启福：《理解之思——诠释学初论》，安徽人民出版社2005年版，第231页。
③ 毛泽东：《毛泽东选集》第一卷，人民出版社1991年版，第309页。

"应有"的转变。特殊矛盾贯穿于思想政治教育的全过程及各方面，是思想政治教育不断发展的动力。思想政治教育文本学研究不能脱离特殊矛盾及其运动规律的研究，而需要辨析思想政治教育特殊矛盾与普通矛盾的联系区别。从受教育者的角度而言，须研究思想品德形成发展的规律；从教育者的角度而言，须研究思想政治教育的规律。思想政治教育文本学研究，聚合教育者和受教育者二者关于历史文本的思想解释、聚焦社会现实的理论理解、结合传统文化的文本构建，探索彼此之间的区别和联系，为厘定思想政治教育文本学的基本特征做好铺垫。

一是客观性。就思想政治教育文本学的内容而言，它具有客观性，即使结合传统文化的文本构建的思想政治教育文本，也不是完全依靠思辨和推理产生的，而是建立在大量的思想政治教育实验、经验、材料的科学分析之上的，是思想政治教育实践的结果，是思想知识、教育客观规律的客观见之于主观的反映和认识成果。所以，思想政治教育文本学范畴的整体过程、趋势和源泉也是客观的。

二是抽象性。从感性到具体，再到科学抽象分析，最简洁地概括思想政治教育矛盾运动的性质、特征，并进而形成最重要的基本概念，这是思想政治教育文本学得以形成的过程。如果没有对具体感性进行科学抽象，就不可能使人们对思想政治教育的认识从现象上升到本质。正如列宁所说："物质的抽象，自然规律的抽象，价值的抽象以及其他等等，一切科学的（正确的、郑重的、不是荒唐的）抽象，都更深刻、更正确、更完全地反映自然。"①

三是阶级性。思想政治教育学的阶级特征即阶级性（党性）、政治性（意识形态性）。在不同的阶级社会里，每个阶级对思想政治教育的称谓稍有不同，但在本质上都反映了统治阶级的利益和要求，体现了鲜明的阶级特征；而无产阶级思想政治教育更鲜明地承认自己的阶级特征。因此，思想政治教育文本学必然具有鲜明的阶级性。

四是流动性。思想政治教育文本学范畴的发展具有相对性和辩证性，统称为"流动性"。首先，随着社会和时代的发展、思想政治教育实践发展和人们认识水平的提升，思想政治教育范畴的内容会得到不断丰富和更新。比如，在新的历史时期，有网络思想政治教育文本、大数据时代的思想政治教

---

① 中共中央马克思恩格斯列宁斯大林著作编译局：《列宁全集》第55卷，人民出版社1990年版，第142页。

育文本等。其次，受社会历史条件的限制，教育实践的深度和广度具有相对性和有限性，作为一种主观反映的思维形式，思想政治教育文本也是相对的、暂时的。比如，在今天看来要革新的一些文本，在当初也具有先进性和准确性。思想政治教育范畴的辩证转化，也侧面反映了其暂时过渡性和渗透性的特征，比如，教育者和受教育者的基本范畴相互依存、相互渗透，但二者之间同时也体现一系列具体矛盾。在教育过程中，受教育者和教育者之间的位置相互流动、相对变化；在一个阶段内，受教育者与教育者的知识结构也会呈现流动性。

第二节 思想政治教育文本学的研究范畴

有了范畴，才可以"把我们的观察资料归属到一个秩序井然的符号系统中去，以便使它们相互间系统连贯起来并能用科学的概念来解释"①。新的范畴往往是学科理论生长点，规范化的范畴体系为理论创新提供基本的逻辑思维工具。习近平总书记要求思想政治教育工作者和研究者"要善于提炼标识性概念，打造易于为国际社会所理解和接受的新概念、新范畴、新表述，引导国际学术界展开研究和讨论"②。冯刚教授在《深化高校思想政治教育范畴研究》一文中指出，在学者们的努力下，思想政治教育文本研究获得了丰富成果，奠定了扎实的基础，"思想政治教育在思路理念、体制机制、路径载体、方法手段等方面的改革探索不断深入，积累起新的丰富经验"③，"但学界对一些基本范畴的认识尚未统一，范畴体系建设仍待规范，仍需取得进一步的共识"④。

---

① [德] 恩斯特·卡西尔：《人论》，甘阳译，上海译文出版社1985年版，第275页。
② 《习近平在哲学社会科学工作座谈会上的讲话》，载《人民日报》2016年5月19日，第2版。
③ 冯刚：《深化高校思想政治教育范畴研究》，载《马克思主义理论学科研究》2021年第9期。
④ 冯刚：《深化高校思想政治教育范畴研究》，载《马克思主义理论学科研究》2021年第9期。

一、思想政治教育文本研究的理论范畴类型

一是按照性质和存在方式的不同,思想政治教育文本可分为实体范畴、属性范畴和对应范畴。"思想、思想工作、思想政治工作、思想政治教育等概念表征着思想政治教育的核心所指,构成了思想政治教育学学科的重要实体范畴。"[①] 实体范畴是对思想政治教育现象的具体反映,包括思想政治教育客观内容、实在基础、过程环节等,侧重思想政治教育及其学科化赖以存在和发展的实体内容;而"思想政治教育过程、思想政治教育目标原则、思想政治教育方式方法、思想政治教育体制机制等"也是思想政治教育实体范畴的重要构成。"思想政治教育的意识形态性、阶级性和真理性等"是属性范畴。对应范畴反映了思想政治教育现象间的普遍联系。"如思想与行为、教育者和受教育者、内化和外化、理论与实践等均属于对应范畴。"[②]

二是按照重要性和作用的不同,思想政治教育文本可分为基本范畴、重要范畴和具体范畴。"基本范畴反映了思想政治教育现象和过程中最本质、最普遍、最稳定的特性和关系,是思想政治教育现象本质联系的表征。学界在基本范畴的界限及其具体所指方面尚未形成共识。"[③]"存在基本范畴一元论(思想与行为)、二元论(思想与行为、教育与组织)、三元论(灌输与互动、理解与激励、内化与外化)、四元论(教育者和受教育者、目标和内容、原则和方法、环境和载体)、五元论(持五元论学者较多,且五元具体内容有所不同)、六元论(思想与行为、教育者与受教育者、内化与外化、疏通与引导、教育与管理、物质鼓励与精神鼓励)、七元论(有学者提出七范畴分别为思想与行为、教育者与受教育者、教育与管理、个体与群体、自教与他教、物质鼓励与精神鼓励、理论与实践等)、八元论(持该论点的学者从不同分析框架出发提出了不同的八对范畴)等诸多观点。虽观点尚未完全统一,但思想和行为、内化和外化、教育者和受教育者、教育和管理、沟

---

① 冯刚:《深化高校思想政治教育范畴研究》,载《马克思主义理论学科研究》2021年第9期。
② 冯刚:《深化高校思想政治教育范畴研究》,载《马克思主义理论学科研究》2021年第9期。
③ 冯刚:《深化高校思想政治教育范畴研究》,载《马克思主义理论学科研究》2021年第9期。

通和疏导、个人和社会、言传和身教、疏通与引导、物质鼓励与精神鼓励等构成思想政治教育的基本范畴得到学界较为广泛的认可。"① 重要范畴是能够揭示思想政治教育某一方面或某一阶段规律的思想政治教育概念的总称,如思想政治教育的科学性和价值性、阶级性和意识形态性、内因和外因等。具体范畴是在实际操作中用来分析和解决具体问题的范畴,指向具体的思想政治教育现象。②

三是按照所处层次的不同,理论思维中的思想政治教育文本可分为起点范畴、中心范畴、中介范畴、成果范畴和终点范畴。"思想政治教育是包括教育者、受教育者、教育内容、教育方法、教育载体等之间的互动过程、矛盾运动过程。"③ 思想政治教育是动态的教育实践,是一种立体存在。"现代思想政治教育学基本范畴之间具有极其紧密的内在逻辑联系,是一个由相互联系、相互作用的,从简单到复杂、从抽象到具体的起点范畴(思想与行为)、中心范畴(教育主体与教育客体)、中介范畴(疏通与引导、言教与身教、物质鼓励与精神鼓励、教育与管理)、成果范畴(内化与外化)和终点范畴(个人与社会)构成的立体动态结构。"④ 近年来,党中央、国务院对思想政治教育评价提出的新要求,可视为思想政治教育文本研究范畴的一个重要理论生长点。

二、思想政治教育文本研究的实践范畴类型

思想政治教育文本研究范畴包括理论思维和实践导向两大着力点。⑤ 为避免从概念到概念的抽象研究,就要把范畴放入新时代背景,用鲜活的实践

---

① 冯刚:《深化高校思想政治教育范畴研究》,载《马克思主义理论学科研究》2021年第9期。
② 参见冯刚《深化高校思想政治教育范畴研究》,载《马克思主义理论学科研究》2021年第9期。
③ 冯刚:《深化高校思想政治教育范畴研究》,载《马克思主义理论学科研究》2021年第9期。
④ 徐志远、范慧玲:《论现代思想政治教育学基本范畴的内在逻辑联系》,载《学校党建与思想教育》2019年第5期。
⑤ 参见冯刚《深化高校思想政治教育范畴研究》,载《马克思主义理论学科研究》2021年第9期。

充实范畴的具体内涵。坚持范畴研究的实践导向,一是要扎根中国大地培育时代新人,重点从我国改革发展实践中挖掘新材料、发现新问题、提出新观点、构建新理论,学习借鉴国外的概念、话语、方法、理论文本,概括出具有中国特色、中国风格、中国气派的新概念和新理论,如加强治理视域下思想政治教育文本范畴研究是前沿重点。二是要突出问题意识。习近平总书记指出:"坚持问题导向是马克思主义的鲜明特点。问题是创新的起点,也是创新的动力源。……世界上伟大的哲学社会科学成果都是在回答和解决人与社会面临的重大问题中创造出来的。"① 新时代思想政治教育文本研究必须正视实践中出现的新问题、遇到的新挑战,破解思想政治教育发展进程中的瓶颈和难题。三是要强化应用意识。我们应该坚持"基础研究与应用研究相辅相成、学术研究和成果应用相互促进"②。深化思想政治教育文本研究有利于思想政治教育理论的阐释和创新,为思想政治教育提质增效提供理论指导,有助于解决实际问题。具体而言,从实践导向出发把握思想政治教育文本研究范畴,应实现以下三个方面的统一。

一是外显性与内隐性的统一。习近平总书记在学校思想政治理论课教师座谈会上提出,"要坚持显性教育和隐性教育相统一"③。显性教育是直接外显的教育活动;隐性教育则通过间接内隐的教育活动,使受教育者在不知不觉中接受教育。思政课程与课程思政的新要求在一定程度上彰显思想政治教育显性与隐性相统一的基本特征。思想政治教育文本应把显性教育和隐性教育的内容、形式、要求等表达出来,如思想与行为、内化与外化、物质激励与精神激励等范畴。

二是普遍性和特殊性的统一。习近平总书记在学校思想政治理论课教师座谈会上强调,"要坚持统一性和多样性相统一,落实教学目标、课程设置、教材使用、教学管理等方面的统一要求,又因地制宜、因时制宜、因材施教"④。统一性和多样性的融合体现了普遍性和特殊性的辩证关系,多样性

---

① 《习近平在哲学社会科学工作座谈会上的讲话》,载《人民日报》2016年5月19日,第2版。
② 《习近平在哲学社会科学工作座谈会上的讲话》,载《人民日报》2016年5月19日,第2版。
③ 习近平:《用新时代中国特色社会主义思想铸魂育人 贯彻党的教育方针落实立德树人根本任务》,载《人民日报》2019年3月19日,第2版。
④ 习近平:《用新时代中国特色社会主义思想铸魂育人 贯彻党的教育方针落实立德树人根本任务》,载《人民日报》2019年3月19日,第2版。

的学生与差异化的成长发展需求,多样性的教师和差异化的教育教学风格都统一于思想政治教育实践中。新时代思想政治教育统一性和多样性在文本范畴主要表现为两方面:一方面是范畴的形式和内涵,基本范畴在形式上保持统一不变,但思想政治教育内涵在实践基础上不断丰富发展,表现多样。"对于思想政治教育文本研究而言,思想政治教育的基本范畴在学科发展中短期内不会有大的变化,但这些基本范畴在新时代的广泛实践中拥有了更为丰富的内涵。"[①] 如"时代新人"是在社会主义新人的基础上,增加了新时代特殊使命和能力要求的内涵。另一方面是范畴与范畴体系的关系,多样的范畴统一于思想政治教育范畴体系。如前所言,依据不同的分类标准,思想政治教育分为不同的范畴类型,每一类型下均包含多样的思想政治教育范畴,但都统一于思想政治教育范畴体系,组成思想政治教育总的辩证图景。譬如,统筹推进大中小学一体化建设就为丰富范畴体系提供新的整理材料。[②]

三是建设性和批判性的统一。习近平总书记强调思想政治教育理论课"要坚持建设性和批判性相统一"[③]。建设性是指要旗帜鲜明地传导主流意识形态;批判性是指要直面各种错误观点和思潮,敢于亮剑,善于批驳。思想政治教育文本体系的建构与发展也必须做到建设性和批判性有机结合。一方面,思想政治教育学的学科范畴的确立是一个建设性过程。如一个具体概念能否纳入思想政治教育学的学科范畴,需依据思想政治教育学的学科属性及一定的范畴标准综合考量。另一方面,思想政治教育范畴体系的持续发展依赖于对既有范畴、概念的学理反思、批判性考察。应加强研究和阐释新时代思想政治教育实践发展的新理念和新提法,以丰富思想政治教育基本范畴的内涵,完善现有逻辑体系。比如,立德树人根本原则、时代新人育人目标、"八个相统一"的思想政治理论课质量提升方略、七个育人机制等,这是对思想政治教育的功能、教育者和受教育者、教育环境、教育过程等要素"变"与"不变"的精准把握下的新论断,为我们创新新时代思想政治教育

---

① 冯刚:《在时代发展进程中把握思想政治教育热点研究》,载《思想教育研究》2019年第6期。

② 参见冯刚《深化高校思想政治教育范畴研究》,载《马克思主义理论学科研究》2021年第9期。

③ 习近平:《用新时代中国特色社会主义思想铸魂育人 贯彻党的教育方针落实立德树人根本任务》,载《人民日报》2019年3月19日,第2版。

范畴体系提供了丰富内容和重要启示。[①]

三、思想政治教育文本范畴研究的创新发展

思想政治教育文本研究因事而化、因时而进、因势而新。经过多年探讨，学界形成了思想政治教育文本研究的基本论域，主要包括范畴的内涵和内容、类型和特征、功能和发展、体系构建等，并提出了一系列具有代表性的观点，为我们深化思想政治教育范畴研究奠定了坚实的基础。新时代思想政治教育文本范畴研究需坚持以下四个发展方向。

第一，在契合思想政治教育实践中，增强范畴研究的时代性。从思想政治教育实践出发，增强范畴研究的时代性，是持续深化思想政治教育文本研究的关键。增强范畴研究的时代性具有两方面的现实指向：一方面，在思想政治教育发展实践中创新学科概念。思想政治教育的实践之变、时空之变，为思想政治教育新概念、新范畴的出现提供了客观基础；根据新情况进行新总结，依据新变化开展新提炼是思想政治教育文本发展的必然要求；结合新时代思想政治教育的实践反馈，着力新实践经验的理论抽象，不断创立思想政治教育文本新内容、勾勒思想政治教育文本体系的新格局。比如，"时代新人""三全育人"和"大思政"格局等新提法就极具原创性和时代性，为思想政治教育打开了新局面，也为思想政治教育文本研究提供了新元素。另一方面，在思想政治教育学的学科范畴中发掘新内涵。思想政治教育学的学科范畴既有稳定性，也有发展性，即那些反映思想政治教育学的学科本质属性的基本范畴，一般不会随时空变换而消弭；但这种稳定性又是相对的，随着思想政治教育实践的发展，思想政治教育学的学科范畴不断被赋予新的时代内涵，对内涵的挖掘和把握即成为科学理解与认知思想政治教育学学科范畴的关键。

第二，在遵循现代社会科学研究规律中，强化范畴研究的规范性。规范指向一定的标准与准则。规范化既是学科发展的重要表征，又是学科深化发展的动力源泉。在新时代背景下，思想政治教育文本研究的创新发展需遵循现代社会科学研究规律，依据现代社会科学研究方法，不断提升范畴研究的规范性。具体而言，主要有两个规范性要求：一是研究界限的规范。范畴界

[①] 参见冯刚《深化高校思想政治教育范畴研究》，载《马克思主义理论学科研究》2021年第9期。

限的清晰是规范化研究的重要前提，意味着确立学科范畴的内涵与外延，也意味着学界达成学科范畴研究边界的共识。但目前学界关于思想政治教育文本的内涵与外延尚未形成统一看法，这一问题的有效解决依赖于学科范畴与学科概念、学科范畴与学科规律、学科范畴与学科本质的清晰鉴别。二是研究方法的规范。深化新时代思想政治教育文本学范畴研究方法的规范化，并不意味脱离现代社会科学研究的一般方法，而是遵循现代社会科学研究规律，深入诠释思想政治教育学科特有的本质与独特属性，从而规范研究方法。①

第三，在多学科视域中，提高范畴的系统性研究。对于学科建设而言，系统性研究是其发展成熟的重要表征，思想政治教育学学科亦不例外。系统化研究是新时代深化思想政治教育学学科范畴的重要一环；近年来，学界借鉴其他学科相关理论与方法研究思想政治教育问题，着手探寻思想政治教育的多学科场域研究。交叉学科领域涵盖了哲学、教育学、社会学、心理学、政治学、传播学、管理学、环境学、语言学、互联网与大数据等，相关研究成果表现为学术著作、期刊论文、硕博学位论文等多种形式，交叉学科图景初步形成。习近平总书记在哲学社会科学工作座谈会上指出："哲学社会科学研究范畴很广，不同学科有自己的知识体系和研究方法。对一切有益的知识体系和研究方法，我们都要研究借鉴，不能采取不加分析、一概排斥的态度。马克思、恩格斯在建立自己理论体系的过程中就大量吸收借鉴了前人创造的成果。"② 随着"思想政治教育将由原来的内循环转变为大循环，由原来思政系统内的单兵作战变为集团作战、联合作战，迎来'大思政'工作格局"③，交叉学科的方法论指导意义更加凸显。然而，目前展开的跨学科研究主要还处于对其他学科范畴理论的移植应用状态，呈现出较为明显的零散、单一特征。因此，在多学科视域中提升范畴研究的系统性是思想政治教育学学科范畴未来发展的重要趋向，应坚守思想政治教育学学科阵地，从学科交叉的层面对思想政治教育学学科范畴进行整体架构，在思想政治教育文

---

① 参见冯刚《深化高校思想政治教育范畴研究》，载《马克思主义理论学科研究》2021年第9期。

② 《习近平在哲学社会科学工作座谈会上的讲话》，载《人民日报》2016年5月19日，第2版。

③ 冯刚：《改革开放以来高校思想政治教育发展史》，人民出版社2018年版，第26页。

本边界内开展交叉学科研究，推动思想政治教育学学科范畴的系统性发展。①

第四，在聚焦学科改革创新需求中，提升范畴研究的科学性。学科范畴研究的科学化是提升学科科学性的基础，深化范畴研究是思想政治教育科学化的必然要求。从这一角度讲，思想政治教育学学科范畴研究的科学性发展是学科改革创新需求的理论省思与回应。在新时代背景下，思想政治教育文本研究应及时反映思想政治教育改革创新的新需求，满足其创新发展的新期待，适应思想政治教育工作发展的新形势。具体而言，思想政治教育文本的科学性集中表现为范畴研究的客观性和规律性。其一，学科范畴研究的客观性。即思想政治教育学学科范畴的深化发展，是思想政治教育学学科本质及发展规律的反映，具有不以人的主观意志为转移的客观性。新范畴和范畴新含义的挖掘过程，本质上是立足思想政治教育实践发挥主体性的过程，但是学科新范畴的界定及已有范畴新内涵的发掘均具有现实实在性，既不可臆想而出，也不可主观消解。其二，学科范畴研究的规律性。范畴是一定学科诸多现象之间最普遍、最稳定、最本质关系的彰显，而规律指向本质关系，即各现象之间必然的、稳定的、本质的关系。学科范畴研究的规律性是推动学科范畴科学化发展的重要力量。因此，范畴与规律具有天然的内在关联性，思想政治教育学学科范畴是思想政治教育规律的揭示。②

第三节　思想政治教育文本学的基本内容

任何一门学科的建立都必须具备三个条件，一是有特殊的研究对象，二是有指导其研究的理论基础，三是有持之以恒的实践研究。思想政治教育文本学的建立也需要考量这些方面：思想政治教育文本学的研究对象、思想政治教育学研究的文本样态、思想政治教育文本解读主体和文本解读策略，以及思想政治教育教学过程中的文本发展。

---

①　参见冯刚《深化高校思想政治教育范畴研究》，载《马克思主义理论学科研究》2021年第9期。

②　参见冯刚《深化高校思想政治教育范畴研究》，载《马克思主义理论学科研究》2021年第9期。

一、思想政治教育文本学的研究对象

思想政治教育文本学研究是近几年的新课题，因与马克思主义理论的密切关系而引起重视，特别是与马克思主义文本学研究相关。在中国知网输入关键词"思想政治教育文本学"，检索到的学术期刊论文仅14篇。虽然与马克思主义文本学或马克思主义中国化文本学的研究火热程度无法相比，但是思想政治教育文本学研究体现了鲜明的创新性特征，如网络思想政治教育文本、高校官方微信公众号中的思想政治教育文本等，这都预示思想政治教育文本学研究即将成为当代学术研究中一个重要的显性课题。

思想政治教育文本研究主要涉及文本与思想政治教育的关系、文本在思想政治教育中的地位与作用、如何发挥文本和文本研究在思想政治教育中的作用等。研究成果主要表现为学术论文，如论述思想政治教育与文本关系的《文本是思想政治教育与马克思主义中国化研究的学科贯通点》[①]，论述思想政治教育文本特点的《思想政治教育文本风格初探》[②]，论述文本传播经验的《〈十一届三中全会决议〉文本传播的基本历史经验》[③]，论述党的思想政治教育文本生成与传播的《抗战时期中国共产党思想政治教育文本探析》[④]，论述新兴媒体下思想政治教育文本形态的《网络思想政治教育文本研究》[⑤]和《网络思想政治教育文本的新界定》[⑥]，以及从实证角度研究思想政治教育文本的《高校官方微信公众号的思想政治教育文本研究》[⑦]，等等。

[①] 参见渠长根《文本是思想政治教育与马克思主义中国化研究的学科贯通点》，载《学习论坛》2007年第10期。

[②] 参加王传君《思想政治教育文本风格初探》，载《宁夏党校学报》2009年第3期。

[③] 参见王传君《〈十一届三中全会决议〉文本传播的基本历史经验》，载《理论与改革》2008年第6期。

[④] 参见陈艳飞《抗战时期中国共产党思想政治教育文本探析》，载《马克思主义理论学科研究》2019年第6期。

[⑤] 参见董兴彬《网络思想政治教育文本研究》，博士学位论文，电子科技大学，2019年。

[⑥] 参见董兴彬、吴满意《网络思想政治教育文本的新界定》，载《毛泽东思想研究》2020年第2期。

[⑦] 参见杜美云《高校官方微信公众号的思想政治教育文本研究》，硕士学位论文，西安理工大学，2021年。

冯刚教授在《新时代高校思想政治教育学原理》一书中指出，思想政治教育理论基础文本涵括了马克思主义的基本理论文本、党的创新理论文本、中华优秀传统文化积淀的时代精髓文本和人文社会科学理论借鉴的文本。其他相关学科文献是思想政治教育文本学研究的有益补充，如哲学人文社会科学的思想政治类文献、自然科学中具有思想政治教育作用与功效的文献知识和内容等。具体而言，思想政治教育文本学研究还涉及其他学科领域，如伦理学、心理学、教育学、政治学、社会学、哲学、管理学、经济学、法学、自然科学等。

综上所述，可从三个层面概括思想政治教育文本学的研究对象。第一，符号文本学研究层面，涵括了马克思列宁主义、毛泽东思想和中国特色社会主义理论体系教育；第二，互动性的意义场的理解层面，涵括了中华民族优良传统和中国革命传统教育、社会主义核心价值观体系、基本国情和形势政策教育；第三，生产性的思想构建层面，涵括了中国革命建设和改革开放的历史教育、党的基本路线和基本纲领教育、公民道德和民主法治教育、生态文明教育。据此推论思想政治教育文本学主要包含四部分研究内容：一是挖掘思想政治教育基本理论相关文本，二是思想政治教育的历史沿革，三是研究思想政治教育文本的方法理论，四是与此相关的思想政治教育的管理理论。

二、思想政治教育学研究的文本样态

思想政治教育文本学研究有以下三个特点。首先，思想政治教育文本资源丰富，各种形式的文本资源得到发掘和利用，整体呈现多样化趋势。譬如，马克思主义经典作家的论著；党的领导人的经典文本，包括会议讲话、文稿、文选、选集等；高校使用的教科书文本，如《中国近现代史纲要》《思想道德与法治》《毛泽东思想和中国特色社会主义理论体系概论》《马克思主义基本原理》等，专业教材文本如《思想政治教育学原理》《思想政治教育学方法论》等；政府文件类，历次党的会议通过的决定、决议、草案等；网络文本如电子书、期刊报纸、研究网站等。其次，不同的文本呈现不同的研究主题。例如，为"正本清源"而出现的对国内外马克思文本的"纠偏"文本；反映不同历史阶段的马克思主义中国化理论文本，如革命和建设时期的毛泽东思想文本、改革开放和社会主义现代化建设时期的中国特色社会主义理论文本、新时代思想政治教育文本的研究主题。最后，总结其他文本研究经验，积极借鉴其他文本研究的方式方法和模式。"如分析马克思文本研究的经验教训、毛泽东文本研究的经验教训，把它们的模式、方法消化移植到思想政治教育中的文本研究中来，以指导思想政治教育中的文本研究，并及时调整研究思路和方法，不断总结思想政治教育中文本研究的经验和教训，探索出适合思想政治教育中开展文本研究的科学方法，推进思想政治教育中的文本研究。"①

思想政治教育文本，比较常见的有经典著作，领导讲话，党和国家的系列文件，公开出版的各种著作、论文、教材，等等。学校直接采用的思想政治教育文本包括教学大纲，教材，马克思主义的经典著作，党和国家的文件、政策、理论，思想政治教育相关著作、论文、会议报告，等等。

教学大纲。教学大纲是思想政治教育坚定正确的政治方向的纲领性要求，是教材和教学参考资料编写、授课计划、教学考察的最基本依据。它规定课程的地位和作用，确定课程的任务和要求，明确课程章节的先后顺序、重难点、广度深度及教学环节的布置安排，等等。一切教学活动都以大纲为核心开展。大纲文本表述提纲挈领，是宏观层面的总体要求，随着形势的变化和社会的变迁，大纲也不断调整更新。

教材。教材是学校思想政治教育最基本、最直接的文本依据。我国学校思想政治教育使用地方性或全国性统编教材。当前，我国已经构建起较为系统、完善的思想政治教育教材体系，适应了不同层次、不同类型学生思想政治教育教学的需要。随着国际、国内形势以及学校思想政治教育实际的变化，学校思想政治教育的教科书文本内容也应及时、快速调整。

马克思主义的经典著作。马克思列宁主义、思想的经典著作，以及中国特色社会主义理论体系系列论述、著作和读本是思想政治教育的理论基础。思想政治教育教材的核心内容来源于马克思主义理论。因此，思想政治教育教学应始终围绕经典理论展开，并适时恰当引用相关的原著和理论。目前，有关马克思列宁主义及其中国化理论成果的文本繁多，较经典的有马克思、恩格斯的《共产党宣言》，马克思的《政治经济学批判》《阶级政党论》《政治洽谈主义》，恩格斯的《反杜林论》《法兰西阶级斗争》《论权威》，列宁的《国家与革命》《共产主义运动中的"左"派幼稚病》《列宁逝世前的八篇文章》，毛泽东的《反对本本主义》《论人民民主专政》《论联合政

---

① 王传君：《思想政治教育文本研究——以十一届三中全会决议文本为中心》，硕士学位论文，浙江理工大学，2010年，第22页。

府》《新民主主义论》《〈共产党人〉发刊词》《反对党八股》《如何正确处理人民内部矛盾》《论十大关系》，等等。

党和国家的文件、政策、理论。党在不同时期的文件、政策、理论都是以马克思主义及其中国化理论为指导，结合历史经验、时代特征和我国实际，根据党和国家的总目标和总任务而制定的。它们是对青少年学生开展国情教育、形势政策教育和党的路线方针政策教育的重要依据和内容，是适应我国当前形势发展的思想政治教育文本。

思想政治教育相关的著作、论文、会议文件等。根据思想政治教育研究和实践，思想政治教育文本常见于图书文本、期刊文本、报纸及网络媒体，也常见于会议讲话稿和发言文本。目前，由图书、期刊、报纸、网站、广播、电视等媒介搭建的思想政治教育文本库，资源非常丰富；在大数据时代，众多文本信息被媒体整合在一起，为当今思想政治教育提供了良好借鉴。

三、思想政治教育文本解读主体

近年来，习近平总书记多次讲话强调"以文化人"。而"化"的前提是对"文"的正确解读，即提高思想政治教育实效性的前提在于教育者对文本的正确解读和高效传授。因此，教育者个人的价值观、思维模式、教育理念和教育方式方法影响着整个教育过程。

（一）思想政治教育者的文本解读

思想政治教育文本解读的关键在教育者，教育者需具备政治坚定、学识卓越、有人格魅力的优良品格。所谓政治坚定，就是对马克思主义能够真学、真信、真教；所谓学识卓越，就是能深刻把握学科和理论内涵，且能融会贯通，理论联系实际，讲深讲透讲生动；所谓有人格魅力，就是有着良好的职业风范，热爱事业，热爱学生，具有很强的人格感召力。"作为读者，我们停留在文本的悬置之中，将文本视为一个无世界、无作者的对象；在此种情况下，我们是根据其内在关系及其结构而阐明文本的。另外，我们可以终止悬置，并在言谈中实现文本，将它复活到活的交流中；在此种情形下，我们解释文本。"① 在解读文本中，思想政治教育者既是"读者"又是"作者"。在文本解读过程中，教育者的主导作用表现为三个环节：首先是教育者理解思想政治教育的文本；其次是"解读"——教育者将融入自己理解的新"文本"传导给受教育者；最后是教育者分析整理受教育者的反馈信息，据以调控下一次"解读"的内容和行为，最终的目标是教育者和受教育者两方面达到"视域融合"。

在整个思想政治教育过程中，上述三个环节并不是独立分开的，而是相互联系且密不可分的。即教育者的理解和解读具有相互渗透、相互包含的辩证关系，其中理解侧重于价值的活动，解读侧重于知识的活动。关于理解和解释的关系，洪汉鼎教授这样表述："理解与解释的关系并不总是'理解是解释的基础，理解处于解释之前'。在诠释学的发展史上，这种理解先于解释的看法只是早期阶段的看法。近代，特别是自弗里德里希·丹尼尔·恩斯特·施莱尔马赫（Friedrich Daniel Ernst Schleiermacher）以来，推翻了这种看法，因为理解本身就是解释，理解必须通过解释才能实现，按照施莱尔马赫的看法，理解与解释不是两回事，而是一回事。"② 汉斯-格奥尔格·伽达默尔（Hans-Georg Gadamer）从本体论的意义上肯定了这一看法，认为理解与解释是内在统一的，"解释不是一种在理解之后的偶尔附加的行为，正相反，理解总是解释，因而解释是理解的表现形式"③。教育者先行理解思想政治教育的文本和传导给受教育者的文本虽是有一定区别的两个环节，但又是一个你中有我、我中有你的不可分割的过程。

威廉·狄尔泰（Wilhelm Dilthey）在《论诠释学的发展》中说："'理解'是一个过程，由此，通过显现的感知符号，我们逐步了解精神生活的某些方面。"④ 第一个环节——教育者先行理解思想政治教育的"文本"，即对思想政治教育内容、国家和社会要求以及文化承载物进行深刻而透彻地理解。其中，最基础的理解是知识内容层面的，最重要的理解是价值层面的。

---

① ［法］保罗·利科：《诠释学与人文科学——语言、行为、解释文集》，孔明安、张剑、李西祥译，中国人民大学出版社2012年版，第114页。
② 洪汉鼎：《诠释学——它的历史和当代发展》，人民出版社2001年版，第3页。
③ ［德］汉斯-格奥尔格·伽达默尔：《真理与方法》第2卷，J. C. B. Mohr（Paul Siebeck）出版社1986年版，第312页。转引自洪汉鼎《诠释学——它的历史和当代发展》，人民出版社2001年版，第3页。
④ ［法］保罗·利科：《诠释学与人文科学——语言、行为、解释文集》，孔明安、张剑、李西祥译，中国人民大学出版社2012年版，第112页。

思想政治教育是一个国家和社会的主流意识形态,是文化内涵。如果教育者基本照搬书本授课,而没有自己的科学诠释,这相当于游离教学;优秀的教育者都会深刻且有高度地理解文本,并在传授过程中影响着受教育者的价值观。教育者作为"读者"先行掌握文本的内容和意义,虽然不可能完美地理解文本作者,但是这一行为还是有着深刻的教育意义的。从诠释学角度看,从对文本的完全解读到对作者原意的把握再到理解文本,教育者在这一过程中完成自我理解,其理解是一种主观能动性的表现。马克思认为,认识的本质就是主体对客体的能动反映,而不是直观被动的反映。作为一名教育者,这种主观能动反映符合客观规律,符合思想政治教育学学科要求,符合国家和社会规范。第二个环节——理解文本后的解读。教育者在理解思想政治教育文本的时候,必然会带入自己原有的认知结构、理论视野、生活境遇和人生体悟。在解读环节中,教育者需要将融入自我理解的新"文本"传导给受教育者,此时,教育者的角色从第一环节中的"读者"转化为"作者"。"解释追求的正是在心理概念中提出的自我及其他人,解释的目标总是指向活生生的经验的再创造。"① 思想政治教育的目的是使受教育者更好地接受"文本",这为教育者创造新"文本"提供了可能。教育者结合自己的教学经验以及对受教育者的了解,在融入其他形式"文本"(如文学艺术、课堂活动等)的基础上进行传导。这些其他形式"文本"和原生"文本"的综合就产生了富有教育者个人特色的新"文本"。在第三个环节中,受教育者以读者角色理解新"文本",教育者根据受教育者对"文本"的理解效果和程度,重新组织"文本"再传导给受教育者,形成一个"理解循环",最终达到"视域融合"。

(二)思想政治教育受教育者的文本解读

在思想政治教育活动中,受教育者自身理解思想政治教育文本,同时在教育者的指引下再理解文本。教育者常以解释形式传导文本,解释过程的巅峰在于占有行为,占有"意味着使原来'相异'的东西'成为自己的'"②。在教育者解释思想政治教育文本之前,受教育者有着成长过程中自发形成的

---

① [法]保罗·利科:《诠释学与人文科学——语言、行为、解释文集》,孔明安、张剑、李西祥译,中国人民大学出版社2012年版,第113页。

② [法]保罗·利科:《诠释学与人文科学——语言、行为、解释文集》,孔明安、张剑、李西祥译,中国人民大学出版社2012年版,第18页。

思维逻辑和价值观念，这些均留有其家庭环境、教育环境和社会环境的烙印，但是其价值观念不一定符合国家和社会的要求。受教育者在解读文本的过程中以"读者"身份出现，并以主体视角体察教育者开展的实际活动及其意义，通过自己的认知图式诠释、选择、内化教育者所传递的思想政治教育文本，以实践思想政治教育文本的指令意义。教育者解读文本，不仅将学科知识传授给受教育者，更重要的是传达国家和社会倡导的价值观，如果受教育者接纳这种价值观，则其当前价值观将与曾经的价值观产生融合，并内化为个人价值观。

在理想的解读过程中，教育者和受教育者双方都对这些文本进行解读。这涉及两个向度：第一个向度是受教育者在接受教育行为前解读思想政治教育初始文本。这里的初始文本是受教育者领取的课程教材或者收集的相关专业资料。受教育者通过理解文本传递的价值观进而实现自我理解。人们的一切行为都是在动机系统支配下进行的。"推动人去从事活动的一切，都要通过人的头脑，甚至吃喝也是由于通过头脑感觉到饥渴而开始，并且同样由于通过头脑感觉到饱足而停止。外部世界对人的影响表现在人的头脑中，反映在人的头脑中，成为感觉、思想、动机、意志，总之，成为'理想的意图'，并且以这种形态变成'理想的力量'。"① 在阅读动机中，受教育者具备明确的"读者"主体意识，主动理解文本。"教育的成效如何不仅取决于教育过程主体的努力，在很大程度上也取决于受教育者，取决于他有无认识周围世界的愿望，有没有学习科学文化成就、掌握社会主义生活规范和准则的积极性和自觉性。"② 理解文本的动机产生了理解文本的行为，这个向度并没有涉及价值判断，受教育者独自理解文本，在自己的价值世界中做出理解和判断。

第二个向度是在理解思想政治教育初始文本的基础上，教育者创作出来的新文本具有真理性和先进性。根据受教育者的"前见"和接受程度，教育者对初始文本加工后的新文本与受教育者个人特点相应，具有感染性；经过逻辑分析和整理，教育者创作出具有自身特色且符合思想政治教育要求的文本。受教育者在与教育者互动过程中解读教育者传输的文本，其相应的知

---

① 苏共中央直属社科院心理学和教育学教研组：《党的工作中的社会心理学和教育学》，广西人民出版社1986年版，第139页。

② 参见中共中央马克思恩格斯列宁斯大林著作编译局编译《马克思恩格斯全集》第42卷，人民出版社1979年版，第125页。

识准备和理解能力共同构成了解读新文本的基础。马克思指出:"只有音乐才能激起人的音乐感;对于没有音乐感的耳朵来说,最美的音乐也毫无意义。"① 任何一个理解对象都受制于主体的既有条件,对于主体的意义都以主体感觉所及程度为限;教育者创作出的新文本受制于受教育者的认知水平、价值观念等"前见"。面对教育者创作出的新文本,只有受教育者的知识储备达到了理解的高度,才能真正体会思想政治教育文本的真理性、先进性;而任何有效的思想政治教育文本,都以特定的形式反映所处时代的人类知识创造、积累的高度。受教育者对文本的理解不是一个单向的行为,作为"作者"的教育者和作为"读者"的受教育者通过文本互动,受教育者在理解、判别、选择的"循环"中,将文本价值观内化为自身的价值观,最终教育者和受教育者消除"前见"达到"视域融合"。

(三) 思想政治教育文本解读主体的互存共生关系

"思想政治教育的目的,是指通过思想政治教育活动,在受教育者的思想和行为方面所期望达到的结果。"② 文本解读是促进教育者和受教育者互相理解的桥梁,其最终目的是通过文本解读使受教育者在思想品德方面理解并达到国家与社会的期望和要求。传统的"照本宣书"式教育建立在教师与文本、学生与文本、教师与学生之间的主客二分的"主体性哲学"基础上。这种哲学体现的是"我—它"关系,在"我—它"关系思维下,教师把教材文本当成加工对象,或将其分解成识记、理解、应用,或将其分解成重点和难点等块状知识结构,把学生当成待改造的对象。在"我—它"关系中,突出带有工具目的的主体性,最终形成教育者和受教育者的心灵隔阂。这就要求思想政治教育从单向度主体间向多向度主体间、从工具理性向价值理性方向发展,从"我—它"的关系转化成"我—你"的关系,正如施莱尔马赫的解释学追求"在'我—你'关系中可以实现的相同的理解"。教育者与受教育者之间并非相互对立关系,而是相互成全。在传统教育模式中,教师把学生当成无水的容器,一味灌输,没有意识到学生的主体性地位。思想政治教育不同于其他学科,不仅需要传授学科知识、科学真理,更

---

① 中共中央马克思恩格斯列宁斯大林著作编译局编译:《马克思恩格斯全集》第42卷,人民出版社1979年版,第125页。
② 陈万柏、张耀灿主编:《思想政治教育学原理(第二版)》,高等教育出版社2007年版,第72页。

需要传授一种价值观念。如果受教育者只是应付式学习，而没有真正理解国家和社会所倡导的价值观念，价值观念就不能根植于心，最终也就不会用这种价值观念指导个体的实践活动。在诠释学中，"伽达默尔认为'你'不仅被具体化为一切对话的直接的'你'，它还可以是一个群体的'你'，也可以指一种文化传统的'声音'之整体，传统也是一种语言。由于理解具有有限性和开放性，因此，'我'和'你'都是可以成长的"[1]。在思想政治教育中，教育者和受教育者之间，如果呈现"我"和"你"的关系，并呈现一种互存性理解共生的关系，那么"我"和"你"也是可以成长的。

教育者和受教育者的关系呈现有以下三种类型：第一种类型，教育者把受教育者当成物或者对象，用一种科学的态度加以考察和把握，从受教育者的行为中概括典型规律，以此类推，对受教育者的行为做出某种预见和一般把握。传统的灌输式教育即教育者解读文本给受教育者，最后借助学科测试检验受教育者的理解情况，测试成绩对应着受教育者的理解程度。思想政治教育的最终目的是使受教育者的思想与行为达到社会和国家的期望，因此教育者应把关注重心放到受教育者身上，而不是聚焦于学科测试成绩。康德的伦理学强调，我们不应该把人当作工具，而应当承认"人就是目的"。思想政治教育中受教育者就是目的，每个受教育者的"前见"不同，对文本的理解也不同，所以教育者不能用同一种方式对待每位受教育者。虽然教学方法有一定的规律可循，但是不能盲目崇拜方法。按照马丁·海德格尔（Martin Heidegger）的观点，每个人在理解事物时都带着个人印记的"前见"，"前见"的不同会产生不同的理解，这意味着作为"教"的一方的理解并不绝对正确且全面，作为"学"的一方的理解也并不绝对有偏差且片面。作为一种交往，"理解"意味着教育者在与受教育者沟通的过程中丰富了自己对文本的理解。教育者不是万能的，他也有理解的盲点，受教育者的某个观点也会给他带来思想的火花。在理解教育者的过程中，受教育者也提升了自己对文本理解的高度和深度，借助教育者的课堂，受教育者会有种"恍然大悟"的感觉。文本作为连接的桥梁，教育者和受教育者对文本的理解成就了他们的交往关系，双方都应视对方为平等、自由、自主的主体，而非物、客体或手段。

第二种类型，受教育者被承认是人而不是物。教育者和受教育者之间存

---

[1] 何卫平：《通向解释学辩证法之途：伽达默尔哲学思想研究》，上海三联书店2001年版，第240页。

在一种"反思关系"。在思想政治教育过程中，教育者处于主导地位；而课堂上教育者解读思想政治教育文本，教育者与受教育者之间的互动过程就是他们相互理解的过程，对受教育者的理解可以激发教育者的某些灵感。这种理解关系如何才能良性发展？教育者和受教育者均是"历史的特殊的实体"。"如果我们要理解他人，我们就必须从他那里取得他自己要求的一切合法性，必须回到他的历史中去，如孟子所说'知人论世'。"[①] 首先，教育者应考虑到受教育者的"历史意识"，这是每个受教育者不同于他人之个性，即独一无二性。每个人都是独立的个体，每个人理解事物的方式方法不同，每位受教育者的成长环境、教育环境不同，其思维方式、接受能力也不尽相同。其次，教育者与受教育者的成长时代不同，对待同一事物的看法也不相同。如今很多受教育者都是在互联网环境下成长起来的，教育者通过与受教育者的交流、与时代的融合，反而能够充分利用互联网为教学活动锦上添花。将受教育者放到历史情境中，教育者的理解就会更加全面。在"反思关系"中，教育者并不寻求理解受教育者的普遍规律，而是在理解受教育者过程中反思自己。通过课堂表现、课后交谈、课程测试来判断受教育者的理解效果，也就是通过"他者"来反思教育者的教学行为。在反思过程中，教育者也应考虑自身的历史性，不能仅用传统的局限性眼光看待受教育者，而要接受时代造就的群体特征，同时发挥自己的教育主导作用，充分意识到双方"前见"在理解过程中的积极作用。

第三种类型是教育者和受教育者之间呈现一种开放性的关系，教育者真正"倾听"受教育者的声音，并给予积极"应答"。在传统思想政治教育中，教育者和受教育者之间属于封闭关系，教育者的地位是绝对权威的，并没有把受教育者当作"你"来看待，教育者的解读、传导给受教育者的理解都是分步骤进行的。现在基于文本解读桥梁连接的思想政治教育，教育者和受教育者之间建立起一种开放性的关系，彼此都可以真正接受某些与自己相左或者不一致的意见。这就要求教育者和受教育者之间通过思想政治教育文本进行"对话"，从而实现相互理解。G. G. 葛兰格尔（G. G. Granger）在其《论一种风格哲学》中写道："实践是一种被视为与复杂语境，尤其是与社会环境一起的活动，这一环境在一个实际的经验世界中将意义赋予了活

[①] 何卫平：《通向解释学辩证法之途：伽达默尔哲学思想研究》，上海三联书店2001年版，第243页。

动。"① "同样,文学作品也是组织语言的劳动结果。在对话语进行劳动(加工)时,人追求个体范畴的实践决定之效,即话语作品。这里,意义概念接受了新的特指,将自身与个人作品层次关联起来。因此,就存在着作品解释的问题。"② 带有思想政治教育者个人印记的"个人文本",如教育者的教案以及教学过程中的话语,受教育者解读的就是这个"个人文本";同理,受教育者也创作出了相关的"个人文本"。在文本解读过程中,教育者和受教育者不断地与对方的"个人文本"沟通、对话,以期达到理解共生的主体关系。

四、思想政治教育文本解读策略

"正是基于诠释学文本的这种人文性和语言性特征,作为一般诠释学先驱的弗里德里希·阿斯特(Friedrich Ast)才特别强调对文本的理解必须包含三个层面:历史的理解、语法的理解和精神的理解。"③ 在思想政治教育过程中,文本的解读必然包含着教育者、受教育者、文本之间的互动关系,不同的主体在不同的时空对同一文本的解读不尽相同,同一主体在不同的情境下对同一文本的解读也会有所不同。

(一)文本规范性解读策略

主体性解读尊重不同主体对同一文本的不同解读。有人说,一千个人眼中有一千个哈姆雷特。也就是说,对于同一个文本,每位读者会有不同的解读。哲学诠释学告诉我们,每位读者有自己的前见,在解读文本的当下不可能隔断个人的"历史意识",因此每位读者有自己个性化的解读结果。对于思想政治教育而言,教育者的理解是传导的前提,首先应确保教育者对"文本"的理解是规范的,是加入个人独特见解的而并非照本宣科。借鉴哲学诠释学"前见"的观点可进一步解决教育者在解读文本中遇到的问题,保持与国家和社会意识形态一致,增加思想政治教育的活力。

---

① G. G. Granger, *Essai d'une Philosophie du Style* (Paris: A. Colin, 1968), p. 6.
② [法]保罗·利科:《从文本到行动》,夏小燕译,华东师范大学出版社2015年版,第137页。
③ 彭启福:《理解之思——诠释学初论》,安徽人民出版社2005年版,第229页。

"一切理解都必然包含某种前见。"① 思想政治教育者在解读文本前往往都会有自己对文本词句的一套理解和逻辑思维模式。"谁想理解一个文本,谁就准备让文本告诉他什么。因此,一个受过诠释学训练的教育者从一开始就必须有意识地对文本的另一种存在有敏感。但是,这样一种敏感既不假定事物的'中立性',又不假定自我消解,而是包含对我们自己的前见的有意识同化。我们必须认识我们自己的先入之见,使得文本可以表现自身在其另一种存在中,并因而有可能去肯定它实际的真理以反对我们自己的前见。"② 在解读文本时,教育者应有意识地鉴别自己的前见,并不是说完全消除前见,而是说在解读文本时尽量保持中立。教育者不可能完全忘掉自己的前见和其他教育者的见解,但要对这些见解保持开放态度。即教育者把他人的见解与自己的见解放在一起审慎思辨,形成理解的流动性。理解文本不单单是个人的行为,因此教育者不应封闭自我、孤立理解,这样可使文本解读趋于准确且能保持多样性,教育者的传导过程也不会模式化进行,进而促进受教育者学习的积极性。

(二) 共时性解读策略

时间性解读是指同一主体在不同时间下对同一文本的不同解读。前不久读过的一本书,现在再读一遍,两次文本理解会有不同。每位教育者都置身于历史的长河中,具备或多或少的历史意识,因此,同一位教育者在不同的时间段对同一文本也会有不同的理解。"把理解活动描述为传承物的运动和解释者的运动的一种内在相互作用。支配我们对某个文本理解的那种意义预期,并不是一种主观性的活动,而是由那种把我们与传承物联系在一起的共同性所规定的。但这种共同性是我们与传承物的关系中、在经常不断的教化过程中被把握的。"③ 读者在不同的时间段理解文本不仅会受到自身前见的影响,而且在更大程度上会受到时代传承物的影响。教育者应保持一种开放的态度,在意识到自己前见的同时,也要了解自己所处的时代环境。在时间

---

① [德]汉斯-格奥尔格·伽达默尔:《诠释学 I——真理与方法》,洪汉鼎译,商务印书馆 2009 年版,第 383 页。
② [德]汉斯-格奥尔格·伽达默尔:《诠释学 I——真理与方法》,洪汉鼎译,商务印书馆 2009 年版,第 382 页。
③ [德]汉斯-格奥尔格·伽达默尔:《诠释学 I——真理与方法》,洪汉鼎译,商务印书馆 2009 年版,第 415 页。

维度中，主体对文本的理解并没有绝对的对错之分。教育者对文本的理解与把握其实是在与传承物的关系中、在经常不断的教化中实现的。在这一过程中，教育者应弄明白历史传承物对自己理解的影响，并用这种影响体察自身思维的局限性，创造出新的历史传承物。

"每一时代都必须按照它自己的方式来理解历史传承下来的文本，因为这文本是属于整个传统的一部分，而每一时代则是对这整个传统有一种实际的兴趣，并试图在这传统中理解自身。当某个文本对解释者产生兴趣时，该文本的真实意义并不依赖于作者及其最初的读者所表现的偶然性。至少这种意义不是完全从这里得到的。因为这种意义总是同时由解释者的历史处境所规定的，因而也是由整个客观的历史进程所规定的。"[①] 思想政治教育者理解文本是基于整个社会意识形态、不同的历史阶段、不同的阶级和不同的社会要求的。不同历史阶段，国家和社会对受教育者的要求不同，这就要求教育者在解读文本时将历史因素考虑进去。思想政治教育不只是知识的传输，更是一种价值观的教育。现代社会价值观的传承往往被忽视。在习近平总书记的带领下，我国开始重视优秀传统文化的继承与发展。首先，在思想政治教育过程中，教育者应将优秀传统文化价值观融入自己的前见，融入文本解读。其次，就教育者自身而言，其知识储备、理解能力、思维方式也应不断提升。"时间距离"是读者与作者所处时间不同造成的，但是"时间其实乃是现在根植于其中的事件的根本基础"[②]。时间并不是相互理解的鸿沟，时间应被看作理解文本时一种积极创造性的可能，教育者在前一个时间段对文本的理解是下一个时间段的基础。这充分说明，对文本的理解不能一劳永逸。随着时间的推移，教育者应不断融入新理解到文本中，要与时俱进地更新课案，让课程更加丰富生动。

（三）空间价值主导解读策略

空间性解读是指主体解读不同空间下的文本。空间性文本从维度上可分为二维空间文本和多维网络文本。二维空间文本大多指课本（书本）、文学作品以及文化流传物。解读二维空间文本应该有规范模式，尤其是固定语义

---

① ［德］汉斯-格奥尔格·伽达默尔：《诠释学Ⅰ——真理与方法》，洪汉鼎译，商务印书馆2009年版，第419页。
② ［德］汉斯-格奥尔格·伽达默尔：《诠释学Ⅰ——真理与方法》，洪汉鼎译，商务印书馆2009年版，第420页。

语词的规范解读，教育者要尽力还原文本。如对马克思理论原著以及思想政治教育课本的解读要遵循两个原则：第一，确保文本中心原则。思想政治教育文本蕴含着国家和社会的规范以及学科骨干的思想精华，教育者要掌握语义学和词源学的相关知识，重视语法和语义规则，确保第一步解读不会变成直接的创造文本。第二，遵循文本解读的包容性原则。掌握思想政治教育文本语义后，教育者应秉持开放包容心态，从不同的视角解读文本，在确保文本中心的前提下融入其他不同视角予以解读，为思想政治教育二维空间文本注入流动性的生命力。多维网络文本本身具有实时性、不确定性。教育者在解读网络文本过程中要始终铭记思想政治教育的本质；置身于高速发展的网络文本中，教育者不免受到各种价值观的影响，但身负教育者职责，更应正确辨析网络文本的价值理念，避免受到不良网络文本影响；要取其精华为己所用，尽可能与受教育者沟通交流，迅速有效传导思想政治教育学学科的规范和要求，传导国家和社会倡导的价值观念。

因地域空间不同而形成的文本，大致可分为校园性空间文本和社会性空间文本两种。校园性空间文本是轻松、愉悦、充满活力的，会出现一些网络用语和同学间流行的特殊用语，解读该类文本时不仅要辨析语义语词，更要仿佛置身于校园文化氛围中，力求解读的准确性。在社会生活之中，教育者会随时随地接触到不同的社会性空间文本，该类文本的解读并没有固定的解读模式。解读是自我的一种表达方式，所以，教育者要通过有选择性地解读文本，吸取社会性空间文本的精华，最终完善自我。

（四）理性引领的情境解读策略

情境性解读是客观存在的一种解读方式。任何解读都面临特定的"境遇"和"心境"，不同的"境遇"和"心境"会使同一主体对同一"文本"产生不同的解读（理解和判断）。面对客观存在的解读情境，教育者需要在一定程度上用理性克制、摆脱或超越特定"心境"对解读的干扰和影响，其中"用理性"或"不用理性"，即属意愿选择。主观个体的能力在一定时期内是既定的、客观的、难以选择的，而意愿具有较大的主观能动性，是核心和关键。个体在其意愿指引下不断做出选择，其能力就会在这无数的选择和行为实践中得到锻炼和提升。

五、思想政治教育教学过程中的文本发展

思想政治教育过程一般以"对话"的形式促进主体与主体、主体与文本的和谐互动。哲学的存在论或本体论认为,"生存不是在主客二分的基础上主体构造、征服客体,而是主体间的共在,是自我主体与对象主体间的交往、对话"①。因此,伽达默尔把理解对象看作与"我"对话的另一主体,把理解活动看作一种基于"问题意识"的主体间对话和"视界融合"过程。这种"对话"式的主体共在哲学主张突破了传统认识论取向中的主—客对立式的、单向度的、控制与被控制的思维模式。如潘德荣教授所言,"古典的理解观着眼于主体对对象的客观理解,而伽达默尔则将理解视为主体与对象双向互动的交流。这意味着理解不再是主体对对象单方面的投射,而是一种广泛意义上的对话,即便是我们在观赏一幅艺术作品,阅读、理解文献材料,在伽达默尔的意义上仍然是对话"②。伽达默尔认为,"对话"基础上的理解是一种具有解释学循环特征的"视界融合"过程。所谓"视界融合",是指教育者与受教育者各自具有自己的视界,理解不可能像客观解释学所要求的那样,抛弃自己的视界而置身于异己的视界,而是以"问题"开启对话,在对话的基础上达成二者视界的融合。

传统的思想政治教育实践是一种自上而下的灌输模式。列宁的"灌输"理论认为,思想政治受教育者自身认知水平、理论素养不高,形成的世界观以及政治觉悟也不够先进,需要自上而下的"灌输"。教育者把先进的世界观和符合国家和社会要求的价值观及社会发展理论"灌输"给受教育者。但是,任何事物都具有两面性,在特定社会历史背景下产生的"灌输"式教育模式,符合当时社会发展的需要且曾发挥过重要作用。而如今时代不同了,思想政治教育的目的和环境不同了,其理论和模式也发生了变化。正如学者邵庆祥说:"将产生于一定历史阶段的灌输理论扩展成思想政治教育的一般模式,重理论教育、轻实践体验,重单向灌输、轻双向对话,其实质就是漠视受教育者的自主性和创造性,否定对象在思想道德形成过程中道德认

---

① 杨春时:《文学理论:从主体性到主体间性》,载《厦门大学学报》2002年第1版。
② 潘德荣:《伽达默尔的哲学遗产》,载《二十一世纪》(双月刊)2002年第65期。

识、道德意志的作用。"①

马克思认为："哲学家们只是用不同的方式解释世界，问题在于改变世界。"②"彰显理解过程中意义的流动和创生无疑是非常富于建设性的，但将意义的流动和创生局限在理解过程本身却表露了哲学诠释学作为狭义诠释学难以克服的不足。人的生存活动离不开对文本的理解，但人的生存活动又不限于对文本的理解。按马克思的说法，社会生活本质上是实践的。因此，在马克思主义诠释学中，意义的流动性原则也应该在实践与文本的关联中来确立。"③ 由此，我们得到启示：首先，要减少片面解读理论文本的模式，重视解读过程中的体验教育。传统的思想政治教育在解读文本时将重点放在对学科概念和课本知识的传输上。如果长期接受这种机械式的传导，受教育者将以掌握语义层面的概念、原理等相关知识点为重点，而不能从理解文本出发；教育者对文本的解读也不能完全激起受教育者的情感和价值共鸣，那么思想政治教育应有的价值属性也就无法完全体现。理论文本是通过现实实践和总结抽象而成的，它基于现实又高于现实，只有受教育者切切实实理解文本表达的含义，且能联系自身生存境遇和生活体验，文本解读才能不偏离实际，保持理论与现实的张力。其次，要避免单向灌输式传导，重视文本解读中教育者同受教育者的对话交流。传统思想政治教育倾向于教育者解读，受教育者存在单方面接受的特点。事实上，受教育者在接受传导的文本时也在解读。长期以来，这一环节没有引起足够重视，使得受教育者机械式接收"文本"，不动脑、不主动，无法结合自身的实践活动理解文本，造成他们越来越忽略思想政治教育文本解读的重要性，主体参与度大大降低，思想政治教育的价值导向被忽视。另外，知识论基础主义不应该是思想政治教育文本解读的全部，思想政治教育文本解读具有较高的实践价值。教育者应避免教科书式解读马克思主义所谈的"经济基础决定上层建筑""社会存在决定社会意识"等理念；应扬弃传统的提出问题、分析问题、解决问题的套路模式，反思解读中如何激发受教育者的主动性；立足于受教育者的切身生活感受，将受教育者置于平等地位，激发其解读兴趣，与其进行深度的心灵交流，以期在情感共鸣中传导国家和社会倡导的价值观。

---

① 邵庆祥：《论主体间性理论视阈下思想政治教育的转型》，载《中国青年研究》2009年第3期。

② 中共中央马克思恩格斯列宁斯大林著作编译局编译：《马克思恩格斯选集》第一卷，人民出版社2009年版，第502页。

③ 彭启福：《理解之思——诠释学初论》，安徽人民出版社2005年版，第234页。

第四节　思想政治教育文本学的价值和范式

在明确了思想政治教育文本学的概念、特征、范畴、内容的基础上，我们来进一步探讨其价值和范式。换言之，作为新论域，思想政治教育文本学价值几何？目前是否已形成较为成熟的研究范式？未来发展前景如何？而回答这些问题，要以深刻把握思想政治教育文本的功能为前提。

一、思想政治教育文本的功能

思想政治教育文本的信息负载功能。"无论从哪一个学科讲，文本都体现着对信息的负载，其中既包含信息传播者主体的意图，也包含文本本身的内容，同时还包含着信息接收者对文本及其负载信息的理解程度。"[①] 从这个角度看，文本的信息负载功能第一个层次是为了达成思想政治教育活动目标，即把思想政治教育主体意图贯穿教育全过程。[②] "第二个层次的信息负载针对具体内容本身"[③]，即思想政治教育主体为了实现教育目的而对文本信息和内容作出选择。"第三个层次的信息负载可以理解为主体对集成后的信息和内容的处理，其主要是指主体通过其他相关的文本行为实现信息的有效传递和反馈。"[④] 即思想政治教育文本把思想道德元素负载在信息的流动和传递过程，从而影响受教育者。

思想政治教育文本的叙事功能。思想政治教育施教者"讲述、叙述事件。它可以是虚构的，也可以是历史的，还可以是幻想的。因此，叙事就是讲述已经发生、正在发生或者可能发之事件"[⑤]。课堂形成的口语文本体现

[①] 吴满意：《网络人际互动：网络实践的社会视野》，人民出版社2015年版，第169页。

[②] 参见董兴彬《网络思想政治教育文本研究》，博士学位论文，电子科技大学，2019年。

[③] 董兴彬：《网络思想政治教育文本研究》，博士学位论文，电子科技大学，2019年，第115页。

[④] 董兴彬：《网络思想政治教育文本研究》，博士学位论文，电子科技大学，2019年，第115页。

[⑤] 聂庆璞：《网络叙事学》，中国文联出版社2004年版，第3页。

了思想政治教育文本的叙事功能，对已有文本的表达可理解为静态层面的文本叙事；思想政治教育主体不在场而精心准备的可能的文本则理解为动态层面的文本叙事。

思想政治教育文本的表达功能。"所谓表达是指主体通过语言、表情、动作等行为将其思维所得的成果反映出来，在一般意义上，它的内容广泛，包括物、事、情、理等。思想政治教育文本的表达功能则是指通过文本，相应的教育内容得到汇集和传播，同时也包含主体意图、思想、情感等内容的表达。"① 从这个意义来看，教育者关于政治教育、公德教育、思想品德教育等文本的施教过程就是在表达对象文本的内涵，也可从文本获取相关的认知和情感。

思想政治教育文本的促动功能。为了尽可能地接近创作者意图，与原生文本有一定距离的施教者需要激发自己的主体情感。施教者自创的课堂全新文本，承载着其与文本间特定的心境或理解力；如果课堂共情强烈，施教者和受教者都能感受到思想品德需求的紧迫和崇高，这会促进思想政治教育文本内容、行文方式和施教结果的整体性流动，体现了思想政治教育文本的促动功能。

思想政治教育文本的联结功能。"文本的联结功能是指文本在被创造和使用的过程中与其他因素之间所形成的关系。具体而言，可以从两个方面理解其联结功能。"② 第一个方面是指思想政治教育文本在创作过程中主体和世界之间的联结；第二个方面是指在使用思想政治教育文本时，即思想政治教育实际教学过程中各种相关要素的联结。在思想政治教育文本创作过程中，创作主体与世界的联结，主要指主体与其经历的现实生活世界的联结，既包含物质的联结，也包括精神的联结，在文本层面更多表现为认识和精神的联结。这种联结经由两个阶段：一是文本使用阶段，社会生活对思想政治教育文本创作主体产生影响，创作主体在社会中接受来自各方面的信息，经过思维活动形成相应认知，即政治、经济、文化和社会发展与思想政治教育文本创作主体产生的联结；二是文本创作阶段，主体通过思想政治教育文本创作活动和成果反映现实生活与自身产生的联结，即对自身产生的影响。

---

① 董兴彬：《网络思想政治教育文本研究》，博士学位论文，电子科技大学，2019年，第117页。

② 董兴彬：《网络思想政治教育文本研究》，博士学位论文，电子科技大学，2019年，第119页。

政治教育文本的构建功能。当思想政治教育文本面对受众时，文本进入使用阶段，表现为思想政治教育文本对受教育者产生影响。当文本内容和受教育者的文本行为产生联结时，即通过文本解读，受教育主体会改变对现实生活世界的认知。从教学过程的闭合性上来讲，从思想政治教育文本的创作到影响受教育者，意味着一个教学循环的结束；从教学行为的持续性上来讲，文本行为会在这种循环中不断加强和改进主体与世界的联结，这个不断循环的过程是提升主体认识水平的过程，也是阶段教学效果不断达成的过程。①

思想政治教育文本的意识形态功能。"社会意识形态又称'意识形态''观念形态'，是系统地、自觉地反映社会经济形态和政治制度的思想体系，是社会意识诸形式中构成思想上层建筑的部分，表现在政治、法律、道德、哲学、艺术、宗教等形式中。一定的社会意识形态是一定的社会存在的反映，并随着社会存在的变化或迟或早地发生变化。"② 在我国，思想政治教育体现了无产阶级的阶级属性：思想政治教育文本具有意识形态性，即本质上要求思想政治教育文本具有一定的思想渗透性，在其价值观念上具有引领性和对实践的规范性。③ 思想政治教育文本，关涉具有鲜明意识形态性的政治、道德、法律等内容；对思想政治教育活动的组织者，也具有明确的意识形态要求，即在创作和使用思想政治教育文本中，意识形态性始终是关注的核心，其中价值观又是核心中的核心，它反映组织主体对社会发展的总体看法和规划，也反映政治制度建设和维护的基本立场和行为导向，并最终体现为组织主体对受教主体的基本要求，即文本最终呈现意识形态性。思想政治教育文本内容并不是分散和独立的，它们具有相应的逻辑衔接和联系，从整体上产生了以维护主流意识形态为中心的相对独立的思想体系，并体现在不同的教学阶段。思想政治教育本质上具有政治性和目的性，而思想政治教育文本正是体现政治性和目的性的重要中介。一方面，思想政治教育文本明确呈现价值观念和合理的价值导向；另一方面，在表达方式和呈现形式上，思

---

① 参见董兴彬《网络思想政治教育文本研究》，博士学位论文，电子科技大学，2019年，第119页。

② 夏征农、陈至立主编：《辞海（第六版）》，上海辞书出版社2009年版，第1993页。

③ 参见董兴彬《网络思想政治教育文本研究》，博士学位论文，电子科技大学，2019年，第121页。

想政治教育文本具有感染性和渗透性。思想政治教育在实践中缓和或者化解个人与社会之间的矛盾，实现主体在思想发展、政治认同、道德自律方面与社会要求和发展同步。思想政治教育文本的意识形态要求对主体行为形成内在规制和引导，使主体在合理的限度内进行相应的活动，不断强化教育效果，促进主体全面健康发展。① 具体而言，受教育者在情感层面接受文本之后，还需通过受教育者一系列内化和外化行为，印证相应内容对其成长的真实影响。

思想政治教育文本的传承功能。思想政治教育文本的传承功能首先体现于教育本身所具有的功用上。教育的目的之一即是保存社会文化，使社会文化能够得以传承。文本则是推进教育进程、实现教育目的的工具之一。思想政治教育文本的传承功能还体现在其对受教育者的实际影响上。受教育者经验形成主要来源于模仿或者效仿，文本在传承文化的同时，还传承某些技能、方式方法等生活经验，文本中的历史经验可以被受教育者当下认知并成为模仿的源头，这对受教育者的智力发育、习惯养成等都具有重要影响，即体现了文本传承功能对主体个体的实际影响。

二、思想政治教育文本学研究价值

在明确思想政治教育文本功能的基础上，思想政治教育文本学重点研究文本解读过程中教育者对受教育者知识观与价值观的引导，以及二者之间的合作共赢。概言之，思想政治教育文本学研究和解读具有三方面的价值意义。

（一）教学意义：尊重解读的差异性

思想政治教育者在解读文本时既要从宏观方面把握国家和社会倡导的价值观以及社会主流意识形态，又要从微观层面把握文本中字面的意思，即理解文本语言"符号"。"我们把我们由感性上所给予的符号而认识一种心理状态——符号就是心理状态的表现——的过程称之为理解。"② 理解需要理智，但它不是纯粹的理智过程，还需要用情感和个体独一无二的生命去领

---

① 参见董兴彬《网络思想政治教育文本研究》，博士学位论文，电子科技大学，2019年，第122页。
② 洪汉鼎主编：《理解与解释——诠释学经典文选》，东方出版社2001年版，第76页。

悟、去探索、去发现。教育者尊重受教育者多元化解读，教育者与受教育者在沟通交流中发现彼此理解文本的个体化差异，通过"心理移情"方法理解对方情境的"心理体验"，从而引导受教育者唤醒差异意识，积极发挥自己的主观能动性。

（二）教育意义："教学相长"的启发性

在世界教育史上，《学记》首次提出了"教学相长"思想。"虽有嘉肴，弗食不知其旨也；虽有至道，弗学不知其善也。是故学然后知不足，教然后知困。知不足，然后能自反也；知困，然后能自强也。故曰：教学相长也。"用品味佳肴类比教与学的实践过程，只有经过学习实践，才会发现自己的知识水平不够；只有经过教学实践，才会发现自己的教学质量不高。意识到自身的不足，便能鞭策自己不断进修。因此，教与学是相辅相成的。[①] 思想政治教育者和受教育者双向互动的桥梁就是思想政治教育文本。借助思想政治教育文本解读，教学双方交流互动，相互启发、相互补充，共识、共享、共进，即"以实践为基点去理解和诠释文本"[②]，研究思想政治教育"教学相长"。如果教育者只是单纯解读文本的含义，则外部灌输并不能引发受教育者内心的共鸣；主动解读文本并给予创生性意义，教育者自身素养也会得到提升。思想政治教育文本解读的意义并不是一个自明的恒常的存在，如果没有教育者和受教育者的共同参与，知识（真理）就无处涌现和生成，意义也无法传承和延续。

（三）学科意义：提升学科的学理性

一直以来，为了提升思想政治教育学学科的学理性，思想政治教育者坚持改革和创新思想政治教育文本解读。很多教育者受"方法论"的影响，认为方法是解决问题的关键。笔者认为，虽然知识真理的掌握有方法可循，但是思想政治教育课不同于其他课程，其最重要的是价值传递。或许思想政治教育者授课技巧有方法可循，但是价值传递的过程更需要理解。

借鉴哲学诠释学的理论去研究思想政治教育文本解读。作为一门实践哲学，哲学诠释学与马克思主义理论的实践智慧相契合，它告诉人们在理解和解释活动中发生了什么，涵盖了很多当代教育学所提出的先进教育方法和教

---

① 参见高时良《学记评注》，人民教育出版社1982年版，第17页。
② 彭启福：《理解之思——诠释学初论》，安徽人民出版社2005年版，第231页。

育理念，譬如哲学诠释学中的"主体间性""前见""视域融合"等都可以为思想政治教育文本解读提供借鉴。学科的教学模式不再是单纯的外部"灌输"，而是基于"前见"之上的价值传导，这对构建师生之间的"对话"关系和"主体间性"关系提供了强有力的理论支持。

三、思想政治教育文本学的研究范式

库恩描述了"范式"本身具备的三个特征："他（它）们的成就空前地吸引一批坚定的拥护者，使他们脱离科学活动的其他竞争模式。同时，这些成就又足以无限制地为重新组成的一批实践者留下有待解决的种种问题。"[①] 在党领导全国人民进行革命、建设、改革的实践过程中，我国思想政治教育文本学研究围绕党的理论路线方针政策、马克思主义理论及其中国化最新成果，对广大党员干部和人民群众开展思想教育、理论宣传和政治动员，帮助他们树立正确的政治立场、政治观点和政治态度，并在理论与实践结合过程中形成一套科学理论体系。这套体系与英国剑桥大学玛格丽特·玛斯特曼（Margaret Masterman）考察得出的结论（"作为一种科学习惯、一种学术传统、一个具体的科学成就，是社会学范式"[②]）极其吻合，体现了其清醒的合情理性。

（一）思想政治教育文本学研究范式形成

思想政治教育文本学范式体现了思想政治教育文本学领域内的科学习惯、学术传统和具体的科学成就。思想政治教育文本学领域内发生的现象，即思想政治教育文本学特别需要解决的问题，是范式理论强调的共同研究对象；思想政治教育文本学研究是无产阶级公认的模式，它有其独到的"见解、思维方式及思维框架"，是范式强调的共同立场、思维、研究方法等；它聚集了一群专门研究这一领域的学者，是范式的理论强调的学术共同体。思想政治教育文本学既包含思想政治教育原则、思想政治教育教学规律，也

---

① ［美］托马斯·库恩：《科学革命的结构》，金吾伦、胡新和译，北京大学出版社2003年版，第9页。
② ［英］玛格丽特·玛斯特曼：《范式的本质》，见［英］拉卡托斯，马斯格雷夫：《批判与知识的增长——1965年伦敦国际科学哲学会议论文汇编》第四卷，华夏出版社1987年版，第73页。

包括文本学创作和解读规律,即思想政治教育工作和文本学研究要解决的问题交集就是思想政治教育文本学需要解决的问题域。"当个别科学家能够接受一个范式时,他在他的主要工作中不再需要力图建立他的领域,不需要从第一个原理出发并为引进的每一个概念进行辩护。这项工作可以留给写教科书的人去做。无论如何,有了一本教科书,有创造力的科学家可以从教科书中未深入探讨过的地方开始他的研究工作,因而他可以格外集中地研究他那个团体所关注的自然现象中最微妙和最深奥的那些方面。""当一个个人或一个团体第一次产生出一种综合,它能吸引大多数下一代的实践者时,较旧的学派就逐渐消失了。这种消失部分是由于这些学派的成员改信新范式造成的。"① 这意味着,在原来的思想政治教育学学科队伍分离出了一群专门的研究队伍和管理队伍。至此,思想政治教育文本学独立的研究范式已经形成。

(二) 新时代高校思想政治教育文本学范式的新要求

"高校思想政治教育文本学范式"是在高校领域呈现的一种特殊思想政治教育文本学范式。目前,高校思想政治教育文本学研究的内部和外部都存在不少薄弱环节,这说明高校思想政治教育文本学科学体系还有许多亟待解决的问题,还存在精耕细作的开发空间,还存在库恩所描述的"一种在新的或更严格的条件下有待进一步澄清和明确的对象"②。关于高校思想政治教育文本学研究,习近平总书记多次作出重要指示:"要坚持把立德树人作为中心环节,把思想政治教育工作贯穿教育教学全过程,实现全程育人、全方位育人,努力开创我国高等教育事业发展新局面。""做好高校思想政治教育,要因事而化、因时而进、因势而新。"③ 这是以习近平同志为核心的党中央对新时代高校思想政治工作提出的新要求,也是新时代高校思想政治教育文本学研究队伍迫切需要探究和解决的理论与实践问题。

高校思想政治教育文本学范式研究"空前地吸引了一批坚定的拥护者,

---

① [美] 托马斯·库恩:《科学革命的结构》,金吾伦、胡新和译,北京大学出版社2003年版,第17~18页。

② [美] 托马斯·库恩:《科学革命的结构》,金吾伦、胡新和译,北京大学出版社2003年版,第22页。

③ 《习近平在全国高校思想政治工作会议上强调 把思想政治工作贯穿教育教学全过程 开创我国高等教育事业发展新局面》,载《人民日报》2016年12月9日,第1版。

使他们脱离科学活动的其他竞争模式"①。一批专门的研究者和实践者协同研究高校思想政治教育文本学,推动了高校思想政治教育文本学范式发展,"形成课堂教学、校园文化建设、社会实践的合力育人,统筹思想政治理论课、哲学社会科学课、专业课、党课的合力渗透,实现高校党政干部、共青团干部、教师、辅导员和班主任的合力创新"②。他们借鉴多学科方法或手段,其中主要借鉴了"哲学、教育学、政治学、历史学、传播学、社会学、文化学、心理学、伦理学、系统工程学、管理学、语言学、生态学、审美学的研究范式"③。高校思想政治教育文本学范式不是先在的,它孕育、形成、确立于社会科学领域的研究发展进程中。学生成长规律是思想政治教育文本学规律形成的基础,思想政治教育文本学规定了教书育人的方向,教书育人规律则是思想政治教育文本学的基本遵循,三者共同构成了高校思想政治教育文本学范式的常规科学体系。按照库恩的观点,高校思想政治教育文本学已进入常规科学阶段,或者说,高校思想政治教育文本学范式已基本确立,这一范式促进了思想政治教育文本学学科和学术研究的发展。

(三) 新时代高校思想政治教育文本学范式的创新表达

高校思想政治教育工作范式的发展必然遵循"范式前阶段—范式—常态科学—新问题—新范式—新常态科学"的循环规律。在社会主义现代化强国建设的第二个百年征程中,高校思想政治教育工作需要创新发展。"在第一条道路上",高校从直观思想政治工作现象进入理论探究的本质层面;"在第二条道路上",新时代新矛盾为高校思想政治教育文本学研究带来新的理论问题。新时代高校思想政治教育工作仍需站在解决实践问题的新出发点,思想政治教育文本学范式也同样迫切需要探究新的范式表达。

1. 新时代高校思想政治教育文本学体系的形成

任何理论都以相应的概念体系为基础。改革开放以来,相继出版的《思想政治教育原理》《思想政治教育方法论》《中国共产党思想政治教育文本

---

① [美] 托马斯·库恩:《科学革命的结构》,金吾伦、胡新和译,北京大学出版社2003年版,第9页。

② 陈松友、韩喜平、汤克敌:《高校要形成社会主义核心价值观培育的合力》,载《思想政治教育研究》2015年第6期。

③ 王学俭、郭绍均:《思想政治教育研究范式:体系、问题与建构》,载《思想教育研究》2015年第3期。

学史》《现代思想政治教育学》《思想政治教育理论与方法》《新时代高校思想政治教育学原理》等著作,对高校思想政治教育文本学学科的内涵、外延、方法、机制等做了明确概述,涉及高校思想政治工作基础理论、方法论、发展史、思想政治教育文本学国际比较、重大现实问题、跨学科交叉等方面的系统研究,确立了高校思想政治教育文本学研究主客体、内容、过程和方法、环境的独立话语系统。党的十八大以来,党和国家对高校思想政治教育文本学提出了新的要求。《教育部等八部门关于加快构建高校思想政治工作体系的意见》(教思政〔2020〕1号)(以下简称《意见》)凸显了高校思想政治工作的新目标任务:"健全立德树人体制机制,把立德树人融入思想道德、文化知识、社会实践教育各环节,贯通学科体系、教学体系、教材体系、管理体系,加快构建目标明确、内容完善、标准健全、运行科学、保障有力、成效显著的高校思想政治工作体系。"[①] 围绕这一目标任务,《意见》明确了高校思想政治工作理论武装体系的三个方面:加强政治引领、厚植爱国情怀、强化价值引导。

一是加强政治引领。以马克思主义为指导,坚持将其落实到教育教学各方面。对各种错误观点和思潮,旗帜鲜明地予以抵制,"全面推动习近平新时代中国特色社会主义思想进教材、进课堂、进师生头脑,开展理论教育培训,编写出版理论读物,打造示范课堂,运用各种载体分群体深入开展习近平新时代中国特色社会主义思想学习研究宣传工作。推动理想信念教育常态化、制度化,加强党史、新中国史、改革开放史、社会主义发展史教育,加强爱国主义、集体主义、社会主义教育,把制度自信的种子播撒进青少年心灵,引导师生不断增强'四个自信'"[②]。同时细化了政治引领的主体,"推动领导干部、'两院'院士等专家学者、各方面英雄模范人物进校园开展思想政治教育"[③]。

[①] 《教育部等八部门关于加快构建高校思想政治工作体系的意见》,见中华人民共和国教育部网站(http://www.moe.gov.cn/srcsite/A12/moe_1407/s253/202005/t20200511_452697.html)。

[②] 《教育部等八部门关于加快构建高校思想政治工作体系的意见》,见中华人民共和国教育部网站(http://www.moe.gov.cn/srcsite/A12/moe_1407/s253/202005/t20200511_452697.html)。

[③] 《教育部等八部门关于加快构建高校思想政治工作体系的意见》,见中华人民共和国教育部网站(http://www.moe.gov.cn/srcsite/A12/moe_1407/s253/202005/t20200511_452697.html)。

二是厚植爱国情怀。《新时代爱国主义教育实施纲要》提出了厚植爱国情怀的具体要求，其形式包括"打造推广一批富有爱国主义教育意义的文化作品，定期举行集体升国旗、唱国歌仪式，有效利用重大活动、开学典礼、毕业典礼、重大纪念日、主题党团日等契机和重点文化基础设施开展爱国主义教育"①。

三是强化价值引导。倡导落实日常教育教学及生活中的价值引导，"研究制定体现社会主义核心价值观要求的师生行为规范"②，同时强调树立身边优秀典型，增强同伴教育效应，"开展教书育人楷模、思政课教师年度人物、高校辅导员年度人物、大学生年度人物等先进典型的宣传选树"③。

2. 新时代高校思想政治教育工作共同体的形成

随着思想政治教育学研究的深入开展，一个个由专家、学者、专兼职工作人员，以及专门管理部门和行业学会组成的相对稳定的思想政治工作共同体已经形成，如中国教育发展战略学会思想道德建设专业委员会、中国思想政治工作研究会、全国高校思想政治教育研究会、中国水利职工思想政治教育工作研究会、高校辅导员工作研究会、军队政治工作研究会和各类各级学科研究会等。高校思想政治教育工作共同体是党和国家顶层设计的结晶，《意见》从组织领导、队伍建设体系、实施保障等方面作出部署。

组织领导方面，《意见》要求加强党的全面领导。党委主要负责同志落实领导责任，分管领导落实直接责任。高校领导班子成员要主动进课堂、进班级、进宿舍、进食堂、进社团、进讲座、进网络，深入一线联系学生。《意见》要求加强基层党的建设，强化院系党组织政治功能，加强班子建设、健全集体领导机制、提高议事决策水平；发挥党支部战斗堡垒和党员先锋模范作用，优化支部设置，实施教师党支部书记"双带头人"培育工程；加强教师党支部与学生党支部共建，鼓励校企、校地党支部共同开展组织生活。

---

① 《教育部等八部门关于加快构建高校思想政治工作体系的意见》，见中华人民共和国教育部网站（http://www.moe.gov.cn/srcsite/A12/moe_1407/s253/202005/t20200511_452697.html）。

② 《教育部等八部门关于加快构建高校思想政治工作体系的意见》，见中华人民共和国教育部网站（http://www.moe.gov.cn/srcsite/A12/moe_1407/s253/202005/t20200511_452697.html）。

③ 《教育部等八部门关于加快构建高校思想政治工作体系的意见》，见中华人民共和国教育部网站（http://www.moe.gov.cn/srcsite/A12/moe_1407/s253/202005/t20200511_452697.html）。

队伍建设方面,《意见》要求建设高水平教师队伍；落实政治理论学习、培训轮训、实践锻炼等制度，实施课程思政教师专题培训计划；构建全校齐抓教师思想政治素质的工作体系，组织开展宣传师德典型、深化学术诚信教育，加强对海外归国教师和青年教师的思想引导。《意见》还要求加大马克思主义学者和青年马克思主义者培养力度；加强马克思主义学院和马克思主义理论学科建设，加快培养一批立场坚定、功底扎实、经验丰富的马克思主义学者，特别是培养一大批青年马克思主义者；深入实施"高校思想政治理论课教师队伍后备人才培养专项支持计划"①。

实施保障方面，《意见》要求参照校内管理岗位比例，依据国家有关规定，建立和完善高校专职辅导员管理岗位（职员等级）晋升制度。各高校要切实履行辅导员选聘工作的主体责任，按照专兼结合、以专为主的原则加强辅导员选配工作；完善兼职辅导员和校外辅导员培训、管理、考核制度；实施思想政治教育工作中青年骨干队伍建设项目，组织开展国家示范培训、海内外访学研修、在职攻读硕士博士学位等专项计划。《意见》还要求构建科学评估督导体系。"建立多元多层、科学有效的高校思政工作测评指标体系，完善过程评价和结果评价相结合的实施机制，推动把高校党建和思想政治教育工作作为'双一流'建设成效评估、学科专业质量评价、人才项目评审、教学科研成果评比的重要指标，并纳入政治巡视、地方和高校领导班子考核、领导干部述职评议的重要内容。"②

3. 新时代高校思想政治教育文本学范式的新发展

在自媒体时代，社会思想观念和价值取向多元化、主流舆论和非主流舆论共生共长，使新技术融入高校思想政治工作的全过程，形成高校立体式育人效应是当前思想政治工作应抓住的战略机遇。③ 作为高校思想政治工作的教育者、管理者、服务者，应推动自媒体新技术与思想政治专业课程、课程思政话语的有机结合，将思想育人的话语表达熔铸于故事文本之中，整合国

---

① 《教育部等八部门关于加快构建高校思想政治工作体系的意见》，见中华人民共和国教育部网站（http://www.moe.gov.cn/srcsite/A12/moe_1407/s253/202005/t20200511_452697.html）。

② 《教育部等八部门关于加快构建高校思想政治工作体系的意见》，见中华人民共和国教育部网站（http://www.moe.gov.cn/srcsite/A12/moe_1407/s253/202005/t20200511_452697.html）。

③ 参见《习近平在全国宣传思想工作会议上的讲话》，载《人民日报》2018年8月23日，第1版。

内国际宝贵的思想政治教育资源,给大学生讲好讲懂讲透中国故事、世界故事。

学科教学体系是高校思想政治工作的"牛鼻子"。《意见》涵盖了办好思想政治理论课、强化哲学社会科学育人作用、全面推进所有学科课程思政建设、统筹课程思政与思政课程建设的四个方面。各学科课程思政建设要深刻理解习近平新时代中国特色社会主义思想,根据学科类别,培育学生经世济民、诚信服务、德法兼修的职业素养和相应的职业理想,构建全面覆盖、类型丰富、层次递进、相互支撑的课程体系,集教育、预防、监督、惩治于一体的学术诚信体系。思想政治理论课建设要"思路创优、师资创优、教材创优、教法创优、机制创优、环境创优"[①]。

日常教育体系方面,《意见》从深化实践教育、繁荣校园文化、加强网络育人、促进心理健康四个维度细致阐发。如推动构建政府、社会、学校协同联动的"实践育人共同体",挖掘和编制"资源图谱",加强劳动教育;"重点建设一批高校思政类公众号,发挥新媒体平台对高校思政工作的促进作用";发挥心理健康教育教师、辅导员、班主任等育人主体的作用;等等。[②]

管理服务体系方面,《意见》突出提高管理服务水平,健全管理服务育人制度体系;着力构建党委统一领导、团委具体管理的工作机制;推动"一站式"学生社区建设,将园区打造成集学生思想教育、师生交流、文化活动、生活服务于一体的教育生活园地;完善精准资助育人、建设发展型资助体系,加大家庭经济困难学生能力素养培育力度;等等。[③]

高校思想政治教育文本学范式发展的过程,无一不折射出辩证法的光辉。当高校思想政治工作成为"常规"科学状态,工作面临的挑战也不能忽略,其中"反常的产生和解决"要求高校思想政治工作的谨慎态度一以

---

① 《教育部等八部门关于加快构建高校思想政治工作体系的意见》,见中华人民共和国教育部网站(http://www.moe.gov.cn/srcsite/A12/moe_1407/s253/202005/t20200511_452697.html)。

② 参见《教育部等八部门关于加快构建高校思想政治工作体系的意见》,见中华人民共和国教育部网站(http://www.moe.gov.cn/srcsite/A12/moe_1407/s253/202005/t20200511_452697.html)。

③ 参见《教育部等八部门关于加快构建高校思想政治工作体系的意见》,见中华人民共和国教育部网站(http://www.moe.gov.cn/srcsite/A12/moe_1407/s253/202005/t20200511_452697.html)。

贯之。随着工作机构精练化，工作架构更加明晰，专业化程度越来越高，高校思想政治工作将像成熟的自然科学那样需要更加明细的标准。例如，如何转变育人观念、合理高效配置资源、按照大学生的个性化需求创新思想政治工作手段、让大学生在人性化思想政治教育设计的各种活动中强化思想道德认同、提升大学生的认知能力和创新能力等，都是高校思想政治教育文本学面临的课题。

　　总结近年来思想政治教育文本学的研究工作，值得我们反思和亟待改进的问题有两个：一是参与研究的人员构成较单一，主要分布在党政部门、高校和各类研究院，身份主要是党和国家领导人及知识分子，而普通民众参与研究者较少，大多数民众通过讲座、电视、辅导读本、理论研讨会以及知识竞赛等活动了解文本思想，被动接受文本承载的内容；二是文本研究没有和实际需要有机结合。思想政治教育文本研究是为了思想政治教育内容更加科学，对实际工作发挥理论指导和方向保证作用。但从研究成果来看，文本研究醉心于纯理论研究，对实际关注不够，最终导致实际研究结果无法产生更大更广泛的社会影响力。[①]

　　[①]　参见王传君《思想政治教育文本研究——以十一届三中全会决议文本为中心》，硕士学位论文，浙江理工大学，2010年。

第六章　思想政治教育叙事学

叙事是伴随着人类历史起源和发展的一直绵延不绝的交流活动，它涉及人类社会活动的方方面面，在人类的文化建构历程中占据了极其重要的地位。叙事学作为一门独立的学科于1969年诞生于法国，是关于叙事的理论及实践的研究，可分为经典叙事学和后经典叙事学两大派别。其中，经典叙事学起源于西方文学理论界和批评界，是在"小说技巧研究"的基础上结合语言学、修辞学、逻辑学、符号学、结构主义等学科的研究成果而产生的。20世纪90年代以来，西方出现了对经典叙事学进行重新审视和解构的后经典叙事学理论，在分析叙事文本时不仅注重读者和社会历史语境的作用，而且注重叙事理论的跨学科研究，从而使叙事学的应用范围得到进一步扩展。

思想政治教育作为一项社会实践活动，不仅要满足人的认知需要，更要满足人的情感需要，要学会善假于物、事、情、境。随着时代发展和社会进步，面临马克思主义大众化的任务，我们需要积极推动思想政治教育叙事的创新发展，不断增强思想政治教育叙事的个体认同、群体认同和社会认同。[①] 思想政治教育学与叙事学的碰撞与结合，缘于两种力量的推动：一是学界对深化思想政治教育学基础理论研究的现实需要，二是叙事学在时代变革的大背景下不断转换范式、开拓视野的理论诉求。思想政治教育学研究要积极借鉴叙事学的研究成果，探讨新形势下思想政治教育的叙事规律和发展取向，进一步拓宽思想政治教育学学科的研究视野，丰富思想政治教育学学科的基础理论研究和实践探索，持续推动思想政治教育工作守正创新。

---

① 参见温小平、何华珍《社会记忆与思想政治教育叙事建构、挑战及优化》，载《思想教育研究》2021年第8期。

第一节　叙事学与思想政治教育叙事

讲故事和听故事是在人类社会生活中一直绵延不绝的交流活动，从《荷马史诗》《史记》的时代到今天蓬勃兴盛的大众文化传播，叙事活动无处不在，因此在人类的文化传播和建构过程中，叙事具有重要的地位。从叙事活动的直观表现来看，叙事就是对一个或一个以上真实或虚构事件的叙述，它通过话语表现了一个事件，事件序列通过某种关系连接起来就构成了故事。而从叙事活动的深层效应来看，它是一个双向流动的传播过程，隐含着意义的传递和建构。美国叙事学家浦安迪（Andrew H. Plaks）认为："叙事就是作者通过讲故事的方式把人生经验的本质和意义传示给他人。"[①] 叙事不仅仅是呈现一定时间序列中的某段经历、某个故事情节，还包含着叙事主体对事件的阐释、认知和理解，因此，通过叙事活动本身能够建立起个体特有的或者集体共有的认知结构和思维框架。

思想政治教育贯穿于人类阶级社会的全部历史，从古希腊的斯巴达教育到当今的美国精神教育，从孔子的"仁、礼、中庸"教育到孙中山的"三民主义"和"军政、训政、宪政"教育，其主要区别在于政治方向、教育内容和智慧底蕴的不同。当将其视作信息传输、知识传递和思想传播的过程时，思想政治教育也是一种叙事活动，尤其在当前媒介化社会进程中，思想政治教育与技术深度融合发展，网络思想政治教育呈现出强大的叙事力量，对人们的生活方式和观念产生了重要影响。

回顾党的十八大以来思想政治教育事业发展历程，我国思想政治工作尤其是高校思想政治工作在守正创新中改进和加强，取得了政策环境优化、队伍建设有力、制度保障完善、工作方式创新等方面的新进展，面对新时代的新任务，高校思想政治工作要始终坚持党对思想政治工作的全面领导，着力破解思想政治工作中的瓶颈和难题，深化思想政治工作以文化人的价值导向，进一步形成合力育人、协同育人的工作格局。[②] 要实现深入推进新时代高校思想政治工作的守正创新，就必须从思想政治教育学的学科视角不断深

---

① ［美］浦安迪：《中国叙事学》，佚名译，北京大学出版社1996年版，第5页。
② 参见冯刚《论新时代高校思想政治工作守正创新》，载《上海交通大学学报（哲学社会科学版）》2021年第5期。

化基础理论研究,叙事学视域下的思想政治教育叙事研究涉及叙事学、思想政治教育、网络传播学、新闻学、语言学、符号学、社会学等多个学科,它以叙事学为理论基础,以跨学科的视野对思想政治教育叙事研究作出新的探索、分析和解读。

一、思想政治教育视野中的叙事学研究

叙事在人类社会生活中扮演着非常重要的角色,无数的叙事活动建构了人类发展的历史,也渗透和记录着每个个体生命的人生旅程。法国社会学家、社会评论家和文学评论家罗兰·巴特(Roland Barthes)所著的经典作品《叙事作品结构分析导论》中有一段被广泛引用的著名论断:"叙事遍布于神话、传说、寓言、民间故事、小说、史诗、历史、悲剧、正剧、喜剧、哑剧、绘画、彩绘玻璃窗、电影、连环画、社会杂闻、会话。而且,以这些几乎无限的形式出现的叙事遍布于一切时代、一切地方、一切社会。叙事是与人类历史本身共同产生的。"① 发端于文学领域的叙事学研究一经诞生就迅速地成为国际性的学术研究热潮,并且突破和超越了结构主义文艺理论分支的狭隘范畴,不断渗透到人文社会科学更加广阔的研究中。从发展历程来看,叙事学经历了从经典叙事学到后经典叙事学的转向。从思想政治教育的视野出发考察和借鉴叙事学的理论框架和研究逻辑,可以看到经典叙事学为思想政治教育叙事研究提供了基本理论框架,后经典叙事学则为思想政治教育叙事研究提供了重要的方法逻辑。

(一)思想政治教育叙事研究的基本理论框架——经典叙事学研究

从学科溯源来看,叙事学理论的形成是 20 世纪结构主义文论在小说批评领域的延伸。由于结构主义将文学视为一个具有内在规律、自足的符号系统,与传统小说批评相比,叙事学的突出特点是更加注重科学性和系统性,将注意力从文本的外部转向文本的内部,着力探讨叙事作品内部的结构规律和各种要素之间的关联。20 世纪七八十年代西方学界在叙事学研究方面取得了一系列重要的研究成果,形成经典叙事学理论。从研究对象来看,经典叙事学理论可大致划分为研究叙事结构的叙事理论、研究叙述话语的叙事理

---

① 转引自张寅德《叙述学研究》,中国社会科学出版社1989年版,第2页。

论和兼顾叙事结构与叙述话语的叙事理论三种类型。[①] 其中，以叙事结构为中心的叙事理论关注被叙述的故事事件的结构层面，着重探讨事件的功能、结构规律和发展逻辑，并试图归纳出叙事作品所具有的共同特征，如叙事的性质、形式、功能等。以叙事结构为中心的叙事理论运用了语言学的模式或方法分析和描写事件、情节的基本要素以及要素之间的关系，这些叙事结构的研究为思想政治教育叙事研究创立了基本语法规则和叙事的序列逻辑。在思想政治教育叙事过程中需要描述、阐释和呈现事件的发生与发展脉络，而事件序列必然是以一定的关系组接在一起的有序文本，叙事结构的基本逻辑就是通过衡量事件与事件之间内在的连贯性来分析所产生的叙事效果，这种理论思想对分析思想政治教育叙事的结构模式具有重要的理论借鉴和实用价值。研究叙述话语的叙事理论以语言形式出现的叙述文本作为研究对象，致力于研究叙事文本的话语表现模式，不再关注叙事作品本身具有的基本叙述语法，而是关注叙述者在"话语"层次上表达事件的各种方法，如叙事时序状况与叙述视角运用。因此，作为叙事理论中的基本概念，叙事时间和叙述视角也可作为思想政治教育叙事研究的基本理论术语。整体来讲，经典叙事学建构了旨在探讨基本规律的叙事语法，在运用叙事学理论进行跨学科研究中，借鉴经典叙事学的概念、模式以及基本的叙事结构分析方法是建立思想政治教育叙事研究的理论基点。

（二）思想政治教育叙事研究的重要方法逻辑——后经典叙事学研究

进入20世纪80年代后，经典叙事学因其以文本为中心的结构化特点隔断了作品与社会历史、文化环境的关联，越发凸显封闭性、局限性的不足。20世纪90年代以来，国际叙事学研究迎来了新的发展转向，形成了学派林立、众说纷纭的后经典叙事学理论。后经典叙事学将叙事视为一种思维和存在的方式，并且将其作为一种方法逻辑开始广泛运用到历史、经济学、哲学等诸多人文社会学科领域，从研究目的看，可将后经典叙事学分为旨在探讨（不同体裁的）叙事作品的共有特征和以阐释具体作品的意义为主要目的两

[①] 参见申丹《叙述学与小说文体学研究》，北京大学出版社2005年版，第4页。本节关于经典叙事学研究的部分主要参考此书的有关内容。

大类别。① 一方面，后经典叙事学研究的理论特质是从语言模式向交流模式转移，具体表现为：从作品本身转向读者与文本的交互作用，更加关注读者作为主体的阐释作用；从单一的叙事学研究转向跨学科的叙事学研究，更加注重借鉴跨学科的视角和方法；从共时叙事结构转向历时叙事结构，更加关注社会历史语境对叙事结构的影响；从关注形式结构转为关注形式结构与意识形态的关联。另一方面，后经典叙事学的特点是以阐释具体作品的意义为主要目的，在承认叙事结构的稳定性和叙事规约的有效性同时，注重读者和社会历史语境，注重跨学科研究，有意识地从其他派别如对话理论、修辞学、话语分析、精神分析等研究领域中批判性借鉴有益的理论概念、批评视角和分析模式，以不断克服和超越自身的局限性。

从整体来看，后经典叙事学理论从重视读者和社会历史语境的作用、重视跨学科研究等方面丰富和补充了经典叙事学理论的不足与局限。因此，后经典叙事学理论为思想政治教育叙事分析提供了更为广阔的方法路径和研究视野，在以经典叙事学理论为基本框架进行思想政治教育叙事研究时，必须以后经典叙事学理论为借鉴，将社会环境、社会意识形态、读者的接受过程等多种外部因素纳入研究视野之中。

二、叙事学视野中的思想政治教育

思想政治教育的意识形态本质决定了思想政治教育叙事迥异于文学叙事、戏剧叙事等虚构叙事，思想政治教育叙事要坚持真实性和政治性原则。

（一）思想政治教育叙事文本的内涵分析

开展思想政治教育叙事研究，对思想政治教育叙事文本进行界定是一项基础性工作，在此基础上，才能进一步对思想政治教育叙事学开展更加深入的论述和分析。通过文献回溯分析，思想政治教育学界还未有对思想政治教育叙事文本的统一性、规范性界说；思想政治教育领域的相关研究将思想政治教育叙事作为既有概念来使用，探讨了社会记忆与思想政治教育叙事建构、挑战及优化等系列问题，认为在开展思想政治教育过程当中，要善于运用社会记忆，以优化思想政治教育叙事为媒介，创设合适的情境，选择既合

---

① 参见申丹、韩加明、王丽亚《英美小说叙事理论研究》，北京大学出版社2005年版，第209页。本节关于后经典叙事学研究的部分主要参考此书的有关内容。

乎目的、又合情合景的叙事内容不断增强思想政治教育的实效性。① 此外，学界关于思想政治教育话语的理论研究对人们理解思想政治教育叙事文本的内涵具有启发性。侯丽羽、张耀灿研究认为，思想政治教育话语是言说者出于维护统治阶级利益的需要，对言说对象进行政治观点、思想观念和道德规范系统教育时的语言符号实践。② 思想政治教育话语是满足时代发展需要、符合受众思想观念和认知规律的教育文本，以解决受教育者思想变化中的实际问题为导向，体现以人为本、与时俱进的本质。它是理论与实践并存、历史与现实共进、批判与建设并举的动态发展的科学知识系统。③ 思想政治教育话语作为一种传播知识和价值的叙事文本，在长期的思想政治教育实践中形成了自身的表述模式和传播方式，构成了一系列能够传达现实信息和抽样意义的叙事文本。为了更好地理解思想政治教育文本的叙事特点，本节将从事实性、教育性和宣传性、叙事性等几个维度分析思想政治教育叙事文本的内涵，以供进一步探讨和研究。

事实性。在思想政治教育活动过程中，教育者会经常采用案例分析的方法开展教育活动。案例分析就是以案例为媒体，组织学生以马克思主义基本观点为指导，综合运用思想政治教育学基础理论和相关学科的理论和方法，把社会生活中的实际问题引进课堂所进行的从部分到整体、从具体到抽象、从现象到本质、从感性到理性的一种思维过程，进而达到学习理论、提高分析问题和解决问题能力的目的。思想政治教育案例作为一种叙事文本，是根据思想政治教育学学科的教学目的、任务和要求进行设计的，由于案例是用于教育活动和科学研究的素材，为保证教育活动和科学研究的质量，思想政治教育叙事文本必须以客观事实为据，能够真实地反映客观实际。

教育性和宣传性。除了事实性的要求，思想政治教育叙事文本还潜隐地包含着叙事主体对于事实的认知概念和价值判断，这是由思想政治教育的目的所决定的。思想政治教育文本具有意识形态属性，因此强调政治性、真实性的叙事特点和要求是思想政治教育叙事的基本原则，与一般的文学叙事活

---

① 参见温小平、何华珍《社会记忆与思想政治教育叙事建构、挑战及优化》，载《思想教育研究》2021年第8期。

② 参见侯丽羽、张耀灿《论思想政治教育话语的三种基本形态》，载《马克思主义研究》2018年第12期。

③ 参见胡玉宁《思想政治教育话语传播要素的协同性分析》，载《学校党建与思想教育》2021年第7期。

动更凸显艺术性形成了鲜明的对照。首先,思想政治教育叙事文本具有教育性内涵。思想政治教育是着重于培养和提高社会主义新人的思想政治素质的教育实践活动,它的任务是要不断提高受教育者的思想政治理论水平、认识能力和行为能力。其次,思想政治教育叙事文本具有宣传性内涵,在党和国家进行社会主义建设的过程中,往往会通过新闻宣传手段来落实基础政策以及相关路线的宣传和指导,促使党的理念可以深入到社会各个阶层中,以确保思想政治教育工作的顺利开展。

叙事性。随着思想政治教育事业的高质量发展,如何持续提高思想政治教育的实效性成为重大的理论与实践问题。随着网络时代的到来和融媒体传播环境的形成,思想政治教育话语传播模式也在不断发生变化,客观上呼唤思想政治教育叙事方式、载体不断创新和发展。思想政治教育叙事文本的叙事性内涵是以叙事学的眼光看待思想政治教育叙事的意义,建构动态过程,呈现思想政治教育叙事文本自身具有的开放性的阐释和解读空间的文本面貌,这体现了传统思想政治教育守正创新发展过程中从单向的、线性的教育模式,到双向的、非线性的交互性和建构性教育模式的认知转变。

(二)思想政治教育叙事的特点

作为一个"讲故事"的社会活动,思想政治教育在叙事功能、表现方面与其他叙事有共通之处,但固有的意识形态属性决定了思想政治教育叙事的终极价值理念,并通过思想政治教育的叙事特点表现出来。

第一,遵循"用事实说话"的真实性规律。不同于虚构性文学叙事对艺术审美的终极追求,思想政治教育叙事必须遵循"用事实说话"的根本规律。首先,思想政治教育的文本真实与文学艺术真实之间存在区别,文学叙事尽管也是对现实世界的一种反映,但其本质是一种艺术作品,是对生活形象化的反映,有着极大的自由创作空间,是作家通过艺术创造进行提炼、加工、改造的真实。思想政治教育的文本源于社会生活中实际存在的人和事,是在科学精神支配下的对客观现实的事实性反映,文学事实更多地体现为审美态度支配下的真实。其次,在遵循事实真实性方面,思想政治教育的文本真实与历史真实是同一性质的,二者在叙事的基本准则方面是相通的,即把事实真实置于首要地位。二者之间的差异主要体现为事实对象的不同,历史真实的实现主要是通过对"历史态"事实的各种考证、推理甚至猜测实现的,思想政治教育叙事还包括对"现实态"事实的直接认识和再现,历史事实大多以各种符号形式存在于历史文献之中,因而要将文件的语句转化为忠于往昔事实的故事，难免要运用想象力来安排叙事和解说。①

第二，意识形态的承载任务。思想政治教育叙事的意识形态功能集中表现为思想政治教育的阶级性，这是不以人的意志为转移的客观事实。思想政治教育文本在记录、传播事实信息的同时又赋予其意义，潜移默化地影响着受众对事件的认知和解释，通过选择事实、报道角度，运用语言、编辑技巧等手段，最终达到传播意识形态维护阶级利益的目的。意识形态在思想政治教育叙事中主要表现为以下两个层面：第一个层面是意识形态以比较明确的文字形成规定进行的"硬性"要求。例如，与思想政治教育相关的各级文件政策、思政课教学大纲、新闻宣传纪律等都是意识形态的体现形式，目的是确保思想政治教育工作与政治实体的政治主张、行动纲领保持一致。第二个层面则是意识形态以思想政治教育叙事潜在的文化建构作用发挥更为复杂的传播效应。思想政治教育文本媒介既是传播文化的载体，又可以通过具体的叙事表达积极地参与文化建构过程，对社会文化生活、人们的价值观念等产生深远的影响。

三、新时代思想政治教育叙事的媒介化境遇

20世纪60年代，加拿大学者马歇尔·麦克卢汉（Marshall Mcluhan）提出了在传播学界振聋发聩的"媒介即讯息"理论：每一种新媒介的产生都开创了社会生活和社会行为的新方式，传播媒介因而在人类社会发展中有着极其重要的地位和作用。随着媒介功能的凸显，媒介不能简单地被还原为一种工具，它一旦应用于社会现实，便参与了社会的建构。媒介的变革引发了文本和叙事的革命，使得媒介、文本、叙事三者的关系更加紧密和复杂。在这样的社会语境下，以叙事学理论为指导，在无数的叙事文本中撷取网络思想政治教育文本进行研究，应是意义特殊且适逢其时。尤其是在思想政治教育学与叙事学相互汲取营养并不断发生交融的基础上，这样的研究设想更是成为偶然中的必然。融媒体传播环境下，网络作为一种媒介已经深度介入思想政治教育叙事的内核，思想政治教育叙事表现出突出的媒介特性，在叙事主体、叙事结构和叙事方式等方面都面临新的机遇与挑战。

---

① 参见杨保军《新闻真实论》，中国人民大学出版社2006年版，第16页。

(一)"叙事混沌"时代带来的"叙事之道"与"叙事之法"之困

网络思想政治教育叙事是一种特殊的叙事形态,不仅叙事语境发生了改变,而且媒介和受述者双双介入叙事,交互性叙事在很多艺术领域得到了不同程度的实践,这些实践预示着一个"叙事混沌"时代的到来。杨义先生的《中国叙事学》指出了叙事的文化本质,他认为,"叙事之道"与"叙事之法"的双构思维是中国传统文化叙事结构的本质特征。学者陈斯华将该理论推演至网络叙事研究中,认为网络叙事中也存在"思想文化的哲理性结构和技术功能的技巧性结构之间相互倚重、和谐共生的态势"[①]。媒介功能的凸显成为网络思想政治教育叙事区别于其他思想政治教育叙事的典型特征,这要求我们必须充分意识到媒介介入叙事的功能性意义,一方面要把握好"叙事之技",另一方面要把握好"叙事之道"。在"道"与"技"的双重作用下,搭建网络思想政治教育文本的叙事结构。正如杨义所言:"它们以结构之技呼应着结构之道,以结构之形暗示着结构之神,或者说它们的结构本身也是带有表里相应的双构性的,以显层的技巧性结构蕴涵着深层的哲理性结构,反过来又以深层的哲理性结构呼唤着和贯通着显层的技巧性结构。"[②] 媒体不仅是叙事的手段,而且左右叙事的观念、决定叙事的方式,网络作为一种媒介已经深度介入思想政治教育叙事的内核,不仅影响到叙事结构和叙事方式,甚至对传统的叙事学观念进行了重构。

(二)叙事转型和观念重构:从"单向度叙事"到"交互性叙事"

在互联网语境下,由于媒介介入思想政治教育叙事的内核,思想政治教育叙事发生多维转型,相关观念也被重构,我们需要以更新的理论视角来对叙述者及受述者之间的关系进行重新思考。一方面,传统媒介的思想政治教育叙事是以文字、图片、声音或声画结合为符号特征的单向度的叙事。黄鸣奋的研究指出,与数码技术相关的交互性叙事具有六种可能性:智能叙事、超文本叙事、网络叙事、游戏叙事、虚拟现实叙事和后有机叙事。[③] 综观交互性叙事的种种可能性,具体对网络思想政治教育叙事而言,这种交互性体

[①] 陈斯华:《网络媒体叙事学研究的思考》,载《现代传播》2010年第5期。
[②] 杨义:《中国叙事学》,人民出版社2009年版,第51~52页。
[③] 参见黄鸣奋《当代西方数码叙事学的发展》,载《文艺理论研究》2011年第5期。

现为人机互动和经由机器的人际互动。另一方面，互联网语境中"交互化"趋势的存在，使思想政治教育叙事发生多维转型，并改变了传统媒介思想政治教育叙事中受述者与叙述者之间仰视与被仰视的关系。受述者由被动的观者转变为活跃的、有目的的参与者。很多情况下，"读者"实际上已成为"作者"的一部分，形成了"受述者"与"叙述者"合一的交互性叙事的独特景观，这种"受述者"与"叙述者"合一的状态标志着"写读者"的诞生。

四、思想政治教育叙事研究的意义与方法

（一）思想政治教育叙事研究的意义

思想政治教育叙事是具有特殊形态和特别研究价值的叙事文类，从叙事学角度对思想政治教育学进行研究具有重要的理论与实践意义。

一方面，思想政治教育学学科的创新发展需要新的理论支撑。学科有其诞生、发展和演化的内在规律，思想政治教育学学科必然会随着时代发展和现实需求的变化而不断调整，借鉴多学科的思维方法体系不断丰富和强化思想政治教育学的学科基础理论研究也是时代发展的现实需要。因此，学界要树立敏锐的学术自觉，以马克思主义唯物史观为理论指导，坚持问题导向，提高科学运用历史思维、辩证思维、创新思维和对象思维的能力，从学科对象、学科结构、学科方法和学科功能的整体性上来推进思想政治教育学学科建设，立足立德树人实践的思想政治教育学学科体系，持续深化和推动思想政治教育学学科发展。[①]

另一方面，思想政治教育叙事学拓展了思想政治教育学的学科研究领域。从理论发展来看，叙事学的叙事结构、叙事话语等理论逻辑为思想政治教育学学科审视教育环节诸要素及其关系提供了新的理论逻辑路径和阐释框架，对理解思想政治教育的叙事结构与叙事话语的理论蕴含和价值指向具有重要的理论价值；从思想政治教育实践来看，网络传播环境下教育主客体关系、教育内容和形式、教育载体和环境等都发生了变化，思想政治教育面临新形势、新环境和新问题，如何运用叙事学的理论工具不断深化和提升思想

---

① 参见冯刚《以党史学习教育深化和推动思政学科发展》，载《重庆日报》2021年5月25日，第15版。

政治教育话语的叙事效果，从而提高思想政治教育的实效性，也是值得研究和思考的实践命题。因此，无论是从理论深化还是实践创新的角度来讲，叙事学视角既包括对叙事结构和叙事话语的微观分析，也包括对叙事背景、目的和效果等的宏观研究。将叙事学引入思想政治教育学不仅有利于进一步丰富和完善思想政治教育学的学科基础理论架构，还有利于凸显思想政治教育学的学科实践性品格，具有重要的理论意义和实践价值。

（二）思想政治教育叙事研究的方法

运用叙事学的理论和方法来研究思想政治教育话语的叙事结构、内容、特征和规律，不仅要在分析思想政治教育话语文本的基础上把握其叙事结构及叙事话语的特征，还应力求突破文本的界限，将话语分析与接受理论结合起来，揭示文本如何在与思想政治受教育者的互动中被重新建构并生产意义的过程。

第一，在研究方法的选择上，要兼顾思想政治教育叙事的一般性和特殊性。要明确把握思想政治教育叙事具有区别于其他叙事形态的本质属性，从话语分析的角度来看，思想政治教育叙事是一种话语的意义交流活动，具有意识形态属性。话语分析方法立足于文本，包括对文本内容及形式的分析，同时，它又不局限于文本，而是密切联系文本的使用环境，如叙事所处的时空、接受中的意义生产等各方面，旨在探讨话语背后的意识形态等问题，进而达成对叙事本身及其符号意义的理解。此外，还要充分考虑到网络媒介对思想政治教育叙事的"功能性"意义。

第二，要具有比较视野。比较研究法是区别研究对象和其他事物本质特征的行之有效的方法。在思想政治教育叙事的研究中，需时刻采用比较的思维观察对象。如在与文学、历史等不同类型的叙事的比较中，考察思想政治教育叙事的特征；在与传统媒介的比较中，考察网络媒介的特性给叙事带来的影响；在与经典叙事学的比较中，考察后经典叙事学的研究视野；在历史与现实的比较中，考察时代的变迁对叙事的影响……叙事学的研究对象本是小说的叙事，在将其理论运用于思想政治教育叙事研究时，要在比较的视野中鉴别与认识思想政治教育叙事的规律，规避学科借鉴过程中照搬理论、套用理论的错误。

第三，演绎法。这是从普遍性结论或一般性事理推导出个别性结论的论证方法。它的思维运动方向是由一般到个别，由抽象到具体，即演绎的前提是一般性知识、是抽象性的，而它的结论却是个别性知识、是具体的。叙事理论并不是单纯地寻求对具体作品的解释，而是重视不同类型叙事文体所蕴含的普遍规则。因此，思想政治教育叙事的研究对象即思想政治教育叙事中的共同元素与思想政治教育的规律、原理、方法及发展的关系。此研究对象既是抽象性的，又是具体的，它通过对大量有形的思想政治教育叙事材料的占有和分析，来阐释其叙事的特点及作用，并总结叙事策略以指导思想政治教育的叙事实践。

第二节　思想政治教育叙事学的理论建构

从叙事学视角来看，叙事作品的内在规律是叙事学研究的内核，当我们以叙事学的理论来观照思想政治教育学学科时，我们要解决的核心问题究竟是什么？思想政治教育叙事学是把思想政治教育叙事的规律、原理、方法及发展作为研究对象的一门学科。因此，当把思想政治教育叙事视作一种叙事形态时，可以通过分析思想政治教育叙事的本体结构、构成要素和基本模式来尝试对思想政治教育叙事学进行初步的理论建构，旨在集中探讨思想政治教育叙事文本是在何种结构原则的规范下以何种结构模式来叙事，又遵循怎样的叙事逻辑，其目的是寻找出共同的抽象的叙事框架，探寻思想政治教育叙事的本质规律。

一、思想政治教育叙事的本体结构

语言学研究根据叙事作品的语言结构可以将叙事结构划分为表层结构和深层结构。就思想政治教育叙事的本体结构研究而言，也可以从表层结构和深层结构两个视角进行分析。其中，以语言层为单位的叙述文本是思想政治教育叙事表层结构，是指整个叙事行为和叙事活动中完成的叙事文本所呈现的框架结构，如叙述者、受述者和叙事话语；而本体结构中的深层结构则是指思想政治教育叙事行为与活动发生的背景和展开的基础，即叙事的主体、客体与文体。

（一）思想政治教育叙事的表层结构

20 世纪 50 年代，美国语言学家罗曼·雅克布森（Roman Jakobson）在《语言学的元语言问题》中提出，言语行为以交际为目的，交际过程涉及说话者、信息、受话者三个核心要素。① 最初将小说叙事视为一种语言交流艺术，并将读者纳入交流过程进行研究的是美国芝加哥学派代表人物韦恩·克雷森·布斯（Wayne Clayson Booth），其在专著《小说修辞学》中把作者、作品和读者看作叙事交流的三个基本要素，并提出一个重要概念——隐含作者，这一概念后来被叙事学家广为采纳。

美国叙事学家西摩·查特曼（Seymour Chatman）在1978年出版的《故事与话语》中提出的叙事交流关系如图6-1所示。

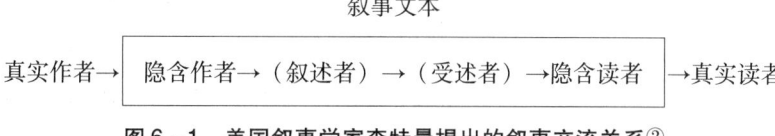

图6-1 美国叙事学家查特曼提出的叙事交流关系②

该模式描摹了叙事活动中的六大主体（真实作者、隐含作者、叙述者、受述者、隐含读者、真实读者），包含了叙事活动中的三种施受关系：真实作者与真实读者、叙述者与受述者、隐含作者与隐含读者，相关主体之间的叙事交流关系为我们理解思想政治教育叙事的表层结构具有重要的启发作用。

1. 叙述者

叙事就是叙述者将叙述内容作为信息发送给受述者的双向交流过程。在以小说文本为主要分析对象的经典叙事学理论中，"叙述者"与"真实作者"是两个有着本质区别的概念且分属不同的叙事情境。叙述者是真实作者想象的产物，是一种话语性存在，或者说是一种功能性存在。那么思想政治教育的叙述者该如何描述呢？从叙事交流关系视角来分析，思想政治教育叙述者是思想政治教育活动中叙事行为的直接进行者，通过叙事行为的设计与实施开展叙事活动。但是，思想政治教育叙事文本属于事实性文本体裁，思想政治教育的叙事者有时候既是叙述文本的讲述者，也是叙述文本的"真实作者"，二者在很多时候是重合的。此外，由于思想政治教育主体的多元性，

---

① 参见申丹、王丽亚《西方叙事学：经典与后经典叙事学》，北京大学出版社2010年版。

② Seymour Chatman, *Story and Discourse: Narrative Structure in Fiction and Film* (lthaca: Cornell University Press, 1978), p.151.

思想政治教育的叙述者既是个体层面的，又是群体性、机构化的。比如，对于高校思想政治教育而言，高校思政课教师只是表层的叙述者，其所属的整个高校思想政治教育体系才是本质意义上的叙述者，这就涉及思想政治教育叙事的深层结构即叙事主体的问题。

2. 受述者

思想政治教育叙事的受述者是"接受叙述的对象"，他们是叙述者发送信息的接收者。从查特曼的叙事交流图可以看到，受述者还分为真实读者和隐含读者，真实读者就是在叙事链条中真实存在的受教育者，而隐含读者就是隐含作者心目中的理想读者，即隐含作者传递的信息知识和价值观念可以被隐含读者所接纳。因此，可以用一种更加广义的视角去理解思想政治教育受述者的意涵，将其视作一个动态化的概念，结合具体的叙事语境来理解和分析，如传统思想政治教育场域和网络思想政治教育环境。在传统思想政治教育场域下，叙述者指在整个思想政治教育的叙事过程中处于主导地位的教师、高校管理者及所属机构所组成的整个思想政治教育体系；而作为受述者的学生，很少能够以叙述者的身份介入叙事过程。但在网络思想政治教育叙事的"交互性"环境中，思想政治教育叙事发生多维转型，并改变了传统思想政治教育叙事中受述者与叙述者之间单向、线性的权威话语模式，受述者由被动的观者转变为活跃的、有目的的参与者，在网络思想政治教育叙事文本"可写性"参与中，传统的"受述者"实现了话语权的增殖，形成了"受述者"与"叙述者"合一的"写读者"的独特景观。这种转变从本质上反映了思想政治教育叙述者及受述者关系的转变，但这并不意味着要忽略对"作者"和"叙述者"的关注，而是要把关注点投射到它与"读者"和"受述者"经由对话所形成的"主体间性"的叙事形态。这种主体间性也成为网络思想政治教育叙事形态的一个重要表征。

3. 叙事话语

叙述者与受述者是构成叙事文本表层结构的两个重要因素。根据信息传播模式理论可将思想政治教育话语的传播要素划分为传播者、传播媒介、传播内容、受传者、传播环境、传播目的和传播效果七大要素，这些要素之间相互联系、相互作用，并统一于思想政治教育话语传播的全过程。思想政治教育叙述者和受述者分别作为叙事传播活动中的信息源与信息宿，总是通过一定的"叙事流"来进行传播，因此，叙事话语是思想政治教育叙事表层结构的主要构成部分，主要涉及怎么叙述（how）而不是叙述什么（what），关注的是叙述行为（narrating）而不是被叙述（narrated）。从思想政治教育活动本质出发，主流意识形态宣传与价值观教育是其传播的目的，而话语的传播效果就体现在思想政治教育话语传播的有效性上，具体表现为话语传播的影响力、引导力和感召力。思想政治教育叙事话语是同时具有稳定性和开放性的话语体系，其稳定性表现为对马克思主义基本原理的继承，开放性则体现在对世情、党情、国情、民情的动态研判基础之上的话语创新。思想政治教育话语体系从战略地位、话语内容到媒介载体的创新过程，充分体现了社会物质状况变化而带来的社会意识层面的转换过程，具有鲜明的时代性。思想政治教育叙事的政治话语、学术话语、工作话语和生活话语共同构成了思想政治教育的叙事话语体系，蕴含着历史维度、学理维度、实践维度和生活维度的话语逻辑，四种话语形式之间是辩证统一的关系。因此，思想政治教育叙事话语不仅要关注话语本身，还要主动将话语与社会宏观语境相结合，对叙事的符号特征（呈现媒介）、叙事视角（聚焦模式）、叙事时间（叙述速度）等核心问题进行阐析。

（二）思想政治教育叙事的深层结构

1. 叙事主体

叙事主体是叙事交流过程中叙述行为的参与者，没有叙述主体的存在就没有完整的叙事交流行为，因此叙事主体是叙事深层结构的重要组成部分。思想政治教育的叙事主体是整个思想政治教育叙事行为和活动中具有主观能动性的参与主体，为了保持与叙事学视角下讨论主体的一致性，我们不妨参照查特曼所构建的叙事交流图，叙事主体就是叙事活动中的六大主体（真实作者、隐含作者、叙述者、受述者、隐含读者、真实读者）。从这个层面来看，叙事文本总是一定的叙事主体的作品；叙事主体同叙事文本之间的关系是统一的；在具体的思想政治教育叙事实践中，叙事行为都会受到叙事主体的叙事观念和情感个性的制约，反映了叙事主体独特的精神风貌和文化特质，也赋予叙事文本以丰富、多样的风格。但这并不是说叙事主体可以随意地进行叙事创作和交流，尤其是思想政治教育叙事具有意识形态的根本属性，这就决定了思想政治教育叙事主体必须遵循事实性、宣传性、教育性、政治性的叙事规则，讲究一定的叙事方法和技巧。高校思想政治理论课是开展思想政治教育的主渠道，对于高校思想政治教育而言，思政课教师的话语能力就是作为叙事主体的一种叙事素养，说到底就是对思想政治教育叙事文本的消化与掌握，以及对叙事方法的调度与控制问题。

2. 叙事客体

对于叙事的深层结构而言，叙事客体不是指叙事文本的内容，而是其发生学前提，即叙事作品中的题材、主题与情感思想等所归属与映射的社会历史情境、现实生活背景等外在的客观世界。这种背景因素之所以能对叙事主体的叙事行为具有潜移默化的影响力，是由叙事主体本身是能动与受动的统一体所决定的。叙事主体的能动性表现为在实践中对自由的追求和自我意识的彰显，这种能动性具有巨大的创造力，但同时叙事主体也因受制于一定的自然关系和社会关系而表现出一定的受动性。叙事客体在思想政治教育叙事活动中的作用表现为对叙事主体的相对超越性。例如，思想政治教育叙事文本在叙事交流中由于叙事环境、方式或者载体的问题并没有达到理想的传播效果；又如没能够很好地处理思想政治教育不同的叙事话语体系之间的转换问题，就会影响思想政治教育的实效性。另外，叙事客体还能够影响叙事主体对言语的操作和处理。思想政治教育叙事主体采用什么样的语言风格进行叙事也对整个叙事效果有直接影响。这就不难理解，为什么不同语言风格的叙事主体所表现出的叙事特质不同，其语言学和发生学机理就是叙事客体潜在的选择审美动势通过叙事主体这一中介而发生的作用。

3. 叙事文体

叙事文体是指语言符号构建叙事文本过程中所呈现出的言语形式，也是叙事深层结构的组成部分。从叙事学角度来看，文体是叙事活动中联结叙事主体与叙事客体的纽带，也是统一叙事内容与形式的基本手段。在思想政治教育叙事中，通过把握叙事文体的特征也能够有利于实现对叙事主体和客体的把握。中华文化作为独特的文化实体，蕴含了古老而深厚的叙事传统，叙事之法总是指向潜在的文化哲学和叙事之"道"，携带着丰富的文化密码，对叙事作品的阅读亦成为破解文化密码的过程。讲述中国故事返归中国文化原点、返归中国叙事，在"本土化和亲和力"的基础上兼收并蓄，构建中国故事的"中国式讲述"，其精神核心是天人合一、道法自然，要着力发现民族的集体潜意识和思维模式，积极发掘中国叙事的文化密码，以中国文化、中国元素、中国符号讲述精彩故事。[①]

[①] 参见陈燕侠《叙事之"道"：中国故事的"中国式讲述"》，载《新闻爱好者》2019年第2期。

二、思想政治教育叙事的构成要素

从系统论的视角来看，对事物的功能具有制约作用的，除了其形态的结构方式，还有其内在的构成要素，研究思想政治教育叙事的内在规律同样不能忽略这个问题。下面，通过内容与形式两个方面对思想政治教育叙事的构成要素进行分析。

（一）思想政治教育叙事的内容要素

1. 主题

一般来讲，主题是指文艺作品中或者社会活动等所要表现的中心思想，泛指主要内容。在叙事活动中，主题的意义在于对叙事活动的总体设计和定向性把握。

思想政治教育的叙事主题是对思想政治教育内容体系的表征，具有鲜明的目标指向性和价值取向性。从高校思想政治教育视角分析，培养造就社会主义伟大事业的建设者和接班人必须坚持马克思主义理论在各项教学内容中的主导地位，保持思想政治教育的社会主义方向。思想政治教育叙事要提高思想政治教育叙事文本的科学性、系统性和时代性，叙事主题要涵盖主导性教育（政治教育、思想教育）和基础性教育（道德教育、法纪教育、心理教育）。叙事主题不但要反映马克思主义的一般原理，还要反映时代使命、精神、目标、任务和途径，要体现马克思主义中国化的最新理论成果，用习近平新时代中国特色社会主义思想铸魂育人，不断拓展、创新与时代发展相适应的叙事主题。

2. 人物

一部优秀的叙事作品离不开对人物的塑造，叙事总是和叙人难舍难分、相互成就的。叙"事"的目的是叙"人"，通过叙"人"才能体会到"事"的魅力与价值。对于思想政治教育叙事而言，叙事活动中对人物形象的建构是实现叙事目的的关键，丰满的人物形象能够增强受述者的亲切感和代入感。在党史学习教育动员大会上，习近平总书记强调："要鼓励创作党史题材的文艺作品特别是影视作品，抓好青少年学习教育，让红色基因、革命薪火代代传承。"[①] 作为主流意识形态传播的重要载体，各种各样的文化作品

---

① 习近平：《在党史学习教育动员大会上的讲话》，载《党建》2021年第4期。

如红色题材影视剧、话剧等就具有突出的人物塑造和叙事功能。例如，红色题材电视剧《觉醒年代》尊重历史人物的真实性，将人物放到历史语境中去还原、塑造，通过还原具体历史人物的性格和生平事迹的叙事文本，用人物故事化的叙事手法再现了新文化运动和五四运动的历史，用细节化的表达和生活化的场景描述展现了立体、饱满的历史人物形象，引发了广大受众尤其是青年群体的追捧与热议。

3. 故事

"故事"和"话语"是当今西方叙事理论中较为常见的描述叙事作品的概念。在叙事学视角下，学界将叙事作品分为"故事"和"话语"两个层次，其中，"故事"研究的是叙事文的"内容的形式"，"话语"研究的是"表达的形式"。

故事是指作品中被叙述的基本素材，而且可以在不同文本类型、文本话语等表现形式之间相互转换。"思想政治教育的叙事实践离不开对故事的讲述，善讲故事是古今中外著名政治家、思想家的共同特点，更是中国共产党领袖的过人本领。在延安，党的七大闭幕式上，毛泽东主席就给大会代表们讲过一个'愚公移山'的故事。""习近平总书记是讲故事的大家。无论是会议上的发言、调研时的谈话，还是出访时的演讲、报刊上的文章，他都善于用故事来传达深意，感染他人。""习近平在故事中贯穿着中国历史文化之'道'，中国改革发展之'道'，中国参与世界治理、与各国携手打造命运共同体之'道'。通过深入浅出的方式启人入'道'，通过循循善诱的方式让人悟'道'。在国内，用非常接地气的讲述让党的方针政策入耳入脑入心，更好地凝聚改革发展共识；在国际上，打造融通中外的新概念新范畴新表述，把中国的发展优势和综合实力转化为话语优势。这正是习近平讲故事引人入胜、发人深省的原因所在。"[①]

随着人们对故事、话语、叙事的关注，对亲和力、吸引力、感染力的渴求，讲故事进入了思想政治教育的学科视野，并成为思想政治教育的重要呈现方式。讲故事能够拉近教育者与受教育者之间的语言距离、提升话语契合度；拉近理解距离，提高价值认同感；拉近时空距离，增强时空体验感。[②]

---

① 杨振武：《用故事讲述治理之道——〈习近平讲故事〉序言》，载《解放日报》2017年8月16日，第9版。

② 参见代玉启、朱惠羽《讲故事：思想政治教育的重要呈现方式》，载《思想理论教育导刊》2021年第8期。

在思想政治教育的实践工作中，思想政治工作者要善于通过讲故事与受教育者之间建立情感上的联系和思想上的共鸣，不断提高舆论工作的艺术表现力，体悟故事背后的治国理政之道，把中国故事讲得愈来愈精彩，并不断书写更精彩的中国新故事。

（二）思想政治教育叙事的形式要素

1. 媒介

任何叙事文本都是由一定的符号语言系统构成的。融媒体传播时代下，思想政治教育叙事文本能够集纳多种符号媒介，不同类型的文本之间能够互涉互释，不断丰富思想政治教育的话语形式，形成动态的、开放的、连续的信息传播形式。从思想政治教育叙事的媒介来看，主要包括文本、图像和视频。

一直以来，思想政治教育叙事的主要方式是文本叙事形式，如通过著作、政策文件、口号等进行叙事；或者依托实体性的红色文化场景，如纪念馆、革命遗址、故居等进行叙事。随着时代的发展和科技的进步，文本、图像等叙事方式的展现形式有了巨大的变化，"要运用新媒体新技术使工作活起来，推动思想政治工作传统优势同信息技术高度融合，增强时代感和吸引力"[①]。具体来说，可以充分利用新媒体新技术让叙事话语形式丰富起来，借助新媒体新技术，进行全景式、真实性的再现，带给受述者历史真实的代入感，进而增强教育的感染力。[②] 此外，网络作为一种媒介已经深度介入思想政治教育叙事的内核，媒介功能的凸显是网络思想政治教育叙事区别于其他思想政治教育叙事的典型特征。跨媒介的叙事文本构建和叙事模式，也成为思想政治教育叙事学研究的一项重要内容。

2. 手段

思想政治教育叙事可以通过多元展现方式，结合视听、嵌入技术等手段提高叙事效果。尤其是面对互联网环境下所构建的开放性、动态性和交互性叙事语境，信息技术与网络思想政治教育叙事的生成呈现出密切的关联性，互动性与叙事结构的有机融合使网络思想政治教育叙事体现出独特的魅力与

[①] 《习近平在全国高校思想政治工作会议上强调把思想政治工作贯穿教育教学全过程开创我国高等教育事业发展新局面》，载《人民日报》2016年12月9日，第1版。

[②] 参见温小平《文本·图像·记忆：思想政治教育叙事转向与社会认同》，载《思想教育研究》2017年第8期。

优势。要丰富思想政治教育叙事的手段和手法，激发多元叙述主体共同参与到思想政治教育叙事中，不断营造集体性叙事的思政叙事格局；同时，要多注重运用新形式、新媒体、新应用丰富叙事手段，如微通信（微信、微博、QQ等）、微视频（抖音、快手、微视等）、微课程等的技术、平台和形式，通过互动设计、集体参与、结合社会热点展开叙事，实现思想政治教育宏观叙事与微观叙事相结合。①

3. 结构

思想政治教育叙事结构，是指归纳和整理出来的一套系统的思想政治教育叙事的普遍结构规则与模式。它体现了叙事事实的结构规律——具有某种指向性、能够暗示叙述者认知态度及意图的结构规律。理解思想政治教育叙事的结构，可以从时序和视角等不同方面进行。时序研究的是事件在故事时间中的顺序与事件在话语时间中的顺序之间的关系。视角是指叙述语言中对故事内容进行观察和讲述的特定角度。思想政治教育叙事实践中，叙述者对事件之间关系的编排和讲述角度的选择都会影响叙事结构的形成。尤其是网络思想政治教育叙事，因其所依托的媒介的多样性、信息展示空间的可拓展性及发布形式的多层次性，网络思想政治教育叙事呈现出更加多变的叙事结构；所以，我们需要从新的视角去观照和辨析，从而加深对网络思想政治教育叙事作品的理解，甚至在网络传播场域建构可能的叙事空间，实现思想政治教育叙事场域的进一步扩展和实践。

三、思想政治教育叙事的基本模式

经典叙事学理论所确定的理论方法对叙事文本内部分析具有适用性；后经典叙事学理论推进了叙事理论从语义研究到语用研究的转变，侧重对叙事话语的社会历史情境的分析。接下来的思想政治教育叙事模式分析，我们将借鉴经典叙事学和后经典叙事学理论方法，分别从结构模式和功能模式两个方面进行探讨和分析。

（一）思想政治教育叙事的结构模式

思想政治教育过程作为一种叙事框架，是通过叙述主体的建构活动而实

---

① 参见代玉启、朱惠羽《讲故事：思想政治教育的重要呈现方式》，载《思想理论教育导刊》2021年第8期。

现的，其中，由谁来叙事及采取什么样的叙事视点（叙述者与所讲述的故事之间的关系）具有非常重要的作用。本书选择叙事视角分析思想政治教育叙事的结构模式。在经典叙事学理论中，视角和聚焦是描述叙事视点的一对概念，视角讲的是谁在看，聚焦讲的是什么被看，它们的出发点和投射方向是互异的。① 视角根据不同的分类标准可形成不同层面的类型：按叙述者所知信息是否大于文本人物所知，分为全知视角和限知视角；按叙述者是否参与或目击情节，分为外视角和内视角；按叙述者数量（一个或多个），分为一元视角和多元视角；按叙述者在文本中所出现的人称，分为第一人称视角和第三人称视角。②

1. 思想政治教育的复合型叙事视角

思想政治教育叙事视角指的是思想政治教育者作为叙事者观察和叙述事实的角度，其特殊性的主要表现是叙事视角具有复合性特征。前述的各种视角类型在思想政治教育叙事中也同样存在，但很多情况下都不是单一存在的。尤其就网络思想政治教育叙事而言，由于多元叙述主体的出现，网络思想政治教育文本处于不断被建构的过程中，视角也不可能固定于某一特殊的位置，因而整体上更多地体现为复合型叙事视角。复合型叙事视角有以下两种：一是智库型全知全能视角。这种视角一般出现在思想政治教育的专家报告和深度研究分析中，叙述者能够结合专家领域知识多角度多层次地呈现事实并且发表评论。二是人物限知视角。这种视角是从单个或者几个人物的眼光出发的叙述视角，如第一人称的亲历式、体验式的思想政治教育宣讲和人物访谈。

2. 思想政治教育的转换型叙事视角

思想政治教育叙事要根据不同的场景、对象、文本灵活调整叙事视角，不同叙事话语之间的转换也是要依托叙事视角的转换来实现。习近平总书记是讲故事的大家，善用故事传达深意，这里便以习总书记讲故事的例子来分析视角的转换。一是从"顶层视角"转向"平民视角"。平凡人物的故事折射社会真实的状态以及时代环境的变化，平凡人物和领袖伟人一同构筑起变革社会的力量。在习总书记讲述的诸多故事中，有尽心为民的村干部、无私奉献的普通教师、自强不息的患病青年等，这些都是人民群众身边的平凡人，更具有可感、可学的特点。二是从"宏大叙事"转向"微观叙事"。习

---

① 参见杨义《中国叙事学》，人民出版社1997年版，第245页。
② 参见何纯《思想政治教育叙事学》，岳麓书社2006年版，第46页。

总书记讲的故事，往往短小精悍、重点突出，少则百字，多不过千字。例如，引岳飞"精忠报国"讲爱国精神，以王国维"治学三境界"提出对理论学习的要求等。这些短小精悍的故事契合移动媒介环境中用户阅读的完整性，有益于精准传递核心思想，避免注意力流失和理解偏差。① 三是从"单向叙述"转向"叙述交流"。习总书记讲述的故事意蕴深刻，但常用修辞使之贴近百姓生活，易于读懂、记忆和传播，如"绿水青山就是金山银山""扣好人生的第一粒扣子""房子是用来住的，不是用来炒的"等都得到人民的认可。这些形象生动的案例和修辞不仅便于听者理解，还会引发他们对故事传播的参与热情，形成互动交流的空间，使"故事"的生命力得以延续。②

（二）思想政治教育叙事的功能模式

在叙事中选择某种叙事结构的最终指向是为了传递和表达文本的意图、思想和价值，叙事话语中沉淀着"相当丰富的意识形态内涵。这些叙事活动，无不是叙事者从一定的目的出发并遵循某种叙事成规对某一事件的讲述，而这种讲述无法排除视角所携带的价值取向和情感内涵"③。对于思想政治教育叙事而言，应特别注重从叙事话语中的意识形态功能分析入手，在注意考察具体文本形式分析的同时，结合具体的社会历史语境，从叙事的情节、情态进一步厘清事之所叙（叙事技巧、叙事手段）和所叙之事的关系。

1. 思想政治教育叙事的情节模式

情节是文学作品中的一个重要词汇，是叙事性文学作品内容最重要的构成要素。它是指叙事作品中表现人物之间、人物与环境之间相互关系的一系列生活事件的逻辑发展过程，情节是一个具有行动和反应模式的故事。从一定意义上讲，情节模式决定了受述者的阅读心态，受述者对故事情节的期待和代入感对叙事效果的实现有重要影响。对于思想政治教育叙事的情节模式而言，就是要求将情节框架与人物关系相结合的叙事结构，而情节模式的魅力就体现在对故事情节和人物关系的内在统一性上。如《觉醒年代》作为

---

① 参见姜红、印心悦《"讲故事"：一种政治传播的媒介化实践》，载《现代传播（中国传媒大学学报）》2019年第1期。

② 参见代玉启、朱惠羽《讲故事：思想政治教育的重要呈现方式》，载《思想理论教育导刊》2021年第8期。

③ 曲春景：《穿越故事和话语的叙事研究》，载《郑州大学学报（社会科学版）》2000年第5期。

一部党史题材献礼剧，以新文化运动为主线铺设故事情节，穿插与新文化运动联系紧密的一些重大历史事件，全剧通过宏大叙事与底层叙事相结合的手法，反映宏大历史主题与塑造英雄人物形象，其中不仅对志同道合、惺惺相惜的革命友谊刻画细腻，更有君子和而不同、小人同而不和的人物群像。

2. 思想政治教育的情态模式

"情者，情感、情况。情感与情况相交叉，就是非常现实、非常具体并具有客观历史性的人与万事万物相处的状态。"[1] 情态特指人的"情感"和"情境"的状态。思想政治教育叙述的情态模式以人物为中心来谋篇布局。虽然对于人物行为和关系的刻画离不开情节，但情态模式与情节模式之间存在区别：情节模式以情节框架和行动发展为线索，叙事主体所关注的主要是故事本身内在的逻辑关系；情态模式则以对人物性格的塑造或心态的透视为中心，叙事主体的聚焦镜头始终对着人物，更加关注人物品格和情感因素。习近平总书记在学校思想政治理论课教师座谈会上提出了思政课教师队伍建设的"六要"标准，其中一条就是要求高校思政课教师"情怀要深"。对于思政课教师而言，在教育、教学实践中，要充分把握思想政治教育的情态叙事导向，努力塑造自身的情感魅力，善于运用情感体验规律；要有很深的仁爱情怀，遵循情感的发生发展规律；要掌握受教育者的情感状态与情感倾向，最大限度地发挥情感濡染在思政课教学中的作用。

第三节 思想政治教育的叙事策略研究

思想政治教育固有的意识形态属性，要求思想政治教育叙事应该以政治性为根本叙事原则，强调客观真实的事件呈现以及严肃理性的意义表达。但从叙事化一般性意义来讲，故事化效果呈现的是叙事化的追求，思想政治教育叙事面临感性力量与理性反映的对话和张力，必须把握好思想政治教育叙事的意识形态导向在叙事活动中的引领作用。从对叙事活动的制约因素来看，思想政治教育叙事的逻辑体系可以分解为符号、文本和机制三个主要层面，分别在微观、中观和宏观三个层次上作用于思想政治教育叙事活动，影响着最终的叙事表现和效果。

---

[1] 李泽厚：《历史本体论·己卯五说（增订本）》，生活·读书·新知三联书店2006年版，第103页。

一、符号层面的叙事策略

从语言学和符号学角度来看,人类文明的发展史同时也是叙事符号系统不断演变的过程,从身体语言符号、自然语言(声音)符号到图文符号,叙事符号系统演变的过程也是人类思维方式从形象思维叙事到抽象叙事的发展的过程。思想政治教育叙事的效果不应仅使受述者了解信息、事件或事实本身,而更应体现思想政治教育叙事的价值导向。在叙事实践中,叙事者要善于整合不同叙事符号系统之间的优势,最大化地呈现和表征叙事效果和意义。

(一)融合图、文、声、像构建多维叙事符号系统

对于思想政治教育叙事而言,文字符号、语言符号系统是叙事符号体系中最为重要的叙事子系统,充分表达了思想政治教育叙事的抽象逻辑,在大多数叙事场景中抽象符号叙事都具有无法撼动的地位。但与抽象思维相比,形象思维在叙事表达上更易于理解,因此对于受述群体而言,更加具有本能的亲近感和真实感。思想政治教育叙事要融合图、文、声、像等符号系统,发挥不同形式符号系统之间的协同效应。

一方面,思想政治教育叙事要重视形象符号叙事的作用和影响。无论是电影、电视等影像媒体的诞生对传统媒体的冲击,还是所谓"读图时代"的来临,都无不验证着人们获取信息偏好的转变。尤其是网络思想政治教育叙事场域的出现,信息生产和传播模式发生了巨大变化,受教育者即受述者在学习、社交、信息加工和处理方面不断呈现出新变化、新特点,这都更进一步提醒我们要关注形象符号叙事的作用和影响,通过视觉、听觉符号系统与传统的文字、语言符号系统构建适合思想政治教育的多维叙事场域,如纪录片、短视频、微视频、红色作品创作等,通过镜头、光影、音乐等影视语言构建思想政治教育叙事的美学意向空间,丰富思想政治教育叙事的形式和内容。

另一方面,通过融媒体技术增强思想政治教育多维符号叙事的实效性。随着虚拟现实和增强现实技术的迅速发展和大规模行业应用,信息技术在教育领域的广泛应用带来了教学环境和教学方法的转型发展,如虚拟教室、虚拟实验室、网络教学、虚拟考试等。融媒体技术的嵌入能够提高思想政治教育叙事过程的互动性、感知性、开放性和易用性,通过移动课堂、虚拟现实

体验课堂、智慧课堂等教学软件或平台让思想政治教育叙事"活"起来，进一步拓展叙事场域在网络空间的延伸，如虚拟实践、网上纪念馆研学、虚拟仿真实践教学资源等新兴的思政课实践教学形式，能让受述者在沉浸式、交互性、多感知性的体验中实现理论与实践的有机融合，通过情景模拟、角色扮演、交互体验等方式感受多维符号叙事的沉浸式体验。

（二）以榜样人物符号塑造实现思想政治教育叙事的价值导向

从思想政治教育的视角出发，榜样人物特指那些广为人知、品质高尚并对他人起一定示范、引导和效仿，承担思想政治教育任务、发挥思想政治教育功能的人物。① 榜样人物作为体现社会风尚、引领社会思潮的一面镜子，是一定历史条件下的产物。作为党的有效宣传方法和思想政治教育榜样教育法的重要组成部分，思想政治教育的任务之一就是要善于发现、树立、宣传和推广榜样人物，因此，思想政治教育叙事离不开对榜样人物符号的塑造和宣传。对榜样人物的树立与宣传具有重要的社会价值和道德价值，通过在全社会弘扬崇高精神的过程中潜移默化地激发学习者的反省能力和自觉意识，进而不断提高人们的道德水平和修养。

一方面，要诠释榜样人物符号的价值内涵，发挥思想政治教育叙事的价值导向作用。思想政治教育榜样人物是被选择和塑造出来的对社会起到思想道德引领和人生态度影响的符号化人物，其在选择和塑造过程中直接反映了主流价值观的价值导向作用。随着全球化进程的加快，人们的思想观念、价值观点和行为方式都刻上了深深的时代印痕，尤其是青年一代，思想活跃、自我意识凸显，迫切需要正确价值观的引导。思想政治教育叙事要充分诠释榜样人物的价值内涵，发挥榜样人物符号的文化引领作用，将社会主义核心价值体系贯穿其中，讲好人生价值的实现与社会责任相统一的故事，为面对人生选择、正处迷茫困惑之际的青年一代阐明自我价值实现与承担社会责任的关系，引导广大青年树立投身中国特色社会主义伟大事业的人生理想和政治信念。

另一方面，要突出榜样人物符号的时代性，提高思想政治教育叙事的现实性。榜样人物是在一定历史条件下产生和发展起来的反映了一个时代主流价值体系和道德规范的精神指导，其所代表的思想和精神也必然具有一定的

---

① 参见赵菲《思想政治教育榜样人物符号化：塑造、认同与变迁》，硕士学位论文，陕西师范大学，2014年，第8页。

历史情境性，必然受到历史条件的影响和制约。思想政治教育的叙事要把握人物符号的时代性特征，充分与社会现实问题、社会心态结构和青年受众特点相融合，最大化地发挥榜样人物的引领价值。因此，思想政治教育叙事要塑造多元化的榜样人物符号，从各行各业、各个领域塑造榜样人物符号，满足不同受众从自身理解出发来选择榜样人物的需要。中央电视台作为中国的新闻舆论机构和思想文化阵地开设了很多具有思想政治教育意义的栏目，以节目《开讲啦》为例，邀请"中国青年心中的榜样"人物作为每期的演讲嘉宾，通过分享其自身的成长故事和对生活的感悟，讨论关于人生态度、信仰追求、理想信念等青年一代关心的话题和感到困惑的问题，即充分呈现了在榜样人物选择上的多元性特点。

二、文本层面的叙事策略

叙事文本是用图、文、声、像等符号系统表现一件或一系列真实或虚构的事件与情节，是人类对世界发展的记录、演绎及再创作。随着时代的发展和科技的进步，基于语言文字的传统的思想政治教育叙事文本的表现形式也发生了很大的变化。前文在探讨思想政治教育叙事的构成要素时，分析了媒介要素对思想政治教育叙事文本的影响，尤其是网络思想政治教育叙事成为当前一种重要的叙事形态，更应该充分利用新媒体新技术让叙事话语形式丰富起来，构建跨媒介叙事的文本形态。本书选取基于传统文化的文创文本和基于口述史学、影像史学的记忆资源文本作为思想政治教育叙事文本的典型案例进行分析。

（一）挖掘思想政治教育叙事的文创文本的 IP 价值

目前以 IP 为核心的文化生产方式已成为国内文创领域的一种创新性的商业形态。IP 是知识产权（Intellectual Property）的英文缩写，主要指创作人对其创造的智力成果所拥有的财产权利，如具有知识产权归属的图形、品牌、观念等，是一种无形的财产，可以通过分享、让渡这种权利来获取经济利益，可以说这是 IP 的初级阶段。① 当 IP 成为一种获得公众认同的流行元素和文化符号时，就可以释放出一定的文化价值。红色文化彰显着党把马克

---

① 参见李斌《IP 生态圈泛娱乐时代的 IP 产业及运营时间》，中国经济出版社 2017 年版。

思主义基本原理与中国实践相结合、把共产主义远大理想与中国基本国情相融合而生成和发展的历史逻辑、理论逻辑与精神丰碑。它诠释了中国共产党人崇高的理想追求、鲜明的人民立场、先进的政治品格，蕴含着丰富的精神理念和厚重的历史文化内核。新时代如何将红色文化深入融合到思想政治教育过程中发挥育人作用，是思想政治教育工作的一项重要任务。思想政治教育叙事文本可以积极探索与构建基于红色文化和传统文化的文创文本，激活其中的文化元素，发挥其文化价值。

一方面，建构红色文创产品IP符号，实现红色文化的嵌入和传承。从商业角度来看，一个优质的IP品牌具有巨大的商业价值，可以产生电影、电视、游戏、音乐、动漫、文学等众多文创衍生品。通过对红色文化符号的选择、提取、转化，建构红色文创产品IP符号，打造具有特色性、典型性、故事性、时代性、教育性的文创产品，使红色文化基因融入文创产品中，将红色文化价值精髓如爱国主义、艰苦朴素等具有思想政治教育价值的理念融入叙事文本中，让红色文化更加可知、可感、可近、可亲，增强红色文化的讲述方式、呈现形式，能够进一步使红色精神润物无声，让红色文化直抵人心，实现红色文化基因的承传。

另一方面，借助IP的传播力激活文创符号的文化传播效应。当IP成为一种超级文化符号时，其就已具备较强的传播力。思想政治教育叙事的文创文本要实现大众化传播，必须依托强大的文化基质，此外，还要融入价值内涵和故事叙事。比如，近几年"圈粉"无数并创造巨大价值的故宫文创，每个文创产品都带有故宫文化的韵味和印记，通过故事化的IP化打造和富有创意的市场推广策略，将文化的能量灌输到作品当中，作品背后承载的故事、表达的意象在一定程度上象征着故宫文化、故宫精神的延续与激活，是古人的智慧成果与现代人的设计思想的交流与碰撞。故宫作为文化原真性的历史神圣感、国家庄严感、信仰仪式感和民族自豪感是不容挑战的，一切文化创意的手段、产品和服务都要服从于这个文化原真性的前提。故宫文创实现了场景体验的原真性建构，实现了价值整合的共生创新，实现了IP价值的全产业链。[①] 故宫文创叙事呈现了新时代语境下推动传统文化在生活中的浸润和落实，成为向世界讲述精彩中国故事的典型文化输出形式。

---

① 参见向勇《故宫文创：传承优秀传统文化的先锋实验》，载《人民论坛》2019年第9期。

(二）挖掘记忆资源文本的思想政治教育叙事价值

目前，以音频、视频直接记录历史的口述史、影像史资源已成为很多国家和地区图书馆馆藏文献体系的重要组成部分，口述史、影像史资料的采集与整理，业已成为中国记忆资源建设的主要手段。① 口述史学作为一种新的历史研究方法，是通过有计划的访谈和录音技术，对某一个特定的问题获取第一手的口述证据，然后再经过筛选与比照进行历史研究。② 同样地，影像史学也改变了传统的文字书写历史的方式，以视觉影像和电影话语等影像技术来记录历史、表现历史和诠释历史。口述史学、影像史学的这些特点，使它们在现代史、当代史研究中具有独特的优势。口述史以对普通人生命历程的收集和研究为旨趣，有天然的亲和力、鲜明的故事性和广泛的题材优势；影像史学还通过生动形象、丰富有趣的动态描述，使枯燥生硬的历史知识、晦涩难懂的史学研究成果走出象牙塔。这些丰富的记忆资源文本题材蕴含着大量鲜活、生动的爱国主义教育资源，是当前思想政治教育叙事文本创作、创新必须进一步关注和挖掘的重要文本形式。

一方面，通过口述史访谈走近历史事实，涵育爱国主义情感。口述史突破传统史学必须来源于文字资料的限制，将历史取材拓展到普通访谈对象的叙述与经历中，在完成收集史料、建构知识的过程中，受访者真切、丰富的历史情感突破了客观冰冷的历史事实，他们的语言、声调、手势、表情的变化诠释着受访者对过往事件的态度和情绪，这种情绪也会感染同一时空场域的访谈者，让其产生深切的情感共鸣。比如，在山西抗战口述史访谈中，很多老人声泪俱下地回忆了当年日本侵略者在村里残忍的烧杀抢掠行为，这种集合声音、语言、表情、动作的立体呈现极易激发访谈者强烈的反侵略情感和保家卫国情怀，访谈过程无疑就是一堂生动的爱国主义教育课。③

另一方面，拓展和筛选记忆资源文本的题材，以口述史学、影像史学的教学与研究促进思想政治教育叙事文本的内容创新。记忆资源的采集，可以选择对历史进程中各类精英、社会名流的生命历程和人生经验进行记录，也

---

① 参见全根先《口述史、影像史与中国记忆资源建设》，载《国家图书馆学刊》2015年第1期。
② 参见张广智《西方史学史》，复旦大学出版社2000年版，第331页。
③ 参见陈旭清《心灵的记忆：苦难与抗争——山西抗战口述史》，博士学位论文，浙江大学，2005年。

可以对社会生活中普通百姓的历史记忆和生命感悟予以研究，通过对口述史料、影像史料的不断采集与挖掘形成富有感染力和影响力的思想政治教育叙事文本。对于思想政治教育者来说，在思想政治教育的叙事实践过程中，可以利用口述史、影像史文献资料发挥史料的思想政治教育价值，如播放抗日战争老兵访谈的音视频资料，展示重要历史事件亲历者的文字回忆、图片记录、实物载体等，通过这种生动细微的历史故事阐释宏大的历史主题，增强爱国主义教育的吸引力和感染力。

三、机制层面的叙事策略

在构建中国政治、哲学、意识形态话语体系的过程中，思想政治教育叙事既展现出宏大叙事层面的国家富强、民族复兴的战略意义，又在微观叙事的语境中传达出民生幸福、愿望成真的现实追求。宏大叙事方式是指以其宏大的建制表现宏大的历史、现实内容，是与特定时代的意识形态相联系的一种追求完整性和目的性的叙述方式，具有总体性、宏观性、共识性、普遍性等特征，是思想政治教育叙事的理论基石。[①] 思想政治教育叙事在面对宏大叙事与微观叙事两种不同话语序列时，只有统整这两种叙事方式才能形成叙事价值的社会共享和全民传播。

（一）宏大叙事与微观叙事的内在契合

历史唯物主义的叙事方式具有结构化、条理化和理性化等特征，其历史叙事从本质上来说属于一种典型的现代性的宏大叙事话语，这是我们对于马克思主义历史叙事方式的基本理解。但必须指出的是，历史唯物主义的叙事不仅含有对历史的整体、进程与目标的叙事，而且也关注具体历史事件的微观叙事。历史唯物主义的微观叙事可以被视为宏大叙事在微观层面的具体显现。微观叙事必须避免碎片化和去本质化的倾向，其所依托的必须是宏大叙事的背景与视角，如脱离这一先决条件，就不能真正透彻地理解历史唯物主义。

第一，思想政治教育叙事不可将历史唯物主义的宏观叙事与微观叙事看作对立的两面。在历史叙事的微观描述方面，触及更多的是具有宏大意义的

---

① 参见邵燕君《宏大叙事解体后如何进行宏大的叙事？——今年长篇创作的史诗化及其追求》，载《南方文坛》2006年第6期。

细节，而对这些细节的把握又往往需要借助宏大叙事的视线聚焦，微观叙事实际上植根于宏大叙事的深层结构。因此，对于思想政治教育叙事而言，实现宏大叙事与微观叙事的内在契合是实现主流意识形态传播的主要路径：一方面，代表国家意识形态的社会主义核心价值体系因其严肃性、规范性、权威性、宏大性的叙事特征，在其精神内涵的解读、弘扬和传播过程中，不仅需要代表国家意识形态的官方宣讲和专家学者阐释，更需要社会民间大众群体的主动接受、践行和传播；另一方面，作为思想政治教育的传播工具，大众传媒在话语叙事和构建的过程中，不仅将抽象性、理论性、意识形态性浓厚的政治话语进行了文化符号的解码，更在意义传递和内容生产的过程中完成对主流话语体系形象化、故事化、通俗化、艺术化的再编码，较好地完成了宏大叙事向微观叙事的转换。

第二，思想政治教育的微观叙事要突出话语文本的故事化。说概念不如讲故事，对复杂问题的解答其实更应该简单平实、生动形象，好的叙述方式能够在最短时间内抓住受述者的注意力，因此，对于思想政治教育叙事来说，故事化叙事是实现概念从抽象到具象、从理论到现实的最佳转译方式。如在"中国梦"理论传播过程中，习近平总书记率先打破传统的家国叙事、权力话语的政治叙事模式，选择独特的"习式故事"的讲述方式，赢得了国内外一致的赞誉和好评。在"习式故事"叙事模式的引领下，故事化的叙事模式正在成为"中国梦"话语构建的主要载体。①

（二）历史叙事与现实生活的对应关照

习近平总书记指出："党的历史是最生动、最有说服力的教科书。中国革命历史是最好的营养剂，重温这部伟大历史能够受到党的初心使命、性质宗旨、理想信念的生动教育，必须铭记光辉历史、传承红色基因。"② 红色文化资源中蕴含着丰富的历史文化内涵，体现着崇高的革命精神和坚定的革命理想信念，是革命先辈从事革命、建设和改革实践活动的生动历史记录，是感知历史、接受教育的客观载体，必须充分发挥党的历史以史鉴今、资政育人的作用。历史叙事在文化资源价值的开发上具有重要的作用，思想政治教育叙事要深刻认识红色文化资源在思想政治工作创新发展中的重要价值，

---

① 参见周忠元、赵光怀《"中国梦"的话语体系构建和全民传播——兼论宏大叙事与平民叙事的契合与背反》，载《江西社会科学》2014年第3期。

② 习近平：《在党史学习教育动员大会上的讲话》，载《党建》2021年第4期。

把握历史叙事与现实生活的对应关照，探寻在新的时代条件下诠释红色文化资源、赓续红色基因的新方式。

首先，思想政治教育的历史叙事必须坚持用唯物史观来认识历史，坚持实事求是的思想路线，分清主流和支流，坚持真理、修正错误，发扬经验、吸取教训。要坚持以我们党关于历史问题的两个决议和党中央有关精神为依据，准确把握党的历史发展的主题主线、主流本质，正确认识和科学评价党史上的重大事件、重要会议、重要人物。要实事求是地看待党史上的一些重大问题，既不能因为成就而回避失误和曲折，也不能因为探索中的失误和曲折而否定成就。要旗帜鲜明反对历史虚无主义，加强思想引导和理论辨析，澄清对党史上一些重大历史问题的模糊认识和片面理解，更好正本清源、固本培元。

其次，思想政治教育中的历史叙事具有内在的时空机制。经典叙事学认为时序与因果是叙事得以形成的两大关键要素，思想政治教育叙事也离不开这两大要素，在叙事中同样要注重历史事件的次序展开与事象编排的前因后果关联，但要把握好"通变"原则。例如，在时序设置上，通过"古今对照"讲述历史在人民探索和奋斗中造就了中国共产党，我们党团结带领人民又造就了历史悠久的中华文明新的历史辉煌的非凡历程；深刻领会马克思主义是如何深刻改变中国、改变世界的，感悟马克思主义的真理力量和实践力量，深化对中国化马克思主义既一脉相承又与时俱进的理论品质的认识，特别是要结合党的十八大以来党和国家事业取得历史性成就、发生历史性变革的进程，深刻学习领会新时代党的创新理论，坚持不懈用党的创新理论最新成果武装头脑、指导实践、推动工作。

最后，思想政治教育中的历史叙事应力求实现历史文化的时代表达。"虽有智慧，不如乘势。"了解历史才能看得远，理解历史才能走得远。历史叙事要密切关照现实生活，为实践提供思想资源和精神动力。当前国内意识形态领域斗争日趋激烈化，针对社会上和网络上历史虚无主义泛滥的现状，思想政治教育叙事必须树立大历史观，形成科学的文化思维，增强工作的系统性、预见性、创造性。通过叙事表达讲述历史，构建起受教育者共同传承的历史记忆。在教育实践中，通过组织教学实践项目传承红色文化基因，依托校内展馆或者校外实践基地延伸思想政治理论课堂，通过参观、研讨、主题沙龙等形式构建多层的叙事场景，增强思想政治教育叙事的感染力和吸引力。

第七章　思想政治教育阐释学

伴随着思想政治教育学学科发展，学科间交叉融合更加深入。思想政治教育学与阐释学深度融合，推动形成思想政治教育阐释学。阐释学为思想政治教育研究提供了重要的认识论和方法论支撑。在认识论层面，阐释学的"前见""视域融合""效果历史理论"为思想政治教育研究的多元路径和开放视角提供可能。阐释学循环理论强调认知的实现是一个循环往复、永不休止的过程，为确定思想政治教育主客体之间的辩证关系和推进思想政治教育深化认知提供理论依据。在方法论层面，阐释学在意义生成、话语体系和交往模式建构等方面为思想政治教育学的学科理论发展与实践探索提供有益启示。在坚持唯物史观的前提下，努力汲取中西方阐释学的丰富理论资源，加快构建思想政治教育阐释学，是当前思想政治教育体系建设和学科交融的重要内容。

第一节　思想政治教育阐释学的理论源起

一、阐释学的理论演化

随着思想政治教育学学科不断发展，思想政治教育范畴研究内容也随之拓宽、延展。思想政治教育范畴研究关涉思想政治教育学学科话语体系和理论体系的创新发展。[①] 而阐释思想政治教育学的学科话语体系和理论体系的现象、方法和内容正是思想政治教育阐释学深入探索和研究的领域。阐释学和思想政治教育学的学科交叉的理论支撑就是思想政治教育阐释学研究的理

---

① 参见冯刚《深化高校思想政治教育范畴研究》，载《马克思主义理论学科研究》2021年第9期。

论源起。相关学科在思想政治教育实践探索中的路径选择和价值判断构成思想政治教育阐释学研究的逻辑理路。

(一) "阐释"概念微探

要弄清楚思想政治教育阐释学的理论缘起,就要探究"阐释"概念的定义、衍生与发展,并从诠释学的发展史中追溯"何谓诠释学"。关于诠释学的定义,学界至今仍未达成共识。学者们给予诠释学的定义存在差异。伽达默尔指出:"诠释学是宣告、翻译、说明和解释的艺术。"① 保罗·利科(Paul Ricoeur)认为:"诠释学是关于与'文本'的解释相关联的理解程序的理论。"② 冯契提出:"诠释学是对于文本之意义的理解和解释的理论或哲学。"③ 阐释是当代哲学诠释学最核心的概念,其本质为文本与阐释者之间发生的共时性而非同时性的熠熠生发和效果历史事件。④ 阐释概念以意义为目标,重构他者意义,为文本解释提供了新路径,借由重构和解构,搭建传统与现代、国外与本土沟通交流的桥梁。

(二) 阐释学的历史演进

作为对于文本之意义的理解和解释的理论,阐释学从自身的发展逻辑和历史演变视角来看,其形成与发展大致经历了以下四个阶段。

1. 古典阐释学阶段

学界大多将古代希腊至文艺复兴这一历史阶段与阐释学相关的思想、理论都划归至古典阐释学阶段。这一阶段的阐释学思想主要用于对古典文献进行阐释。其中,最典型的应用是将古希腊神话中的神谕翻译成人的语言,并加以解释,以达到人类的理解。伽达默尔用阐释学思想说明了这一应用:"阐释学的基本功绩就是将一种意义关联从另一个世界转换到自己的生活世界。"⑤ 除此以外,对于广为流传的《荷马史诗》和《圣经》的阐释,又进

---

① Vgl. Joachim Ritter und Karlfried Gründe (hg.), "Historisches Wörterbuch der Philosophie," *Darmstadt*, 1989, Bd. 7, S. 553 – 554.

② Picoeur P, *Hermeneutics and the Human Sciences* (Cambridge: Cambridge University Press, 1981), pp. 197 – 198.

③ 冯契主编:《哲学大辞典》上卷,上海辞书出版社 2001 版,第 1154 页。

④ 参见洪汉鼎《论哲学诠释学的阐释概念》,载《中国社会科学》2021 年第 7 期。

⑤ [德] 汉斯-格奥尔格·伽达默尔:《真理与方法:哲学诠释学的基本特征》下卷,洪汉鼎译,上海译文出版社 1999 版,第 714 页。

一步凸显了阐释学在这一时期的重要意义。阐释古代经典，一方面推进了语言学的发展、进步，另一方面也引导民众对神的概念、信仰体系等进一步反思，从阐释神谕到启发智慧进一步加深对神的阐释，并以此教化广大民众。

与此同时，古代希腊语言学、语文学以及修辞学的快速发展也逐渐成为古典阐释学形成的思想来源。亚里士多德指出："言语和意见的本性无论如何是不能更改的。"[①] 亚里士多德在分析言语构成的同时，强调了语言意义的客观性与确定性，为后来阐释学体系的思想、研究方法提供了有力支撑。而语文学较之语言学更加注重对于文献历史性的研究。伽达默尔指出："语文学在其文本中意指真理，即在文本中发现真理。……唯有语言性的传承物才能对其中存在的东西作出持久与完美的解释，它不是对以前的文献和文物之纯粹的解释，而是指允许直接从源泉出发创造文献和文物，或者更确切地说，依据源泉来衡量他们后来的衍生物。"[②] 再一次强调了历史科学的研究和理解只能从历史流传物本身那里获得，而阐释学为此提供了方法论的支撑。除此以外，孕育于古代希腊哲学而后蓬勃发展的修辞学也是阐释学的重要思想来源之一。亚里士多德曾指出："演说者的品格具有最重要的说服力量。"[③] 进而充分论证了修辞学及其方法对于真理、意义的解释与说明作用，强调了修辞学对于真理、意义传达和接受的重要意义。在此基础上，伽达默尔进一步强调修辞学对社会生活起到的根本性作用，修辞学不仅参与此在的形成，也成为构成此在的因素。他指出，修辞学相对于现代科学具有初始性。[④] 即便是科学，也需要通过修辞学的阐释才能成为生活的因素。由此，古代阐释学理论形成并被人们所接受，对人们的生产生活产生实质的影响。

2. 普遍阐释学阶段

进入普遍阐释学阶段，学界一方面更加深入地探究阐释学方法论基础并着力构建新的方法论，另一方面更加关注理解与阐释的历史性和整体性。这一时期的代表人物是施莱尔马赫，他所创立的阐释学理论被视作阐释学形成

---

① ［古希腊］亚里士多德：《范畴篇　解释篇》，方书春译，商务印书馆1959年版，第18页。

② Gadamer H-G, *Gesammelte Werker* 2（Hermeneutik Ⅱ, J. C. B. Mhor, 1985），S. 383.

③ ［古希腊］亚里士多德：《修辞术·亚历山大修辞学·论诗》，颜一、崔延强译，中国人民大学出版社2003年版，第9页。

④ 参见［德］汉斯-格奥尔格·伽达默尔《哲学解释学》，夏镇平、宋建平译，上海译文出版社1994年版，第25页。

的重要标志,更推进了阐释学学科的发展与进步。施莱尔马赫不是将普遍阐释学视作哲学的"存在",而是视作哲学的"技术性"工具。普遍阐释学与古典阐释学一脉相连,但又将阐释学的范畴从对神学和《圣经》的注释中释放出来,拓展至对一切文本的理解中。这一时期的阐释学包括了所有流传下来的文本或精神作品。在阐释过程中,施莱尔马赫创造性地提出,所有文本理解要回归于其产生、形成的那个历史语境中,进一步强调了理解中部分与整体的关系,进而构成了理解的循环特征。

在这一阶段,翻译作为阐释学的实践活动,进一步推动了普遍阐释学的发展。通过创造性的理解和解释过程,从历史的、客观的、具体的情境关联中把握作者的思想。他者借由"心理重建"再现作者当时创作文本的情境,进而加深对于文本的深层次理解。借由心理学的移情方法,他者能从单纯的语言分析拓展至对于作者生平的理解,进而把握文本的真意。由此,他者甚至能比作者更好地理解文本。施莱尔马赫将语法学部分和心理学部分的两大规则加入普遍阐释学规则,再次强调了历史性和普遍性。借由制定普遍使用的阐释规则,避免甚至消除误解,开启了通向建构阐释学方法论体系的道路。

3. 作为人文精神方法论的阐释学阶段

自施莱尔马赫将心理学引入阐释学并将其确立为理解、解释的有效方法后,学界在此基础上不断探索阐释学方法论体系的建构。其中,最具代表性的是狄尔泰的阐释学思想。狄尔泰指出,要使精神科学成为"科学",必须将精神科学置于心理学基础之上,作为经验科学的心理学乃是赋予精神科学以科学性的可靠的方法论。[①] 由此建立区别于自然科学的精神科学,不断拓展阐释学的应用范围,使之成为精神科学的普遍方法论。

将心理学界定为"经验科学",使得狄尔泰又创造性地提出了"体验"的概念。他指出:"自我所具有的体验就是实体这个概念的基础。"[②] 即体验是源于人们内在经验和意识事实的总体性把握,借由反思内在存在的视角,探讨体验与生命的关系,进而构建阐释学认识论的基础;借由对于真理的追寻,进一步强调阐释学认识论的重要意义。

---

① 参见潘德荣《西方诠释学史(第二版)》,北京大学出版社2016年版,第271页。
② [德]威廉·狄尔泰:《精神科学引论》第一卷,童志奇、王海鸥译,中国城市出版社2002年版,第22页。

4. 哲学阐释学阶段

在这一阶段，海德格尔使阐释学的发展发生了一次重大转向，他在狄尔泰阐释学的基础上，致力于建构一种阐释哲学，而其哲学基础源自胡塞尔的现象学。正如海德格尔自己所说，他是借现象学走向了探索"存在"的道路的。① 而存在的意义就在于通过此时此地此身的存在进一步加深理解，以此建构"基础本体论"。即把存在视为本体，而且把周围世界、共同世界和自我世界三者视为同一的存在之基本现象。② 将本体论和现象学相结合，从而建构哲学阐释学。

海德格尔进一步提出"前结构"的理解结构前提和"解释循环"的阐释学方法论。通过"前结构"的解释，进一步确保了理解的正确性；通过"解释循环"的意义结构建构，避免或清除了误解。哲学阐释学时期，更关注整体与局部的关系，强调一切理解都具有时间性、意向性、历史性。至此，阐释学开始理解、解释和说明一切的存在。

二、思想政治教育阐释学的理论基础

自 20 世纪 80 年代以来，国内学者对于阐释学进行了广泛而深刻的研究，其中不乏阐释学与文学、阐释学与马克思主义、阐释学与技术等交叉学科的研究。但时至今日，学界运用阐释学的理论来审视思想政治教育学的学科研究仍相对不足。一方面，学科交叉的理论阐释研究仍有较大空间；另一方面，创新应用阐释学方法分析、解决思想政治教育中的问题仍有不足。针对以上问题，推动形成思想政治教育阐释的研究范式和话语势在必行。思想政治教育阐释学，从广义而言是一门研究教育主客体间"理解"与"解释"的学科，狭义上则是指使用阐释学方法构建思想政治教育理论体系。尽管思想政治教育阐释学从其教育目标、教育手段、教育方式、教育主体、教育客体等层面为思想政治教育理论提供了新的认识论和方法论基础，但追溯其理论源起，源自马克思主义的理论指导、中国共产党的理论创新和人文社会科学的理论借鉴。

---

① 参见［德］马丁·海德格尔《海德格尔选集》，孙周兴译，上海三联书店 1996 年版，第 1286 页。

② 参见潘德荣《西方诠释学史（第二版）》，北京大学出版社 2016 年版，第 302 页。

（一）马克思主义的理论指导

马克思主义不仅是思想政治教育阐释学的本质内容，而且是思想政治教育阐释学的理论指导，为思想政治教育阐释学学科化和科学化发展提供了理论基础。首先，马克思主义人学理论是思想政治教育阐释学的重要理论依据。马克思主义人学理论所阐释的人的存在论、本质论和发展论，为思想政治教育阐释学探究生命意义提供理论指引。思想政治教育阐释学基于此，坚持以人为本，注重从人的需要、人的关系、人的活动等出发去发掘实践品格，最终实现人的全面发展与社会的全面发展进步相统一。其次，社会主义意识形态灌输理论是思想政治教育阐释学的直接理论依据。社会主义意识形态灌输理论为思想政治教育"说什么""怎么说""在哪儿说"提供基本遵循，进一步突出了思想政治教育的价值、地位和作用，为思想政治教育阐释学指明了方向。最后，马克思主义矛盾论、社会形态发展论、社会意识与社会存在的辩证关系理论等是构成思想政治教育阐释学理论体系的重要基石。坚持以马克思主义为理论指引和行动指南，是建构思想政治教育阐释学学科体系的必然要求。

（二）中国共产党的理论创新

中国共产党的生存与发展离不开思想政治教育阐释，而思想政治教育阐释也伴随着党领导中国革命、建设、改革的伟大实践不断深化、发展。建党百年的经验总结更加生动、具体地阐释了党坚持把马克思主义基本原理同中国具体实际相结合、同中华优秀传统文化相结合，创造性地提出了一系列理论学说，为思想政治教育阐释学学科化和科学化发展提供了理论基础。毛泽东思想、邓小平理论、"三个代表"重要思想、科学发展观和习近平新时代中国特色社会主义思想都是马克思主义中国化的重要理论成果，也是结合中国革命、建设、改革时期的具体实践所凝练的中华文化和中国精神的时代精华。思想政治教育阐释学始终遵循并善用正确处理人民内部矛盾学说、社会主义精神文明建设理论、社会主义核心价值观理论等党的创新理论，坚持和加强党的全面领导，充分发挥思想政治教育统一思想、凝聚共识、鼓舞斗志、团结奋斗的重要作用，进而为人民服务，为中国共产党治国理政服务，为巩固和发展中国特色社会主义制度服务，为改革开放和社会主义现代化建设服务。[①]

[①]《中共中央 国务院印发〈关于新时代加强和改进思想政治工作的意见〉》，载《人民日报》2021年7月13日，第1版。

(三) 人文社会科学的理论借鉴

思想政治教育阐释学作为交叉学科,其学科建设需广泛借鉴和合理吸收哲学、历史学、心理学、社会学、语言学、阐释学等人文社会科学的理论知识与研究方法。一方面,思想政治教育阐释学借鉴西方哲学、历史学、语言学、心理学、社会学,以及文艺理论中关于意义、理解和解释等问题的认识论、方法论和价值论研究,从理论层面加深对思想政治教育文本、意义的理解和解释;借由多学科交叉融合的发展趋势,深化思想政治教育阐释学的理论体系和研究范式建构。另一方面,思想政治教育阐释学借鉴西方哲学、历史学、语言学、心理学、社会学以及阐释学等人文社会科学的方法论,在实践中凝练关于人类社会历史的理解和说明,总结关于人类社会历史的经验和教训,实现研究视野、研究范畴、研究路径的拓展,加强历史与现实的联结,做好思想政治教育阐释学的价值判断;借由多学科交叉融合的发展趋势,注重实现思想政治教育阐释学的路径选择和价值判断。

第二节 思想政治教育阐释学的理论蕴含

思想政治教育阐释学不是思想政治教育学和阐释学的简单叠加。从当前思想政治教育阐释的现象和实践来看,思想政治教育阐释学应是一门研究教育主客体间"理解"与"解释"的学科。其研究对象不应只是如何理解、解释文本,而是如何深入认识和把握思想政治教育"理解"与"解释"本身。这就需要明确什么才是思想政治教育想达到的"理解"、理解的对象是谁、理解的性质如何、判断理解正确与否的标准是什么等问题。

一、思想政治教育阐释学的意涵、内容和要素

(一) 思想政治教育阐释学的意涵解析

从认识论层面来看,思想政治教育阐释学是以思想政治教育活动为研究客体,以阐释学视域探究主客体间"理解"的综合性应用学科。从根本上说,思想政治教育阐释学就是研究如何做好人的工作,引导人形成符合社会发展要求的思想道德素养,激发人参与社会生产、生活的主观能动性,最终

推进人的全面发展和社会的全面进步。

从方法论层面来看,思想政治教育阐释学旨在从思想政治教育实践活动中解决教育的特殊矛盾和问题。在阐释学视域下,思想政治教育的主要问题不是如何理解思想政治教育话语,而是教育主客体能否理解思想政治教育的内涵,以及这一理解过程是否更多依赖于教育主体的话语体系;思想政治教育活动的实效性是源于教育主体还是教育客体对此的理解;教育主客体对于思想政治教育的理解是否正确以及其评判标准;等等。由此,思想政治教育阐释学是探索"为谁培养人、培养什么人、怎样培养人"这一核心问题及其解决办法的实践路径。

(二)思想政治教育阐释学的主要内容

思想政治教育阐释学之所以存在并得以发展,取决于思想政治教育阐释的主要内容。思想政治教育阐释学的主要内容是根据一定社会要求,针对教育客体的具体实际,经教育者有计划、有步骤地阐释后,引导受教育者坚信、选择、践行的价值导向。由于思想政治教育目的和任务的丰富性、教育客体思想和认识的多样性,思想政治教育阐释学的主要内容既包括社会主义意识形态,又涵盖了世界观、政治观、人生观、价值观、法治观和道德观教育。

思想政治教育阐释学通过引导和加深教育客体对辩证唯物主义、历史唯物主义和马克思主义认识论的理解,实现对教育客体的世界观教育,塑造教育客体正确、理性的世界观。通过梳理、阐释我国的基本国情,党的基本理论、基本路线、基本方针、基本纲领、基本经验,借由历史实践、现实事件的阐述,引导教育客体感悟、传承和发扬民族精神和时代精神,进而树立正确的政治观。通过开展理想信念教育和价值观教育,引导教育客体将小我发展融入中华民族伟大复兴的宏图伟业,努力实现人生价值。通过推进社会主义民主教育、社会主义法治教育和遵守纪律教育,提升教育客体的自我约束能力,提高个人自觉性。通过实施集体主义教育、社会公德教育、职业道德教育、家庭美德教育,进一步完成"立德树人"根本任务,培养德智体美劳全面发展的社会主义建设者和接班人。

(三)思想政治教育阐释学的构成要素

从思想政治教育阐释学学科的理论发展和实践探索着眼,思想政治教育阐释的内容丰富多样、目标鲜明具体、方式与时俱进。从现象中把握内在逻辑，思想政治教育阐释学的结构体系相互关联、相互作用，具体从理论和实践两个层面构成学科交叉融合的新论域。

从理论层面而言，思想政治教育阐释学的构成要素具有鲜明的政治性。思想政治工作本身具有突出的政治优势。因此，思想政治教育阐释学的构成要素必须与社会发展方向、党治国理政的基本方略相一致，巩固马克思主义在意识形态领域的指导地位，巩固全党全国人民团结奋斗的共同思想基础。此外，思想政治教育阐释学的构成要素具有明确的目的性。思想政治教育阐释学的理论创新和实践探索都是思想政治教育目的的具体体现。由此，思想政治教育阐释学的构成要素要围绕提高人的思想道德素养、促进人的全面发展而展开。思想政治教育阐释学的构成要素还具有极强的时代性。思想政治教育阐释学的理论创新与实践探索应顺应时代变迁和教育客体的变化，与时俱进、不断更新，既立足现实，又面向未来，充分考虑社会对时代新人的要求，着力培养德智体美劳全面发展的社会主义建设者和接班人。

从实践层面而言，思想政治教育阐释学的构成要素具有较强的针对性。因教育客体在家庭背景、教育水平、地域环境、性格特征等方面存在差异性，为确保理解的准确性和有效性，可针对性地组织和实施思想政治教育阐释，引导教育客体将思想政治教育阐释的主要内容转化为个人意识并付诸实践。思想政治教育阐释学的构成要素具有明显的实效性。思想政治教育阐释学具有明确的导向，以期通过加深教育客体的理解，从而实现教育意义的升华，进而激励教育客体付诸行动，努力向个人目标和集体目标迈进。

二、思想政治教育阐释学的原则与方法

确立思想政治教育阐释学必须遵循的基本准则和评价标准，有利于解决思想政治教育价值实现和评价标准不精细的实际问题。一方面，基于思想政治教育规律所形成的思想政治教育阐释学的基本原则，是指导并运用思想政治教育阐释学方法推进思想政治教育取得实效的基础前提；另一方面，基于思想政治教育效果所形成的思想政治教育阐释学的评价标准，是提升思想政治教育阐释学影响力和号召力的重要依据。

（一）思想政治教育阐释学的基本原则

思想政治教育阐释学的基本原则是指在思想政治教育阐释过程中，正确处理理解、对话、关系中的问题与矛盾所遵循的一般性准则。思想政治教育

阐释学的基本原则来源于思想政治教育阐释的实践，贯穿于思想政治教育的全过程，体现了思想政治教育的教育目标和价值导向。

1. 中心地位不可消解性

"思想政治工作是党的优良传统、鲜明特色和突出政治优势，是一切工作的生命线。"① 伴随着时代发展和社会变迁，思想政治教育阐释的中心地位不可消解。一方面，我国独特的历史文化和国情决定了办好中国特色社会主义高校的重要性，凸显了思想政治教育在立德树人和人才培养方面的突出贡献。把思想政治工作作为中心工作来推动、落实，做好思想政治教育阐释，才能实现全过程、全方位、全员育人的发展新局面，培养担当民族复兴大任的时代新人。另一方面，习近平总书记在全国高校思想政治工作会议上指出："思想政治工作从根本上说是做人的工作，必须围绕学生、关照学生、服务学生，不断提高学生思想水平、政治觉悟、道德品质、文化素养，让学生成为德才兼备、全面发展的人才。"② 作为实践主体的人始终处于中心地位，因此，思想政治工作尤其是思想政治教育阐释的中心地位也不可消解。不论是教育主客体的互动、受教育者与环境的互动还是与时空的互动，都是"为我""我为""超我"的突出主体性的实践活动。思想政治教育阐释学规范运用思想政治教育话语体系，通过对话推进主体间关系的变革，进一步满足教育客体成长成才的需求，推进人才培养核心任务的有效完成。

2. 合目的与合规律的统一性

马克思指出："社会生活本质上是实践的。凡是把理论引向神秘主义的神秘东西，都能在人的实践中以及对这个时间的理解中得到合理的解决。"③一方面，思想政治教育阐释学始终围绕教育主客体实践的目标指向和教育主客体交往的内生动力展开。思想政治教育阐释学的目的是以满足教育客体成长成才的需要为出发点，培养担当民族复兴大任的时代新人。另一方面，教育主客体"受自己的生产力和与之相适应的交往的一定的发展——直到交往

---

① 《中共中央 国务院印发〈关于新时代加强和改进思想政治工作的意见〉》，载《人民日报》2021年7月13日，第1版。

② 习近平：《把思想政治教育工作贯穿教育教学全过程开创我国高等教育事业发展新局面》，载《人民日报》2016年12月9日，第1版。

③ 中共中央马克思恩格斯列宁斯大林著作编译局编译：《马克思恩格斯选集》第一卷，人民出版社1995年版，第60页。

最遥远的形态——所制约"①。思想政治教育阐释学能否实现既定目标完成立德树人根本任务，还要看它是否符合客观规律的根本要求。思想政治教育阐释学必须走向规律性和合理性，才能实现教育目标。而推动实现思想政治教育阐释学目的性与规律性的统一，就是借由对话实现教育主客体相互理解，达成共识并生成新的意义的必然要求。

3. 一元主导与包容多样的统一性

思想政治教育阐释学注重思想性与科学性的阐释，既解释说明思想政治教育的本质规律及其对教育主客体与社会发展的重要作用，又承担引领价值取向和塑造人格品质的主要任务。这就要求思想政治教育阐释学始终坚持马克思主义理论指导毫不动摇，引导教育主客体做社会主义核心价值观的坚定信仰者、积极传播者和模范践行者；始终坚持马克思主义理论指导，绝不接受多元指导思想。但思想政治教育阐释学可借鉴古今中外优秀传统文化、宝贵经验传统，以开放、包容的态度对待其他多元思想和文化成果。

思想政治教育阐释学始终坚持马克思主义理论指导，进一步明晰了思想政治教育的方向和目标。思想政治教育包容多样，满足了社会发展和教育主客体发展的个性化与多样化需求。满足二者发展需求应相统一，既丰富了思想政治教育阐释学的内涵，又提升了思想政治教育阐释学的活力。在巩固和发展中国特色社会主义主流意识形态的同时，有力抵制了各种错误思潮对教育主客体的影响。

4. 理论联系实际的知行合一性

习近平总书记在庆祝中国共产党成立100周年大会上的重要讲话中明确提出："全面贯彻新时代中国特色社会主义思想，坚持把马克思主义基本原理同中国具体实际相结合、同中华优秀传统文化相结合，用马克思主义观察时代、把握时代、引领时代，继续发展当代中国马克思主义、21世纪马克思主义。"② 而理论联系实际就是对马克思主义普遍真理同中国具体实际相结合、同中华优秀传统文化相结合的原则概括。思想政治教育阐释学始终坚持实事求是的思想路线，一方面，通过思想政治教育阐释学解决教育客体的思想问题和实际问题。思想政治教育理论只有指导思想政治教育实践并解决

---

① 中共中央马克思恩格斯列宁斯大林著作编译局编译：《马克思恩格斯选集》第一卷，人民出版社1995年版，第71页。

② 习近平：《在庆祝中国共产党成立100周年大会上的讲话》，载《人民日报》2021年7月2日，第1版。

教育主客体的实际问题，才能说服人、教育人。另一方面，借由思想政治教育阐释学将思想政治教育的经验、教训、成果等上升为学科理论，从价值、方向等层面进一步指导实践。通过思想政治教育阐释，引导教育客体正确认识和接受思想政治教育的目标与要求，并付诸行动，有助于促进教育客体的思想与行为的统一性。思想政治教育阐释学不仅仅是解释理论、传授知识，更重要的是帮助教育客体理解并掌握马克思主义的立场、观点和方法，学会运用正确的立场、观点和方法在实际生产生活中分析并解决问题。

（二）思想政治教育阐释学的具体方法

思想政治教育阐释学以基本原则为依循，探索解决思想问题和实际问题的具体方法。思想政治教育阐释学的方法论意义具体体现在空间维度、时间维度、语言维度、关系维度和评价维度五个维度上。

1. 多学科融合的空间维度

思想政治教育学学科虽已基本构建系统的方法体系，但伴随着时代变革、社会变迁和教育主客体变化等，思想政治教育方法也应随之更新，以应对教育主客体在思想和实践中的新问题。思想政治教育阐释学通过不断学习、借鉴其他学科的方法进一步实现教育目标。首先，以马克思主义哲学方法为指导，引导教育主客体正确认识世界和改造世界。结合哲学阐释学方法，在充分发挥教育客体主体性认识的同时，强调教育主客体交往互动的客观性。在此发展过程中，思想政治教育阐释学实现了传统阐释学的超越，着重强调了马克思主义实践哲学及其方法的运用。其次，采用教育学相关方法，整合思想政治教育阐释学的对象、资源、载体等以提升思想政治教育的实效。思想政治教育阐释学采取讲授、参观、调研、谈话、演示、评价等具体方法，根据教育主客体实际情况灵活运用。再次，结合心理学相关方法，推进思想政治教育阐释走深走实、入脑入心。思想政治教育阐释学采取目标激励法、精神支持法、正向暗示法等，拓展思想政治教育阐释的方式。最后，思想政治教育阐释学仍在探索采取历史学、社会学、传播学等多学科交叉的方法，借由思想政治教育话语体系的建构，通过对话达成理解、生成新的共识，引领顺应时代发展的教育主客体的交往体系建构。

2. 全生命周期的时间维度

思想政治教育阐释学方法不仅关注多学科交叉领域的空间维度，也关注教育客体全生命周期的时间维度。教育客体的成长在不同阶段有不同的成长需求和目标。针对教育客体成长过程中的问题与矛盾，思想政治教育阐释学关注思想政治教育过程的各个环节和具体特点，充分发挥思想政治教育的功能与价值。一方面，从教育准备环节、信息交流环节、理论内化环节、外化应用环节和评价反馈环节的重点来阐释实现教育客体从知、信、情、意到行的转化，推进社会主流意识形态成为教育客体的自觉行为；另一方面，思想政治教育阐释学解决教育客体全生命周期成长成才的各种矛盾、问题，推进家庭、学校、社会等多方力量联动、协同育人。结合教育客体不同的家庭环境、教育背景和社会影响等，根据教育客体认识与经验的差异，既开展普遍性、持续性思想政治教育阐释确保正确的世界观、人生观、价值观的形成，又推进阶段性、差异化思想政治教育阐释，有步骤、分阶段地促进教育客体健康成长。从全生命周期的时间视角，关注历史、当下和未来，通过思想政治教育阐释将教育具体目标贯穿教育过程始终，促进教育主客体间的有效互动，提升思想政治教育的针对性和实效性。

3. 强化共通感的语言维度

习近平总书记指出新时代构建中国话语体系，创新中国话语表达方式，就是"把我们想讲的和国外受众想听的结合起来，把'陈情'与'说理'结合起来，把'自己讲'和'别人讲'结合起来"[①]。思想政治教育阐释学通过创新思想政治教育话语体系，强化共通感思想政治教育话语表达。首先，思想政治教育阐释学将教育主体"想讲的"与教育客体"想听的"精准结合，变教育主体"想讲的"话语为教育客体"想听的"话语，形成共通感强的话语体系。其次，思想政治教育阐释学不断提升思想政治教育话语表达的说服力，既营造思想政治教育"陈情"话语表达的语境，又提升思想政治教育"说理"的意义生成，实现共通感话语体系的进一步强化。最后，结合互联网时代的发展变化和新媒体技术的更新迭代，改教育主客体"讲"与"听"的关系，关注教育客体的声音，鼓励"自己讲"和"别人讲"相结合。借由讲述主体和讲述视角的转变，进一步加强主客体间的对话，提升思想政治教育话语的亲和力与感染力，实现思想政治教育的话语实效。

4. 主客体对话的关系维度

思想政治教育阐释学在强调教育主客体间对立统一的关系的同时，挖掘教育主客体关系的特殊性，借由对话达成共识，形成新型主客体关系。一方

---

① 《习近平总书记重要讲话文章选编》，中央文献出版社、党建读物出版社2016年版，第433页。

面，思想政治教育阐释学关注教育主客体双方的主体性，强调在思想政治教育实践活动中教育主体发挥主导作用，加强社会主流意识形态灌输与教化，引导行为习惯和道德品质养成。教育客体发挥主动作用，借由思想政治教育阐释学激发教育客体的内生动力，引导教育客体主动参与实践活动，自觉将思想理论内化于心、外化于行。另一方面，思想政治教育阐释学通过对话引导建构民主平等、双向转化的教育主客体关系。思想政治教育阐释学突出对话的意义，搭建教育主客体平等沟通、互动的平台。在日常思想政治教育中，思想政治教育阐释给予教育客体平等发声的平台，避免教育主体以高高在上、盛气凌人的态度对待教育客体，变单向的灌输作用为双向的交互作用，有效实现思想政治教育目标和价值。在思想政治理论课教学中，思想政治教育阐释给予教育客体平等质疑、对话的渠道，实现平等的教学互动关系，变单向的"教"与"学"为教学的双向互动，形成教育主客体间的良性互动，促进教育主客体角色互补、优势互补，进而提升教育主客体双方的能力素养。

5. 螺旋式上升的评价维度

思想政治教育阐释学的一大重要作用在于总结思想政治教育的经验，并通过对话，形成教育主客体间的理解与共识，进而推进思想政治教育的进一步深入。这一过程恰恰就是一个螺旋式上升的成长闭环。借由思想政治教育阐释学的评价方法，可以进一步评估思想政治教育全过程中的要素、效果、价值和影响等，推动思想政治教育各环节的信息反馈和实践活动的优化调整。首先，思想政治教育阐释学的评价方法具有极强的导向作用、激励作用和监督作用。思想政治教育阐释学的评价方法是对思想政治教育是否实现其目标、功能、价值的准确判断。借由思想政治教育阐释学指导思想政治教育的理论与实践创新，可突出榜样示范引领的正向激励作用，有效监督思想政治教育的各阶段、各环节，提升思想政治教育的实效。其次，思想政治教育阐释学的评价方法要遵循以下基本原则：坚持政治评价与业务评价相统一、坚持客观评价与主观评价相统一、坚持结果评价与过程评价相统一、坚持定性评价与定量评价相统一、坚持精准评价与模糊评价相统一的原则。[①] 结合教育主客体在不同阶段的需求和目标，采取螺旋上升式评价方法，提升思想政治教育的精准度和针对性。最后，思想政治教育阐释学的评价方法聚焦教

---

① 参见冯刚等《高校思想政治教育工作质量评价研究》，人民出版社2020年版，第45页。

育主客体的互动。一方面,着眼于日常思想政治教育管理中的教育主客体的互动,推进各方各要素形成合力,推进思想政治教育守正创新;另一方面,着眼于教学过程中的教育主客体的互动,在课堂教学、实践活动、环境涵养等各个环节加强互动,促进教学与时俱进,不断提升教学质量,切实解决教育客体所关心和关注的实际问题。

第三节 思想政治教育阐释学的学科建构

新时代思想政治教育学与阐释学等多学科交叉融合发展日益深入和广泛,交叉学科研究朝着科学化、学科化、系统化发展的趋势日益明显。2018年,教育部、财政部、国家发展改革委颁布的《关于高等学校加快"双一流"建设的指导意见》明确提出:"整合相关传统学科资源,促进基础学科、应用学科交叉融合,在前沿和交叉学科领域培植新的学科生长点。"①这进一步为思想政治教育学学科与其他学科的交叉融合发展指明了方向。

尽管经历了30多年的发展,思想政治教育学学科与社会学、心理学、教育学等其他人文学科的交叉研究已取得阶段性成果,但伴随着时代进步和社会发展,学科发展需要不断探索新的生长点,建构思想政治教育阐释学理论体系,拓宽思想政治教育学学科与阐释学交叉融合的广度和深度,以推进思想政治教育向高质量、内涵式发展不断迈进。

一、树立思想政治教育阐释学的学科立场

近年来,多学科交叉研究成为思想政治教育学的热点问题,更被视作思想政治教育守正创新的重要路径。学界围绕思想政治教育学学科交叉研究,形成了一批研究成果,催生了一系列的交叉学科,如思想政治教育社会学、思想政治教育心理学等,为建构思想政治教育阐释学提供了启示。我们在系统梳理与总结思想政治教育阐释学研究理论、经验时,需明确思想政治教育阐释学的学科定位和学科立场。美国学者朱丽·汤普森·克莱恩(Julie Thompson Klein)指出:"学科每天都在经历着众多领域的推拉和强大的新概

---

① 《教育部 财政部 发展改革委印发〈关于高等学校加快"双一流"建设的指导意见〉的通知》(教研〔2018〕5号),载《中华人民共和国国务院公报》2019年第1号。

念、新范式的拽扯……迫使边界变化。"① 这进一步说明了交叉学科的研究生态,事实上,新时代单一性的学科理论和方法已难以满足学科发展的脚步。因此,多学科交叉融合,建构新的学科体系和学科样态成为促进学科间创新发展的必由之路。

思想政治教育阐释学借鉴阐释学的理论与方法,推动构建新的学科体系,促进知识生产与科学研究。在形成新的学科形态的同时,厘清思想政治教育阐释学的研究边界,树立思想政治教育阐释学的研究立场,以免多学科交叉研究而陷入无立场的"混沌"状态。首先,思想政治教育阐释学要树立以思想政治教育学为学科本位的学科立场。伴随着技术革新和社会进步,学科整合与分化的趋势日益明显,各个领域相互融合与渗透日益深入。在思想政治教育学与阐释学交叉融合过程中,应既尊重学科间的密切相关性,又重视学科间的相对独立性。在深化对交叉学科的认识过程中,强化以思想政治教育学为本的学科立场,凝聚思想政治教育学与阐释学交叉融合、发展进步的价值共识。在建构交叉学科的实践探索中,从思想政治教育学的学科立场出发,解决学科面临的理论与实践问题,遵循思想政治教育阐释学的学科立场,推进思想政治教育阐释学向专业化、科学化、学科化推进。其次,思想政治教育阐释学要坚守以思想政治教育学为本位的学科立场,把握学科边界,建构系统化、科学化、学科化的思想政治教育阐释学学科体系。建构思想政治教育阐释学学科体系,必须明确学科边界,彰显学科特色和优势。以思想政治教育学为学科本位,既不能淡化学科边界、生搬硬套、盲目移用阐释学的理论和方法,也不能排斥学科交叉的观点和方法。树立思想政治教育阐释学明确的学科立场,有利于保持学科的独立性与开放性,在学科交叉融合中推进建构新的学科体系和学科样态,形成学科交叉研究的新视域、新理论和新方法,进而推进思想政治教育阐释学持续系统的发展。

二、明确思想政治教育阐释学的学科范畴

建构思想政治教育阐释学的学科体系是思想政治教育学学科发展的有效路径选择,也是思想政治教育学学科范畴拓展的理论与实践探索。范畴是指导人认识和实践的工具。明确思想政治教育阐释学的研究范畴,明晰思想政

---

① [美]朱丽·汤普森·克莱恩:《跨越边界——知识·学科·学科互涉》,姜智芹译,南京大学出版社2005年版,第71页。

治教育学与阐释学理论与实践交叉融合的内在逻辑关系，回应时代课题和热点问题，有助于推动思想政治教育阐释学向科学化、学科化、系统化迈进。

明确思想政治教育阐释学的学科范畴，在丰富、拓展和辨析中完善学科范畴体系，能有效促进学科体系建设，有利于深化思想政治教育阐释学的学科理论与实践发展。一方面，理论来源于实践。思想政治教育学的学科范畴确定源于思想政治教育实践活动中方法、路径、内容、形式、载体等的创新与发展。新时代思想政治教育实践活动为思想政治教育阐释学的学科范畴理论提供了重要支撑，使得学科范畴能切实反映学科现实情况和实际问题，也使得学科建设更具科学性、时代性和逻辑性。另一方面，理论指导实践。明确思想政治教育阐释学的研究范畴，加强多学科交叉融合的理论体系建构，为思想政治教育实践提供了更为明晰的研究框架、研究范围、问题指向和解决方法，为思想政治教育阐释提供了有力的遵循、借鉴和参考，从而进一步增强了思想政治教育的针对性和实效性。

明确思想政治教育阐释学的学科范畴，应坚持学科研究的整体性、独立性、适用性原则，建构思想政治教育阐释学的学科体系。学科范畴的进一步明确是学科发展与成熟的重要标志，更是学科体系建设与发展的重要保障。针对学科交叉融合过程中对思想政治教育阐释学的功能、特征、体系结构等问题的争论，更需要遵循学科研究的整体性、独立性、适用性原则，进而准确把握学科范畴。第一，思想政治教育阐释学最本质、最重要、最普遍的特性是支撑学科体系建构与发展的重要内容。明确学科范畴的首要任务就是坚持学科研究的整体性，把握学科高度概括、凝练的核心内容，彰显学科的专业特质和内涵。第二，思想政治教育阐释学通过明确学科范畴，建构学科体系，在思想政治教育学理论的基础上借鉴阐释学理论与实践研究方法形成具有独特性的学科体系，是推进思想政治教育阐释学的学科建设的重要目标。明确学科研究范畴的独特性，避免思想政治教育阐释学研究出现泛化的现象，有利于学科建设形成具有独特性的学科特色、学科风格和学科内涵。第三，明确思想政治教育阐释学的学科范畴要坚持适用性原则。伴随着思想政治教育阐释学学科范畴的明确、丰富、深化与发展，学科发展更具针对性、时代性和实效性。学科体系也将随之调整与创新，推进更适应时代发展和学科进步的体系建构，并从理论和实践层面提供工具性的启发和帮助。

明确思想政治教育阐释学的学科范畴，在学科研究对象、关系、矛盾等相互转化的变化中把握建构思想政治教育阐释学学科体系的有效路径。第一，从思想政治教育实践活动中发现新理念。明确思想政治教育阐释学的学科范畴,既可促进学科实践探索创新,又能为日常工作提供工具性的启发和帮助。从日常思想政治教育工作和思想政治教育理论课中系统提炼新成果,总结新发现,凝练新理念,有利于促进思想政治教育阐释学的学科体系建设。第二,从思想政治教育阐释学理论中发掘新内涵。明确思想政治教育阐释学学科范畴是时代性和科学性的有机结合,既不能一蹴而就,也不能踟蹰不前。在思想政治教育学与阐释学深度融合发展的前提下,整体联动,凝聚学科交叉融合的理论共识;进一步完善对学科体系的认识,在此基础上提供学科的方法论支撑;通过建构具有独立性和稳定性的学科体系,深化学科理论与实践内涵,助力思想政治教育阐释学的学科建设与发展。第三,明确思想政治教育阐释学的学科范畴,要始终坚持马克思主义理论的指导,不断吸纳时代内容和相关学科理论,助力思想政治教育阐释学的学科体系建构。同时,要为学科理论融入新时代特色,突出学科深厚的实践品格,在学科交叉融合的实践中去粗取精,从实际出发引导学科体系建构与发展。

三、创新思想政治教育阐释学的研究范式

阐释学与思想政治教育学学科的交叉融合进一步推动了思想政治教育阐释学的学科建构与发展。思想政治教育阐释学从根本上来看是运用哲学阐释学的理论与方法去解决思想政治教育中的问题和矛盾,既是认识论又是方法论。一方面,建构思想政治教育阐释学的学科体系,创新思想政治教育阐释学的研究范式,可推进教育主体对文本、知识、经验等的理解和解释生发出更具主动性、独创性、建构性的行动,进一步引导教育客体开展与其认知相匹配的认识世界和改造世界的实践活动。另一方面,建构思想政治教育阐释学的学科体系,创新思想政治教育阐释学的研究范式,可加深教育主客体对世界结构、自我解构、世界关系和自我关系的把握和理解,优化思想政治教育的普遍方法,有利于提升思想政治教育的针对性和有效性。

借鉴建构主义阐释学和图式阐释学方法对思想政治教育阐释学的学科理论与实践赋能,拓展学科范畴和研究要素,建构学科体系。梳理思想政治教育阐释学现象、理论及实践,探索学科发展新视域和新路径,这是推动新时代思想政治教育阐释学的学科建设内在要求,而创新学科研究范式则是思想政治教育阐释学学科深化与发展的重要体现。思想政治教育阐释学作为交叉学科具有理论创新、知识融合和实践发展的显著优势。正如习近平总书记所

指出的:"科学研究范式正在发生深刻变革,学科交叉融合不断发展。"① 创新学科研究范式是推进思想政治教育学学科群建设和思想政治教育阐释学学科建设的重要进路。

思想政治教育阐释学作为交叉学科的学科新形态,要在廓清学科研究范式的基础上守正创新。思想政治教育阐释学研究范式是学者开展学科理论与实践研究的一种思维路径、行为规范和话语方式,是明确学科研究范畴、研究边界、研究方法、理论体系、话语体系等的基本准则。创新思想政治教育阐释学研究范式,在聚焦学科间交叉融合发展的同时,应突出学科本位,聚焦学科视域,建构学科体系,形成交叉学科研究成果。创新思想政治教育阐释学研究范式,应注重学科实践探索,整合交叉学科研究方法、内容、路径等要素,不断充实学科体系,提升解决现实问题的能力,促进思想政治教育阐释学向科学化、学科化、系统化方向发展。

四、凝聚思想政治教育阐释学的人才力量

合理建构思想政治教育阐释学的学科体系对学科建设和专业发展具有重要的定向作用。以思想政治教育阐释学的学科人才队伍建设和学术骨干培养作为思想政治教育阐释学学科建设的两个着力点,凝聚思想政治教育阐释学的学科人才力量,推进学科向纵深发展。

思想政治教育阐释学的学科建构离不开专业人才队伍建设。一方面,思想政治教育阐释学着力打造专业化、职业化思想政治工作队伍。习近平总书记多次强调思想政治工作的专业性,要求"各级宣传部门领导同志要加强学习、加强实践。真正成为让人信服的行家里手"②,做好思想政治教育阐释。首先,思想政治教育工作者要讲党性原则,要有阵地意识,要有责任担当,要有大局观念,找准工作的切入点和着力点,时刻保持专业意识。同时,思想政治教育工作者要不断提升个人能力素养,既要有深厚的马克思主义理论功底,又要有解决现实问题的工作能力,从而推进思想政治教育阐释学的学科建设与发展。再者,思想政治教育工作者要有专业发展的畅通路径。建构思想政治教育阐释学的学科体系,需进一步明确学科队伍的构成、学科队伍

---

① 习近平:《在中国科学院第二十次院士大会、中国工程院第十五次院士大会、中国科协第十次全国代表大会上的讲话》,载《人民日报》2021年5月29日,第1版。

② 习近平:《习近平谈治国理政》第一卷,外文出版社2014年版,第156页。

建设的路径、专业发展的要求等，积极创造条件保障学科队伍后继有人、源源不断。专业化、职业化思想政治教育工作者队伍为思想政治教育阐释学的学科建设指明了方向，提供了保障。

另一方面，思想政治教育阐释学涵养学科学术骨干队伍。培养思想政治教育阐释学专业合格人才是思想政治教育阐释学学科建设的重要内容，而人才数量和质量的产出也是衡量学科建设成果的重要指标。建构思想政治教育阐释学学科体系，为培养专业合格人才提供了基本遵循，为学科人才培养体系建设指明了方向。同时，伴随着思想政治教育阐释学的学科发展，吸引和培养学科建设的后备人才又对学科建设起到了强有力的促进和保障作用。由此可见，造就一支宽口径、高素质的以思想政治教育阐释学教师为主的学术骨干队伍是学科建设持续深化发展的重要前提。建构思想政治教育阐释学学科体系，为多学科或跨学科背景的学术人才提供了成长路径。造就年龄结构合理、知识结构互补、学科背景相关、综合素质较高的学术骨干队伍，充分发挥人才队伍在学科建设中的积极性、主动性和创造性，有利于进一步推进思想政治教育阐释学学科建设。

新时代思想政治教育学学科面临学科形态的转型，丰富和发展思想政治教育学学科形态，推进思想政治教育学学科群建设显得尤为必要和紧迫。从思想政治教育实践活动中凝练新理念、新思想、新方法，建构学科交叉融合的体系和框架，推动思想政治教育阐释学的学科建设，是思想政治教育学学科建设与发展的必然趋势和必由之路。

第四节　思想政治教育阐释学的深化运用

语言、意义、行为、理解和主体性本质是思想政治教育阐释学学科建设日益关注的重要问题。借由对上述问题的梳理与解答，思想政治教育阐释学生发出对世界、人生和生命的全新理解，进一步凸显了思想政治教育阐释学学科与时俱进的理论品格、实践品格和创造品格。借由对上述问题的实践探索，思想政治教育学学科建设的功能指向思想政治教育的"生命线"地位和"立德树人"根本任务。分析思想政治教育阐释学的问题指向、目标指向和实践指向，推进思想政治教育阐释学的深化运用，有利于促进思想政治教育阐释学学科的建构与发展。

一、破解互联网时代思想政治教育"失语"现象

伴随着互联网时代的到来,网络已逐渐成为建构现实生产、生活的重要基础设施。在新媒体、新技术、新信息的影响下,互联网与其他各行各业交叉融合,思想政治教育阐释学的实践模式、价值导向、主客体关系等已均发生转向。在互联网平台开展思想政治教育阐释实践活动,既是机遇又面临挑战。一方面,互联网时代的到来有利于拓展思想政治教育阐释学的学科内涵与外延;另一方面,思想政治教育阐释学学科面临议程设置能力不足、有效内容供给滞后、阐释表达缺乏感染力等问题。为应对上述问题和挑战,思想政治教育阐释学指向教育主客体关系的重构、对话形式的解构、话语体系的建构等,以求进一步推进学科体系建设。

(一)拓展全球化语境下的思想政治教育阐释学

建构思想政治教育阐释学学科体系,推进思想政治教育话语体系重构是破解思想政治教育"失语"现象的有效途径。为提升思想政治教育的实效性,亟须拓展全球化语境下的思想政治教育阐释学内涵与外延,确立学科研究范式。全球化的发展预示着人类社会中经济、政治、文化等领域的联系已跨越了地域和国别的限制,改变了人类生产、生活的方方面面,人们在意识形态和文化领域的交流交融交锋日益明显。不同价值意识、传统习俗、行为方式以及话语体系的对抗与碰撞日益加剧,使得争夺意识形态话语权尤为重要。

建构思想政治教育阐释学学科体系,推进思想政治教育话语体系重构是学科建设的重中之重。罗宾·洛克夫(Robin Tolmach Lakoff)指出:"20世纪末的权力与地位之争是对话语权力的争夺,语言控制权实际上是一切权力的核心基础。"[①] 这进一步揭示出话语权的重要性。当前思想政治教育存在话语滞后和实效的困境,借由建构思想政治教育阐释学学科体系可进而构建具有中国特色、民族特色、时代特征的话语体系,传承中国优秀传统文化,讲好中国故事,弘扬中国精神,传播中国声音。

---

① [美]罗宾·洛克夫:《语言的战争》,刘丰海等译,新华出版社2001年版,第2页。

(二) 顺应中国话语变迁的思想政治教育阐释学

建构思想政治教育阐释学学科体系，推进思想政治教育话语体系重构是顺应社会发展和时代变迁的重要内容。在中国共产党成立100周年的重要时刻，习近平总书记总结梳理了党的百年奋斗重大成就和历史经验并庄严宣告："经过全党全国各族人民持续奋斗，我们实现了第一个百年奋斗目标，在中华大地上全面建成了小康社会，历史性地解决了绝对贫困问题，正在意气风发向着全面建成社会主义现代化强国的第二个百年奋斗目标迈进。"[①] 中国社会发生重大变化，而中国话语也随着社会变化而改变，直接体现在中国政治、经济、文化、科学、教育等方方面面。在多种社会思潮的冲击下，传统话语体系已无法为人们解惑，更无法满足人们的精神追求，从而影响人们的生产生活。思想政治教育"失语"现象的产生，也恰恰说明了思想政治教育体系与中国话语变迁的现实并未能有效契合。由此，重构思想政治教育话语体系，建构思想政治教育阐释学学科体系，推进思想政治教育阐释学学科建设是顺应中国话语发展、生成中国话语效力、形成共识共鸣共行的必要途径。立足中国话语变迁和发展现状，重构思想政治教育话语体系，实现对中国社会等的深入解读和阐释，有助于进一步推进思想政治教育阐释学学科建设。

(三) 符合网络传播特征的思想政治教育阐释学

互联网时代的到来引发了教育理念、教育方式等的变革，同时也引发了教育客体的思想、行为、价值取向的变化。从近年来的《中国互联网络发展状况统计报告》中不难发现，网络设备的更新换代使得网络多样化、移动化的特征日趋明显。而从网络使用的选择偏好来看，教育客体的个性化需求、个体化兴趣是核心驱动力。作为网络原住民的教育客体使用网络移动端设备，成了带有个性化需求指向的互动信息生产者。教育客体不再只是单纯的信息接收者，而是互动信息的生产者。这也使得思想政治教育阐释学的实践活动不再是单向度的，而是双向互动的。建构思想政治教育阐释学学科体系，可重构符合网络传播特征的思想政治教育话语体系，解构话语内容，聚焦教育客体需求，通过网络平台对话达成理解，生成新意义，提升思想政治

[①] 习近平：《在庆祝中国共产党成立100周年大会上的讲话》，载《人民日报》2021年7月2日，第1版。

教育阐释的针对性和有效性。

建构思想政治教育阐释学学科体系，要守好网络阵地，利用网络平台达成教育主客体间的理解，将思想政治教育阐释学核心要义内化于心、外化于行，就必须破解思想政治教育阐释学"失语"现象，避免陷入误读、误解、误判的困局。建构思想政治教育阐释学学科体系，要满足教育客体成长成才需求，激发教育客体内生动力，就应实现精准思政，推进思想政治教育阐释学的学科建设与发展。

二、形成效果历史视域下教育主客体关系的新形态

传统思想政治教育以"灌输"为主要方法，在灌输过程中形成了教育主客体二元对立的师生关系，树立了教育主体的绝对权威。然而伴随着思想政治教育实践的深入，思想政治教育环境的变化，尤其是在多元文化的冲击下，传统灌输式教育遭遇困境。建构思想政治教育阐释学学科，以期顺应时代发展和思想政治教育环境的变化，构建教育主客体关系的新形态，提高思想政治教育的有效性，是学科建设重要任务之一。

（一）建立民主合作、和谐发展的教育主客体关系

建构思想政治教育阐释学学科体系，明确教育主客体间辩证统一的关系，才能建立民主合作、和谐发展的教育主客体关系。一方面，在思想政治教育阐释过程中，教育主客体双方是互为存在前提的相互依存关系。在教育教学的双向互动中，教育主客体的主体性地位日益凸显。另一方面，借由思想政治教育阐释，教育主客体之间又是相互制约、相互转化的。思想政治教育阐释过程的开启，离不开教育主客体在相互尊重、平等交流、民主合作的基础上，通过对话深入探讨进而实现思想政治教育阐释的目标和效果。如果教育主客体都沉浸在各自的世界中，单向度地输入或输出，缺乏有效的对话沟通，思想政治教育阐释过程将无法继续。因此，建构思想政治教育阐释学学科体系，建立民主合作、和谐发展的教育主客体关系，对优化现有的教育主客体关系，提升思想政治教育阐释的有效性和长效性具有重要意义。

（二）树立以人为本的教育理念，加强人文关怀的教育主客体关系

建构思想政治教育阐释学学科体系，优化教育主客体关系，必须坚持

"以人为本"的原则,加强人文关怀,进而实现教育主客体间的平等对话与沟通。传统的教育主客体关系,强调教育主体的主导和支配地位,明确教育主体是教育教学过程的组织者、指导者;而教育客体则处于被动地位,是教育教学过程的接受者。推进思想政治教育阐释学学科建设,应瞄准教育主客体个性化需求凸显、分众化趋势显现、网络化冲击明显等时代变化,聚焦思想政治教育阐释学的特殊性,直面思想政治教育阐释实践过程中缺乏教育客体参与的现实困境;应树立以人为本的教育理念,加强人文关怀的教育主客体关系,充分发挥教育客体的主体性,充分体现思想政治教育阐释学的价值意蕴和应用潜力。

同时,思想政治教育阐释学的终极目标是实现人的自由全面发展。思想政治教育阐释学通过实现教育的终极目标,进一步树立以人为本的教育理念,加强人文关怀的教育主客体关系。正如卡尔·西奥多·雅斯贝尔斯(Karl Theodor Jaspers)所说:"教育是人的灵魂的教育,而非理智知识和认识的堆集。"[①] 思想政治教育阐释学不是一种技术性实践,而是教育主客体一同探索符合适应人们生产生活方式的文化和价值体验。思想政治教育阐释学帮助教育客体感悟"从人出发、找寻自我"的精神自由和生存意义,深化自身价值理解。教育主客体在对话交流中,持续深化认知与理解,形成持续的、往复的、互补的教育主客体关系。在思想政治教育阐释实践中,加强人文关怀,深化全面发展的价值追求,树立教育主客体关系的新形态。

三、建构思想政治教育阐释学对话的新模式

在推进思想政治教育阐释学学科建设,生成教育主客体新形态的同时,建构教育主客体对话的新模式,是发挥思想政治教育阐释学作用的有效方式。教育主体不再以权威身份、话语霸权进行"灌输",而是以民主平等的方式交流、以关心关爱的真情互动、以正面典型的榜样引导,促进教育主客体间的对话,使思想政治阐释真正做到以情动人、以理服人。建构思想政治教育阐释学对话的新模式,可促进教育主客体间的相互理解,进而达成一致的观点和视域融合。

[①] [德]雅斯贝尔斯:《什么是教育》,邹进译,生活·读书·新知三联书店1991年版,第4页。

（一）引导教育主客体间对话走向共建共通共享的关系养成

建构思想政治教育阐释学学科体系，不仅引导教育主客体建构对话沟通的话语体系，更着力形成教育主客体间共建共通共享的对话关系。思想政治教育阐释学指向的教育主客体间的对话沟通，不仅仅局限于教育主客体间的语言沟通，更重要的是指向教育主客体间的精神交往、情感交流和价值认同。建构思想政治教育阐述学体系，既能凸显教育主客体的主体作用，在深度交往的同时保持其自身的独特性，又能更好地激发教育主客体的创造力，创造促进全面发展的动力和条件。

建构思想政治教育阐释学的学科体系，可促进教育主客体间的对话，突出平等、民主、和谐的精神交流。教育主客体共同搭建一个平等对话、沟通互动的平台，共同构建知识传递、价值共融的平台，通过思想政治教育阐释活动进一步加深教育主客体间相互交流和理解的精神体验，有利于实现基于对话基础的共建关系养成。同时，思想政治教育阐释学推进共通关系的养成，在教育主客体对话过程中，强调教育主客体间的相互理解，突出教育主客体双方能站在对方立场看问题，融入对方思想世界，在共通中尊重独立性、包容差异性、强化认同性。借由教育主客体间的深度理解、平等对话，推进思想政治教育阐释学学科建设，形成教育主客体间平等、民主、和谐的交往模式。此外，借由对话，教育主客体间形成共享关系的良性循环，教育主客体双方基于各自的认知、理解和实践，相互传递知识、思想、智慧、经验、感悟等，从而在共享中促进双方的素质能力提升和自由全面发展，在对话中共同承担思想政治教育阐释学的教育目标和任务，进而提升思想政治教育阐释学的持续性和有效性。

（二）建构思想政治教育阐释学教育主客体对话的各个要素

在思想政治教育阐释实践过程中，教育主客体间的对话沟通并不是自然而然发生的，而是基于思想政治教育阐释学学科建设中的三大要素的发展而产生的。第一个要素是对话空间的建立。在思想政治教育阐释实践过程中，摆脱以往以教育主体作为话语权威主导对话的局面，突出教育客体的主体地位，生发出一种引导性、创造性、支持性的对话空间十分重要。这个对话空间摒除了单一灌输的交往模式，为教育主客体提供了自由展示自我、表达意见、陈述观点、展开行动的可能，包容了教育主客体的多元目标和多样选择，增进了差异化认知和选择间的理解，为思想政治教育阐释学的学科建设奠定了坚实的基础。第二个要素是对话环境的设置。对话环境是对话产生、维持和继续的有力保障。只有在轻松、民主、和谐、愉悦的对话环境中，教育主客体才能冲破传统思想政治教育方式方法的束缚，积极开展对话沟通，促进理解认同，创造性地生成新意义。营造良好对话的内部和外部环境，形成教育主客体对话沟通的制度化、常态化保障，才能进一步推进对话的深入。第三个要素是对话能力的提升。推进思想政治教育阐释学的学科体系建设有利于促进教育主客体的对话能力提升，提高对话质量，增强思想政治教育阐释的实效性。培养教育主客体的对话意识，应提升教育主客体的主动性、积极性和参与度，在相互沟通和理解的基础上，凝聚共识，创造价值。提升教育主客体的对话能力，应注重培养教育主客体的语言表达能力、文字书写能力、思想感悟力、是非判断力、批判质疑力、科学分析力等，促进相互理解并达成共识。通过整合对话的三大要素，构建教育主客体间对话的新模式，推进思想政治教育阐释实践的进一步深入，激发教育主客体共同创造新意义的内生动力。

四、促进学科交叉视域融合下新意义生成

思想政治教育学学科自成立以来，始终呈现出多学科交叉融合的互动趋势。通过吸收和借鉴阐释学理论知识和研究方法，并将其移植到思想政治教育学学科研究之中，在推进思想政治教育学学科群建设的基础上产生了新的学科形态。建构思想政治教育阐释学学科体系，推进思想政治教育阐释学学科建设，进一步推动思想政治教育学学科群向综合性、立体化、动态式的方向发展。在多学科交叉融合的进程中，既要避免生搬硬套，又要防止学科受限，必须从学科的知识体系、实践体系、组织体系三个方面着力，以实现思想政治教育阐释学学科的创设、跃进与发展。

（一）建构思想政治教育阐释学的知识体系

思想政治教育阐释学学科伴随着相关知识生产、积累、传播与分化而产生。推进思想政治教育阐释学学科建设的首要任务就是建构思想政治教育阐释学知识体系。一方面，基于思想政治教育学与阐释学交叉融合而产生的思想政治教育阐释学知识丰富、种类颇多，而学科知识体系的构建是对相关知识加以分类的制度体现。思想政治教育阐释学的学科体系梳理总结了思想政治教育学和阐释学相关概念范畴、理论命题、价值判断等的重要内容，集中

表征思想政治教育阐释学的本质属性。另一方面，思想政治教育阐释学知识体系涵盖知识发展与传播过程的学科规范化、专业化发展的重要支撑。思想政治教育阐释学知识体系涉及学科的基本理论、方法论支撑、前沿问题等内容，涵盖学科的课程体系、教材体系、人才培养体系、学术成果等，始终处于学科建设的核心地位。因此，把握学科知识的生成逻辑，推进知识传播的载体建设，探索知识分化的创新路径，建构体系完整、结构合理、内容丰富的学科知识体系是构建、充实和完善思想政治教育阐释学学科体系的重中之重。

（二）建构思想政治教育阐释学的实践体系

推进思想政治教育阐释学学科建设，要始终关注学科的实践品格，在实践探索中生发理论总结，在理论遵循下指导实践探索。建构思想政治教育阐释学的实践体系，是指导教育主客体与世界、社会等发生联结、关系的事件基础，是由教育主客体间对话沟通的具体活动构成的。建构思想政治教育阐释学的实践体系包括学科认知活动和学科实践活动。学科认知活动是指开展促进认识学科知识生产、理论创新和学术研究的实践活动。学科认知活动为教育主客体参与学科教育教学活动提供理论引领，同时也是学科人才培养的有效路径。学科实践活动是指将学科理论知识应用于学科实践中，运用学科理论知识解决现实矛盾和问题。学科实践活动为建构学科体系、学术体系、话语体系提供了实践经验。此外，学科认识活动和实践活动相互转化，也是建构学科知识体系的重要规律。思想政治教育阐释学注重理论与实践相结合，强调学科综合性与应用性特征。推进思想政治教育阐释学学科建设关键在于创新学科实践体系，总结实践规律，促进学科向科学化、学科化、体系化发展。

（三）建构思想政治教育阐释学的组织体系

思想政治教育阐释学学科建设亟须建立自身的组织体系，为学科交叉融合发展提供组织保障，为获得学界和社会的广泛认同与普遍支持提供制度支撑。思想政治教育阐释学组织体系建设涵盖内部建设和外部建设两个关键环节。一方面，思想政治教育阐释学应坚定学科立场，把握学科立场，遵循学科规律，规范学科建设内容和规则，建设学科人才队伍，推进学科组织体系内部建设；另一方面，思想政治阐释学应搭建多学科交叉融合互动平台，完善学科相关组织的制度建设，推进学科组织体系外部建设。学科组织体系内部建设为外部建设提供基础,外部建设为内部建设提供保障。建构思想政治教育阐释学组织体系为学科建设提供重要保障,为学科持续发展提供人力支持。

第八章 思想政治教育数据学

数据作为对客观事物的逻辑归纳，是对事物进行记录并可以被鉴别的符号，反映事物的性质、状态及相互关系。鉴于数据的普遍性及其重要价值，思想政治教育学学科对数据的认识和应用越发深入，逐渐形成系统化的理论研究和实践成果，为思想政治教育数据学的形成与发展奠定了基础。思想政治教育数据学作为推动思想政治教育从经验迈向科学的重要一步，研究思想政治教育数据的内容蕴涵、采集获取、分析处理、实践运用等核心问题，为思想政治教育的科学形象建构做出了重要贡献。

第一节 思想政治教育数据学的研究现状

当前，关于思想政治教育数据学的研究既有着眼思想政治教育数据分析的专题研究，也有聚焦具体案例的思想政治教育数据学应用研究，还有围绕功能层面的思想政治教育数据运用的相关研究，以及基于多维视角的数据学相关研究，形成了系列重要研究成果。

一、思想政治教育数据分析研究

聚焦思想政治教育数据分析的专题研究是关于思想政治教育数据学研究的一大亮点，学者们不仅立足不同维度对思想政治教育数据分析进行了专门探讨，而且基于特定视角对思想政治教育数据分析开展了专题探究，进一步阐明了思想政治教育数据分析的一系列重要基本问题，从数据分析视角深化了思想政治教育数据学研究。

一方面，思想政治教育数据分析的多维专题研究。思想政治教育数据分析的多维专题研究主要指从不同维度对思想政治教育数据分析的基本问题进行的专门性、针对性探究。学者们聚焦内在逻辑与实践探索，对思想政治教育数据分析开展了较为深入的专门性研究。有学者基于逻辑理路维度，提出将数据分析应用于思想政治教育领域，满足了思想政治教育分析模式迭代更新的实际需要，契合了应对思想政治教育复杂化趋势的现实要求，能够有效服务于思想政治教育的现状把握、问题破解与决策制定等各项工作。作为一种思维理念指导下的方法手段，思想政治教育数据分析能够帮助我们更好地把握思想政治教育的本质变化、逻辑关系、内在规律等关键信息。具体而言，思想政治教育数据分析致力于在复杂数据现象中把握本质，从既有数据结果中探究原因，在偶然数据变化中揭示必然。[1] 有学者基于实践运用维度，提出数据分析作为研究解析各类数据以获取信息的有效行为，贯穿于思想政治教育的全过程和各环节，在实践运用中展现出重要价值。思想政治教育数据分析基于对分析目标的深刻把握，确立分析研究的核心指标，进而在指标计量中明确思想政治教育的现实状况，通过比较分析衡量思想政治教育的实际水平，实现现状评判中的思想政治教育数据分析描述性运用；通过数据归纳梳理数据主体各基本要素，并在此基础上开展多维分析以理清各要素之间的复杂关联，从而揭示其中蕴含的思想政治教育实质信息，实现关联理清中的思想政治教育数据分析诠释性运用；通过把握趋势认识发现规律，并运用规律开展数据预测，从而推动预测可能数据的转化落实，实现信息预测中的思想政治教育数据分析探索性运用。[2] 学者们从不同维度探究了思想政治教育数据分析的一系列重要问题，有效深化了思想政治教育数据分析专题研究。

另一方面，特定视角下的思想政治教育数据分析专题研究。学者们立足数据治理、数据思政等特定视角，对思想政治教育数据分析开展了专门研究。有学者基于数据治理视角，将数据分析作为整个数据治理过程中最为重要的环节，从内涵解析、价值意蕴、基本场景三个方面对数据分析进行了阐释，认为数据分析是运用各种机器学习算法、数据挖掘技术和统计分析方法，对多源异构数据进行筛选、聚类和解读，挖掘和提炼出有价值信息的过程。通过数据分析，思想政治教育数据治理可获取预判趋向、找出存在关联关系的信息，以便更好地指导后续治理方案和治理决策的制定。同时，在思

---

[1] 冯刚：《思想政治教育数据分析的逻辑理路》，载《河海大学学报（哲学社会科学版）》2023年第1期。

[2] 聂小雄：《思想政治教育数据分析的实践运用》，载《学校党建与思想教育》2022年第23期。

想政治教育数据治理中,数据分析可以应用于学生学习、生活、就业指导、思想道德素质评价和心理健康等多个场景。[①] 有学者基于数据思政视角,认为数据分析能对学生行为进行育前、育中和育后的测控与评价,评估思想政治理论课教学内容与学生行为之间的关联度和关联因子,从而优化教学方案,指导和引领学生自愿自觉将课堂所学理论知识与要求内化为理念认知、外化为日常实践。同时,数据分析能够辨识大学生关注的热点、难点、痛点、焦点和兴奋点,提高舆情预测预警预防能力以及突发突变舆情应急处置能力,进而"对症下药"地引导舆向、有理有据地主导舆论、恰如其分地化解舆情。[②] 学者们基于不同视角对思想政治教育数据分析进行了专门探讨,进一步丰富了思想政治教育数据分析的专题研究。

二、思想政治教育数据学的应用研究

围绕具体案例开展思想政治教育数据学的应用探讨,是当前学者们着力研究的重要视角。聚焦数据学的应用性问题,学者们主要从理念和实践维度开展了思想政治教育数据学的应用研究。

一方面,具体案例中思想政治教育数据学的理念性应用研究。理念是行动的先导,实践运用有必要从理念上对研究问题进行系统探讨。学者们深刻认识到数据分析在思想政治教育中的重要价值,围绕思想政治教育精准化、个性化思政课教学、全生命周期大学生思想政治教育等问题,探讨了思想政治教育数据分析的关键作用。有学者认为,思想政治教育数据分析可以科学把握大学生画像,为精准思政提供重要支撑。通过聚类分析,将学生细分为不同群体后,再将其揳入具体的思想政治工作场景中去,形成的大学生画像为针对各个细分群体开展精准化的思想政治援助和精细化的思想政治教育提供了实施路径。通过离群分析,可以找出隐藏在学生画像数据资源库中的数据关系,并且能够精细判别学生群体思想状况共性,精准定位个体学生思想状况差异。通过关联分析,可以运用关联规则来分析学生日常行为,挖掘学

---

① 吴满意、徐先艳:《高校思想政治教育数据治理研究》,团结出版社2022年版,第176～181页。
② 唐良虎、吴满意:《高校数据思政的内涵、类型与功能彰显》,载《黑龙江高教研究》2022年第9期。

生行为特征标签之间的关联性,并利用关联分析结论来指导思想政治教育。① 有学者认为,目前思想政治理论课教学缺乏个性化,影响了思政课教学质量的提高。数据分析应用于思政课教学中,能够驱动思政课以人为本的按需学习,促进思政课教学重视教育对象的主体性、关注教育对象的独特性。为此,必须有效运用数据分析,精准把握教育对象的个性特点,进而实施个性化思想政治理论课教学实践。② 有学者提出,要建立全生命周期大学生大数据分析平台,助力大学生思想政治教育精准化;通过数据分析挖掘,建立学生的动态数据画像,实时了解学生整体、某个学生群体、学生个体的全面信息;运用可视化分析,使分析结果以更加直观、清晰的形式呈现;利用分析结果实现精准教育、精准管理、精准服务;同时,依据以往的数据,结合数学模型对学生的状态进行预测分析,为思想政治教育和学生管理提供决策参考,达到积极主动和有针对性地做好学生个体与学生群体的思想政治教育工作的目的。③ 学者们基于不同具体案例,从理念上开展的学理探讨,深化了思想政治教育数据学的应用研究。

另一方面,具体案例中思想政治教育数据学的实践性应用研究。应用数据分析不仅需要从理念上进行探讨,还需要在实践中深入考量。学者们围绕政党认同、高校思想政治教育社会认同以及大学生党课满意度等实际问题开展实证调研,数据分析作为内蕴其中的方法手段,是确保研究顺利完成的关键。有学者聚焦党和国家重大庆祝活动与大学生政党认同这一问题,对上海市 17 所高校本科生开展实证调研,以政党认同得分作为因变量构造了一般线性回归模型,分析了上海市各高校本科生政党认同得分的一般差异,得出举办党和国家重大庆祝活动对大学生的政党认同产生积极影响的结论;在中华人民共和国成立 70 周年和中国共产党成立 100 周年的庆祝活动后,大学生表现在党史认知、情感认同、执政绩效评价和入党意愿四个维度的政党认同显著提升。④ 有学者聚焦高校思想政治教育社会认同这一问题,基于社会

---

① 刘丹、陈怡:《大学生画像:思想政治教育精准化的新路径》,载《学校党建与思想教育》2022 年第 2 期。

② 张娟:《运用大数据进行个性化思想政治理论课教学研究》,载《思想政治教育研究》2022 年第 1 期。

③ 任昊、米平治、张晋:《全生命周期大学生思想政治教育的可能与可为——以大数据应用为技术路径》,载《教育科学》2022 年第 1 期。

④ 运迪:《党和国家重大庆祝活动与大学生政党认同研究——基于上海市 17 所高校本科生的实证分析》,载《中国青年社会科学》2022 年第 5 期。

认同理论，通过对全国 4905 名高校被试进行问卷调查，通过对问卷数据进行数据检验和数据分析，得出结论：当前中国高校思想政治教育社会认同的主观评价良好；高校思想政治教育社会认同水平在部分人口学变量上存在显著差异；个体的集体认同、关系认同和自尊水平会负向影响高校思想政治教育社会认同，而个体的社会认同水平可以正向预测其高校思想政治教育社会认同。[①] 有学者将数据分析应用于构建大学生党课满意度指标体系，基于用户满意度理论视角，通过量化指标构建和实证测量，客观掌握影响大学生党课满意度相关因素，有针对性地构建涵盖党课教学内容、教学方式、教学师资和教学考核在内的"四位一体"全员全过程全方位大学生党课满意度评价指标体系，为推动大学生党课教育创新改革发挥评价导向作用。[②] 学者们将数据分析有效运用于不同的实际问题中，从实践运用层面进一步深化了思想政治教育数据学的应用研究。

三、功能层面思想政治教育数据运用的相关研究

从功能层面探讨思想政治教育数据的运用是学者们开展数据学研究的重点话题。当前学者们着眼数据对思想政治教育的功能，聚焦思想政治教育数据运用的现实挑战、实践探索等问题，形成了一定的研究成果。

一方面，思想政治教育数据运用的现实挑战研究。学者们在肯定思想政治教育数据运用的可能性、必要性及其重要价值的基础上，也认识到其中存在的现实挑战。有学者认为，大数据在高校思想政治教育中的运用还尚属初始探索阶段，面临着贯通大数据技术与高校思想政治教育的人才不足，"唯主观情感论"和"唯数据论"的思维两极化，大数据与高校思想政治教育融合深度不够，高校思想政治教育数据信息资源分布不均、共享较低、供给不足和供给失衡，高校思想政治教育运用大数据产生伦理问题等困境，有待破除和解决。[③] 有学者认为，大数据作为一种技术、一种工具、一种资源、

---

① 谢宇格、孔德生：《存储与释放：高校思想政治教育社会认同的实证研究》，载《江苏高教》2022 年第 7 期。

② 张磊、倪大钊：《大学生党课满意度评价指标体系构建与改革对策论析》，载《云南大学学报（社会科学版）》2022 年第 3 期。

③ 冯多、李大棚：《大数据驱动高校思想政治教育创新的活力、困境及进路》，载《现代教育管理》2022 年第 7 期。

一种思维,已成为驱动高校思想政治教育创新发展的重要引擎,但在思想政治工作实践中,要正确理解大数据价值,避免陷入盲目推崇大数据,片面夸大数据相关性,缺乏对数据背后原因的探究,过度放宽容错标准、接收混杂和不确定数据等误区。① 有学者认为,借助大数据技术,思想政治教育实现了数字化转型,涵盖了思想政治教育数据采集、筛选以及可视化等多个环节,同时面临着因思想政治教育数据无法全面呈现受教育者的真实状态而具有片面性,因数据分析难以客观反映思想政治教育实际状况而具有局限性,因数据意识形态的隐匿能力较强以及其对人的主体性的遮蔽而造成思想政治教育数据主体的僭越等困境,需要应对和破解。② 学者们结合自身对数据的理解,分析了思想政治教育数据运用面临的挑战和困境,为深化思想政治教育数据学研究提供了问题导向。

另一方面,思想政治教育数据运用的实践探索研究。学者们基于自身对数据的认识围绕思想政治教育数据运用开展了实践探索,形成了一定的研究成果。有学者提出,提升大数据时代高校思想政治教育实效性要牢牢坚守马克思主义指导地位,紧密结合马克思主义理论中国化发展的新要求,不断适应信息时代变化发展的客观要求,继承与借鉴传统和国外思想政治教育内容,注重方式方法,更新教育理念,制定大数据发展战略;革新教育方法,构建大数据教育模式;整合教育资源,培养大数据素养;做好教育评估,实现思想政治教育的供求平衡。③ 有学者在肯定思想政治教育者把握大数据时代意义的基础上,提出了思想政治教育者把握大数据时代的主要方式:立足中国经济社会发展看待大数据的兴起,从唯物史观出发分析大数据在生产、生活和意识形态领域的影响,批判和澄清各种错误认识,学习大数据技术的基本知识,深入数据应用的具体场景,推动数据在学术研究上的共享,构建研究大数据技术的学术共同体等。④ 有学者提出,系统思维方法立足于要素耦合,旨在形成相互联结的整体合力,通过系统思维的目的性原则、协同性

---

① 李晗、逄红梅:《大数据驱动高校思想政治教育创新的价值、误区与路径》,载《学校党建与思想教育》2022年第20期。

② 翟乐、李建森:《大数据时代思想政治教育的演进理路、现实困境及实践策略》,载《思想教育研究》2022年第7期。

③ 许烨:《大数据时代提升高校思想政治教育实效性的策略研究》,载《湖南社会科学》2022年第3期。

④ 常宴会:《思想政治教育者把握大数据时代的意义和方式》,载《思想理论教育》2022年第9期。

原则和动态开放性原则，能够从新的视角拓展大数据与思想政治教育的有效融合路径；强调立足系统思维，大数据与思想政治教育的融合应始终以提升学生获得感为目的，找准技术在融合过程中的边界与尺度；加强多要素之间的有效联通，打造全域协同的技术应用环境；突破思维桎梏，积极推动开放型的跨学科学术团队建设，打通融合实践"最后一公里"。① 学者们从大数据与思想政治教育结合的角度，对思想政治教育数据运用开展了实践探索，提出了深入开展的可行路径。

四、多维视域下数据学相关研究

当前相关学科的学者们从理论和实践等不同维度，聚焦数据学相关问题并进行了深入的探讨，为深化思想政治教育数据学研究提供了视角、思路和理论等方面的有益借鉴。

一方面，理论维度的数据学相关研究。学者们立足各自的学科视域，从不同角度对数据分析开展了理论探讨。有学者认为，大数据分析处理技术与系统在性能和效率方面已经取得了显著的提升，大数据应用到各个行业，赋能产业智能化发展，成为信息社会进入智能化阶段的关键要素。然而，大数据分析处理技术发展也面临着更深层次的挑战，如数据泛滥与高价值数据缺失并存、大数据分析研判复杂不确定、数据流通共享与数据可信安全使用难以兼顾等。这些挑战将推动大数据分析处理技术的创新与变革，促进新技术体系的建立与发展。② 有学者将数据分析作为学生的一种素养，并将其界定为学生在现实情境中形成的以统计问题为驱动，以概率与统计知识为工具，以统计思维为手段，以数据交流为方式的一种数学素养。其主要体现在，将实际问题转译为数学问题，依据问题收集数据，运用数学方法整理、分析、推断数据，并进行交流与反思，最终形成关于研究对象知识的素养。③ 学者们在各自的研究背景和研究视域中，围绕数据分析的内涵、困境及其发展等

---

① 李姿雨、方凤玲：《系统思维视域下大数据与思想政治教育有效融合研究》，载《思想教育研究》2022年第3期。

② 程学旗、刘盛华、张儒清：《大数据分析处理技术新体系的思考》，载《中国科学院院刊》2022年第1期。

③ 陈建明、孙小军、杨博谛：《数据分析素养的评价框架与实施路径研究》，载《数学教育学报》2022年第2期。

问题展开了深入探讨,深化了数据学的理论研究。

另一方面,实践维度的数据学相关研究。学者们聚焦实际问题,着眼数据分析视角开展研究,形成了数据分析的实践探索成果。有学者将数据分析应用于深度学习评价并推动其发展进步,提出根据"脑—行为—认知—环境—技术"五种模态进行数据的采集、标注与分析以建立深度学习数据库,强调基于这一多模态数据的深度学习评价,可从数据采集自动化、整合预测模型、深化教育应用、统一机理、增强决策智慧化等方面实施和改进。[①] 有学者将数据分析应用于技术预测研究,充分肯定数据分析能够帮助技术预测活动有效使用大量信息,并提高技术预测的科学性及系统性;提出建立包含论文、专利、研究报告、社交媒体、市场信息、政府信息等结构化、半结构化、非结构化数据在内的多源异构数据平台,实现真正意义上的科学数据共享应用;强调构建智能化分析软件,降低科学数据处理难度,进而实现依托数据分析推动技术预测朝着多层次、系统化的方向发展。[②] 有学者聚焦"中国对外援助能改善对华印象吗"这一具体问题,借助数据分析开展实证研究,运用双重差分模型,对全球事件、语言和语调数据库的1316803个观察数据,以及2000—2014年中国对外援助项目进行地理坐标距离计算和时间匹配,探究中国对外援助项目选择路径以及对华印象改善机制的时间效应和距离效应;通过数据分析得出,援助的对华印象改善效应在援助项目结束后5～6年达到峰值,随后逐渐减弱,但回落速度较慢、长期效应依然存在;在项目实施之初,对华印象改善效应则存在反向作用和倒退期。[③] 学者们立足数据分析方法和视角,思考和探讨各项实际研究,进一步丰富了数据学的实践成果。

---

① 胡航、杨旸:《多模态数据分析视阈下深度学习评价路径与策略》,载《中国远程教育》2022年第2期。

② 张硕、汪雪锋、乔亚丽、刘玉琴:《技术预测研究现状、趋势及未来思考:数据分析视角》,载《图书情报工作》2022年第10期。

③ 刘丽娜:《援助能改善对华印象吗——关于中国对外援助的国家形象管理效应的海量数据分析》,载《世界经济与政治》2022年第7期。

第二节 数据分析视角下思想政治教育数据学的逻辑理路

数据分析作为一种统计分析方法，在统计学、电子信息学、社会学等学科中广泛应用，指代"根据研究的目的和要求，运用科学的方法和手段，对调查数据进行定性和定量分析，揭示现象的本质和规律，为决策和管理提供咨询服务的过程"[①]。数据分析应用于思想政治教育领域，满足了思想政治教育分析模式迭代更新的实际需要，契合了应对思想政治教育复杂化趋势的现实要求。作为思想政治教育信息获取的有效方式，数据分析服务于思想政治教育的现状把握、问题破解与决策制定等各项工作，在应用过程中思想政治教育数据分析的概念内涵逐步形成确立。思想政治教育数据分析是数据分析者在对反映思想政治教育状况的相关数据进行提取、清洗、变换的基础上，根据研究目标任务和数据形式特征科学运用恰当的分析方法，揭示数据反映的本质属性和逻辑关系，从而获得有价值信息的过程。随着互联网的深度运用和大数据技术的发展成熟，数据分析在运行理念、对象范围、处理技术等方面都获得了极大拓展。与此同时，广阔的前景和未知的可能也需要我们在科学认识、理性对待数据分析的基础上，准确把握思想政治教育数据分析的内涵本质和原则要求，进而有效发挥其在现实应用中功能价值。从根本上看，思想政治教育数据分析作为一种思维理念指导下的方法手段，形成于思想政治教育与数据分析的高度融合，是数据分析在思想政治教育运用中的成果转化，能够帮助我们更好地把握思想政治教育的本质变化、逻辑关系、内在规律等关键信息。具体而言，思想政治教育数据分析致力于在复杂数据现象中把握本质，在既有数据结果中探究原因，在偶然数据变化中揭示必然。

一、把握复杂数据现象中的关键本质

思想政治教育本质上是一种社会实践活动，在活动开展中数据不断生成，在类型、体量等方面表现为复杂的数据现象，而关键在于把握其中的本质信息。本质与现象作为揭示事物内在联系和外在表现及其关系的一对范

---

① 张海波主编：《调查数据分析》，中国财政经济出版社2004年版，第1页。

畴，是事物普遍具有的两个方面。本质是"事物的根本性质"①，是认清把准事物的关键，需要在复杂现象中梳理把握。思想政治教育数据分析作为一种透过现象看本质的过程和行为，通过对多元数据集合中的有效成分进行梳理，抓住多样数据形式中的核心内容，从而明确数据反映的主客体相关信息这一内在本质。

（一）梳理多元数据集合中的有效成分

复杂的数据现象首先体现于数据的多元混杂，表现为包括真实数据与虚假数据、有效数据与无效数据等在内的多元数据集合。鉴于思想政治教育的内隐性和抽象性，数据现象的复杂性在思想政治教育领域中体现得尤为明显。一方面，思想政治教育的内隐性加大了真实数据与虚假数据的区分难度。现象可区分为真相与假象，体现在数据上则表现为真实数据和虚假数据。"真相以直接的形式表现本质"，赋予了真实数据的潜在价值，而"假象以一种特殊的形式表现本质，它的存在是由实际存在的各种条件所造成的"②，思想政治教育的内隐性为假象的生成提供了便利。思想政治教育是做人的工作，人思想的主观性、潜在性以及应激情况下的隐匿掩饰导致其难以被准确把握，其间产生的假象带来虚假数据。思想政治教育数据分析的首要任务是识别获取真实数据，排除或避免虚假数据的干扰，为数据结果的准确性提供保障。另一方面，思想政治教育的抽象性加大了有效数据与无效数据的区分难度。数据的真实性奠定了数据使用的基础，但并不是所有的真实数据都能被使用。数据的价值根本在于满足数据使用者的需要，这也是区分有效数据和无效数据的根本标准。而思想政治教育的抽象性模糊了数据使用者的需要，具体体现在数据使用者在思想政治教育中难以直接找到与自身需要直接匹配的数据子集和数据类别，这在客观上加大了数据是否有效的区分难度。思想政治教育数据分析首先要在找准真实数据的基础上，以尊重数据客观性与聚焦研究需要的有机结合为导向，经由多种方法和模式进行筛选，"去除源数据中的噪声数据和无关数据，并且处理遗漏的数据和清洗'脏'

---

① 陈先达、杨耕编著：《马克思主义哲学原理》，中国人民大学出版社2016年版，第96页。

② 陈先达、杨耕编著：《马克思主义哲学原理》，中国人民大学出版社2016年版，第97页。

数据"①，从而获取其中的有效数据。

（二）把准多样数据形式中的核心内容

思想政治教育各要素的相互交织和相互影响丰富了思想政治教育数据形式的多样性，这就提出了运用数据分析方法厘清数据反映的核心内容的现实需要。内容和形式作为构成事物的两个方面，是"揭示事物构成要素和表现方式及其关系的一对范畴"②。马克思在《给父亲的信》中论述了内容和形式的辩证关系，指出"形式是概念表述的必要结构，而实体是这些表述的必要性质。……形式必然从内容中产生出来，而且，形式只能是内容的进一步的发展"③。由此可见，形式来源于内容并表现内容。数据分析作为一种探究客观事物真相的实践活动，通过对多样形式的数据进行提取梳理，进而为认清、把准数据的核心内容提供了可能。思想政治教育是一种主体引导、客体参与、介体运用、环体支持的实践活动，其要素的交织性和复杂性决定了思想政治教育数据的丰富性，这种丰富性生动表现在其数据形式的多样性和数据内容的全面性上。思想政治教育数据形式作为把内容诸要素统一起来的结构或表现内容的方式，是思想政治教育数据内容的物质载体，主要包括文字、符号、语音、图像等类型。思想政治教育数据分析需要在理清数据形式的基础上，通过选择合适的分析处理方法，对不同数据形式中的相关数据集进行有效的解析处理，进而把准思想政治教育数据的核心内容。一方面，通过对数据进行描述性、推断性、探索性分析，理清数据的集中趋势、离散程度、偏度、峰度等数据特征并明确数据间的相互关系，从而明确数据结构并为抓住数据核心内容奠定基础；另一方面，在对文字、语音、图像等格式的数据进行转录、编码的基础上，通过对数据进行词频、矩阵、交叉、复合、分组等查询操作，开展聚类分析和关系分析，从而明确数据反映的主题、情感和核心观点。总的来说，思想政治教育数据分析致力于在把握数据属性和结构过程中理清多样数据形式，从而有效把准数据的核心内容。

---

① 喻梅、于健主编：《数据分析与数据挖掘》，清华大学出版社2018年版，第34页。
② 陈先达、杨耕编著：《马克思主义哲学原理》，中国人民大学出版社2016年版，第96页。
③ 《马克思恩格斯全集》第40卷，人民出版社1982年版，第11页。

（三）明确数据反映的主客体相关信息

分析数据现象的根本在于把握其反映的本质信息，在思想政治教育领域集中表现为主客体的相关信息。现象和本质的对立统一关系强调，"既不能脱离现象去空谈事物的本质，也不能停留在事物的现象上，而要透过现象抓住事物的本质"[①]。对数据现象、形式的把握，关键在于获取其中的本质内容。数据实质上是承载信息的载体，数据分析则是通过分析数据进而获得其承载信息这一本质内容的行为和过程。基于对数据和数据分析的本质考量，结合思想政治教育的根本特性进行探讨，可以得出，思想政治教育数据反映的本质内容是教育主客体的相关信息。考察思想政治教育的本质，"思想政治教育主体和客体是思想政治教育活动中的两大基本要素。思想政治教育过程是思想政治教育主体和客体共同参与、相互作用的过程。"[②] 也就是说，教育主客体作为思想政治教育的中心范畴，串联并组织起介体、环体等其他教育要素。具体而言，介体和环体为教育主体所运用并作用和反映于教育客体。在这一层面上，思想政治教育数据都围绕着教育主客体这一核心，都承载和反映着教育主客体的相关信息。思想政治教育数据分析就是要在理清数据有效成分、把准数据核心内容的基础上，掌握数据反映的思想政治教育主客体相关信息这一本质内容。这就要求研究者在对思想政治教育数据进行分析时，一方面，应增强思想政治教育主客体的核心意识，在尊重数据结果、保持数据客观性的同时，自觉思考数据与教育主客体之间的内在关联；另一方面，应提升主客体信息的数据挖掘能力，深入探析数据反映的教育主客体的思想变化、情感波动、行为表现等相关信息，从而在数据现象中揭示关键本质。

二、探究既有数据结果中的生成原因

思想政治教育是着眼人的实践活动。人的思想意识与实践行为的发展性、变化性及其相互影响性增加了思想政治教育的复杂程度，反映在数据上

[①] 陈先达、杨耕编著：《马克思主义哲学原理》，中国人民大学出版社2016年版，第98页。

[②] 冯刚、彭庆红、余双好等：《新时代高校思想政治教育学原理》，人民出版社2021年版，第204页。

表现为各要素之间复杂的非线性的数据关联，而其中蕴含着思想政治教育活动中多维复合的因果关系。原因与结果是事物之间普遍具有的一种关键联系，从结果中探讨原因是人们常用的一种分析问题、梳理关系、找准矛盾的基本方法。思想政治教育数据分析致力于通过分类、整理既有的数据结果，厘清各要素之间的内在数据关联，从而探究既有数据结果的生成原因。

（一）分类、整理既有的数据结果

对事物发展而言，结果既是事物发展成效的静态呈现，也内含着事物发展动因的相互关联。分类、整理既有数据结果是研究者基于数据分析的任务、目的与要求，根据研究数据的特点，对所取得的数据进行筛选审核、分类整合、分组汇总，使其结构化、条理化、系统化的过程。聚焦思想政治教育数据，其对主客体关系的生动表征，要求研究者在深刻把握主客体思想观念复杂性的基础上，对既有数据结果进行分类、整理。从根本上说，思想政治教育是聚焦人的思想的工作，思想政治教育数据结果承载的是人的思想及其外化行为的相关信息。而人的思想政治素质是人"在长期的实践中经由内因与外因的交互作用而形成的"，"既受内在的心理素质、认知结构、情感态度和思想观念的影响，也受外在的客观环境和社会条件的影响"[1]。因此，对思想政治教育数据结果进行分析时，研究者需要深入考虑人在认知、情感、思维方面的复杂性，并以此为参照从不同方面、不同维度对既有的数据结果进行分类整合，使其在不同层面生动反映思想政治教育的相关情况。同时，思想政治教育数据整理也要遵循一般数据整理原则，在实现数据整理目的的同时，确保数据的价值性。在对思想政治教育数据进行分类、整理的过程中，研究者既要坚持客观性原则，使整理后的数据能真实且准确地反映研究对象的特征；又要坚持目的性原则，使整理后的数据紧密围绕研究的主题方向、主要任务且符合研究者的研究需要。分类、整理思想政治教育数据结果，能够对既有数据进行查漏补缺、去伪存真、去粗取精，在保证数据真实性、准确性、可用性的基础上使数据条理化、结构化，为厘清各要素之间的内在数据关联、分析各要素互动的因果关系奠定基础。

---

[1] 冯刚、彭庆红、佘双好等：《新时代高校思想政治教育学原理》，人民出版社2021年版，第221页。

（二）厘清各要素之间的内在数据关联

经过分类、整理，思想政治教育数据结果得以结构化呈现，同时，数据主体的要素结构体系也逐渐建立起来。在对数据进行分类、归纳、整合过程中，作为数据主体的各个要素也逐渐显现，这些要素彼此关联，形成一个数据系统。在思想政治教育领域中，数据的系统性体现得尤为明显。"思想政治教育是一个体系庞大、结构复杂的大系统"，"思想政治教育系统的运行结构是由其内部框架结构要素之间相互依存、相互支持、相互制约形成的"[①] 有机统一体。因此，思想政治教育的开展必然是内部各要素之间协同作用的过程，其间产生的数据必然也紧密相连。实质上，思想政治教育的系统性强化了数据的关联性。面对思想政治教育数据结果，研究者要以普遍联系的观点探究要素之间的内在数据关联。恩格斯强调，"关于自然界所有过程都处在一种系统联系中的认识，推动科学到处从个别部分和整体上去证明这种系统联系"[②]。思想政治教育数据分析就是在联系的普遍性原理指导下，从数据出发，通过梳理数据关联来找准和证明思想政治教育要素的系统联系。具体而言，厘清各数据要素之间的内在数据关联要在数据结构化处理、数据主体要素显现的基础上，通过梳理要素之间的数据关系，为发掘要素间的实质联系进而证明思想政治教育要素的内在关联奠定基础。在思想政治教育领域中，各数据要素之间的相互关系不只是简单的线性关系，更多的是非线性复杂关系，且多以树状、图状或网状结构存在。研究者要着力识别要素之间的关系属性和密切程度，才能在此基础上揭示数据要素的关联实质，进而为验证思想政治教育要素的互动关系提供依据。总的来说，厘清各数据要素之间的内在数据关联是实现从数据载体向实质信息跨越的关键一步。

（三）分析各要素互动的因果关系

梳理思想政治教育各要素之间的内在数据关联，进而找准思想政治教育活动中的不同维度、不同层次的因果关系是思想政治教育数据分析的价值表征。原因与结果作为世界普遍联系和永续发展链条中的重要一环，是"揭示事物之间引起与被引起关系的一对范畴"。"任何一种事物、现象必然是由

[①] 冯刚、彭庆红、佘双好等：《新时代高校思想政治教育学原理》，人民出版社2021年版，第25～26页。

[②] 《马克思恩格斯选集》第3卷，人民出版社2012年版，第412页。

另外一种或一些事物、现象所引起",同时又"必然引起另外一种或一些事物、现象"。① 因果关系作为事物本身所固有的,不以人的意志为转移的普遍联系,在实践活动中能够被人认识和把握。思想政治教育数据作为记录思想政治教育相关活动的符号,是对思想政治教育实践的客观反映。从既有数据结果中探究其生成原因,进而揭示思想政治教育活动中的因果联系,关键是在厘清各要素之间的内在数据关联的基础上,分析、把准各要素互动的因果关系。而思想政治教育的复杂性导致其因果关系的多样性,不仅表现为具体层面的因果关系因参与要素、运动形式、具体条件的不同而不同,更在于不同问题中由多个单一因果聚合而成的复杂因果。认识把握这些因果关系,需要从普遍的相互联系出发,正如恩格斯在《自然辩证法》中所强调的,"为了了解单个的现象,我们必须把它们从普遍的联系中抽出来,孤立地考察它们,而在这里出现的就是不断变换的运动,一个表现为原因,另一个表现为结果"②。思想政治教育数据分析作为帮助人们在错综复杂的相关联系中把握因果关系的一种重要方式,能基于各数据的相互联系,厘清数据之间的内在关联,并从多种联系中相对独立地考察因果关系。此外,在基于思想政治教育数据分析其蕴含的因果关系时,应坚持因果关系的客观性原则。认识和评判思想政治教育行为与结果之间是否存在因果关系,既不能以研究者的意志为转移,也不能以其他人的认识和意志为转移。通过数据分析正确把握思想政治教育活动中的因果关系,善于从思想政治教育结果中分析原因、找准问题,能为有效开展思想政治教育活动提供指导方法,使其朝着有利于人的全面发展的方向运行,为思想政治教育解决问题、改进策略、提升效果提供基础。同时,准确把握因果关系,可以根据数据结果对思想政治教育进行科学预测,为预防不利结果、消除不利因素提供支持。

三、揭示偶然数据变化中的必然联系

思想政治教育是多要素共同参与、彼此作用的动态过程,各要素在互动过程中容易生成各种形式的突发现象。这些现象呈现一定的偶然性,而实质上其既受思想政治教育主要矛盾的影响,又受思想政治教育内在规律的制

---

① 陈先达、杨耕编著:《马克思主义哲学原理》,中国人民大学出版社2016年版,第98页。

② 《马克思恩格斯选集》第3卷,人民出版社2012年版,第920~921页。

约，于思想政治教育系统中展现出必然的内在关联。偶然与必然作为一对相互交织的关系范畴，人们在偶然中寻找必然，又用必然来解释偶然。思想政治教育数据分析致力于通过寻求偶发数据突变映射的必然缘由，把握局部数据变化蕴含的整体趋势，从而揭示思想政治教育数据变化的必然联系。

（一）寻求偶发数据突变映射的必然缘由

思想政治教育中各要素的发展变化与交织组合容易引起各种形式的突发现象，表现为数据上的偶发突变。思想政治教育数据分析就是要立足数据找准偶发突变的必然缘由。偶然与必然作为揭示事物联系和发展的不同趋势的一对基本范畴，二者相互依存、不可分割、辩证统一。一切现实事物既是偶然的，又是必然的，偶然性是必然性的表现和补充。正如恩格斯在《家庭、私有制和国家的起源》中强调的，"偶然性只是相互依存性的一极，它的另一极叫做必然性。在似乎也是受偶然性支配的自然界中，我们早就证实，在每一个领域内，都有在这种偶然性中去实现自身的内在的必然性和规律性"[1]。"在表面上是偶然性在起作用的地方，这种偶然性始终是受内部的隐蔽着的规律支配的"[2]，任何偶然性都服从于其内部隐藏着的必然性，关键在于把握偶然性中的必然性。在思想政治教育领域中，偶然现象及其反映在数据上的偶发突变并不少见。究其原因，思想政治教育是促进人全面发展的实践活动，"人的本质不是单个人所固有的抽象物，在其现实性上，它是一切社会关系的总和"[3]，而复杂的社会关系也意味着影响人的因素的多样性，这种多种层次相互交织的影响常常伴随人成长发展的全过程。在面对这些多样、突发的影响时，人在头脑中往往容易产生认知、情绪、心理等方面的应激反应，主导其行为变化，进而生成反常行为。而思想政治教育正是关注人的思想意识、情感观念、实践行为等层面，这些思想和行为被观测记录，于思想政治教育数据中表现为偶发性的数据突变。思想政治教育数据分析作为通过挖掘思想政治教育数据进而获得有价值信息的行为和过程，需要关注数据集合中的某些突变数据，并寻求偶发突变数据背后映射的必然缘由。具体而言，聚焦特定个体的思想行为轨迹，梳理数据集合中某一趋势下某些数据的显著变化，并挖掘与其变化相映射的关联数据，通过对这些数据进行相关

---

[1] 《马克思恩格斯选集》第4卷，人民出版社2012年版，第191～192页。
[2] 《马克思恩格斯选集》第4卷，人民出版社2012年版，第254页。
[3] 《马克思恩格斯选集》第1卷，人民出版社2012年版，第135页。

分析或聚类、判别、因子等多元分析，找准其思想政治教育变化背后的必然缘由，为思想政治教育发现问题、精准施策、开展个性化服务提供可能。同时，将实然状态下的思想行为数据与其历史数据或应然状态的思想行为数据进行关联对比，关注其中的突变数据，在比较分析中将对数据产生的片面的、表面的认识上升为全面的、深刻的理解，进而认识数据变化背后的必然缘由，透过偶然性发现隐藏在其背后的必然性。

（二）把握局部数据变化蕴含的整体趋势

思想政治教育数据分析不仅探究偶发性数据突变的缘由，还强调以延展性思维审视局部数据变化，着眼数据全貌，历时性地洞察数据。这是由思想政治教育本质属性赋予思想政治教育数据的突出特点决定的。从根本上看，"思想政治教育过程是一个有目的地培养人的过程。……是达成思想政治教育目的，培养教育对象形成一定社会所要求的思想政治素质的过程"[1]。一方面，思想政治教育是以教育对象的思想政治素质提升为根本目的和效果显现，目的实现的长期性和效果显现的延时性都要求思想政治教育数据采集的持续性；另一方面，持续采集的思想政治教育数据，多是按照时间序列记录着教育要素某一节点的情况水平，最终呈现以教育要素为核心、以时间演进为序列的数据链条。因此，连续性是思想政治教育数据的突出特点，这就要求研究者着眼数据全貌，以发展的、动态的、渐进的眼光分析思想政治教育数据。正如恩格斯在《反杜林论》中强调的，"当我们通过思维来考察自然界或人类历史或我们自己的精神活动的时候，首先呈现在我们眼前的，是一幅由种种联系和相互作用无穷无尽地交织起来的画面，其中没有任何东西是不动的和不变的，而是一切都在运动、变化、生成和消逝"[2]。这指导我们要认清思想政治教育数据的联系性和变化性，并在此基础上善于把握局部数据变化中蕴含的整体趋势。思想政治教育数据分析要坚持全局性视野，在依据局部数据变化情况对思想政治教育某一层面进行剖析时，不能局限其中，要以延展性思维进行审视，不断扩充和串联局部数据，进而把握数据全貌，在历时性数据观察中寻找一般变化和稳定趋势，为发现和验证规律、预测未来发展等提供可靠依据。

---

[1] 冯刚、彭庆红、佘双好等：《新时代高校思想政治教育学原理》，人民出版社2021年版，第204页。

[2] 《马克思恩格斯选集》第3卷，人民出版社2012年版，第395页。

(三) 数据变化性和联系必然性有机统一

数据的变化性及其蕴含的联系必然性是有机统一的。恩格斯强调，"除了永恒变化着的、永恒运动着的物质及其运动和变化的规律以外，再没有什么永恒的东西了"①。可见，物质的运动变化和运动变化的规律是永恒且统一的，这在思想政治教育中表现得尤为明显。"思想政治教育是关乎人的思想观念与行为发展的实践活动"②，致力于培养人形成符合一定社会要求的思想政治素质及相应行为。在接受教育过程中，人受外部因素的影响引发内心的矛盾运动，从而实现思想政治素质持续累积，这一提升过程被观测和记录表现为不断变化的数据。人思想的波动性决定了思想政治教育数据的变化性，然而这种变化不是无序的，其在总体上是相对稳定的。因为思想政治教育是遵循教书育人规律和人的思想政治素质形成发展规律的科学实践活动。一般而言，教育接受者的思想政治素质形成过程也是契合规律的，因此，这些变化的数据都包含着人思想政治素质形成中稳定的必然联系；基于此，持续的变化性和联系的必然性统一于思想政治教育数据中。思想政治教育数据分析要重视和运用这种统一性，坚持在统筹短期与长期、局部与整体、微观与宏观的变化中把握必然联系。一是坚持短期分析与长期分析相结合，通过长期分析为帮助短期分析开展提供趋势指导，通过短期分析解决长期分析难以顾及的具体问题，进而从时序上覆盖数据变化的全时期，把握人思想政治素质累积提升的必然联系；二是坚持局部分析与整体分析相结合，通过整体分析为帮助局部分析开展提供思路指导，通过局部分析细化整体分析的框架内容，进而从个体素质构成上覆盖数据变化的全链条，把握人思想政治素质协同发展的必然联系；三是坚持微观分析与宏观分析相结合，通过宏观分析为帮助微观分析开展提供模式指导，通过微观分析为宏观分析提供佐证案例，进而从数据的主体构成上覆盖数据变化的全人群，把握人思想政治素质形成发展的必然联系。总的来说，思想政治教育数据分析就是在看似偶然无序的数据变化中着力把握稳定的必然联系。

---

① 《马克思恩格斯选集》第3卷，人民出版社2012年版，第864页。
② 《马克思恩格斯选集》第3卷，人民出版社2012年版，第371页。

第三节　数据分析视角下思想政治教育数据学的实践运用

数据分析的根本价值在于实践运用。作为研究解析各类数据以获取信息的有效行为，数据分析贯穿于思想政治教育的全过程和各环节，通过现状评判、关联理清、信息预测为思想政治教育的有效开展提供参考借鉴。思想政治教育数据分析与信息技术紧密相连，是落实"推动思想政治工作传统优势与信息技术深度融合，使互联网这个最大变量变成事业发展的最大增量"[①]要求的重要着力点。在蓬勃发展的信息技术助力下，数据分析在思想政治教育实践运用中的广度和深度不断拓展，呈现静态结果向动态过程剖析、线性关系梳理向非线性关系揭示、单一因果探究向多维关联理清深化的趋势。厘清当前思想政治教育数据分析的实践运用，对于阐明思想政治教育数据分析价值蕴涵、促进思想政治教育数据分析的规范开展具有重要意义。

一、现状评判：思想政治教育数据分析的描述性运用

数据分析作为现状评判的有效方式，能够对思想政治教育相关活动进行切实反映和现实描述。现状评判是思想政治教育数据分析的描述性运用。思想政治教育数据分析基于对分析目标的深刻把握，确立分析研究的核心指标，进而在指标计量中明确思想政治教育的现实状况，在比较分析中评判思想政治教育的实际水平。

（一）在目标把握中确立核心指标

确立核心指标是运用数据分析对思想政治教育相关活动进行切实反映、现实描述，进而评判思想政治教育现状的首要环节。数据分析核心指标作为思想政治教育主要内容的集中体现，是研究者基于对数据分析目标、原则、方法深入把握而构建、确立的，是理论研究落地于实践运用的关键。强调指标确立的重要基础作用是由思想政治教育的特殊性决定的。思想政治教育是研究人的思想政治素质形成发展和思想政治教育运行规律的学科，人思想意

[①] 《中共中央　国务院印发〈关于新时代加强和改进思想政治工作的意见〉》，载《人民日报》2021年7月13日，第1版。

识的潜在内隐及其实践行为的复杂多样，增加了思想政治教育现状评判的难度。同时，思想政治教育的抽象性及其效果的滞后性，在一定程度上也影响和制约着思想政治教育效果衡量的准度和精度。科学、合理、规范的核心指标不仅能够清晰、高效地反映思想政治教育各要素的主要内容，还能有效提高思想政治教育数据分析的信度和效度。因此，思想政治教育数据分析作为通过深入解析思想政治教育数据，进而准确衡量思想政治教育现状的有效方式，需要研究者基于数据分析的目标任务、按照特定的原则方法选取确立数据分析的核心指标。基于对数据分析基本原理的理念借鉴，结合思想政治教育的根本特性可以得出，思想政治教育核心指标确立需坚持政治性与适用性相统一。一方面，思想政治教育核心指标确立要遵循政治性原则。思想政治教育作为进行思想政治道德观念培养、促进人的全面发展的重要途径，是坚持社会主义办学方向的重要保证。数据分析核心指标要紧紧围绕担当民族复兴大任时代新人的人才培养任务以及高校开展立德树人工作实际，始终突显其政治导向特性。另一方面，思想政治教育核心指标确立要坚持适用性原则。数据分析的核心指标是研究者依据分析需求与任务确立的，是解析探究数据的前置环节，要坚持核心指标规范合理、易于操作、方便测量且合乎研究逻辑，既确保指标的整体、全面，又避免指标逻辑上的冗余。

（二）在指标计量中明确现实状况

思想政治教育数据分析应能够着眼现实时间节点，通过计量基于目标把握确立的核心指标，对思想政治教育相关活动进行考察，从而较为全面、真实地明确现实状况。第一，思想政治教育数据分析以现实时间节点为主进行指标计量。思想政治教育为教育者有目的、有计划地培养教育对象形成一定社会所要求的思想政治素质，并以教育对象的素质发展状况为现实成果体现的社会实践活动[①]。对思想政治教育的考察往往以现实时间节点为切入点，把握思想政治教育活动状况特别是教育对象的素养状况。其中，数据分析基于对现实时间节点的思想政治教育相关指标开展计量，从而获取思想政治教育现实状况的相关信息。不仅如此，通过调整时间节点，数据分析可以探究某一历史时刻的思想政治教育状况，甚至多个时刻组合而成的阶段状况，从而实现对思想政治教育状况的动态考察。第二，指标是现状考察的关键点，

[①] 冯刚、彭庆红、余双好等：《新时代高校思想政治教育学原理》，人民出版社2021年版，第204页。

指标计量反映思想政治教育现实状况。从现实时间节点看，核心指标作为思想政治教育内容要素的集中反映，既是现状把握需要考察的关键点，也是数据分析统计衡量的核心点。在指标架构的基础上，思想政治教育数据分析通过计量各项指标的具体数值，实现内容指标与水平数值的统一结合，反映和呈现思想政治教育的现实状况。第三，从程度上看，思想政治教育数据分析能够较为全面、真实地使现实状况更加明晰。关于全面性，思想政治教育数据分析通过选取并计量核心指标，能够获取所需思想政治教育活动的主要信息。关于真实性，思想政治教育本身的内隐性增加了数据收集的难度，影响了数据的信度和效度，从而在一定程度上模糊了现实状况。虽然存在这些局限，但是思想政治教育数据分析仍以科学性为根本遵循，致力于客观、严谨地计量各项指标，追求全面、真实地反映思想政治教育现实状况。

（三）在比较分析中评判实际水平

准确评判思想政治教育相关活动的实际水平是运用数据分析对思想政治教育进行有效反映、深入把握的关键环节，也是思想政治教育数据分析描述性运用的重要体现。思想政治教育的特殊性决定了数据分析在把握现状的基础上深入评判实际水平的必要性。思想政治教育是一项关注人的思想观念、政治观点、道德规范及其行为习惯的社会实践活动。"在社会的高速发展之中，青年人不可避免地面临着许多思想困惑，影响了他们对时代的判断。"[①]而社会发展影响下人思想行为的变化性、交织性及其影响因素的多样性、复杂性更加凸显，增加了思想政治教育数据的量化难度，在一定程度上降低了数字符号的客观反映效度。这就要求研究者在衡量思想政治教育实际水平的过程中，不能仅仅着眼核心指标计量得出的简单数值，局限于对现实情况的直观解读，而是需要运用比较分析法深度把握思想政治教育的现实状况。利用比较分析法，研究者能更加全面、科学地认清思想政治教育各计量数值背后代表的真实水平，为准确、客观掌握思想政治教育实际情况奠定坚实的基础。深化数据分析的描述性运用，需要研究者聚焦不同维度，在比较分析中对思想政治教育实际水平进行综合衡量。一方面，在思想政治教育的历史数据与现实数据的比较中衡量其实际水平。思想政治教育强调对人思想政治素质形成过程及其发展状况的考察，这种过程性、发展性在思想政治教育数据

---

① 张润枝：《思想政治理论课应注重培养有时代感的时代新人》，载《思想理论教育导刊》2019 年第 5 期。

中表现为由多个历史数据组合而成的历时性数据集合。衡量思想政治教育实际水平，需要立足研究对象的现实基础、实际条件，基于不同的时间节点，客观审视、评判其核心指标数值，在数值的差异变化中把准其实际水平。另一方面，在思想政治教育的应然数据与实然数据的比较中衡量思想政治教育实际水平。思想政治教育应然状态是基于现实状况，综合考虑各项条件后预测提出的思想政治教育可能达到的理想状态，表现为制定的思想政治教育目标、提出的思想政治素质要求等，在数据中表现为应然数据。考察思想政治教育实际水平，需要研究者关注基于经验的、应然状态下的核心指标数值，在应然数据与实然数据比较中明确差距，进而把准实际水平。

二、关联理清：思想政治教育数据分析的诠释性运用

数据分析从数据视角出发梳理思想政治教育各要素互动的复杂关联，为理解思想政治教育现象、问题及原因奠定了基础，关联理清是思想政治教育数据分析的诠释性运用。思想政治教育数据分析通过数据归纳梳理数据主体各基本要素，在此基础上开展多维分析以理清各要素之间的复杂关联，从而揭示其蕴含的思想政治教育实质信息。

（一）在数据归纳中梳理基本要素

数据分析作为一种从数据中获取信息的方法和手段，在思想政治教育的原因分析和问题解决中发挥着重要作用。从思想政治教育本身来看，"思想政治教育系统的运行结构是由其内部框架结构要素之间相互依存、相互支持、相互制约形成"[①]的有机统一体。这种系统性决定了思想政治教育矛盾问题的复杂性及其背后生成原因的密切关联性。而数据分析则是从客观的数据视角出发，探究数据主体各要素之间的互动联系，并在与思想政治教育各要素的匹配中，揭示数据及其内在关联蕴含的实质信息。因此，数据分析成为诠释思想政治教育问题及原因的重要方式。在这一过程中，首要的步骤是在数据归纳中梳理基本要素，这是由数据的依存性决定的。数据本质上是对客观事物进行记录并可以被鉴别的符号，必然表现和反映事物的性质、状态及相互关系等信息。数据的这种主体依存性既提供了按主体要素进行数据归

[①] 冯刚、彭庆红、余双好等：《新时代高校思想政治教育学原理》，人民出版社2021年版，第26页。

纳的可能性，也提出了面对复杂数据时进行数据归纳的必要性。从本质上看，"归纳是由个别或特殊向一般的运动，……是从观察和实验中搜集材料开始的，……对经验材料的研究有着重要的作用"①。数据归纳则是对收集的思想政治教育相关数据进行筛选、分类、整合等操作，将数据归整成结构化的数据集合的过程。经过数据归纳，数据中的主体要素逐渐显现，这些要素吸纳相关数据形成各数据集合，同时彼此之间相互交织，构成数据整体。在此基础上，研究者还需进一步梳理归纳出的数据主体要素，在与思想政治教育基本要素匹配的过程中进行验证，确保数据主体要素契合现实、反映主题、符合逻辑，进而为后续的关联分析奠定坚实的基础。

（二）在要素明确中开展多维分析

对思想政治教育数据开展多维分析是深度解析数据主体各要素之间内在关联进而揭示其蕴含实质信息的关键，在思想政治教育数据分析诠释性运用中处于核心地位，其分析方法的选择及分析的质量影响着对思想政治教育本质内涵、层次结构、内在关联的揭示效果。思想政治教育是"关乎人的思想观念与行为发展的实践活动"②，人作为其中最活跃的元素，是思想政治教育各要素相互联系、相互作用的枢纽。思想政治教育的特殊性以及人的社会性、复杂性，要求研究者在围绕数据开展思想政治教育的研究中，在充分把握数据之间复杂关系的基础上，运用多维分析理清思想政治教育各数据要素的内在关联。其一，开展思想政治教育数据相关分析。相关分析是探究现象之间是否具有依存关系以及依存关系强弱的方法。基于研究需求，研究者对思想政治教育数据主体各要素进行二元相关、复相关或偏相关系数的计算，依据相关系数明确各变量的相关性及相关性的强弱与方向。其二，开展思想政治教育数据聚类分析。聚类分析作为以类之间距离或相关系数为依据，将观测变量或观测样本按某一性质上的亲密程度进行分类的方法，在思想政治教育数据分析中具有独特而重要的价值。研究者通过选取不同的聚类方法，计算数据各变量间的绝对距离、欧拉距离或切比雪夫距离，把准变量之间的

---

① 陈先达、杨耕编著：《马克思主义哲学原理》，中国人民大学出版社2019年版，第157页。

② 冯刚、彭庆红、余双好等：《新时代高校思想政治教育学原理》，人民出版社2021年版，第371页。

相似程度，能够将思想政治教育中同一研究维度下的数据分成类中相似性较高、类间差异性较大的几类，在聚类中进一步理顺各要素之间的内在联系。其三，开展思想政治教育数据主成分分析。主成分分析是利用降维思想，将众多具有一定关联的指标，经过重新组合转化为少数几个能反映原始变量主要信息的指标的方法。研究者借助正交变换将其研究指标标准化，并判定指标间的相关性，通过对主成分表达式进行计算，进而在确立各个主成分的基础上明确主成分之间以及与其他成分之间的复杂联系。

（三）在关联理清中揭示实质信息

在关联理清中揭示实质信息是发掘数据价值、实现从关联数据向价值信息跨越的关键步骤。运用多维分析理清数据关联并不意味着完成对思想政治教育数据的分析，而仍需要进一步揭示数据关联中所蕴含的实质信息，这是由数据的本质特征和思想政治教育的内隐性特点决定的。一方面，数据本质上作为承载信息的载体，其价值是在信息获取中被发掘和创造的，因此信息是数据的价值旨归；另一方面，无论是知识传授的特定内容，还是价值引导的特殊使命，都决定了思想政治教育与其他学科不同，其深层的内隐性要求研究者在数据分析中深入揭示数据极其复杂关联蕴含的思想政治教育实质信息。经过要素梳理和多维分析，思想政治教育数据主体各要素之间的复杂关联得以理清，为思想政治教育信息的揭示奠定了基础。一般来说，数据的实质信息包括事物的性质、状态及相互关系等内容。其在思想政治教育领域中表现为，教育过程中以教育者和教育对象为核心、覆盖教育各要素的发展变化、互动影响等信息内容。研究者基于要素的数据关联进行解读，从而确证和诠释思想政治教育各要素特别是教育者和教育对象的发展变化及其影响因素等。具体而言，在思想政治教育数据分析实践运用过程中，依据明确的分析目的，面对具体的思想政治教育矛盾问题，研究者从要素的数据关联中可以得出思想政治教育各要素的互动关系，并在此基础上找准矛盾冲突的症结所在、分析生成问题的多重原因、明确关键主导的决定因素，从而有针对性地制定政策、化解矛盾、破解问题。总的来说，思想政治教育数据分析经由数据的关联理清揭示思想政治教育各要素的互动关系，成为诠释思想政治教育现象、问题及原因的重要方式。

三、信息预测：思想政治教育数据分析的探索性运用

数据分析既能在评判和诠释中把握现实，也能在数据和信息预测中探索未来，信息预测是思想政治教育数据分析的探索性运用。思想政治教育数据分析通过把握趋势认识发现规律，并运用规律开展数据预测，从而推动预测可能数据的转化落实。

（一）在趋势把握中认识发现规律

规律作为一种联系的范畴，是事物及其发展过程中所固有的、本质的、必然的、稳定的客观联系。规律不是事物的现象，而是属于事物内在本质的东西，是客观存在的。马克思指出，"规律是根本不能取消的。在不同的历史条件下能够发生变化的，只是这些规律借以实现的形式"[1]。规律的稳定性、必然性，为人们认识和发现规律提供了可能。在此基础上，人通过把握规律、运用规律能极大地发挥自身的主体性和主观能动作用，更加有效地开展社会实践活动，进而更好地满足自身的需要。认识规律不能通过感官直接把握，而是需要透过现象，理性思考与把准事物本质的关系或本质之间的关系。思想政治教育数据分析作为揭示、理清事物本质的重要方式，通过采用科学的方法和手段，对数据进行定性和定量分析，能够有效发现和把握思想政治教育规律。着眼规律，"思想政治教育是研究人的思想政治素质形成、发展以及思想政治教育运行规律的学科"[2]。思想政治教育数据分析以其独特的分析视角和科学的分析方法，在认识和把握人的思想政治素质形成发展规律与思想政治教育运行规律中发挥着关键作用。思想政治教育数据是记录思想政治教育相关活动及其各要素的符号，其本身就蕴含着思想政治教育相关规律。通过对思想政治教育各要素的相关数据进行集中趋势判定、离中趋势判别，进而掌握数据的基本指标和相关特征，并在此基础上，对人的思想政治素质形成发展过程及其思想政治教育运行过程中各数据进行梳理和相关性分析，理清数据反映的思想政治教育内在关联。同时，通过聚类、主成分、因子等多元分析，抓住思想政治教育运行过程的主要矛盾，把准制约人

---

[1] 《马克思恩格斯文集》第10卷，人民出版社2009年版，第289页。
[2] 冯刚、彭庆红、佘双好等：《新时代高校思想政治教育学原理》，人民出版社2021年版，第23页。

思想品德形成发展的主要因素，进而厘清思想政治教育要素互动的本质联系，为发现和抓住思想政治教育规律提供基础。

（二）在规律运用中开展数据预测

认识规律、把握规律，关键在于运用规律。习近平总书记指出，"要应对好各种复杂局面，关键是要提高对规律的认识，善于运用规律来处理问题"①。这指导我们在探索规律、认清规律的同时，需要主动运用规律因势而谋、应势而动、顺势而为来谋划思路、推动实践。着眼思想政治教育更是如此，"人生活的多重复杂环境以及人的思想性、发展性增加了更多的不确定性，增大了以过去经验来预测未来工作的难度"②。只有在对人的思想政治素质形成、发展以及思想政治教育运行等规律深刻把握的基础上，才能有效结合思想政治教育历史数据对思想政治教育展开科学预测。思想政治教育数据预测是数据分析价值蕴涵的重要体现，关注实然数据向应然数据转化过程中的内在关联。在规律运用中依据对历史数据科学分析来开展思想政治教育数据预测，能够更加清晰、准确地认识思想政治教育各要素的内在本质、相互关系和运行规律，使预测由应然化、简单化、经验化迈向精准化、科学化、合理化。具体而言，在把握规律开展数据预测前，研究者需要进一步明确预测的内容、范围、要求等问题，在对预测主体相关数据进行抓取收集整理的基础上，通过对数据属性和特征的综合考量，结合数据预测的目标任务，选取恰当的预测方法。同时，根据选定的预测方法，结合思想政治教育规律的理念和逻辑，建立思想政治教育数据预测模型，通过计算分析模型中各个变量的相互关系，进而确定预测模型的各项参数。基于对预测模型预测误差的估量和计算，验证其可靠性和准确性，从而确保预测模型的科学性和适用性，为获得确切的思想政治教育可能数据提供保障。总的来说，依据对思想政治教育规律的把握，运用科学的统计方式、数学方法、逻辑方法，对思想政治教育的未来发展趋势和水平进行推测，能为思想政治教育科学决策和管理咨询提供支持。

---

① 《习近平关于全面从严治党论述摘编》，中央文献出版社2016年版，第67页。
② 冯刚：《大数据应用于思想政治教育的局限与突破》，载《重庆大学学报（社会科学版）》2021年第2期。

(三) 在数据预测中着力转化落实

思想政治教育数据分析是通过解析数据发现并运用规律从而开展数据预测,其根本目的在于改进和完善思想政治教育,更好地达成教育目标、提升教育效果。这些基于规律预测的可能数据,不仅为思想政治教育提出了现实可行的实际目标,更为其发展指明了前进的具体方向,展现出目的性和引领性的特征。基于此,具备这些属性的思想政治教育可能数据在一定程度上增强了人的主观能动性,目标的制定和方向的明确能够"开发人的潜能、丰富人的头脑、强化人的动机、坚定人的意志,促进人的精神动力、精神力量、精神资源的开发,从而提高人的积极性、主动性和创造性"[①],激励人着力为实现甚至超越可能数据而努力奋斗。与此同时,面对可能数据,思想政治教育可以通过有针对性地制定政策、提供个性化服务等,着力促进可能数据的转化落实。一方面,面对关于群体的可能数据,思想政治教育可以通过制定专项政策,聚焦数据预测中关联的教育要素,有针对性地提供人员支持、物资保障等,从而充分调动各教育要素的积极性;同时,健全完善教育要素协同机制,特别关注数据联系密切的要素,在目标、内容、方式、评价等方面的协同互动中落实预测的可能数据。另一方面,面对关于个体的可能数据,思想政治教育可以通过提供个性化服务,照顾极端案例、突发问题等特殊情况,着眼数据预测中的直接关联因素,有针对性地制定方案,着力了解和满足合理需求,聚焦思想问题和实际问题的解决,在提供切实有效的帮助中落实预测的可能数据。总的来说,思想政治教育数据分析基于把握和运用规律,结合数据分析方法发挥数据预测作用,在此基础上,预测的可能数据在提供目标引领和动力支持中,通过调动思想政治教育各要素协同联动得以落实和达成。

[①] 冯刚、彭庆红、佘双好等:《新时代高校思想政治教育学原理》,人民出版社2021年版,第143页。

第九章　思想政治教育生态学

思想政治教育生态学是思想政治教育学引入生态学理论和方法形成的一个新的交叉学科，开拓了思想政治教育学学科的研究视野。"用生态论论及思想政治教育，实际上就是把人的问题提高到一个新的高度来研究，对思想政治教育注入了新的内涵，是思想政治教育范式发展中的一次突破与进步。"[①]

随着人类社会的进步与发展，我们面临着现代化发展带来的生态危机，因此人与自然的关系也越来越紧密，对人与自然关系的思想探索和实践研究，为思想政治教育的发展有着重要的启示作用。思想政治教育生态学是思想政治教育学新兴的研究领域和研究方向，是思想政治教育时代价值的重要体现，能够促进思想政治教育学学科向更系统化的方向发展。当前，研究思想政治教育生态主要存在两类研究方法：一类是借用自然科学中涉及的生态学有关理论与方法来研究，如生态学中的系统性原理、多样性原理、动态性原理、反馈原理等，具有明确的学科交叉研究特点；另一类则借用生态学所蕴含的世界观、方法论、价值论来研究，属于研究视角、研究思维和价值取向，具有显著的研究方法论特点。研究思想政治教育生态，既不能完全依托生态学的理论和方法来研究思想政治教育本身，也不能完全脱离生态学的研究思维来看待思想政治教育。因此，思想政治教育生态学将以思想政治教育各系统、各因素、各环节的内外双循环特点和双发展规律为研究对象，以思想政治教育生态的研究内容、实践逻辑、研究定位和系统建构为研究重点，推动思想政治教育学学科的发展，提高思想政治教育学的整体性和层次性。

---

① 卢岚：《现代思想政治教育社会生态研究综述》，载《思想政治教育研究》2010年第4期。

第一节　思想政治教育生态学的研究意义

一、丰富思想政治教育学学科理论体系

研究思想政治教育学的学科体系是定位思想政治教育学学科的重要视角。学者张耀灿等人认为，思想政治教育学完整的学科理论体系包括思想政治教育基本理论研究、思想政治教育的形成和发展研究、思想政治教育方法理论研究、思想政治教育管理理论研究。[①] 随着实践的发展和理论的深入，政治教育学的学科理论体系由思想政治教育学基本理论、思想政治教育史和思想政治教育学的分支学科三部分构成。[②] 由此可以看到，思想政治教育的学科体系内涵丰富，具有多层次性，这与思想政治教育具有实践性的特质密切相关。当前，思想政治教育生态学是思想政治教育学学科发展的新方向，将丰富思想政治教育学学科理论体系，会吸引更多的思想政治教育工作者和研究者参与其中。同时我们也看到，思想政治教育学学科发展还不到40年，当前仍然缺乏对其内在规律的学理探究，尤其是我国已进入社会主义建设的新时代，踏上了新征程，面临诸多新问题和新要求，需要有新的视角和新的理论来解释、解决新问题，思想政治教育生态学开辟了思想政治教育学学科的新阶段，关注了思想政治教育的新问题。

二、拓展思想政治教育的研究领域

随着思想政治教育学学科的不断深入和发展，当前已经形成了思想政治教育心理学、思想政治教育管理学、思想政治教育哲学、思想政治教育传播学等交叉学科。思想政治教育生态学的发展将丰富思想政治教育的内涵，拓展思想政治教育发展的新论域，与这些交叉学科一样能为思想政治教育的学

[①] 参见张耀灿、郑永廷、吴潜涛等《现代思想政治教育学》，人民出版社2001年版，第40页。

[②] 参见陈万柏、张耀灿主编《思想政治教育学原理（第二版）》，高等教育出版社2007年版，第13～14页。

科发展注入新的活力。思想政治教育生态学是在"五位一体"的大环境下，运用教育生态学和生态学的相关原理及方法为思想政治教育服务，从而有效解决思想政治教育生态问题，不断提升人们的生态意识，最终达到人与社会、人与人、人与自然和谐发展的共生状态。思想政治教育生态学的研究和发展仍然要遵循思想政治工作规律、教书育人规律、学生成长规律，还要参照人类社会发展规律、生态系统能量和物流规律等进行，这样思想政治教育的研究领域就能得到有效拓展。

我们党在长期的革命、建设、改革的实践中始终高度重视思想政治工作，将思想政治工作视为经济工作和其他一切工作的生命线。2021年7月，中共中央、国务院印发的《关于新时代加强和改进思想政治工作的意见》指出，思想政治工作是党的优良传统、鲜明特色和突出政治优势，把思想政治工作作为治党治国的重要方式，体现了思想政治工作生命线的重要作用。而思想政治教育和思想政治工作之间，既有联系又有区别。思想政治教育是思想政治工作的一种表现方式，也是实现思想政治工作的手段；但思想政治工作不仅仅局限于思想政治教育。思想政治教育生态学就是用教育生态学和生态学的原理及方法来解决思想政治教育面对的现实问题，以习近平生态文明思想为指引，深入分析思想政治教育生态系统和复合生态系统之间的关系和联系，以及思想政治教育生态系统内部各要素的有效运行规律，最终提高人民的思想道德素质，这对巩固思想政治教育的地位具有重要作用。

三、完善人与社会和谐共处的实践路径

在经济日趋活跃、社会利益日益多元化的情况下，我们面临着一系列新的问题和挑战，如城乡差别、区域差别、社会经济秩序规范、效率与公平等。经济社会发展归根结底是为了人的全面发展，只有经济发展而没有社会发展不叫全面发展，同样，只有经济和社会发展而没有人的发展也不叫全面发展。马克思主义主张，要实现人的自由全面发展和人类社会解放。在习近平生态文明思想的指引下，我们需要重新理解人与自然的关系，进一步思考思想政治教育的本质，重新思考思想政治教育的社会价值和个人价值，逐步增加各项社会发展、生态资源、环境建设的投入，特别是要加大对社会管理和公共卫生、公共服务方面的投入，让思想政治教育中个体社会化与社会个体化协同统一发展，实现个人与社会发展的和谐统一。

思想政治教育生态学的根本目标就是实现人的自由全面发展和人类社会

的解放，基本目标就是实现人与人、人与社会、人与自然和谐共处。党的十八大以来，在以习近平同志为核心的党中央的坚强领导下，我国的生态环境质量得到了明显的改善。习近平生态文明思想不仅是我国生态文明建设的行动指南，还自然以宁静、和谐、美丽，还将推动我国由工业文明时代快步迈向生态文明新时代，促进经济发展与环境保护良性循环，指引中华民族迈向永续发展的未来。因此，思想政治教育生态学的研究将极大丰富和完善人与社会和谐共处的实践路径。

第二节 生态学与思想政治教育生态学

思想政治教育生态学是生态学视野中的思想政治教育，即引入生态世界观、方法论和价值论，研究思想政治教育学的基本问题；借鉴生态学的概念、理论和方法，研究思想政治教育的理论和实践问题。也可以说，思想政治教育生态学就是研究思想政治教育生态的学问，这一概念本身就体现了引入生态的世界观、方法论和价值立场来看思想政治教育本身。所以，思想政治教育生态的内涵、特征、构成和建设是思想政治教育生态学的重要内容。

一、生态学的内涵

目前，生态问题已经不完全属于自然科学的应用范畴，我们可以试图从社会面临的诸多问题中来界定生态学的内涵。思想政治教育生态学不仅要从整体上分析当前思想政治教育所面临的新局面以及未来的发展走向，还要关注和解决思想政治教育本身所处的环境问题、各体系或系统的协作运行问题、各层级之间的"能量"或"信息"的传递表达问题、思想政治教育的场域问题、思想政治教育各环境或因素的关系发展问题等。思想政治教育生态研究的基本目标就是揭示思想政治生态系统发生发展的规律，促进生态系统的健康发展，促进人的自由全面发展和社会解放。

思想政治教育生态学研究思想政治教育系统中作为主体的人与自然、主体与主体之间、主体与社会之间的关系。思想政治教育生态学就是要促进和推动思想政治教育学的可持续发展，用系统的思维、整体的视角来审视新时代思想政治教育所面临的问题，既要满足当今社会发展的现实需求，又要满足时代发展的客观需求。思想政治教育生态学作为思想政治教育学新兴的研究方向之一，将运用经典马克思主义生态理论、自然辩证法、习近平生态文明思想来分析思想政治教育生态内外双循环特点和发展规律问题，实现思想政治教育的有效性和持续性。

(一) 哲学领域中的生态学

"中国传统哲学是'生'的哲学。《易传》说：'天地之大德曰生。'又说：'生生之谓易。'生，就是草木生长，就是创造生命。中国古代哲学家认为，天地以'生'为道，'生'是宇宙的根本规律。……周敦颐说：'天以阳生万物，以阴成万物。生，仁也；成，义也。'程颐说：'生之性便是仁。'朱熹说：'仁是天地之生气。''仁是生底意思。''只从生意上识仁。'所以儒家主张的'仁'，不仅亲亲、爱人，而且要从亲亲、爱人推广到爱天地万物。因为人与天地万物一体，都属于一个大生命世界。孟子说：'亲亲而仁民，仁民而爱物。'张载说：'民吾同胞，物吾与也。'……程颐说：'人与天地一物也。'又说：'仁者以天地万物为一体。''仁者浑然与万物同体。'朱熹说：'天地万物本吾一体。'……这些话都是说，人与万物是同类，是平等的，应该建立一种和谐的关系。"[①] 这就是中国传统文化中的生态哲学和生态伦理学的意识。

马克思主义哲学中辩证唯物主义的三大规律——对立统一规律、质量互变规律、否定之否定规律蕴含着丰富的生态学原理，生态学中的反馈原理、有序原理、整体原理与辩证唯物主义三大规律形成了天然的联系，生态学涉及的三原理是辩证唯物主义三大规律的具体化与发展。对立统一规律强调自然界、社会和思维域中的任何事物都包含着内在的矛盾性，事物内部矛盾双方的相互斗争推动事物的发展。反馈原理揭示出事物内部任何两个系统之间关于信息的内在矛盾性，如系统对目的的偏离，通过信息反加以控制，这一过程充分体现事物矛盾双方既统一又斗争，以此推动系统的发展，以达到预期的目的。可以说，对立统一规律包含了反馈原理，反馈原理是对立统一规律的具体化与深化。质量互变规律就是指一切事物在发展过程中，量变和质变是内在联系和相互转化的。这一规律表明，事物由内部矛盾所引起的发展，是通过由量变到质变和由质变到量变的转化过程，以及通过量变和质变的循环往复不断产生新质的辩证运动来实现的。有序原理中，有序的概念就

---

① 叶朗：《中国传统文化中的生态意识》，载《北京大学学报（哲学社会科学版）》2008年第1期。

揭示系统演化的量度。有序原理揭示出系统进化的必要条件：开放、有涨落、远离平衡态。系统演化则完全遵循质量互变规律。有序原理的具体内容大大丰富了质量互变规律。可以说，质量互变规律包含了有序原理，有序原理是质量互变规律的具体化与深化。否定之否定规律就是指一切事物自身发展的整个过程是由肯定、否定和否定之否定诸环节构成的。其中，否定之否定是过程的核心，是事物自身矛盾运动的结果和矛盾的解决形式。整体原理中整体的概念即揭示了整体与部分的肯定否定和否定之否定的关系。整体公式：整体→部分→整体，这正是否定之否定的过程。整体的结构，发挥整体的功能。系统结构自身的矛盾运动的结果，整体结构发生变化，出现新的整体结构，从而发挥新的整体功能。可以说，否定之否定规律包含了整体原理，整体原理是否定之否定规律的具体化与深化。

（二）理学领域中的生态学

"生态学"（ecology）一词源于希腊文，由"oakos"和"logos"两个词根组成，前者意为"房屋"或"居住地"，后者系"论述""研究"之意。生态学最早由博物学家亨利·大卫·索罗（Henry David Thoreau）于1858年提出，目前比较普遍的解释为：研究有机体或有机群体与其周围环境的关系的科学。随着研究的不断深入，生态学的概念也出现了不同的说法，这些不同定义代表了生态学的不同发展阶段，强调了不同的生态学分支和领域。生态学发展至今，其内涵和外延都发生了变化，特别是随着人类活动强度的激增和范围的日益扩大，人与自然的协调关系出现了问题。怎样使人与自然、人类在发展经济和保护自身生存环境之间得到协调和持续发展？这一问题促使生态学的研究内容和任务扩展到人类社会、渗透到人类的经济活动，并成为当代各国政府指导有关发展和建设的理论依据。因此，生态学的定义不能局限于当初经典的含义，对此，学者们曾有过不同的表述。归纳各方观点，结合近代生态学动态，生态学可定义为：研究生物生存条件、生物及其群体与环境相互作用的过程及其规律的科学，其目的是指导人与生物圈（即自然、资源及环境）的协调发展。①

（三）教育学领域中的生态学

最早将生态学的原理与方法运用于人类社会问题研究的是以罗伯特·E.

---

① 参见曹凑贵主编《生态学概论》，高等教育出版社2006年版，第2页。

帕克（Robert E. Park）和欧内斯特·W. 伯吉斯（Ernest W. Burgess）等人为代表的芝加哥学派学者们。①"生态学"一词在教育研究中正式使用可能始于美国教育学者威拉德·沃勒（Willard Waller），1932年，其在著名的《教学社会学》中曾提出课堂生态学的概念。1966年，英国学者埃里克·阿什比（Eric Asnby）在他关于英国、印度和非洲大学的比较研究中提出了"高等教育生态学"的概念，开创了用生态学的原理和方法研究高等教育的先河。②20世纪30年代，我国学者开始翻译德国和日本的教育生态学译本；在20世纪60—80年代，我国台湾地区的相关研究逐渐起步；直到20世纪80年代末90年代初，南京师范大学吴鼎福发表《教育生态学刍议》，后合著《教育生态学》，之后研究开始增加；1992年，任凯和白燕撰写第二本《教育生态学》；2000年，范国睿出版著作《教育生态学》。目前，学界主要形成两种研究样态：一种为借用生态学的原理和方法深入分析教育现象，另一种是研究教育生态问题。虽然取得了丰富的成果，但也存在诸多问题，如生态学理论和教育问题分析尚未有机结合，带有直接用生态学原理进行类比和演绎的特点。总之，我国的教育生态学研究起步较晚，很多的问题仍然需要深入研究和讨论。教育生态学就是运用生态学的原理与方法研究教育现象的科学，从研究对象上看，教育生态学主要研究不同层次的教育生态主体与其环境之间的关系。这也正说明了教育问题的生态学研究与其他研究（如社会学研究）的区别。③

二、思想政治教育生态学研究内容

生态系统（ecosystem）一词是英国植物生态学家亚瑟·乔治·坦斯列（Arthur George Tansley）于1935年在《生态学》（*Ecology*）杂志上的一篇文章中首先提出来的，他说："更加重要的概念是……整个系统（物理学上所谓的系统）不仅包括生物复合体，还包括人们称为环境的各种自然因素的复合体……我们不能把生物从其特定的环境中分开，生物与环境形成一个自然体系……"④

---

① 参见范国睿《教育生态学》，人民教育出版社2000年版，第4～5页。
② 参见范国睿《教育生态学》，人民教育出版社2000年版，第14～15页。
③ 参见范国睿《教育生态学》，人民教育出版社2000年版，第30页。
④ 苏智先、王仁卿主编：《生态学概论》，山东大学出版社1989年版，第146页。

美国生态学家尤金·P.奥德姆（Eugene P. Odum）给生态系统下了一个更完整的定义：生态系统是指生物群落与生存环境之间，以及生物群落内的生物之间密切联系、相互作用，通过物质交换、能量转化和信息传递，成为占据一定空间、具有一定结构、执行一定功能的动态平衡整体。[①]

学界虽然没有明确提出思想政治教育生态学的研究内容，但是邱柏生教授曾对"思想政治教育生态研究"做出过解读。他认为，在21世纪初，思想政治教育学界同仁提出要开展思想政治教育生态研究，主要意图是想借助生态学方法，从思想政治教育与社会环境的相互关系中去研究思想政治教育发展及其提高有效性的社会关联因素。可以说，从以下三个方面明确了思想政治教育生态研究的主要旨趣。首先，研究思想政治教育本身的生态化运作，从而将思想政治教育本身看作一个具有内在活力且有各种内外相互制约、相互联系的因素在发生着牵制、促进、平衡、协同等综合作用的生态系统；其次，研究时刻影响与制约着思想政治教育生态化运作的更大的社会大生态环境运作状况；最后，研究构成整个思想政治教育生态环境的各个主要系统之间的生态关系与生态链存在状况。

由此可以看出，思想政治教育生态学研究内容是思想政治教育的有机组成部分，是思想政治教育者向受教育者实施教育的具体要素，各要素之间是相互联系统一的。思想政治教育目的和任务内在规定的丰富性以及受教育者精神世界发展的多样性，决定了思想政治教育生态系统的层次性、丰富性和复杂性，并且各要素之间是相互联系、相互作用的。下面主要从微观系统（个体）、中观系统（社会）和宏观系统（国家）三个层面加以论述和阐明。

（一）思想政治教育生态学之个体层面

个体思想品德的形成、发展是在社会环境因素与主体需要相互作用的过程中逐步实现的。个体层面的思想政治教育生态系统要从个人的自身环境、环境中涉及的各种要素，以及个体与思想政治教育本身发生的作用关系等进行分析和阐述。

1. 思想政治教育个体生态系统的构成要素

第一，个体的知识、能力和人格。教育学认为，知识、能力和人格在教育过程中是有机联系的，通过人格的塑造能使知识、能力和人格三者形成更强大的整体结构。个体人格包括情感、道德、意志和信念，思想政治教育通

[①] 参见邹冬生主编《生态学概论》，湖南科学技术出版社2007年版，第20页。

过对个体思想政治教育意志或信念的教育引导，可以有效提升个体的人格魅力，使个体在情感、道德、意志、信念上得到提高，并转化为学习的强大动力。思想政治教育对个体的道德、意志、信念等的灌输或引导，就是促进个体微观系统各因素之间的相关作用和促进思想政治教育个体生态系统的平衡，即思想政治教育个体生态系统的微循环。而思想政治教育对个体情感、道德、意志、信念的影响是思想政治教育作用机制的研究重点，也是思想政治教育生态学中重点的研究方向之一。

第二，个体微环境。个体微环境包括个体家庭环境、学校环境、人际环境、工作环境等。环境与个人的关系不是简单的决定与被决定的关系。既不完全是环境决定个人，也不完全是个人决定环境，但是，在一定条件下，环境对个人又有决定作用；在一定关节点上，个人对环境又有决定影响。总之，环境与个人之间相互作用，关系复杂、变化多样，且互为因果。环境与个人的关系，不能用单纯的"决定论"去理解，而应该用系统论中的耗散结构理论来进行理解和阐述。

2. 思想政治教育个体生态系统的价值取向

研究思想政治教育个体生态系统，就不得不研究个体的价值取向问题，这也是受教育者本身在实施过程中所应有的立场或者观点。随着思想政治教育学学科学术的研究深入，思想政治教育的价值取向问题既关系到思想政治教育理论的全局性和根本性问题，又关系到思想政治教育实践的基本方向和基本原则问题。目前，学界关于思想政治教育的价值取向研究主要分为两类观点：一类观点是"社会取向"研究，另外一类观点是"个人取向"研究。"社会取向"，有学者称为"社会哲学范式""社会需要论范式""社会学范式"；而"个人取向"也称"人学范式"。人学范式的理念是以现实的个人为出发点，着眼于个人对思想政治教育的要求和思想政治教育对个人存在与发展需要的满足，但其实质是个体本位论，即片面强调思想政治教育为个人发展服务的功能，而忽视乃至否定了为社会发展服务的作用。

（二）思想政治教育生态学之社会层面

1. 教育、经济和科技因素影响思想政治教育生态系统

教育发达、科技进步、经济繁荣三者是一致的，它们相互联系、相互转化，三者形成的整体功能决定了社会发展的程度。我们看一个社会是否有较好的发展，应当看这个社会的教育是否发达，科技是否进步，经济是否繁荣。经济发展史告诉我们，近代社会的经济由劳动密集型经济转变为劳动密集与资本密集并重型经济,这是一次大的转变;现代社会的经济由劳动密集与资本密集并重型经济转变为知识密集与技术密集并重型经济,是另一次大的转变。经济学家厉以宁教授认为,一般说来,我们的经济和社会发展目标可以从五个方面来考虑:第一,实现社会的平等;第二,满足人们物质生活的需要;第三,满足人们发展自身的要求;第四,使人们有经济上、社会上的安全感和保障感;第五,使社会有良好的道德风尚,使人们之有信任感。对此,他用五个词来概括:平等、丰裕、文化、保障、信任。这五个方面对思想政治教育的目标明晰有着启示作用。思想政治教育是社会系统的"慢变量",对社会的其他"变量"发挥着生命线的作用。在系统论中,变量之间相互作用,有时也会产生矛盾。消除矛盾的方式是优化结构,只有优化结构,思想政治教育的功能才可以发挥出来。

社会发展是一个人类与自然协调发展的过程,社会发展必须将合目的性与合规律性相统一,将发展科技与生产力与生态环境有机统一起来,将人类社会的内在尺度和生态环境的外在尺度有机结合起来。社会的发展离不开思想政治教育的保驾护航,同样,思想政治教育的发展也离不开社会的土壤。思想政治教育生态就要在社会发展中利用一定的载体,有目的、有计划、有组织地在实践活动中把握其要义。在思想政治教育过程中,"社会取向"的价值取向随之出现,其主要观点为从社会需要出发,着眼于社会对思想政治教育的要求和思想政治教育对社会需要的满足。该观点符合马克思主义唯物史观,思想政治教育是统治阶级开展意识形态工作的必要途径和重要载体,其实质是社会本位论,即片面强调思想政治教育为社会发展服务的功能。因此,思想政治教育生态在社会层面上看,其实就是教育、经济、科技和社会发展的统一,教育、经济、科技的有机发展可以推动社会进步;同时,社会进步也会反作用于教育、经济和科技的发展。思想政治教育就是要在社会系统中发挥协调、激励、鼓励等作用,处理好社会各因素之间的关系,形成有机统一的整体,这样思想政治教育的社会生态氛围就可以逐步形成。

2. 优秀传统文化是思想政治教育生态形成的文化底蕴

中国传统文化是生态性质的。儒家对于动物、植物、土地、山脉、河流都有系统的生态性认识,提出了"仁,爱人以及物"、"德至禽兽"、"泽及草木"、"恩至于土"、"恩至于水"、"德及深泉",仁为"天地生物之心""与天地万物为　体",等等命题。大同社会也包含生态维度,这些都为生态文化建设提供了有益滋养。中国哲学主张"天地之性人为贵""人为天地之心",人之贵就在于能够体会和服从天地生生之德,把天地生养万物的职能作为自己的职责,"延天佑人"、参赞化育,这是天人合一作为生态理念的积极意义。

(三) 思想政治教育生态学之国家层面

1. 生态文明思想是思想政治教育生态学形成的根本遵循

习近平生态文明思想是习近平新时代中国特色社会主义思想的重要组成部分,是对党的十八大以来习近平总书记围绕生态文明建设提出的一系列新理念、新思想、新战略的高度概括和科学总结,是新时代生态文明建设的根本遵循和行动指南,也是马克思主义关于人与自然关系理论的最新成果。

党的十四届五中全会将可持续发展战略纳入"九五"计划;党的十六大报告把建设生态良好的文明社会列为全面建设小康社会的四大目标之一;党的十六届三中全会提出包括统筹人与自然和谐发展的科学发展观;党的十七大首次提出建设生态文明的目标和任务;党的十八大制定"大力推进生态文明建设"战略,把生态文明建设纳入社会主义建设的"五位一体"总体布局,开启了社会主义生态文明建设的新时代;党的十八届三中全会提出建立系统完整的生态文明制度体系;党的十八届四中全会提出用严格的法律制度保护生态环境,加快建立约束开发行为和促进绿色、循环、低碳发展的生态文明法律制度;党的十九大再次强调"建设生态文明是中华民族永续发展的千年大计"。

同期,党中央在制度保障机制方面出台了一系列的政策法规。例如,2015年,中共中央、国务院颁布《关于加快推进生态文明建设的意见》和《生态文明体制改革总体方案》;2018年,通过了《生态文明建设标准体系发展行动指南(2018—2020年)》。这些文件的出台均为生态文明体制改革做出了顶层设计,牢固树立尊重自然、顺应自然、保护自然的理念,践行绿水青山就是金山银山,动员全党、全社会积极行动、深入持久地推进生态文明建设,加快形成人与自然和谐发展的现代化建设新格局,开创社会主义生态文明新时代。

2. 国家现实生态是思想政治教育生态学形成的土壤

思想政治教育生态学的形成离不开党情国情世情的深刻变化,风云诡辩的国际形势一方面加快了思想政治教育生态学建立的步伐,另一方面也为其整体建构提供了更为多元的视角。总体上看,国家现实生态主要包括以下四个方面。

一是经济方面。2020年之后,全球经济遭遇第二次世界大战以来最严重的衰退，各大经济板块首次同时遭受重创，全球产业链、供应链运行受阻，贸易和投资活动持续低迷。新冠肺炎疫情暴发之后，各国出台数万亿美元经济救助措施，但世界经济复苏势头仍然很不稳定，前景存在很大的不确定性。世界经济是一艘巨轮，任何一个国家想凭一己之力将它带动驶出低迷都是不可能的。唯有各国齐心协力，加强宏观经济政策协调，才能解决世界经济低迷的难题。

二是文明方面。世界是由多种文明组成的，各种各样的文明使我们的世界多姿多彩。但是，一些西方资本主义国家长期大肆鼓吹西方文明的优越，在多个维度对其他文明进行压制，尤其是新冠肺炎疫情以来，一些国家肆意抨击他国制度和文化，践踏道德和文明底线，制造意识形态偏见和"冷战思维病毒"，侵蚀正常的国际关系。

三是发展方面。当前，世界范围内，南北发展差距还比较大，公平问题日益凸显。在全球经济治理中，发展中国家还没有足够的话语权，这样就必然导致发展中国家发展资源和空间受限。此外，我们还面临全球气候变化问题、人口问题、金融问题、全球环境问题等全球性问题。

四是社会思潮方面。社会思潮是人们对利益诉求的舆论表达与理论言说形成的具有一定广泛影响的思想潮流。在当代，比较流行的西方社会思潮包括民族主义、宪政主义、历史虚无主义、民粹主义和泛娱乐主义等。思想政治教育生态学就是要在众多的社会思潮中拥有自己的话语体系，在把握不同思潮的区别的前提下，建立自己的话语权。

三、思想政治教育生态学与思想政治教育生态的特征

思想政治教育学学科发展的重要动力是开展多学科协同研究，但必须以明确的学科归属为前提。[①] 明晰学科归属问题，是建构和研究思想政治教育生态学的逻辑起点。思想政治教育生态学建立在思想政治教育学学科的基础之上，在新时代生态文明思想的指导下不断深入发展。没有思想政治教育学学科，就没有思想政治教育生态学，因此，思想政治教育生态学属于思想政治教育学学科，其只是借鉴生态学、教育生态学的知识和原理来为思想政治教育服务。既不能简单地将思想政治教育生态学看成是生态学的一个应用学

---

① 参见郑永廷《思想政治教育学科加深的前沿课题及应有态度》，载《思想教育研究》2013年第12期。

科，也不能认为思想政治教育生态学只是兼具了思想政治教育学和生态学两个学科的共同特点和性质。思想政治教育生态学的学科定位，决定了思想政治教育生态学的性质，这就是思想政治教育生态学学科性质的规定性。

思想政治教育肩负着提升人们思想道德素质的重要使命。当前，随着人们思想意识的多元化和信息传播的迅速发展，传统的思想政治教育方式或方法在思想政治教育领域已经难以发挥其应有的作用。尽管思想政治教育活动越发丰富多彩，思想政治教育者也是用尽浑身解数，但教育效果却存在一定的差距，为此，思想政治教育有效性问题成了思想政治教育学界的热点。随着生态文明观的不断发展，从生态学中发掘的有关原理和方法不断被用于指导人文学科的发展，生态学领域中的系统性、整体性、可持续发展等理念或思维的运用对破解当前的思想政治教育困境，推进思想政治教育朝着生态化方向发展有着重要的理论价值和现实意义。

综上所述，思想政治教育生态学作为思想政治教育学的分支学科，既研究思想政治教育生态系统内部要素或结构有机运行的问题，也研究思想政治教育生态系统与外部生态系统（复合生态系统）之间的联系问题，还研究思想政治教育的生态问题。从本质上来看，思想政治教育生态问题就是思想政治教育生态学的研究对象，思想政治教育生态问题就是系统与系统、要素与要素、系统与要素之间的关系问题。由此可以看到，思想政治教育生态学就是研究思想政治教育各系统、各因素、各环节的内外双循环特点和双发展规律，以思想政治教育生态的研究内容、实践逻辑、研究定位和系统建构为研究重点，以推动思想政治教育学学科的发展，提高思想政治教育学的整体性和层次性为目标的一门思想政治教育学分支学科。

（一）思想政治教育生态学的基本特征

1. 政治性

政治是什么？列宁认为，"政治就是各阶级之间的斗争"[①]。毛泽东认为："政治，不论革命的和反革命的，都是阶级对阶级的斗争，不是少数个人的行为。"[②] 政治就是一种阶级性的表现。"在阶级社会中，每一个人都在一定的阶级地位中生活，各种思想无不打上阶级的烙印，反映着本阶级特殊

---

① 中共中央马克思恩格斯列宁斯大林著作编译局编译：《列宁选集》第四卷，人民出版社2012年版，第308页。

② 毛泽东：《毛泽东选集》第三卷，人民出版社1991年版，第866页。

利益和要求。"① 马克思说："共产党人的理论原理，绝不是以这个或那个世界改革家所发明或发现的思想、原则为根据的。这些原理不过是现存的阶级斗争、我们眼前的历史运动的真实关系的一般表述。"② 思想政治教育是阶级和阶级意识的产物，其主要形式是阶级有意识地将本阶级思想政治观念灌输与本阶级成员，其目的和归宿是服务阶级，实现阶级利益。

思想政治教育是一定阶级从思想政治上培养、教育、影响人的活动，是凝聚一定阶级的政治共识，增强一定阶级的政治自觉，达到和维护一定阶级政治统治，最终实现一定阶级经济利益的社会实践活动。思想政治教育"是指社会或社会群体用一定的思想观念、政治观点、道德规范，对其成员施加有目的、有计划、有组织的影响，使他们形成符合一定社会或一定阶级所需要的思想品德的社会实践活动"③。由此可见，思想政治教育是对人们思想品德的形成与发展、价值观的建构进行统一指导，为统治阶级服务的社会实践活动，具有阶级性、实践性、综合性、政治性。思想政治教育生态学以思想政治教育生态问题为研究对象，采用整体性、系统性等研究视角或原理对思想政治教育生态问题进行研究，其研究问题的实质就是思想政治教育发生发展的规律性，从微观和宏观层面解决思想政治教育的有效性问题或者思想政治教育的发展问题，促进人与社会和谐发展的问题。

2. 实践性

思想政治教育的逻辑起点是人的需要，它随着社会实践的变化而丰富发展，思想政治教育从实质上来说就是实践活动，因此具有实践导向性。实践是认识的来源，是认识的发展动力，是检验认识正确与否的唯一标准，以往的"哲学家们只是用不同的方式解释世界，问题在于改变世界"④。研究必须面向实践、面向现实世界，认识和把握现实生活，把现实和实践紧密联系起来，在实践中接受检验和发展。中国共产党带领全国人民秉持实践观，在长期的社会主义实践中进行探索，逐步形成了毛泽东思想、中国特色社会主

---

① 毛泽东：《毛泽东选集》第一卷，人民出版社1991年版，第283页。
② 中共中央马克思恩格斯列宁斯大林著作编译局编译：《马克思恩格斯选集》第一卷，人民出版社2012年版，第413～414页。
③ 张耀灿、陈万柏主编：《思想政治教育学原理（第二版）》，高等教育出版社2007年版，第14页。
④ 中共中央马克思恩格斯列宁斯大林著作编译局编译：《马克思恩格斯选集》第一卷，人民出版社2012年版，第136页。

义理论体系和习近平新时代中国特色社会主义,实现了马克思主义在中国的不断飞跃。思想政治教育的研究问题来源于实践,新情况、新问题、新背景,这些研究问题都是思想理论不断丰富的源泉。思想政治教育生态学的相关问题也来源于实践,通过理论的深度分析,完成实践—理论—再实践的循环发展,对思想政治教育生态系统与复合生态系统的关系进行研究,对思想政治教育生态系统内部的各要素运行进行深入研究,以马克思主义为指导,以习近平生态文明思想为指引,在改造人的主观世界的基础上改造客观世界,激发和调动人的积极性、主动性和创造性,大力发展生产力,促进社会的全面发展。因此,思想政治教育生态学就是要积极引导人在实践的过程中实现改造主观世界和客观世界的紧密结合与相关促进,全面、系统地研究思想政治教育中存在的问题,实现思想政治教育的可持续发展,实现人与自然、人与社会的和谐共生。

3. 科学性

对思想政治教育科学化的探索和追求,贯穿于党带领全国人民从站起来、富起来到强起来的整个历史进程,是党思想政治教育一脉相承、砥砺前行的思想主题。中华人民共和国成立70多年来,党不断深化对思想政治教育规律的科学认识,不断彰显马克思主义思想政治教育理论的科学品格,不断提升思想政治教育实践的科学化水平,使思想政治教育日益成长为一门富有中国特色、时代特征和世界视野的科学,并在新时代展现出前所未有的勃勃生机。我们之所以说马克思主义是科学,就是因为它不但深刻揭示了自然界、人类社会和思维发展的客观规律,而且将之运用于无产阶级解放事业,并得到了实践的检验。社会主义之所以能够从空想到科学,也是因为马克思通过唯物主义历史观和剩余价值"两大发现"揭开了历史发展和资本主义生产的"秘密",指明了共产主义必然实现的方向和道路。所以,"科学"的实质意义是"认识规律"和"运用规律"的实践活动;"科学化"的本质在于对规律的认识和运用从自发到自觉、从局部到整体、从不完善到日臻完善的过程;科学性就是"科学化"的不断累积,是"科学化"不断发展的静态表达,也是"科学化"进程的高度凝练和概况,因此,"科学化"是科学性追求的内在品质要求,二者具有逻辑统一性。

思想政治教育生态学科的科学性不仅建立在思想政治教育学学科的基础之上,而且还具有一定的研究范畴和基本原则,要深刻把握思想政治教育规律,就要不断加快思想政治教育学学科的科学化的进程。思想政治教育学学科的科学化离不开党带领人民从站起来、富起来到强起来的整个历史进程,思想政治教育生态学的科学性同样也离不开中国特色社会主义进程的不断深化和发展，离不开思想政治教育界理论工作者和实践工作者的深入研究和探索。这样，思想政治教育生态学的科学性就可以得到更好的体现。

（二）思想政治教育生态的特征

1. 动态性

思想政治教育生态系统是一个不断运动的系统，其内部要素的相互作用将引发系统内各要素在质或量上的变化。目前，学术界对思想政治教育要素的探讨还没有达成一致，无论"四因素说"还是"六因素说"，抑或"七因素说"，都不可避免要考虑思想政治教育各因素自身的变化，历史的变迁与时代的发展都是思想政治教育需要考虑的背景素材。动态性是系统本身演化发展的内在规律与动力支撑。如果将思想政治教育单纯地视为独立运行的系统，那么思想政治教育系统就具有动态性特质，在不同时期会呈现出多样化的表现形式，这与所处社会的政治、文化等因素密切相关。如改革开放以来，思想政治教育的政治环境、经济环境和文化环境等都发生了巨大的变化，同时人们改造世界的实践活动推动思想政治教育环境也发生了变化，而变化的环境必然引起受教育者思想和心理的变化。因此，思想政治教育要根据变化的环境、变化的受教育者，不断调整教育目标，选择与之相适应的教育内容和教育方法，在实施教育中，使教育者和受教育者保持与环境的动态平衡协调、和谐统一，实现教育者期望的教育目标。[①]

从运行视角看思想政治教育，思想政治教育研究就会增强"动感"和"活性"。基于对思想政治教育运行逻辑的剖析，从关联要素的拓展性、运行形态的协同性、运行方式的多样性和运行评价的科学性等方面协同着力，有助于建构更具解释力的思想政治教育理论体系，这也昭示着思想政治教育发展的新气象。从动态过程视角看思想政治教育，思想政治教育系统本身就是发展变化的。在思想政治教育过程中，存在着教育主体与教育客体之间信息的传递，而信息的传递方式、传递形态、传递方法也需要协调运行，这样就出现了思想政治教育动态形态和静态形态并存的状况。因此，思想政治教育的动态性和静态性就应运而生了。

---

① 参见孙爱春、牛余凤主编《思想政治教育原理与方法》，光明日报出版社2018年版，第178页。

2. 复杂性

思想政治教育生态的复杂性主要表现在以下三个方面。

首先，思想政治教育生态系统与社会生态系统之间的复杂性。思想政治教育生态系统是一个体系庞大、结构复杂的系统，有一定的地域差异性，具有一定的不确定性和复杂性。思想政治教育生态系统内部要素的构成、要素的运行、方法的运用错综复杂，加之思想政治教育本身就会受到外部世界的扰动，西方分裂势力、社会思潮、经济发展、人民思想观念等都对思想政治教育生态系统的功能提出更高的要求，这些因素都决定了思想政治教育生态系统的复杂性和不确定性。在社会各个功能系统的支撑作用下，社会活动的交叠建构着社会运行的内在逻辑，作为社会系统分化的产物，思想政治教育生态系统是社会中的有机组成部分，与社会其他子系统之间既有交叉也有平行，具有丰富的存在形态和复杂的运行体系。

其次，思想政治教育生态系统本身的复杂性。思想政治教育的复杂性与重要性在于它的主体是人，是现实的人，而人的思想又是最难把握和改变的，思想政治教育内容的合理性，教育方法的有效性也是不容忽视的。所以，注重充分调动受教育者的积极性和主动性，通过思想政治观念的对象内化，才能实现思想政治教育的效果，达到思想政治教育的目的。

最后，思想政治教育学学科理论体系的复杂性。随着学科发展的持续推进，学者们关于思想政治教育理论体系的研究愈加深入，体系划分也愈加精细化。当下的思想政治教育学呈现出鲜明的"微观"色调和"宏观"基调，思想政治教育宏观、微观之学共生互促"将社会作为思想政治教育的解释原则，赋予思想政治教育以全新的理解视域"[①]，把思想政治教育理论研究持续往前推进。思想政治教育在专业化、规模化发展的同时，学科知识也越来越具有教育学的底色。

3. 多样性

生态系统多样性是指生物圈内生境、生物群落和生态过程的多样化，以及生态系统内生境差异、生态过程变化的多样性。[②] 生态系统结构越复杂，系统的自我修复和维持能力也就越强，越有利于抵抗外来干扰。思想政治教育生态系统的结构复杂性主要表现为教育客体或受教育者的多样性，受教育

---

① 参见叶方兴《论"社会"作为思想政治教育的解释原则》，载《吉林师范大学学报（人文社会科学版）》2020年第3期。

② 参见曹凑贵主编《生态学概论》，高等教育出版社2006年版，第160页。

者的多样性是思想政治教育过程中的重要环节和要素,对受教育者实施有效的思想政治教育,可以为思想政治教育生态系统适应外界环境的变化、未来人类生存和发展提供必要的人才资源储备。思想政治教育生态系统的最终目标是实现人的自由全面发展和人类社会解放的可持续发展的生态系统,可持续性决定于系统结构的复杂性、多样性和整体性。

第三节 思想政治教育生态学的建构

一、思想政治教育生态学的研究范畴

（一）系统与要素的有机统一

思想政治教育系统是一个复杂、有机的整体,是教育这个大系统中的一个重要子系统。思想政治教育系统实际上包括两个子系统:一个子系统是思想政治教育自身生态系统,属于微观层面的系统,系统内包含着众多要素,如主体、客体、载体、方法、内容、目标等,各个要素之间要运行才能发挥思想政治教育的作用;另一个子系统是思想政治教育外部生态系统（复合生态系统）,属于宏观层面的系统,包括自然生态系统、社会生态系统和规范生态系统。

要素存在于系统之中,系统由要素组成,系统是整体,要素是部分,二者互为条件、相互依存。系统与要素相互联系、相互作用。一方面,系统对要素起主导和支配作用,系统的性质决定要素的性质;另一方面,系统对要素又有依赖性,要素的变化也会影响系统的变化。系统与要素是相对的,在一定条件下,系统是其他更大系统的组成部分,而要素在研究某些局部问题时,又可视为独立的系统。要素是在人们认识系统和把握系统时进行划分的,其划分粗细程度应适当。众所周知,思想政治教育与社会、政治、经济、文化等有着千丝万缕的联系,思想政治教育系统不是孤立的,是在与其他社会系统之间的关系中寻找思想政治教育改革的方向和工作的目标。生态系统宏观层面上的要素主要包括社会制度、经济发展水平、文化价值状况、人们思想认知、生态环境变化等,而思想政治教育就是要结合这些因素的实际情况,制定出合理有效的思想政治教育策略。这样,思想政治教育生态系

统也被视作一个要素存在于复合生态系统中，与社会制度、经济发展、文化价值、人们思想、生态环境等发生关系。如从思想政治教育生态系统自身来看，系统与要素的关系的核心就是思想政治教育的质量、效果同系统内各要素之间的辩证统一关系，当系统内教育主体通过运用一定的手段和方法，有计划、有目的、有步骤地开展思想政治教育实践活动，并且系统内各要素之间产生化学反应时，思想政治教育的质量或效果才能够显现出来，这就是系统与要素之间的有机统一。

（二）结构与功能的有机统一

结构与功能是相互依存、相互联系的，同时也是相互制约、相互影响转化的，任何一种生态系统的要素与机构是其功能的内在物质基础，而功能是要素与结构的外在表现和作用结果。思想政治教育系统作为一个完整、动态的系统，系统内的结构决定着功能的发挥，反过来，其功能的发挥也影响着结构的优化，以及系统内各部分结构的相互联系、相互作用、相互约束、相互牵制。生态系统结构决定生态系统的功能，其结构发生变化，制约着系统功能转变和发展进化。因此，结构和功能是思想政治教育有机体的重要研究范畴。思想政治教育生态平衡就是在一定的时空条件下，系统中各个部分的结构和功能处于相互适应与协调的动态之中，包括结构上的平衡和功能上的平衡，从本质上来看，就是在思想政治教育过程中，教育者输出的信息与受教育者接收信息之间的平衡。罗洪铁等提出，思想政治教育环境系统的结构分为四个层次：思想政治教育环境一级系统（即思想政治教育环境），思想政治教育环境二级系统（包括思想政治教育物质环境、思想政治教育精神环境），思想政治教育环境三级系统结构（包括思想政治教育自然物质环境、思想政治教育社会物质环境、思想政治教育传统精神环境、思想政治教育现时精神环境），思想政治教育环境四级系统（即思想政治教育自然物质环境系统中的自然介质、自然资源、自然营养，思想政治教育社会物质环境系统中的传统物质环境、现时物质环境，思想政治教育传统精神环境中的传统思想、传统道德、传统艺术、传统制度、传统行为方式，思想政治教育现时精神环境中的思想、道德、风俗、艺术、制度、行为方式）。[①] 其中，思想政治教育物质环境包括自然物质环境和社会物质环境，具有保证、促进、证

---

① 参见罗洪铁、周琪《思想政治教育环境系统结构和功能深化研究》，载《思想政治教育研究》2011年第11期。

实、激励功能。思想政治教育精神环境包括现时精神环境和传统精神环境，具有导向、约束、塑造、推动功能。可以看到，思想政治教育环境系统是思想政治教育生态系统的有机组成部分，环境系统功能的发挥也是思想政治教育功能的发挥。本书所讲的思想政治教育环境系统主要指宏观的环境系统，或者是指环绕在思想政治教育系统之外的系统，而这里提到的功能与结构主要是包括思想政治教育系统和环境系统在内的大系统。功能和结构的有机统一既要考虑思想政治教育过程要素与环境发生的关系，也要考虑思想政治教育各环节与环境各因素之间的关系。因此，要使思想政治教育生态得到良性循环发展，必须注意思想政治教育系统与环境功能之间的联系，理解环境改变人、人改造环境二者之间的辩证逻辑，这样才能充分理解功能和结构的有机统一的重要意义。

（三）过程与状态的有机统一

恩格斯曾经指出，"世界不是既成事物的集合体，而是过程的集合体，其中各个似乎稳定的事物同它们在我们头脑中的映像即概念一样处于生成和灭亡的不断变化中"①。思想政治教育过程是思想政治教育主体与客体在时空领域的互动过程，也是时间上的延续和空间上的延展；是达成思想政治教育目的、培养受教育者形成一定社会所要求的思想政治素质的过程，也是思想政治教育主体和客体对思想政治教育本身承载的意义的接受、认同和内化的过程；是意义生产的过程，也是动态发展的过程；宏观上表现为思想政治教育的历史发展的过程，微观上则表现为具体的思想政治教育目的的实现过程。

思想政治教育既要观照思想政治教育生成的实践样态，把握思想政治教育的质量具体效果，开展静态评价；也要观照思想政治教育质量生成的动态过程，看到思想政治教育前后的变化轨迹。动态评价与静态评价相互依托、互为参照，离开了对评价对象特定阶段的静态把握，则无从谈及把握其动态发展趋势，而离开动态评价也就谈不上发展变化。② 思想政治教育生态系统的过程更加强调或注重动态性，而思想政治教育的状态更偏重于静态性。在

---

① 中共中央马克思恩格斯列宁斯大林著作编译局：《马克思恩格斯文集》第四卷，人民出版社2009年版，第298页。

② 参见白显良、章瀚丹《推进思想政治教育质量评价改革需把握十对关系》，载《思想理论研究》2021年第3期。

思想政治教育生态系统中,动态和静态过程是辩证统一的,不能用动态的视角来解读静态的事物,也不能用静态的视角来解读动态事物。思想政治教育生态系统的运行需要系统内各要素发生关系,只有发生关系,才会产生化学反应,才会促进系统内教育主体的变化。同时,主体的变化放在复合生态系统中又是一种变化的状态,是某一阶段或时期教育主体发展的必然阶段。

二、思想政治教育生态学的基本原则

(一) 以马克思主义为指导

坚持马克思主义指导下的思想政治教育理论,要以联系的眼光看待思想政治教育理论和其他学科的关系,既要扎实推进思想政治教育主阵地建设,又要逐步积累课程思政经验,做好专业课程与思想政治教育课程同向同行。把握思想政治教育和思想政治工作的区别与联系,认识思想政治教育在高校立德树人根本任务落实中的主导性原则,要以马克思主义为指导,运用马克思主义思想理论和方法论创新教育模式,完善教育内容;同时,要用马克思主义来指导思想政治工作。思想政治教育的主导性还体现在思想政治教育的目标预设和思想政治教育过程中。教育者在目标预设的过程中,要以马克思主义为指导,科学精准地进行目标设定,结合受教育者的特点和时代要求,既要反映时代的需求,也要反映党和国家的要求;既要科学合理,又要达到合目的性和合规律性的统一。思想政治教育过程要注意主导性和主体性的区别与联系,教育中尊重受教育者的个性与特点,因人而异,体现精准性,结合受教育者主体性特点开展因地制宜的思想政治教育,有效调动受教育者的主体性和主观能动性,使思想政治教育更快更好地融入受教育者的头脑,但不能一味地迎合,避免被受教育者牵着走,失去思想政治教育的主导性属性,最终要达到教育者和受教育者的有机统一。

(二) 理论与实践相结合

思想政治教育的理论性指向它的知识体系,强调思想政治教育要以马克思主义为指导,对受教育者进行马克思主义基本理论及其中国化理论创新成果的教育。思想政治教育的实践性是马克思主义实践观在思想政治教育中的具体化,强调对现实生活的观照,对主体实践能力与行为习惯的涵养。[①] 思想政治教育注重理论教育和实践活动的有机结合源于马克思主义的解释世界与改造世界相统一的根本特质,是思想政治教育的根本要求,体现在思想政治教育的全过程。

思想政治教育重视其教育中的理论性,即坚持以马克思列宁主义、毛泽东思想、邓小平理论、"三个代表"重要思想、科学发展观和习近平新时代中国特色社会主义思想为指导,加强思想政治教育学学科的理论深度和理论广度,继续完善以思想政治教育学原理、思想政治教育方法论等为核心的学科理论体系,自觉运用马克思主义的立场、观点和方法,观察事物、分析问题和解决矛盾。思想政治教育的实践性,要求实现思想政治教育自身生态系统与社会生态大系统之间的有机结合。毛泽东指出:"从认识过程的秩序说来,感觉经验是第一的东西,我们强调社会实践在认识过程中的意义,就在于只有社会实践才能使人的认识开始发生,开始从客观外界得到感觉经验。"[②] 思想政治教育如果脱离了受教育者的生活实际及现实需求,其吸引力、感染力和影响力就会被严重削弱。

思想政治教育的一个重要特点就是理论与实践的紧密结合,思想政治教育热点研究更要关注实践、扎根实践,这就是我们常说的思想政治教育热点研究要坚持实践导向。坚持思想政治教育热点研究的实践导向,并不是说实践研究的价值高于理论研究的价值,也不是要割裂理论研究与实践研究,而是在实践导向的指引下,寻求思想政治教育理论与实践的深度融合和双向互动,使思想政治教育基础理论研究在实践导向的指引下持续深化,使思想政治教育实践创新更好地上升为理论成果,使思想政治教育科学理论指导实践问题解决,最终在理论与实践的互动中实现思想政治教育的创新发展。[③] 思想政治教育的理论与实践的相结合,理论既要拉开与实践的距离,又要拉近与实践的距离,统一于人的全面自由发展和人类社会的解放。这样的思想政治教育生态既要关注个体的思想素质发展,又要关注社会群体思想水平的提升。

---

① 参见冯刚、彭庆红、余双好等《新时代高校思想政治教育学原理》,人民出版社2021年版,第207页。

② 毛泽东:《毛泽东选集》第一卷,人民出版社1991年版,第290页。

③ 参见冯刚《深刻把握高校思想政治教育热点研究实践导向的价值意蕴》,载《思想政治教育研究》2021年第1期。

(三) 整体与个体相结合

2016年12月,习近平总书记在全国高校思想政治工作会议上发表重要讲话提出,做好高校思想政治工作,要"因事而化、因时而进、因势而新"。这个"三因"理念,为思想政治教育的创新和实效提供了重要的认识论指导,为从整体性原则上把握思想政治教育的发展提供了方法论指导,为新时代"大思政"格局构建提供了方法论指导。伴随着社会变迁和转型的历史进程,思想政治教育在由传统走向现代的过程中逐渐呈现出自身存在的复杂性和综合性。应对和化解思想政治教育现代化过程中的断裂现象,已然不是简单的困境脱离和危机消解问题,而是要将思想政治教育放置于现代性社会生长和发展的宏观进程中,整体性地审视和省思思想政治教育的协同创新。①"思想政治教育是做人的工作,解决的是'培养什么样的人''如何培养人'的问题,是我们党和国家的优良传统和各项工作的生命线。"②

思想政治教育涉及主体、客体、环体、载体、内容、方法、本质、目标等部分的问题,既要注重每个部分涉及的内容,又要理解各部分之间的关系;既要掌握思想政治教育学学科知识间的内在联系,又要掌握思想政治教育与相邻学科的外在联系;既要注重思想政治教育内循环系统自身的发展,又要注重思想政治教育外循环系统的拓展研究。

根据整体原理,系统的稳定必须既强调有整体的部分,又强调有部分的整体。把握整体性原则,就是把握了思想政治教育的创新发展,就是把握了思想政治教育学学科的发展脉搏。思想政治教育内容是教育者为了实现一定的思想政治教育目的,按照某种客观标准进行筛选以及排列组合之后,传递给受教育者并具有提高其思想政治素质功能的,由各种思想政治教育信息要素所组成的完整体系。③ 我们更应该看到,外部环境和社会发展的变化,为思想政治教育的发展提供了实践基础和社会土壤,思想政治教育的生态功能才得以体现出来。例如,培养德智体美劳的社会主义建设者和接班人既体现了整体性原则,也体现了思想政治教育的生态学意义,同时也反映了人和自

---

① 参见王学俭、顾超《思想政治教育整体性协同创新》,载《湖北社会科学》2016年第12期。

② 王学俭:《现代思想政治教育前沿问题研究》,人民出版社2008年版,第484页。

③ 参见王学俭《新时代思想政治教育基本问题研究》,人民出版社2021年版,第91页。

然的关系的整体性和综合性,把自然、社会和人作为复合生态系统。思想政治教育生态系统与复合生态系统之间的关系(如图8-1所示),其中复合生态系统就包括自然环境系统、社会环境系统和规范环境系统。自然环境又称"物理环境",也就是一般生态学所称的"生物圈",它包括诸如高山、丘陵、平原、湖泊、海洋等各种自然地理空间以及各种自然

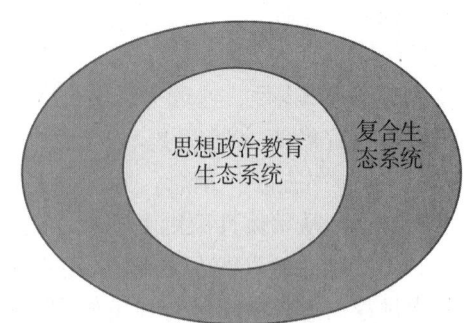

图8-1 思想政治教育生态系统与复合生态系统

资源的系统与循环;社会环境又称"结构环境",是人类所特有的生活环境,由各种环境要素构成,如政治、经济、人口、家庭、职业等;规范环境又称"价值环境",是人类在社会生活中所形成的各种态度、风气、价值观念等,具体包括社会风气、民族传统、风俗与习惯、社会思潮、艺术、科学技术、宗教等。①

生态系统强调其在思想政治教育中的整体运动规律,对人的思想和观念产生综合效应,突破过去单个研究思想政治教育某个环节或某个因素的局限性,突出思想政治教育系统的整体性。将思想政治教育的研究状态应用于社会系统或者自然系统中,摆脱只见树木不见森林的研究视角,反对片面地强调人对自然的统治和教育主体对教育客体的灌输,用静态的视角来研究思想政治教育,或许可以更好地把握思想政治教育的研究范畴或研究体系。

(四) 平衡与再平衡相结合

思想政治教育主客体范畴研究中,主体和客体的互动平衡是重要的原则。马克思主义基本观点认为:主体并不是先在的,在主体和客体分化之前,主体和客体是混沌一体的,随着人类劳动和分工的产生,人逐渐从自身出发认识外界事物,人把自身当作主体同外界事物分开。思想政治教育中的主体就是有目的、有意识地从事实践活动和认识活动的人。思想政治教育生态平衡状态就是教育者和受教育者在互动交流过程中的动态平衡的状态,就是教育者预设的教育目标与受教育者需求之间的平衡。当然,在思想政治教

---

① 参见范国睿《教育生态学》,人民教育出版社2000年版,第25页。

育过程中,这种平衡状态是暂时性的,是永远变化发展的。因此,就出现了思想政治教育的动态平衡状态,可以通过"主体适应—客体—客体变化—主体再适应—客体再变化—主体再适应"的环节进行动态状态调整。在思想政治教育过程中,教育者可以根据受教育者的思想和行为的变化及时调整思想政治教育的实施方案,通过适时调整思想政治教育的内容、教育的方法来逐步实现思想政治教育目标。

无论是思想政治教育生态系统还是复合生态系统,只要系统内各要素之间达到平衡,就可以形成稳定的、发展的系统。而随着系统的不断发展,系统内的各要素之间又会出现新的矛盾或者生长点。而这种新的矛盾的触发点或者"促进剂"通常情况下就是社会新问题、新事物的出现,或者系统内的主体发生变化或者出现新情况,而系统内新矛盾的出现就会打破系统的平衡性,也就出现和存在动态发展的生态系统。这样周而复始,循环往复,思想政治教育生态系统就会不断发展,思想政治教育就会不断解决新问题,不断处理社会出现的新情况。

(五)主导与多样相结合

主导与多样相结合的原则反映了思想政治教育内容宣传和教育的基本要求,体现了思想政治教育的本质特征。所谓主导,就是思想政治教育的内容体现了思想政治教育的方向和性质,属于思想政治教育的主导部分,其充分体现了统治阶级的阶级意志和主流价值取向。所谓多样,指根据受教育者的要求,继承、借鉴、发展古今中外思想政治教育及相关理论知识中的优良传统和有益经验,它包括优良传统文化教育、西方进步学者的思想成果、现代科学文化成果。多样反映了思想政治教育内容的包容多样性。[①]

思想政治教育是伴随着受教育者自身存在和自为的思想矛盾运动,也就是受教育者在教育者的启发和引导下进行自我教育、能动地认识和改造自己思想的过程。在这个过程中,受教育者既是自我教育的客体,也是自我教育的主体。教育者的主导作用与受教育者的主体作用是相辅相成的,是辩证统一的关系。在思想政治教育生态系统中,教育者和受教育者均扮演着重要的角色,教育者有时候是教育活动的发起者,在思想政治教育的自身生态系统中起着主导性的作用,有时候是社会生态系统的推动者或阻碍者。因为在社

---

① 参见冯刚、彭庆红、佘双好等《新时代高校思想政治教育学原理》,人民出版社2021年版,第184页。

会生态系统中，教育者发起的活动有时候会促进环境或系统的良性发展，有时候会阻碍环境或系统的循环发展，不管是推动者还是阻碍者，教育者都在思想政治教育生态系统或社会生态系统中发挥着主导性作用和主体性作用，是辩证统一的关系。同样，受教育者在思想政治教育生态系统或社会生态系统中也发挥着主导性作用和主体性作用，也是辩证统一的关系。这与思想政治教育过程中所提到的主导性和主体性有一定程度的差异。

三、思想政治教育生态学发展的着力点

（一）强化思想政治教育生态意识的理论自觉

思想政治教育生态意识就是以习近平生态文明思想为指引，以科学的生态思维作为思想政治教育开展研究的社会意识形态。党的十九大报告提出，"在本世纪中叶建成富强民主文明和谐美丽的社会主义现代化强国"。"美丽"首次作为社会主义现代化建设的目标，开启了生态文明建设的新征程。思想政治教育肩负着建设生态文明中国的重要使命和任务，要通过有目的、有组织、有计划、有针对性的教育活动来传播生态文明建设的相关知识，传播符合建设"美丽中国"的思想和观念，以此来提高人们的生态意识，增强人们参与建设"美丽中国"的积极性。培养生态意识是促使人们参与生态文明建设的关键性步骤，也是调动人们建设"美丽中国"的积极性、主动性和创造性的关键。目前，人们的生态意识还比较淡薄，建设"美丽中国"的观念还未真正深入人心。因此，解决好人们的生态意识问题至关重要。思想政治教育通过广泛的生态知识的宣传和教育，在各种场合、各种人群中广泛普及和推广建设"美丽中国"的相关知识及相关政策，让生态文明建设和建设"美丽中国"的观念真正深入人心，最终帮助人们形成生态意识和生态思想。

（二）坚持思想政治教育生态学的制度创新

马克思主义将制度表述为"个人之间迄今所存在的交往的产物"[①]，阐述了制度从"交往"实践中产生，认为"一切生产都是个人在一定社会形

[①] 中共中央马克思恩格斯列宁斯大林著作编译局编译：《马克思恩格斯全集》第3卷，人民出版社1995年版，第79页。

式中并借这种社会形式而进行的对自然的占有"[①]；阐述了人类通过一定的制度对自然界产生行为影响，启示我们通过制度可以为社会秩序的有序运行及人的全面发展创造条件。对于思想政治教育而言，要发挥制度对人类改造自然界的行为的调节作用，才能实现对资源环境构成影响的人类行为的规约，将"尊重自然、顺应自然、保护自然"的生态文明理念转化为生态实践，这也是化解我国的生态难题、实现可持续发展的根本之策。[②]

党的十八大报告将生态文明建设与经济建设、政治建设、文化建设、社会建设并列，提出"五位一体"地建设中国特色社会主义。党的十八届三中全会进一步深化了"五位一体"的战略布局，明确提出必须"建立系统完整的生态文明制度体系，用制度保护生态环境"。制度具有根本性、全局性、稳定性和长期性的特点。这一新举措确立了生态文明制度建设在全面深化改革总体部署中的地位，必将有利于破解资源环境制约发展的瓶颈，推动美丽中国建设。思想政治教育生态学就是生态文明的重要的彰显方式之一，就是生态文明建设在具体实践中的重要学理依据，要发挥思想政治教育生态理念来指导具体实践，具体性也为思想政治教育生态理念提供实践基础。党的十九届六中全会通过的《中共中央关于党的百年奋斗重大成就和历史经验的决议》强调：明确全面从严治党的战略方针，提出新时代党的建设总要求，全面推进党的政治建设、思想建设、组织建设、作风建设、纪律建设，把制度建设贯穿其中。可以看到，生态文明已经成为"五位一体"的重要组成部分。制度建设要贯穿在党的各项建设之中，充分发挥制度建设的根本性的作用。同时，还需要制度创新来贯穿始终，需要生态文明制度建设发挥总部署的作用。习近平生态文明思想是建设社会主义生态文明的科学指引和强大思想武器，将不断提高全社会生态文明意识，牢固树立社会主义生态文明观，坚定不移走生产发展、生活富裕、生态良好的文明发展之路，努力建设人与自然和谐共生的现代化。制度创新既要做好生态文明制度创新，又要做好思想政治教育生态制度创新，用马克思主义来指导思想政治教育的发展，将制度创新贯穿于思想政治教育之中，充分发挥制度的保障作用和全局性作用。

---

① 中共中央马克思恩格斯列宁斯大林著作编译局编译：《马克思恩格斯全集》第46卷（上），人民出版社1995年版，第24页。
② 参见蔡永海、谢滟檬《我国生态文明制度体系建设的紧迫性、问题及对策分析》，载《思想理论教育导刊》2014年第2期。

（三）培养思想政治教育生态学的思维范式

1. 系统性思维

中国古代的自然哲学、自然科学强调统一性、整体性、协同性。① 李约瑟（Joseph Needham）指出："中国的哲学与其说是机械的不如说是有机的。"他还指出："12世纪中国最伟大的思想家朱熹，曾建立了一个比任何欧洲的思想都更接近有机哲学的哲学体系。"② 在西方，一些学者把中国古代的阴阳五行说称为自然主义。伊利亚·普利高津（Ilya Prigogine）写道："我们正向着新的综合前进，向着新的自然主义前进。这个新的自然主义将把西方的传统带着其对实验的强调和定量的表述，与以自发的自组织世界的观点为中心的中国传统结合起来。"③ 由中国古代的自然主义向现代新的自然主义发展即是由古代的系统理论向现代的系统理论发展。系统论给了我们一个处理有机体和环境所组成的整体的方法。任何一个事物都是以系统形式存在和发展着的，自然界、人类社会和人类都是复杂的系统，因此，系统内部要素、系统内外体系、系统运行机理都需要我们用整体观、系统观的理念来理解和看待。

思想政治教育作为自然界、人类社会和人类发展的重要媒介，与社会的政治、经济、文化、生态等方面有着密切的联系，同人的思想与品行、成长同样密切相关。思想政治教育伴随着人类社会的产生、形成和发展，表现出一定的阶级性和实践性。在思想政治教育发展进展中，教育者或组织实施者（主体）在对社会各领域或社会阶层势必运用系统论的思维开展一定的社会实践活动，不能不分区别加以实施，也不能不分地域加以实践，要考量在不同时空条件下进行有目的、有计划、有组织和有影响的思想观念、政治观点、道德规范的社会实践活动。

习近平总书记提出的注意用系统思维来推进党和国家治理体系的变革时提到，要注重用系统思维方法来思考问题，既要注重系统的重点突破与整体推进，又要注重系统的整体性以及要素与要素的协同性，还要注重系统的开

---

① 参见查有梁《系统科学与教育》，人民教育出版社1993年版，第183页。

② Joseph Needham, *Science and Civilisation in China*（Cambridge: Cambridge University Press, 1977）, Volume II, p. 291, Volume IV, p. 1.

③ 参见湛垦华、沈小峰等编《普利高津与耗散结构理论》，陕西科学技术出版社1982年版。

放性与环境的协调性。例如，2013年11月13日，习近平在党外人士座谈会上指出："全面深化改革是一项复杂的系统工程，需要加强顶层设计和整体谋划，加强各项改革关联性、系统性、可行性研究。"① 2018年4月26日，习近平总书记在深入推动长江经济带发展座谈会上的讲话指出："要从生态系统整体性和长江流域系统性着眼，统筹山水林田湖草等生态要素，实施好生态修复和环境保护工程。要坚持整体推进，增强各项措施的关联性和耦合性，防止畸重畸轻、单兵突进、顾此失彼。要坚持重点突破，在整体推进的基础上抓主要矛盾和矛盾的主要方面，采取有针对性的具体措施，努力做到全局和局部相配套、治本和治标相结合、渐进和突破相衔接，实现整体推进和重点突破相统一。"②

综上所述，要注重系统思维在思想政治教育中的价值和地位，就是要深刻把握系统思维在推进党和国家治理体系中的重要地位和作用。

2. 可持续发展思维

可持续发展的概念最早是由世界自然保护联盟（International Union for Conservation of Nature，IUCN）于1980年在世界自然资源保护大会上提出的。可持续发展观旨在协调主体、客体、载体、环体、介体各因素之间的关系，维护自然、社会与人的发展之间的关系，最终促进个人或人类自身的持续发展。可持续发展观念旨在协调自然、社会与人的发展之间的关系，可持续发展既要满足当代人的需要，又不对后代满足其发展需要的能力构成危害，实现人民更高的生活质量，创造和平、发展、自由、民主的社会环境，建立以人为中心的自然—经济—社会复合生态系统，并进一步促进系统持续、稳定、健康地发展。

要树立可持续发展的理念，树立正确的人与自然和谐发展的观念，就要认识思想政治教育之于可持续发展的作用，传播与可持续发展有关的观念、态度、价值、知识，使社会成员形成可持续发展的思想意识。

3. 历史性思维

科学历史性思维就是要坚持用历史唯物主义、辩证唯物主义的方法论，用历史的、客观的、联系发展的观点来看待历史。习近平总书记系列重要讲

---

① 《征求对中共中央关于全面深化改革若干重大问题的决定的意见 中共中央召开党外人士座谈会》，载《人民日报》2013年11月14日，第1版。

② 习近平：《在深入推动长江经济带发展座谈会上的讲话（2018年4月26日）》，载《求是》2019年第17期。

话中体现的历史观,是思想政治工作者、教育者、研究者要学习和掌握的科学方法。习近平总书记指出:"具有历史文化素养,最重要的是要具有历史意识和文化自觉,即想问题、作决策要有历史眼光,能够从以往的历史中汲取经验和智慧,自觉按照历史规律和历史发展的辩证法办事。"① 习近平总书记强调:"要坚持正确党史观、树立大历史观,准确把握党的历史发展的主题主线、主流本质,正确对待党在前进道路上经历的失误和曲折,从成功中吸取经验,从失误中吸取教训,不断开辟走向胜利的道路。"②

(四) 锻造思想政治教育生态学研究人才团队

要采取各种培养、培训措施,打造一支具有交叉学科视野、多学科知识背景、较高综合素质、良好合作精神的思想政治工作队伍,为促进交叉学科视野下思想政治教育的创新发展储备更多的人才资源。③ 以组织申报国家社会科学基金项目、教育系统重点调研课题、省级哲学社会科学规划项目为抓手,建设思想政治教育生态学研究人才团队。以习近平生态文明思想中心建立为契机,以习近平生态文明思想为指导,发挥教研部门研究力量集聚的基础作用,发挥名师名家、学术带头人和研究中心负责人的引领作用,鼓励跨学科、跨领域的合作研究,组织专家开展申报辅导,提高申报质量。通过课题和项目申报,整合人才、经费等资源,发挥团队优势,加强集体攻关,有效解决学科建设"人才紧缺"问题,在推进学科研究的同时,培育交叉学科建设后备人才。

---

① 《习近平:领导干部要多读一点历史》,见新华网(http://www.xinhuanet.com/politics/2018-07/05/c_1123083159.htm)。

② 习近平:《关于〈中共中央关于党的百年奋斗重大成就和历史经验的决议〉的说明》,人民出版社2021年版,第76页。

③ 参见冯刚《交叉学科视野下思想政治教育的创新发展》,载《思想理论教育导刊》2011年第11期。

第十章　思想政治教育评估学

思想政治工作是一切工作的生命线。思想政治教育是思想政治工作的重要组成部分。2021年，中共中央、国务院印发的《关于新时代加强和改进思想政治工作的意见》指出，要把思想政治工作作为治党治国的重要方式，强调要深入开展思想政治教育，明确了思想政治教育的重点任务和主要内容。新时代思想政治教育工作迎来了新的发展机遇，同时也要承担自身的使命担当。

伴随思想政治教育工作改革变化而与时俱进的是思想政治教育学学科的建设发展。一方面，思想政治教育学的学科建设是实现思想政治教育工作经验提炼升华、理论阐述及其创新运用的重要支撑。经过30多年的励精图治，思想政治教育学的学科发展渐成规模，形成了思想政治教育原理、方法论等研究领域，产生了思想政治教育基础理论研究、历史研究、应用研究等一系列分支学科体系，基本构建了一个内容完备、结构合理、动态开放的学科体系。另一方面，思想政治教育的实践展开和现实需要不断推动着思想政治教育学的学科内容演进。思想政治教育现实境遇的变化、使命任务的接续、内容要求的丰富、功能站位的提升，对思想政治教育学学科内容的进一步延伸和演化既寄予了希望，也创造了条件。以《加强和改进新形势下高校思想政治工作的意见》《深化新时代教育评价改革总体方案》《关于新时代加强和改进思想政治工作的意见》为代表，近年来，党中央、国务院多次或直接或间接地对思想政治教育评价提出了新要求，推动了高校思想政治教育工作的内涵拓展和实践延伸，所以有关思想政治教育质量评价的范畴研究是一个重要的理论生长点和突破口。[①] 思想政治教育评价是思想政治教育评估的重要工作构成。以思想政治教育质量评价范畴研究为突破口，围绕思想政治教育质量评估进行的相关理论研究，自然成为思想政治教育学学科发展建设的重要理论生产

---

① 参见冯刚《深化高校思想政治教育范畴研究》，载《马克思主义理论学科研究》2021年第9期。

源，正在推动着思想政治教育新的学科论域——思想政治教育评估学的产生和形成。

第一节 思想政治教育评估学的形成基础

思想政治教育评估学的形成和发展，需要思想政治教育评估理论的支撑和思想政治教育评估实践的滋养。通过对有关思想政治教育评估的已有理论研究成果和工作实践成绩的梳理可以发现，思想政治教育评估学形成的理论基础和实践基础都在生成和强化，思想政治教育评估学有条件在思想政治教育评估理论研究和实践展开的双向互动中逐渐形成并持续发展。

一、思想政治教育评估学形成的理论基础

学界对思想政治教育评估早有关注。1986年陆庆壬主编的《思想政治教育学原理》，就专章介绍了思想政治教育评估的意义、要求、标准、原则、范围、特点、途径和方法。随后关于思想政治教育具有教材性质的成果，包括张耀灿、陈万柏主编的《思想政治教育学原理》（2001），孙其昂主编的《思想政治教育学基本原理》（2004），仓道来主编的《思想政治教育学》（2004），张耀灿、郑永廷、吴潜涛、骆郁廷著的《现代思想政治教育学》（2006），陈秉公著的《思想政治教育学原理》（2006），苏振芳主编的《思想政治教育学》（2006），等等，都专辟章节论述了"思想政治教育评估"。[1]此外，关于思想政治教育评估方法、模式等专题研究也时有出现。2020年，在国家社会科学基金教育学重大课题"高校思想政治教育工作质量评价体系研究"成果基础上提炼发展形成的专著《高校思想政治教育工作质量评价研究》出版，被学者们认为开启了系统、综合、体系性探寻新时代高校思想政治教育质量评价的理论之门，奠定了新时代高校思想政治教育质量评价的理论基石。其围绕高校思想政治教育工作质量评价的相关问题，从多个维度展开阐释与论证，涉及质量评价的基本原则、主要内容、评价模型、指标设计等，对思想政治教育评价问题的研究突破了已有理论的局限，在认识到评

---

[1] 参见陈洪涛《高校思想政治理论课评价论》，中国社会科学出版社2011年版，第13页。

价不易的同时,结合大数据时代的发展,探索推进评价实践的各种有效策略,形成对高校思想政治教育质量评价全方位多角度的理论认知和实践把握。作为思想政治教育评估的重要理论成果,它将思想政治教育评估作为思想政治教育学学科一个专门研究方向进行不懈探索,集中体现了思想政治教育学学科发展的问题意识和实践导向,为思想政治教育评估学的形成进一步夯实了理论基础。[1]

二、思想政治教育评估学形成的实践基础

在政策实践上,思想政治教育评估也在探索前行。1994年,《中共中央关于进一步加强和改进学校德育工作的若干意见》明确要求"要建立德育工作的评估制度,并把德育工作作为评价一个地区、一所学校教育教学工作的重要内容。高等学校德育工作应列入'211工程'评估标准"[2]。2004年,中共中央、国务院《关于进一步加强和改进大学生思想政治教育的意见》要求把大学生思想政治教育工作作为对高等学校办学质量和水平评估考核的重要指标,纳入高等学校党的建设和教育教学评估体系。2012年《全国大学生思想政治教育工作测评体系(试行)》印发后,全国2000余所高校开展了自测自评,中共中央宣传部、教育部在2014年进行了测评抽查。贵州、北京等地也出台了高校思想政治工作评估指标和检查指标,对辖区内的高校思想政治工作进行评估检查。不仅如此,高校层面的思想政治教育评估实践也在不断展开。例如,北京师范大学围绕建设世界一流大学的战略目标,坚持以评促建的原则,先后制定了《大学生思想政治教育量化考评指标体系》和《大学生思想政治教育量化考评办法》,并根据工作重点和职责内容的变化,多次进行修订和完善,自2001年起,连续20年对院系开展大学生思想政治教育量化考评,以提高大学生思想政治教育工作的科学化水平;重庆交通大学成立了思想政治教育评价中心,按照"理论+运用"的思路,整合研究资料和学术资源,组建研究团队,集结研究力量,建立定期会议研究、学术探讨、资料分享和实践运用的制度机制,面向高校开展思想政治教育质

---

[1] 参见张智《奠定新时代高校思想政治教育质量评价的理论基石——评〈高校思想政治教育质量评价研究〉》,载《高校辅导员》2021年第2期。

[2] 《中共中央关于进一步加强和改进学校德育工作的若干意见》,见网页(http://jyt.hunan.gov.cn/sjyt/xxgk/zcfg/flfg/201702/t20170214_3989970.html)。

量评价的服务工作,推动思想政治教育工作评估的实践展开。从中央到地方,再到高校的思想政治教育评估工作的相应开展,为思想政治教育评估学的形成和发展逐渐夯实实践根基。

思想政治教育评估的研究和实践为思想政治教育评估学的产生和形成创造了条件。但是,思想政治教育评估的已有研究更多地将思想政治教育评估定位为思想政治教育过程的一个基本环节加以思考,要么对思想政治教育评估进行一般性的知识介绍,要么聚焦于思想政治教育评估的某一环节要素展开研究,还未从思想政治教育学学科分支的视角来认识思想政治教育评估,未对正在逐渐生成的思想政治教育评估学进行系统整体的理论建构,尤其是未有效回答思想政治教育评估学的内涵、任务、价值等基本问题。所以,推动思想政治教育评估学的形成和发展,还需进一步厘清思想政治教育评估学的基本内涵,明晰思想政治教育评估学的重点任务,确认思想政治教育评估学的价值指向,展望思想政治教育评估学的未来发展。这既是对思想政治教育实践需要的现实回应,也是丰富和充实思想政治教育理论内涵,实现思想政治教育学学科体系不断完善优化的重要工作。

第二节　思想政治教育评估学的基本内涵

思想政治教育评估学是以思想政治教育评估为主要研究对象的新兴学科,旨在深入把握思想政治教育评估的内在规律,形成能够指导思想政治教育评估实践的科学系统的理论体系。因此,思想政治教育评估学既具有鲜明的理论导向性,也具有强烈的实践指向性,它在思想政治教育评估理论与思想政治教育评估实践的双向互动中完成学科内容的丰富和发展,从而实现学科的价值目标。要理解掌握思想政治教育评估学的基本内涵,至少应该从思想政治教育评估学的内容构成、思想政治教育评估学的知识借鉴、思想政治教育评估学的理论视域三个方面对思想政治教育评估学进行分析把握。

一、思想政治教育评估学的内容构成

是否有相对独立的内容构成是相关知识体系能否形成一门学科的关键。把握思想政治教育评估学的知识内容结构,是理解和认识思想政治教育评估学基本内涵的重要着力点。要掌握思想政治教育评估学的内容体系,必须围

绕思想政治教育评估学的主要研究对象——思想政治教育评估展开。思想政治教育评估学通过回答为什么要进行思想政治教育评估、什么是思想政治教育评估的对象、如何进行思想政治教育评估这三个问题实现学科内容的逐渐生成和不断丰富。而对这三个问题的解答对应的是就思想政治教育评估的价值、思想政治教育评估的内容、思想政治教育评估的实施进行的分析认识，它们是理解思想政治教育评估学内容构成的主要维度。

（一）思想政治教育评估的价值

"价值"是具有特定属性的客体对主体需要的意义。思想政治教育评估的价值存在是进行思想政治教育评估理论研究，开展思想政治教育评估实践的直接驱动力。思想政治教育评估学的生成和发展自然以思想政治教育评估具有的价值意义为基础。但是，思想政治教育评估的价值并不是不言自明的，这与人的知识获取规律有关——人对事物的理解和掌握并不总能一蹴而就，其认识需要遵循由浅入深、由表及里、由单一到全面的发展过程。对思想政治教育评估价值的认识必须遵循认知规律，同时也与认识对象的发展变化有关，因为事物都处在不断演进发展之中，其特性、内容、运动等要素都有一个渐进显现的过程。随着思想政治教育评估的发展演化，其价值的特性、内容也会变化、发展，这意味着对思想政治教育评估价值的理解认知需要不断推进，逐步深化，方能保证所得认识的相对全面性和科学性。对思想政治教育评估价值理解把握的深入推动和系统性发展，正是思想政治教育评估学的重要任务之一，也是思想政治教育评估学的重要学科内容构成。作为思想政治教育评估实务展开的理论依凭和思想政治教育评估理论研究的学科支撑，思想政治教育评估学不但要总结提炼思想政治教育评估的直接价值，还要探寻思想政治教育评估的间接价值，构建思想政治教育评估的价值体系。既要系统呈现思想政治教育评估的正面价值，也要有效揭示思想政治教育评估的负面价值，为全面掌握思想政治教育评估的影响提供支撑，进而对为什么要开展思想政治教育评估的问题进行系统科学的回答，夯实思想政治教育评估实践开展和理论研究的价值基础，厚植思想政治教育评估学自身存在和发展的价值根基。

（二）思想政治教育评估的内容

思想政治教育评估的内容即思想政治教育评估的对象构成，是思想政治教育评估价值实现的载体。思想政治教育评估以思想政治教育为对象，所以，与思想政治教育相关的要素组成及其相互间的关系、互相作用的运行状态、释放的思想政治教育效果和要素关系作用的未来趋势走向，都是思想政治教育评估的内容构成。只有全面、系统、准确掌握思想政治教育评估的对象要素，才能科学、规范地开展思想政治教育评估实践，才能兑现思想政治教育评估扬思想政治教育之优势、补思想政治教育之短板、找思想政治教育之问题、强思想政治教育之弱项的功能作用。对思想政治教育评估内容进行全面、系统、准确的理解掌握，科学有效地呈现思想政治教育评估的对象全貌，是思想政治教育评估学的重要任务之一，也是思想政治教育评估学的重要学科内容。思想政治教育评估学必须把系统梳理和深入分析思想政治教育评估的内容对象作为学科生成和建设的重要工作，不仅要掌握相对静态的思想政治教育的要素组成情况、相互作用方式、效能作用状态，还要紧跟思想政治教育的现实发展变化，对思想政治教育要素关系的动态改变、相互作用的运行机制演进、育人实效的生成演化进行适时的分析把握，对思想政治教育的局部与整体、元素与系统、当前与倾向都了如指掌，方能在此基础上对思想政治教育进行具有高信度和高效度的评价、判定、估量和预测。当然，开展思想政治教育评估并不意味着要事无巨细地掌握思想政治教育的一切信息，而是必须了解把握开展评估所需的必要且充分的信息资料。思想政治教育评估学要为思想政治教育评估的对象判断、信息选择提供理论支撑和实践指引，这也是思想政治教育评估学的价值体现。

（三）思想政治教育评估的实施

思想政治教育评估的实施是实现思想政治教育评估价值的关键过程，是围绕思想政治教育评估内容开展思想政治教育评估实践的工作保障。思想政治教育评估实施的科学性、严谨性和规范性，是确保思想政治教育评估科学有效，能够顺利完成思想政治教育评估目标任务的必要条件。思想政治教育评估实施涉及的基本元素较多，从广义上理解，它并不是将思想政治教育评估方案转化为思想政治教育评估实践的行为经过，而是内含思想政治教育评估从无到有的整个演变进程，至少包括形成思想政治教育评估的计划、制定思想政治教育评估的方案、确定思想政治教育评估的主体、选择思想政治教育评估的内容、使用思想政治教育评估的技术手段、反馈思想政治教育评估信息、调整思想政治教育评估策略、形成思想政治教育评估报告等工作阶段和过程环节，是系统化、流程化的工作任务和目标价值的集合。思想政治教育评估的实施具有很强的实践指向性，但它必须以科学的思想政治教育评估理论为指导，保证自身的科学性和有效性。对思想政治教育评估实施进行深入的理论分析，全面掌握思想政治教育评估实施的要素构成，进而把握思想政治教育评估实施的内在规律，在此基础上提炼总结，乃至系统建构思想政治教育评估实施的阶段环节、制度规范、技术手段标准，为思想政治教育评估实施提供科学理论指引，是思想政治教育评估学的重要任务之一，也是思想政治教育评估学重要的学科内容构成。

二、思想政治教育评估学的知识借鉴

思想政治教育评估学是开展思想政治教育评估理论研究、丰富思想政治教育评估理论内涵、指导思想政治教育评估工作实践的学科支撑。思想政治教育评估学虽然属于思想政治教育学学科新兴的发展领域，但其蕴含了多学科的知识内容，具有典型的交叉学科的特征。对其他学科知识的借鉴和运用是思想政治教育评估学知识体系快速增长，能够充分发挥其学科功能作用的重要条件保障。思想政治教育评估学在理论研究和知识生产的过程中，至少要借鉴思想政治教育学、评估学、教育评价学的相关知识理论，在对这些理论知识进行转化性运用与借鉴创新的过程中实现学科的生成和发展。

（一）思想政治教育学知识

从学科体系上看，思想政治教育评估学是思想政治教育学学科发展的新论域，有望成为思想政治教育学的学科分支，其知识体系属于思想政治教育学知识体系的组成部分。但是，从思想政治教育评估学的学科视域而言，它与思想政治教育学学科体系中的其他分支学科在研究对象、研究重点、研究方法、实践指向等方面具有明显的区别，这也是它可以成为思想政治教育学学科体系中独立学科分支的主要原因。思想政治教育评估学的研究对象是思想政治教育评估，思想政治教育评估的对象是思想政治教育，思想政治教育是思想政治教育评估学的核心范畴。所以，思想政治教育学的知识理论是思想政治教育评估学基础理论的重要来源，是开展思想政治教育评估理论研究与工作实践必须具备和掌握的理论知识。当然，这里的"思想政治教育学的知识理论"指思想政治教育评估学以外的思想政治教育学学科的其他知识体系。

从学科知识的内容本质来说，思想政治教育学是关于思想政治教育是什么、为什么、怎么做和未来发展的理论体系及实践经验总结，不仅涉及对思想政治教育的地位和功能、目的和任务的理解认识，还涉及思想政治教育环境、思想政治教育施教者和受教者、思想政治教育过程和规律、思想政治教育内容、思想政治教育原则、思想政治教育方法、思想政治教育载体、思想政治教育管理等相关知识内容。思想政治教育评估学只有在掌握思想政治教育基本知识的基础上，才能对思想政治教育有全面深入的了解和把握，才能真正懂得思想政治教育的内在结构、运作方式、实施目的、发展目标等是什么和为什么，在思想政治教育评估过程中做到既知其然又知其所以然。不仅如此，对于思想政治教育评估学而言，更为关键的是要通过学习掌握思想政治教育知识，把握住思想政治教育的内在规律。习近平总书记在全国高校思想政治工作会议上指出："做好高校思想政治工作，要因事而化、因时而进、因势而新。要遵循思想政治工作规律，遵循教书育人规律，遵循学生成长规律，不断提高工作能力和水平。"① 高校思想政治教育评估是高校思想政治工作的重要组成部分，只有熟悉掌握了思想政治教育规律，才能在评估中更好、更准确地判断高校思想政治教育的状态和效果，得出高信度、高效度的评估结论。

（二）评估学知识

评估通常解释为评价和估量，是二者的总称。在赖因哈德·施托克曼（Reinhard Stockmann）和沃尔夫冈·梅耶（Wolfgang Meyer）看来，评估应该追溯人类历史，它有不同的用途而且运用不同的方法。在这种背景下，如果有人断言"评估是一个'多义词'，评估意味着多种形式的评价"，这就不会让人吃惊了。② 现实也的确如此，在《评估学》一书中，施托克曼和梅耶就列举了多个学者对评估的不同定义。如唐纳·梅尔滕斯（Donna Mertens）认为，评估就是为了减少作决定时的不确定因素而对客体（项目）的优势或价值进行系统的调查研究。斯克利芬（Michael Scriven）认为，评估指的是对事物的优势或价值的确定过程或者是这一过程的产品。评估过程通常涉及一些对优点和价值的相关标准的鉴别，涉及按照这些标准对评估对象绩效的调查，涉及对结果的整合和综合化，以完成全面的评估或者一系列

---

① 《习近平在全国高校思想政治工作会议上强调 把思想政治工作贯穿教育教学全过程 开创我国高等教育事业发展新局面》，载《人民日报》2016年12月9日，第1版。
② 参见［德］赖因哈德·施托克曼、［德］沃尔夫冈·梅耶《评估学》，唐以志译，人民出版社2012年版，第66页。

相关的评估。巴顿（Patton）认为，项目评估是对有关项目的活动、特性和成效的信息进行系统收集，以便对项目作出判断，改进项目的效能和（或者）告知未来项目设计的决定。而伊冯娜·林肯（Yvonna Lincoln）和埃贡·古巴（Egon Guba）则将评估定义为，一种经过训练的调查研究，用来决定某些客体（如治疗、项目、设施、绩效等诸如此类的评估对象）的价值，以便改进或改良评估对象（形成性评估）或者评价它的影响（总结性评估）。在彼得·罗希（Peter Rossi）、马克·李普希（Mark Lipsey）、霍华德·弗里曼（Howard Freeman）看来，项目评估是应用社会研究的规程系统地调查社会干预项目的效益。更具体地说，评估研究者（评估者）利用社会学研究方法从社会项目的各个重要方面研究、评价和帮助改进社会项目，包括对项目所关注的社会问题的诊断、项目的概念化和设计、项目的实施和管理、项目的成果及效率。① 虽然对评估的定义不尽相同，但是力图认识评估、探寻评估的内在规律、追求评估的科学化则是上述学者的共同目标所在。而且他们只是对评估进行理论探究的学者范例。事实上，学者们对评估的研究已经历了一个持续的过程。虽然系统的评估研究是现代社会的产物，评估研究的发展是20世纪以来的事情，但是到今天也已有上百年的历程。②

当前，评估既是一种职业，也是一类知识。所以，罗希等在《评估：方法与技术》一书中说，该书的核心主题是为对社会项目的设计、实施和利用进行评估的各种研究活动提供一个引导，其试图把握评估研究的全局，分析社会项目评估的设计、实施、绩效和效率③，从而为准备从事评估职业或者需要了解评估活动的人们提供有关评估研究的基本知识和技巧，并分享在长期评估实践中所积累起来的集体经验。评估实践的展开和评估研究的理论积累，使得评估逐渐成为一个独立的知识门类，评估学正是这一知识门类的学术称谓。它是关于评估对象、方法、技术、程序、价值、目的等的知识理论体系，旨在揭示开展评估的规律性知识，是对评估实践经验的理论提炼和升华。思想政治教育评估是评估的具体领域，它以思想政治教育为评估对象，

---

① 参见［德］赖因哈德·施托克曼、［德］沃尔夫冈·梅耶《评估学》，唐以志译，人民出版社2012年版，第67～69页。
② 参见［美］彼得·罗希、［美］马克·李普希、［美］霍华德·弗里曼《评估：方法与技术》，邱泽奇等译，重庆大学出版社2007年版，第5页。
③ 参见［美］彼得·罗希、［美］马克·李普希、［美］霍华德·弗里曼《评估：方法与技术》，邱泽奇等译，重庆大学出版社2007年版，前言。

旨在运用评估的技术知识对思想政治教育进行评价和估量。思想政治教育评估学是关于思想政治教育评估的知识理论体系，是对思想政治教育评估实践的理论提炼和升华，也是关于思想政治教育评估的理论建构，涉及对开展思想政治教育评估的目的价值、对象内容、方法技术、程序过程等的理论阐述。虽然在我国目前的学科体系中，评估学还不是一个正式的学科门类，思想政治教育评估学依托思想政治教育学学科生长，但在理论属性上，思想政治教育评估学与评估学是特殊与一般的关系，评估学的理论知识是思想政治教育评估学的基础性知识，思想政治教育评估学的构建与发展自然要借鉴和运用来自评估学的知识理论。

（三）教育评价学知识

教育评价学是依据一定的教育目标和教育标准系统收集资料，运用现代数学、管理科学等理论方法和相关技术，判断对象的系统状态与功能属性及其转化的一门科学。林肯和古巴将教育评价划分为四个发展阶段：第一阶段为1900—1930年的"测量时代"，以"测量"理论的形成和大量运用为标志；第二阶段为1930—1950年前后的"描述时代"，以以泰勒为首的"八年研究"为标志，以对测量结果的描述为特征；第三阶段为1950—1970年的"判断时代"，以"判断"为评价理论的特色；第四阶段以林肯和古巴的评价理论构建为标志，他们把自己的评价理论称为"第四代教育评价"，并于1989年出版了名为《第四代教育评价》的专著。今天，世界各国都很重视教育评价工作，教育评价研究与教育理论研究、教育发展研究一起，已经发展成为教育领域的三大研究之一。教育评价学也发展到了相对成熟的阶段。

教育评价学旨在探寻教育评价的内在规律，为教育评价实践提供科学的理论指导，实现教育评价的科学化，其蕴含的教育评价知识是对实施的教育活动、教育过程和教育结果进行科学判定的理论体系与经验总结。掌握教育评价知识，能够熟悉教育评价的目标、手段、程序，能够理解教育评价的内在运行机理。教育评价与思想政治教育评估具有高度相关性，教育评价理论是思想政治教育评估学的基础理论之一。至少出于以下两方面原因，思想政治教育评估学应该参考借鉴教育评价学的知识：一是有助于掌握思想政治教育评估对象在思想政治教育评价方面的工作状态和工作质量；二是有助于借鉴包括思想政治教育评价在内的教育评价全方位的理论成果。比如，可以借鉴参考教育评价的模型设计方法、指标权重的生成机制、过程管理的基本结构等，尤其可以参考借鉴思想政治教育评价已有的理论体系和经验总结，包括思想政治教育评价的模式种类、维度选择、运行管理等。特别是2020年10月，中共中央、国务院印发了《深化新时代教育评价改革总体方案》，为教育评价深度改革提出了基本要求，确立了目标指向，明确了重点任务，学界围绕该方案的政策安排展开了一系列研究探讨，时至今日，在教育评价改革领域已形成了许多新的理论成果。而以《深化新时代教育评价改革总体方案》为依据，围绕思想政治教育评价进行的专项理论探索在逐步深化，相关成果也开始陆续出现。这些成果对于丰富思想政治教育评估学的知识理论具有重要的价值，是思想政治教育评估学应该吸收借鉴的知识成果。

三、思想政治教育评估学的理论视域

理论视域有理论视界和理论所涉范围之意。在这里，思想政治教育评估学的理论视域并非指思想政治教育评估学的内容构成和知识范围，而主要指涉思想政治教育评估学理论知识功能指向的主要构成。思想政治教育评估的功能指向决定了思想政治教育评估学理论知识的功能指向，它划定了思想政治教育评估学的理论视域。评估的功能指向主要包括评价、干预和预测，思想政治教育评估的功能指向涉及对思想政治教育的评价、对思想政治教育的干预和对思想政治教育的预测。所以，思想政治教育评估学理论体系的构建包括评价性理论的建构、干预性理论的建构和预测性理论的建构，它们是思想政治教育评估学理论知识功能指向的主要构成。

（一）评价性理论

评价一般意义上指对某一事物进行判断、分析，就其价值高低得出结论。正如施托克曼所言："评估总是与评价结合在一起，而且评价标准大多来自需要评估的项目本身。"① 评估内含评价之意。开展思想政治教育评估，需要对思想政治教育的要素情况作出判断，需要对思想政治教育的运行状态进行分析把握，需要对思想政治教育的实际效果作出基本判定。概括地说，就是在对思想政治教育的状况进行判断、分析后，就其呈现的价值高低得出结论。而判断思想政治教育的要素情况、把握思想政治教育的运行状态、判定思想政治教育的实际效果，正是思想政治教育评价的主要工作维度。所

---

① ［德］赖因哈德·施托克曼、［德］沃尔夫冈·梅耶:《评估学》，唐以志译，人民出版社2012年版，第58页。

以，开展思想政治教育评估工作，蕴含了思想政治教育评价的实践。思想政治教育评价是思想政治教育评估的重要工作构成。思想政治教育评估学是关于思想政治教育评估的知识理论，而思想政治教育评估蕴含了思想政治教育评价的工作内容，思想政治教育评估学自然具有评价的理论指向性，思想政治教育评估学理论体系的建构包括评价性理论知识的建构。换言之，思想政治教育评估学的理论知识必然具有思想政治教育评价的功能指向。这种功能指向尤其体现在思想政治教育的事后评估上。思想政治教育事后评估是在思想政治教育活动实施后进行的总结性评估工作，因为是事后进行，它既不能对作为评估对象的思想政治教育活动的状态和效果进行事前预测判断，也无法对思想政治教育活动的实施过程进行干预调控，而只能对思想政治教育的实施效果进行判断把握，这正是思想政治教育结果评价的主要目标所在。

（二）干预性理论

评估是一项有极强目的性的工作。通过评估找出问题，发现不足，进而寻找有力对策和举措对评估对象进行干预调整，使其形成更好的运行状态，释放预期的功能作用，是开展评估实践的重要目标之一。当然，思想政治教育评估也不是为了评估而评估，思想政治教育评估的开展有其鲜明的目的性。通过思想政治教育评估，找出思想政治教育各要素存在的问题，发现思想政治教育各环节存在的不足，进而有针对性地寻找对策举措，对思想政治教育要素环节和运行状态进行调整优化，实现对思想政治教育的有效干预，以保证思想政治教育正常功能作用的发挥，是思想政治教育评估的重要目标。尤其是思想政治教育中期评估，内含了干预的意旨。它是在思想政治教育实施过程中开展的评估工作，通过对尚未完成和结束的思想政治教育活动进行评估，总结提炼好的经验并及时推广加强运用，使优势更优，同时发现不足和短板，及时采取措施加以改进和调整，使问题得到解决，使不足得到弥补，进而在思想政治教育活动实施后能够实现预期的目标任务。干预是思想政治教育评估价值实现的重要手段，思想政治教育评估学作为思想政治教育评估的理论知识体系，具有干预的理论指向性。思想政治教育评估学理论体系的建构包括干预性理论知识的建构，重在回答思想政治教育评估为什么要对评估对象进行干预，如何对评估对象进行干预，干预的程序、手段、方法有哪些，等等。思想政治教育评估学关于思想政治教育事中评估的理论知识，是其理论干预性功能指向的主要体现。

(三) 预测性理论

从管理学的视角来说，预测是人们利用已经掌握的知识和手段，预先推知和判断事物未来发展状况的一种活动。预测是人们根据事物过去发展变化的客观过程和某些规律性，根据事物运动和变化的状态，运用各种定性和定量分析方法，对事物未来可能出现的趋势和可能达到的水平所进行的科学推测。[1] 评估工作有事前评估、事中评估、事后评估之分。如前文所述，事后评估更为突出总结性评价功能，事中评估更加突出干预性功能。事前评估则是在作为评估对象的项目、活动发生前开展的评估工作，旨在预测和判断项目、活动发生后的走向与趋势，分析项目、活动结束后的可能效果和影响，为是否实施项目、启动活动，如何实施项目、启动活动等决策提供判断依据。因此，事前评估更加突出预测功能。思想政治教育事前评估，就是在思想政治教育活动实施前开展的评估工作，旨在预测判断思想政治教育活动实施后的走向趋势，分析思想政治教育活动实施后的可能效果和影响，为了解掌握思想政治教育活动实施的条件是否完备，时机是否成熟，以及如何更好地启动和开展思想政治教育活动提供判断依据。思想政治教育事前评估突出对思想政治教育活动走势和效果的预测功能。思想政治教育评估学作为思想政治教育评估的理论知识体系，包含对思想政治教育事前评估的规律探索和理论阐释，具有预测的理论指向性，需要回答思想政治教育评估为什么要对思想政治教育活动走势和可能的影响效果进行预测，如何对思想政治教育活动的走势和影响效果进行预测，以及预测的手段、方法有哪些，等等问题。思想政治教育评估学关于思想政治教育事前评估的理论知识，是其理论预测性功能指向的主要体现。

第三节 思想政治教育评估学的重点任务

思想政治教育评估学是关于思想政治教育评估的理论知识体系，要解答开展思想政治教育评估可能面临的各方面问题，为思想政治教育评估实践的展开提供既符合科学要求，又具有实际可操作性的理论指引。思想政治教育评估学得以生成和发展成为思想政治教育学学科新的领域，主要依托于它对

---

[1] 参见萧浩辉《决策科学辞典》，人民出版社1995年版，第128页。

思想政治教育评估一系列重要问题的有效回答，在于它对作为新的学科领域的任务的完成。这些学科任务至少包括明晰思想政治教育评估主体、明晰思想政治教育评估客体、探寻思想政治教育评估方法和探寻思想政治教育评估标准。

一、明晰思想政治教育评估主体

思想政治教育评估主体是思想政治教育评估的关键构成要素，在思想政治教育评估中发挥着极其重要的作用。评估主体的能力素质直接决定了评估结果的有效性和可信度，评估主体的心志意愿甚至可以决定一轮评估的有与无，其在思想政治教育评估系统中最为主动。首先，评估主体可以是思想政治教育评估标准的运用者，可以是思想政治教育效能高低、作用大小的评判者，甚至可以是思想政治教育评估的发动者和评估标准的制定者，始终支配和主导着思想政治教育评估的过程。其次，思想政治教育评估主体决定着思想政治教育评估方法的使用和评估路径的选择，决定着思想政治教育评估程序的设计和评估内容的取舍，深刻影响到思想政治教育评估的质量和效果。更为重要的是，当思想政治教育评估主体成为评估标准的制定者时，则引领着思想政治教育的未来发展和前进方向，他们可以将教育新技术、新方法、新理念引入思想政治教育评估标准的设置，通过评估的指挥棒作用，让受评者不断调整思想政治教育的理念思路，改革思想政治教育的方式方法，创新思想政治教育的制度机制，以此向评估标准看齐，努力争取获得好的评估结果。同时，这一过程也满足了思想政治教育与时俱进、创新发展的需要。所以，评估主体在思想政治教育评估中能够表现出极强的主导性和创新性，是思想政治教育评估中最为主动的"角色"。正确界定思想政治教育评估主体的类型，全面理解思想政治教育评估主体的素质能力要求，是理解和把握思想政治教育评估的基础环节和必要工作，同时也是思想政治教育评估学的重要内容构成。

（一）明晰思想政治教育评估主体的类型

从不同维度根据不同标准审视思想政治教育评估主体，会有不同的归类方式，并呈现出不同的存在类型，包括思想政治教育评估的专门主体与非专门主体、思想政治教育第三方评估主体等，它们是思想政治教育评估学中关于评估主体类型划分的重要知识内容。

1. 思想政治教育评估的专门主体与非专门主体

以是否专门从事思想政治教育评估工作为标准，思想政治教育评估主体可划分为专门主体与非专门主体。专门主体是专业化、专门性进行思想政治教育评估的主体。随着经济社会的发展，完成一项工作所需要的知识储备越来越多，所要求的技术能力越来越强，这不断推动着社会工作的分化，并持续精细化。思想政治教育评估是对思想政治教育过程、效果的判断把握，要做出全面、准确、高质量的评估，不但需要熟悉思想政治教育的相关知识技能，还需要具备评估的专门知识和技术能力。虽然现在似乎还没有思想政治教育评估的专门主体，但是随着思想政治教育评估实践的展开，思想政治教育评估专门主体的出现指日可待。与之对应，思想政治教育评估的非专门主体就是进行思想政治教育评估但不以其为专门工作或专门职业的主体。

2. 思想政治教育第三方评估主体

第三方评估一般具有独立性高、专业性强等优点，是评估工作中的重要形态。思想政治教育第三方评估，是社会多元主体治理变革在思想政治教育评估中的应有体现。《中华人民共和国高等教育法》规定教育行政部门可委托第三方专业机构对高等学校的办学水平、效益和教育质量进行评估。从法律上明确了高等教育第三方评估的地位。可是，国家并没有明确的法律条文规定什么样的评估属于"第三方教育评估"，什么样的机构是"第三方教育评估机构"，且国内的教育领域不论是从理论视角还是在实践层面对于"第三方教育评估"的理解与界定都各不相同。[①] 各方对教育质量第三方评估的解释可谓莫衷一是。思想政治教育评估作为新的评估项目，同样面临着厘清谁应该是第三方评估主体的问题，这也是思想政治教育评估学生成与发展的价值所在。

综合高等教育法的规定、相关理论探讨、思想政治教育第三方评估的价值意涵可以明确，思想政治教育第三方评估主体是在思想政治教育主体之外，并且与教育党政主管部门无隶属关系，同时具备相关专业知识，能够根据思想政治教育的目的要求，运用一定的评估标准和方法，对思想政治教育活动进行评估判定的主体。我国第三方教育评估机制尚在探索和逐步建立中，存在第三方教育评估机构缺位、第三方教育评估组织培育机制尚未建立

---

① 参见邢海燕《第三方教育评价的内涵探讨》，载《中国高等教育评估》2018年第3期。

等问题。① 思想政治教育第三方评估模式更是处于理论探讨阶段。2012年，《高等教育专题规划》提出"鼓励社会专门机构和用人单位参与对高等教育质量进行监督和评价"。2015年，《关于深入推进教育管办评分离　促进政府职能转变的若干意见》（教政法〔2015〕5号）强调，扩大行业协会、专业学会、基金会等各类社会组织参与教育评价，重视扩大科技、文化等部门和新闻媒体对教育评价的参与。该意见虽然只是针对高等教育和教育行业的政策文件，但为理解思想政治教育第三方评估主体提供了思路。结合第三方教育评估主体类型分析，笔者认为，可能成为思想政治教育第三方评估主体的至少有：①高等院校和科研院所。如具有思想政治教育评估能力，同时与评估对象及其教育党政主管机构没有隶属关系的高等院校和科研院所。②政府数据统计机构，如大数据局、统计局。③社会组织，如全国党建研究会及其高校党建研究专业委员会、中国高等教育学会及其全国高校思想政治教育研究分会、中华教育改进社等，当然，前提是需要这些社会团体行业组织有相应的职能调整。④专业公司。需求是促进供给出现的最大诱因，未来在思想政治教育评估领域可能会出现一些专业性公司，它们因拥有一定的评估资源和技术手段而成为思想政治教育第三方评估的重要力量，思想政治教育评估学应该将其纳入理论论域。

（二）明晰思想政治教育评估主体素质

思想政治教育评估主体在思想政治教育评估中有着举足轻重的地位。尤其是思想政治教育评估的专门主体，需要有极强的综合素质，以适应开展评估的需要。思想政治教育评估学必须明晰思想政治教育评估主体的素质要求，为思想政治教育评估实践创造良好的主体条件。合格的思想政治教育评估主体至少应该具备优秀的政治素质、完备的知识素质、良好的道德素质、复合的能力素质。思想政治教育评估学应该有效阐释思想政治教育评估主体的这些素质内容。

1. 思想政治教育评估主体的政治素质

习近平总书记在全国教育大会上指出，培养什么人，是教育的首要问题。我国是中国共产党领导的社会主义国家，这就决定了我们的教育必须把培养社会主义建设者和接班人作为根本任务，培养一代又一代拥护中国共产

---

① 参见莫玉音《第三方教育评价的困境及策略》，载《上海教育评估研究》2018年第2期。

党领导和我国社会主义制度、立志为中国特色社会主义奋斗终身的有用人才。这是教育工作的根本任务，也是教育现代化的方向目标。① 思想政治教育是坚定受教育者共产主义远大理想和中国特色社会主义共同理想，以及培育受教育者社会主义核心价值观的核心手段，是高校落实立德树人根本任务与培养社会主义合格建设者和可靠接班人的关键环节，具有极强的政治属性。思想政治教育评估在于判断把握思想政治教育的质量和效果，保障思想政治教育功能作用的发挥，最终促进思想政治教育为党育人、为国育才效能的释放，因而具有很强的政治性。作为思想政治教育评估中运用标准、把握方向、掌握结果的"角色"，思想政治教育评估主体必须理解思想政治教育评估的政治功能，具有优秀的政治素质，坚守思想政治教育评估的政治遵循，站稳思想政治教育评估的政治立场，强化思想政治教育评估的政治功能，突出思想政治教育评估的政治价值，最终保证思想政治教育评估政治目标的实现。②

思想政治教育评估主体应该具有很高的政治理论修养。能够掌握马克思列宁主义、毛泽东思想，中国特色社会主义理论体系，尤其是习近平新时代中国特色社会主义思想的理论精髓和精神实质。能够在学通、弄懂、悟透习近平新时代中国特色社会主义思想的基础上，理解"中国共产党为什么能，中国特色社会主义为什么好，归根到底是因为马克思主义行！"③ 把握"为人民服务，为中国共产党治国理政服务，为巩固和发展中国特色社会主义制度服务，为改革开放和社会主义现代化建设服务"的要求。能够懂得为什么"要坚持把立德树人作为中心环节，把思想政治工作贯穿教育教学全过程"，能够将上述理论精神运用到思想政治教育评估的实践中。

思想政治教育评估主体应该具有极强的政治认知。善于从政治上看问题，具备不断增强的政治意识、大局意识、核心意识、看齐意识，坚定的道路自信、理论自信、制度自信、文化自信，能够坚决维护习近平总书记党中

---

① 《习近平在全国教育大会上强调 坚持中国特色社会主义教育发展道路培养德智体美劳全面发展的社会主义建设者和接班人》，载《人民日报》2018年9月11日，第1版。

② 参见张智《新时代高校思想政治教育工作第三方评价机制研究》，载《学校党建与思想教育》2020年第13期。

③ 习近平：《在庆祝中国共产党成立100周年大会上的讲话》，载《人民日报》2021年7月2日，第1版。

央的核心、全党的核心地位,坚决维护党中央权威和集中统一领导。具有很强的政治判断力、政治领悟力和政治执行力,能够充分认识思想政治教育评估的政治属性,提升思想政治教育评估的政治站位,把握思想政治教育评估的大局。能够将党中央关于思想政治教育工作的制度设计、政策安排、改革要求、发展规划转变为思想政治教育评估的工作遵循和价值方向,能够通过评估带动受评对象调整治理结构、优化治理方式、完善治理制度、健全治理机制、提升治理质量,不断推动思想政治教育符合党中央对思想政治教育工作的期望和要求,以适应经济社会发展对思想政治教育工作的需要。

2. 思想政治教育评估主体的知识素质

在施托克曼和梅耶看来,评估者要发挥主持人和咨询者的功能首先需要具备必要的社会科学知识和技能(特别是经验的量和质的调查方法以及各种数据处理的方法)。同时,他还需要具备一些其他的知识和能力,其中,部分是可以通过学习获得的,但更多的是必须在工作中积累而获得的,比如跨学科的知识、沟通能力和说服力、科学严谨和简洁易懂的语言、感情融入,以及主持、陈述和报告的技巧。总之,所有的这些素质,评估者都应该具备。[①] 思想政治教育评估是一项知识复合型的工作,需要多维知识的融合。其中,思想政治教育评估知识是思想政治教育评估主体必须具备的基础性知识。思想政治教育评估主体需要知道评估的价值所在,了解评估的目标指向,掌握评估的技术方法,熟悉评估的客体对象,能够判断评估对象的现实状况和未来走向。思想政治教育评估主体必须把握思想政治教育评估的内在规律,科学开展思想政治教育评估工作,充分发挥思想政治教育评估的功能作用。这也是对作为思想政治教育评估理论知识体系的思想政治教育评估学生成与发展的价值体现。

3. 思想政治教育评估主体的道德素质

思想政治教育能够强精神、树理想,旨在立德树人,是一项崇高的工作。尤其是高校思想政治教育,其工作对象是青年学生,意义价值更加深远。2014 年,习近平总书记在北京大学师生座谈会上指出:"青年的价值取向决定了未来整个社会的价值取向,而青年又处在价值观形成和确立的时期,抓好这一时期的价值观养成十分重要。这就像穿衣服扣扣子一样,如果

---

① 参见〔德〕赖因哈德·施托克曼、〔德〕沃尔夫冈·梅耶《评估学》,唐以志译,人民出版社 2012 年版,第 99～100 页。

第一粒扣子扣错了，剩余的扣子都会扣错。人生的扣子从一开始就要扣好。"① 青年学生处在世界观、人生观、价值观形成的关键期，必须"扣好人生的第一粒扣子"，这关系到他们的人生成长，也关系到国家和民族的未来，需要思想政治教育真正发挥铸魂育人的功能作用。思想政治教育工作的崇高性决定了对思想政治教育参与者的高道德素质要求，也决定了对思想政治教育工作的高道德要求。思想政治教育评估是对思想政治教育的质量判断和效果把握，是对崇高工作的质量评判，自然要求评估主体具有极高的道德素质。

就思想政治教育评估主体而言，要履行评估者的工作职责，必须遵循开展评估工作的伦理道德。思想政治教育评估作为评判断定工作，无论是得出评估结论的过程，还是评估结论本身都需要具有高可信度，如此才可能兑现工作价值，推动思想政治教育实现崇高的育人目标。这要求评估主体具备尊重客观实际的精神，以事实为依据，以评估标准为准绳作出判断，严格遵循评价程序，不徇私、不偏袒，在评估过程中客观全面地收集评价信息，严谨准确地运用评估数据，客观公正地得出评估结论。尤其是评估结论可能影响到评估对象的工作成绩判定、年度绩效考核、个人职务晋升等利益关系时，更需要评估主体有极强的道德自律能力，从容面对来自包括受评对象在内的各方面的引诱收买甚至是威胁恐吓。

如果说评估主体应该具备的伦理道德以思想政治教育评估的"职业道德"为主，那么"明大德、守公德、严私德"就是在提高思想政治教育评估的政治站位后，评估主体应该具备的道德素质。"明大德"要求评估主体在各种诱惑面前立场坚定。思想政治教育评估主体必须有坚定的政治立场，在大是大非面前头脑清醒、旗帜鲜明，这既是其政治素质要求，也是其道德素质构成。"守公德"就是要强化宗旨意识，全心全意为人民服务。思想政治教育评估不是为了评估而评估，推动思想政治教育铸魂育人、立德树人是其内在价值，其目标指向是国家富强、人民富裕。所以，思想政治教育评估主体应该具有全心全意为人民服务的宗旨意识。"严私德"就是要严格约束自己的操守和行为。思想政治教育评估主体作为评判者，首先应该在思想政治方面做出表率、形成示范。如果评估主体私德不严，个人行为失范，其做出的评估是难以让人信服和接受的，将严重损害思想政治教育评估的政治形象、道德形象。因此，思想政治教育评估主体还应该具备优良的个人品德。

---

① 习近平：《习近平谈治国理政》第一卷，外文出版社2014年版，第172页。

4. 思想政治教育评估主体的能力素质

能力是人的能动力，是完成工作目标或任务所体现出来的综合素质，具体包括组织能力、决策能力、应变能力、创新能力、共情能力等。思想政治教育评估主体优秀的政治素质、完备的知识素质、良好的道德素质，都需要转化为开展思想政治教育评估的能力素质。思想政治教育评估主体必须具备将各方面素质运用于思想政治教育评估实际操作的能力。

一是需要具备开展思想政治教育评估的组织能力。思想政治教育评估是一个系统工程，涉及人员配置、指标设计、模型建构、信息收集、数据处理、结论验证等数个工作环节和众多参与人员。思想政治教育评估主体要顺利开展评估，使评估系统有效运转，则必须使各环节工作有序衔接，各节点目标任务相互支撑，在评估节奏掌握和进程整体规划上体现出强组织性。更重要的是，评估主体必须能够将工作任务落实到参与评估的岗位人员，明确其各自的职责内容，通过工作职责的关联性和承接性，将参与人员整合成支撑评估系统高效运转的人员团队。

二是需要具备开展思想政治教育评估的决策能力。决策简单理解即为决定的战略或策略。开展思想政治教育评估有不同的路径、不同的维度、多样的方式及相异的技术，思想政治教育评估主体必须根据受评对象的类型、特点和其他客观情况，结合评价的目的，选取最可靠的评估路径和评估维度，选择最适宜的评估方式，采用最有效的评估技术进行评估，以得出最精确的评估结论。而选用评估路径、评估维度、评估方式、评估技术的过程就是一个选择和取舍的过程，更是一个决策的过程，要求思想政治教育评估主体具备做出合理选择、正确决策的能力。

三是需要具备开展思想政治教育评估的应变能力。随着经济社会的发展，工作、生活、学习节奏加快，以互联网为代表的通信技术的普及运用和交通工具的更新迭代，在便捷人与人沟通交流、信息传递的同时，也使得人的思维意识更为活跃，价值理念多元演化。尤其是当前的在校大学生，绝大多数是网络"原住民"，他们的思维方式、行为习惯相比以往的大学生有了很大的变化，呈现出新的特点。为此，思想政治教育应做出适应性调整，以应对受教育者和教育环境的改变。思想政治教育评估必须把握思想政治教育的变化节奏，发挥评估的"指挥棒"作用，主动应变，引领思想政治教育的发展变化方向。所以，思想政治教育评估主体必须具备应变能力，切实在评估中做到"因事而化、因时而进、因势而新"。

四是需要具备开展思想政治教育评估的创新能力。创新是开创新局面，推动新发展的重要路径方法。思想政治教育在不断发展演化，思想政治教育评估自然也是发展中的事业，它需要通过评估理念、评估方式、评估技术等的发展创新，使评估思路更清晰、评估过程更科学、评估结论更精准、评估结果更可靠。思想政治教育评估主体是评估理念的执行者，也是评估方式、评估技术的施用者，其创新意识、创新能力直接影响思想政治教育评估的创新发展，影响到思想政治教育评估的适应性，所以创新是其应该具备的能力素质之一。

五是需要具备开展思想政治教育评估的共情能力。共情能力是一种能设身处地体验他人处境，从而达到理解他人情感的能力。思想政治教育评估是对受评对象状态情况的把握，需要全面准确地掌握受评对象的相关信息。问卷调查、随机访谈等都是可采用的信息收集方法。而要得到受评对象真实的信息反馈，评估主体必须科学设计调查问卷和访谈计划，要在问题设置中充分体现对受评对象的情感尊重，使其不会隐蔽或压抑自己的真实感受，不反馈失真的信息，这需要思想政治教育评估主体有极强的共情能力。

二、明晰思想政治教育评估客体

思想政治教育评估客体是思想政治教育评估内容的载体，是思想政治教育评估对象构成的要素化。思想政治教育评估的对象是思想政治教育，所以思想政治教育的要素是思想政治教育评估的客体构成。根据思想政治教育"四要素说"，思想政治教育构成要素包括思想政治教育主体、思想政治教育客体、思想政治教育介体、思想政治教育环体。思想政治教育评估学不仅要明晰评估的思想政治教育"四要素"，还要进一步明晰"四要素"分别对思想政治教育评估的价值意义，明晰"四要素"与思想政治教育评估的内在关系，清楚呈现开展思想政治教育评估需分别围绕思想政治教育主体、思想政治教育客体、思想政治教育介体、思想政治教育环体进行的相应工作。

思想政治教育主体是思想政治教育的组织者和实施者，是思想政治教育过程的主导力量。思想政治教育主体的知识水平、道德素养、能力素质决定了思想政治教育活动开展的质量状态，影响到思想政治教育的基本效果。思想政治教育主体评估，就是对思想政治教育主体的知识、素养、能力进行判断把握，对其未来的发展走向进行测试估量，掌握教育主体现在能否胜任思想政治教育工作，以及以后能否适应思想政治教育的发展变化，同时改进和提升思想政治教育主体的个人素质和能力水平。思想政治教育评估学需要围绕思想政治教育主体评估进行学理阐释，为思想政治教育主体评估的标准设计、方法选择、实施运行等提供学理支撑和理论指引。

思想政治教育客体是思想政治教育的受教育者，是思想政治教育指向的对象。思想政治教育客体在接受思想政治教育后的思想理论水平、道德素质状态、政治意识强弱，是判断把握思想政治教育实际效果的重要维度和依据。所以，思想政治教育评估必须对思想政治教育客体受教育前后的政治思想变化情况进行分析掌握。思想政治教育评估学需要为思想政治教育客体评估提供学理支撑，阐述思想政治教育客体评估的逻辑理路，为思想政治教育客体评估的价值目标确定、标准体系设计、方式方法选择、实施运行判断、结果反馈运用等提供学理论证和理论指引。

思想政治教育介体是思想政治教育主体作用于思想政治教育客体的"桥梁"，其内涵包括思想政治教育的内容、方法、载体等。思想政治教育介体的适宜性和有效性是思想政治教育育人功能作用发挥的重要保障。思想政治教育介体评估必须分析把握思想政治教育内容是否反映了时代所需，是否做到了政治性和学理性的统一、价值性和知识性的统一、理论性和实践性的统一；思想政治教育方法、载体是否切实可靠，是否做到了统一性和多样性的统一、主导性和主体性的统一、灌输性和启发性的统一、显性和隐性的统一。思想政治教育评估学需要构建思想政治教育介体评估的逻辑理路，在评估的技术方法、实施手段等方面进行理论建构、提供学理支撑。

思想政治教育环体是思想政治教育环境要素的总称，包括思想政治教育的物理环境、文化情境、制度环境等，是思想政治教育产生、存在和发展的前提条件。思想政治教育环体的完备性、适宜性是思想政治教育活动能够有效进行，育人效应能够不断释放的环境保障。思想政治教育环体评估必须对思想政治教育的氛围、文化、制度、设施等进行分析把握，判断其是否有利于思想政治教育活动的开展，是否为思想政治教育取得实效创造了优越的环境条件，是否适应思想政治教育创新发展的需要。思想政治教育评估学既要阐释思想政治教育环体评估的意义价值，也要提供思想政治教育环体评估的学理支撑，为思想政治教育环体评估奠定理论基础。

三、探寻思想政治教育评估方法

方法一般来说是为达到某种目的而采取的途径、办法。思想政治教育评估方法是实现对思想政治教育的评价、估量而选用的途径和办法。思想政治教育评估方法的准确选择、有效适用是思想政治教育评估顺利开展，最终实现评估目的的基础性保障。对思想政治教育评估方法的种类、功能、优劣势等进行分析把握，探寻思想政治教育评估方法选用的逻辑理路，为思想政治教育评估奠定方法论基础是思想政治教育评估学的重要内容构成。

思想政治教育评估学不仅要深刻论述包括质性评估方法、量化评估方法、过程评估方法、结果评估方法等思想政治教育评估较为传统的方法类型，准确定位实地访谈、问卷调查、档案袋法等思想政治教育评估具体的方法手段及其适用条件和突出功能，更要在此基础上探寻和开拓思想政治教育新的评估方法，为思想政治教育评估方法的创新发展提供坚实的理论支撑。尤其是在现代信息技术高速发展的今天，大数据、人工智能、云计算、物联网等技术逐渐走向成熟，开始进入各种工作场景，甚至融入人们的日常生活，为思想政治教育评估的数据收集和数据分析创造了前所未有的便利条件。思想政治教育评估学需要深入分析利用现代信息技术开展思想政治教育评估的可能性、必要性，设计出利用现代信息技术进行思想政治教育评估的方法路径，充分激活大数据、人工智能、云计算、物联网运用于思想政治教育评估的潜能，为思想政治教育评估创造更加优越的方法和条件，进一步提升思想政治教育评估的准确性和有效性，形成思想政治教育评估的科学方法体系，从方法论角度拓展思想政治教育评估学演进发展的思路和空间。

四、探寻思想政治教育评估标准

评估是指挥棒，评估是风向标。思想政治教育评估对思想政治教育活动进行预测、评价，推动思想政治教育活动的调整改革，是思想政治教育的指挥棒和风向标。思想政治教育评估标准是开展思想政治教育评估的依据和遵循。思想政治教育评估标准设计的科学性和合理性，在很大程度上决定了思想政治教育评估活动的科学性和合理性。思想政治教育评估标准应该准确反映思想政治教育的目标任务和方向价值，思想政治教育评估标准的内容应该全面覆盖思想政治教育的要素构成，对思想政治教育要素质量的要求应该充分考虑思想政治教育的发展水平和现实需求，思想政治教育评估标准结构应该支撑思想政治教育活动的改革创新，为思想政治教育的与时俱进创造变化空间。除此以外，思想政治教育评估标准还应该不断推进思想政治教育活动的新理念、新思路、新方法、新举措纳入自身的内容构成，在指标体系建构设计的过程中，注重保障思想政治教育评估引领和促进的功能作用能够得到有效发挥。进行思想政治教育评估标准设计，建构思想政治教育评估的指标体系，是开展思想政治教育评估的关键性工作，也是思想政治教育评估学理论知识构成的重要内容，是思想政治教育评估学重要的学术增长点。思想政治教育评估学必须深入把握思想政治教育评估标准设计、指标体系建构的内在规律，从思想政治教育评估标准设计的理念、方法、维度、内容、层次入手开展学理分析和理论建构，及时回应思想政治教育评估标准建设和指标体系建构的理论需求。更为重要的是，思想政治教育评估学必须将关于思想政治教育标准设计运用的理论分析，纳入思想政治教育评估学的整个知识理论体系来思考和定位，确保思想政治教育评估标准的理论结构与思想政治教育评估其他方面的理论结构，在逻辑上一致、在内容上衔接，形成有序、开放的理论形态。

第四节　思想政治教育评估学的价值指向

"凡是合乎理性的都是现实的。"一个合乎理性的事物，一定有驱动它成为现实或即将成为现实的原因和理由。思想政治教育评估学作为思想政治教育新的学科论域，其生成和发展有着多层次、多维度的原因和理由。这既是客观现实对思想政治教育评估理论知识体系建构发展需要的反映，也是对思想政治教育评估学自身价值意义的有效呈现。我们至少可以从以下三个维度阐释思想政治教育评估学生成和发展"合乎理性"之处，或者说是其价值意义所在，即提升思想政治教育育人质量、推动思想政治教育学学科发展、助力党和国家治理现代化。

一、提升思想政治教育育人质量

《关于新时代加强和改进思想政治工作的意见》指出，思想政治工作是党的优良传统、鲜明特色和突出政治优势，是一切工作的生命线。思想政治教育作为思想政治工作的重要组成部分，发挥着坚持马克思主义理论指导、用党的创新理论成果武装人民头脑、维护国家意识形态安全的重要作用，尤其是高校思想政治教育工作，肩负着培养德智体美劳全面发展的社会主义事业建设者和接班人的重大任务。思想政治教育工作必须做到为人民服务，为中国共产党治国理政服务，为巩固和发展中国特色社会主义制度服务，为改革开放和社会主义现代化建设服务。为实现全面建成社会主义现代化强国的第二个百年奋斗目标，实现中华民族伟大复兴的中国梦提供坚强思想保证和强大精神动力。思想政治教育工作事关党和国家伟大事业的发展，关系中国人民和中华民族的前途命运，具有极其重要的价值地位。为了充分发挥思想政治教育的功能作用，完成思想政治教育的使命任务，必须确保思想政治教育的工作质量。通过思想政治教育评估，认识思想政治教育的基本状态，了解思想政治教育工作情况，分析思想政治教育的影响效果，是全面掌握思想政治教育质量的主要工作构成。作为思想政治教育的关键环节，思想政治教育评估利用相应的评价估量手段和方法，深入分析思想政治教育的运行过程和实施结果，反馈思想政治教育的基本信息，预测思想政治教育活动的变化走向，为找到提升思想政治教育质量的有效举措创造了前提条件，有力推动着思想政治教育固根本、扬优势、补短板、强弱项的工作开展。思想政治教育评估的科学性、有效性、可信性，决定了其对思想政治教育质量判断把握的科学性、有效性、可行性，进而决定了提升思想政治教育质量水平的举措方法选择的有效性。思想政治教育评估学的逐渐生成和发展，能够为思想政治教育评估实践奠定科学的理论基础，为思想政治教育评估的现实展开提供坚实的学理支撑，为思想政治教育评估工作做到科学、有效、可信提供理论保障，进而为提升思想政治教育的质量水平创造了条件。

二、推动思想政治教育学学科发展

中国共产党一直高度重视思想政治教育工作。无论是在革命、建设和改革开放新时期，还是在中国特色社会主义新时代，思想政治教育工作都发挥着教育党员干部和人民群众凝聚民心、鼓舞斗志、坚定信念、树立榜样、明确方向等重要功能作用。实践经验的积累和现实工作的需要，催生了思想政治教育学的学科建立和发展。但是思想政治教育学仍然是一个年轻的学科。从1983年国家教育委员会召开思想政治教育专业设置论证会，正式确立"思想政治教育学"的学科名称，设立"思想政治教育专业"；继而在1984年4月教育部印发了《关于在十二所院校设置思想政治教育专业的意见》，批准首批设立思想政治教育专业的院校，标志思想政治教育学学科的正式确立；一直到今天，思想政治教育学的学科确立发展还不到40年的时间，无论是在原理构成，还是在方法革新，抑或是在要素关系等方面，思想政治教育学还有许多需要深入分析探讨、开展学理建构的视域和空间；尤其是面对客观环境、时代条件的变化不断给思想政治教育带来的机遇和挑战，更是迫切需要通过思想政治教育学学科的发展完善，来回应思想政治教育实践中出现的各种问题，以引领新时代思想政治教育工作的有效开展。实现高质量的思想政治教育一直是思想政治教育理论研究追求的关键目标，是思想政治教育学学科理论知识内容主要的增长点。当下思想政治教育的分支学科，如思想政治教育方法论、思想政治教育心理学、思想政治教育管理学等都是基于思想政治教育学的一域，探寻思想政治教育一维的内在规律，力求为思想政治教育实践提供科学的理论指引，为思想政治教育取得高质量的育人效果创造条件、提供更多保障。思想政治教育评估学是判断思想政治教育质量、分析思想政治教育问题、把握思想政治教育态势的知识体系，以掌握思想政治教育质量为直接目标，具体涉及对思想政治教育过程质量的评价判断，对思想政治教育实际效果的分析把握，对思想政治教育方式方法适宜性的了解反馈，等等。它通过引导思想政治教育评估实践，实现信息反馈，推动相关主体采取有针对性的调整、改进、优化举措，解决思想政治教育的问题，达到不断提升思想政治教育质量的目的。因此，思想政治教育评估学的形成和发展将丰富思想政治教育学的学科体系，强化思想政治教育质量提升的学科保障，为思想政治教育的科学化开展、高质量实施创造更为有利的学科条件。

三、助力党和国家治理现代化

2013年，党的十八届三中全会将"完善和发展中国特色社会主义制度，推进国家治理体系和治理能力现代化"作为全面深化改革的总目标。2019年，党的十九届四中全会作出《中共中央关于坚持和完善中国特色社会主义制度、推进国家治理体系和治理能力现代化若干重大问题的决定》，阐述了坚持和完善中国特色社会主义制度、推进国家治理体系和治理能力现代化的总体目标。教育治理体系是国家治理体系的重要组成部分。2019年2月，中共中央、国务院印发的《中国教育现代化2035》部署了面向教育现代化的十大战略任务，要求推进教育治理体系和治理能力现代化。思想政治教育治理体系和治理能力现代化是教育治理现代化的必然要求，也是国家治理现代化的内容构成。思想政治教育治理现代化强调思想政治教育多元主体的协同、制度机制的健全、实施推进的有序、运行过程的开放、育人目标的精准和育人效应的强大。开展思想政治教育评估是实现思想政治教育治理的重要方法手段之一。思想政治教育评估为第三方评估主体的参与创造了条件，将推动构建和完善思想政治教育评估的制度机制，有助于提升思想政治教育育人的精准性、有效性，从多个维度助力思想政治教育治理体系和治理能力现代化的实现，最终助推国家治理现代化的建设和发展。在这个过程中，思想政治教育评估学能够不断为思想政治教育评估实践的开展提供理论指引、筑牢学理基础，在思想政治教育评估与思想政治教育治理现代化，乃至教育治理现代化，甚至国家治理现代化之间搭建起相互贯通的理论桥梁和学理支架。

2021年，中共中央、国务院印发的《关于新时代加强和改进思想政治工作的意见》提出要把思想政治工作作为治党治国的重要方式，坚持思想建党和制度治党相统一，把思想政治工作落实到党的各项建设之中。思想政治教育作为思想政治工作的基本工作组成，自然是党的建设和国家治理的重要方法和手段。开展党的思想政治教育工作评估是确保党的思想政治教育质量，把握党的思想政治教育工作发展趋势的重要手段和关键方法。思想政治教育评估学是关于思想政治教育评估的理论知识体系，涵盖党的思想政治教育工作评估理论建构和学理分析，能够为党的思想政治教育工作评估实践提供理论支撑和指引，推动党的思想政治教育工作评估的科学开展，为提升党的思想政治教育工作质量创造有利条件，进而助力党的建设和国家治理现代化。

第五节　思想政治教育评估学的未来发展

思想政治教育学是一个发展中的学科，思想政治教育评估学是这个年轻学科中正在成长的学科领域。无论是新时代思想政治教育实践的现实逻辑，还是思想政治教育理论研究的学术生产需要，都在不断推动着思想政治教育评估学的逐渐生成和持续发展。展望思想政治教育评估学的未来走向，随着思想政治教育评估理论知识和实践成果的不断丰富，思想政治教育评估学专业化、制度化、系统化建设将具备更加优越的条件，开展思想政治教育评估学的专业化、系统化建设工作也将成为推动思想政治教育评估学形成与发展的重要着力点。

一、思想政治教育评估学建设的专业化

广义的专业化是指产业部门或学业领域中根据产品生产或学界层面的不同而分成的各业务部分的过程,其满足的条件包括工作范围的明确、理性技术的运用、长期的专业教育、从事者广泛的自律、对工作范围内的行为责任等。思想政治教育评估学建设的专业化同样需要明确知识范围,形成思想政治教育评估学学科建设的制度规范,提供专业的人才队伍保障。思想政治教育评估学作为新的学科论域,在未来的发展中需要进一步界定论域的学科知识边界,为与思想政治教育学学科内其他知识论域的互动乃至其他学科的交流对话奠定基础条件。随着思想政治教育评估学理论知识的丰富,思想政治教育评估学从思想政治教育学学科的新论域有可能逐渐发展为思想政治教育学新的学科支系,这需要:在制度规范建设上,呈现思想政治教育评估学的相对独立性,包括在思想政治教育学学科体系下设置思想政治教育评估学的研究方向;在思想政治教育专业课程体系中,增设思想政治教育评估学的专业课程;在思想政治教育学术界,有意识地促进专注于思想政治教育评估学研究的学术群体形成;等等。这些制度体系建设的不断推进,也为培养未来从事思想政治教育评估学理论研究和实践工作的人才梯队奠定了基础,进而为思想政治教育评估学建设的专业化发展提供持续的人才支撑。而当这些条件都具备时,思想政治教育评估学建设的专业化也将从发展展望变为客观现实。

二、思想政治教育评估学发展的系统化

思想政治教育评估学是关于思想政治教育评估的理论知识体系,思想政治教育评估学的未来发展必定以思想政治教育评估理论知识的系统化为主要依托和着重方向。要实现知识理论的系统化,思想政治教育评估学需要围绕自身已有和应有的知识结构持续进行科学的学术知识生产,其具体包括以下方面:结合时代要求,深化对思想政治教育评估价值的分析,进一步呈现开展思想政治教育评估理论研究和工作实践的必要性和可能性;梳理思想政治教育评估理论研究的学术史和思想政治教育评估实践开展的工作史,强化思想政治教育评估学发展的纵深感和历史厚度;通过借鉴其他学科领域的知识和自我的理论创新与知识难点突破,努力在思想政治教育评估的方法、思想

政治教育评估的路径、思想政治教育评估的载体、思想政治教育评估的维度等方面建构起更为科学的理论系统，尤其是在数学建模等量化评价技术的运用上要有所建树，设计出专门适用于思想政治教育评估的数量模型和运算方法；寻找到以大数据、人工智能、物联网、云计算等为代表的现代信息技术融入思想政治教育评估的切入点，充分激活现代信息技术具有的提升思想政治教育评估精准性、有效性、科学性的功能效用。除此以外，还需要在提升思想政治教育评估主体的能力素质，更为全面地把握思想政治教育评估客体等方面加大理论研究力度，以形成思想政治教育评估学系统化发展的全方位格局。

参考文献

一、著作类

[1] 中共中央马克思恩格斯列宁斯大林著作编译局. 马克思恩格斯选集：第一卷[M]. 北京：人民出版社，2012.

[2] 中共中央马克思恩格斯列宁斯大林著作编译局. 马克思恩格斯选集：第二卷[M]. 北京：人民出版社，2012.

[3] 中共中央马克思恩格斯列宁斯大林著作编译局. 马克思恩格斯选集：第三卷[M]. 北京：人民出版社，2012.

[4] 中共中央马克思恩格斯列宁斯大林著作编译局. 马克思恩格斯选集：第四卷[M]. 北京：人民出版社，2012.

[5] 中共中央马克思恩格斯列宁斯大林著作编译局. 马克思恩格斯文集：全10册[M]. 北京：人民出版社，2009.

[6] 中共中央马克思恩格斯列宁斯大林著作编译局. 马克思恩格斯全集：第二十六卷[M]. 北京：人民出版社，2014.

[7] 中共中央马克思恩格斯列宁斯大林著作编译局. 马克思恩格斯全集：第二十七卷[M]. 北京：人民出版社，2014.

[8] 中共中央马克思恩格斯列宁斯大林著作编译局. 马克思恩格斯全集：第二十八卷[M]. 北京：人民出版社，2014.

[9] 中共中央马克思恩格斯列宁斯大林著作编译局. 列宁选集：第一卷[M]. 北京：人民出版社，2012.

[10] 中共中央马克思恩格斯列宁斯大林著作编译局. 列宁选集：第二卷[M]. 北京：人民出版社，2012.

[11] 中共中央马克思恩格斯列宁斯大林著作编译局. 列宁选集：第三卷[M]. 北京：人民出版社，2012.

[12] 中共中央马克思恩格斯列宁斯大林著作编译局. 列宁选集：第四

卷［M］．北京：人民出版社，2012．

［13］中共中央马克思恩格斯列宁斯大林著作编译局．列宁全集（1895—1916 年）：第 55 卷［M］．北京：人民出版社，2017．

［14］毛泽东．毛泽东选集：第一卷［M］．北京：人民出版社，1991．

［15］毛泽东．毛泽东选集：第二卷［M］．北京：人民出版社，1991．

［16］毛泽东．毛泽东选集：第三卷［M］．北京：人民出版社，1991．

［17］毛泽东．毛泽东选集：第四卷［M］．北京：人民出版社，1991．

［18］中共中央文献研究室．毛泽东文集：第三卷［M］．北京：人民出版社，1996．

［19］中共中央文献研究室．毛泽东文集：第四卷［M］．北京：人民出版社，1996．

［20］中共中央文献研究室．毛泽东文集：第五卷［M］．北京：人民出版社，1996．

［21］中共中央文献研究室．毛泽东文集：第六卷［M］．北京：人民出版社，1996．

［22］中共中央文献研究室．毛泽东文集：第七卷［M］．北京：人民出版社，1996．

［23］中共中央文献研究室．毛泽东文集：第八卷［M］．北京：人民出版社，1996．

［24］邓小平．邓小平文选：第二卷［M］．2 版．北京：人民出版社，1994．

［25］邓小平．邓小平文选：第三卷［M］．北京：人民出版社，1993．

［26］江泽民．江泽民文选：第一卷［M］．北京：人民出版社，2006．

［27］江泽民．江泽民文选：第二卷［M］．北京：人民出版社，2006．

［28］胡锦涛．胡锦涛文选：第二卷［M］．北京：人民出版社，2016．

［29］胡锦涛．胡锦涛文选：第三卷［M］．北京：人民出版社，2016．

［30］习近平．习近平谈治国理政：第一卷［M］．2 版．北京：外文出版社，2018．

［31］习近平．习近平谈治国理政：第二卷［M］．北京：外文出版社，2017．

［32］习近平．习近平谈治国理政：第三卷［M］．北京：外文出版社，2020．

［33］习近平．之江新语［M］．杭州：浙江人民出版社，2007．

［34］中共中央文献研究室，中央档案馆．建党以来重要文献选编（1921—1949）：全26册［M］．北京：中央文献出版社，2011．

［35］中共中央文献研究室．改革开放三十年重要文献选编［M］．北京：中央文献出版社，2008．

［36］中共中央文献研究室．十六大以来重要文献选编：中［M］．北京：中央文献出版社，2006．

［37］中共中央文献研究室．十七大以来重要文献选编：全3册［M］．北京：中央文献出版社，2013．

［38］中共中央文献研究室．十八大以来重要文件选编：上［M］．北京：中央文献出版社，2014．

［39］中共中央文献研究室．十八大以来重要文献选编：中［M］．北京：中央文献出版社，2016．

［40］本书编写组．十八大以来重要文献选编：下［M］．北京：中央文献出版社，2018．

［41］中共中央党史和文献研究院．十九大以来重要文献选编：上［M］．北京：中央文献出版社，2019．

［42］中共中央党史和文献研究院．十九大以来重要文献选编：中［M］．北京：中央文献出版社，2021．

［43］国家教育委员会．中国普通高等学校德育大纲［M］．北京：中国人民大学出版社，2008．

［44］教育部社会科学司．普通高校思想政治理论课文献选编（1949—2006）［M］．修订本．北京：中国人民大学出版社，2006．

［45］教育部思想政治工作司．加强和改进大学生思想政治教育重要文献选编：1978—2014［M］．北京：知识产权出版社，2015．

［46］曹凑贵．生态学概论［M］．北京：高等教育出版社，2006．

［47］查有梁．系统科学与教育［M］．北京：人民教育出版社，1993．

［48］陈洪涛．高校思想政治理论课评价论［M］．北京：中国社会科学出版社，2011．

［49］陈来．有无止境：王阳明哲学的精神［M］．北京：北京大学出版社，2013．

［50］陈万柏，张耀灿．思想政治教育学原理［M］．2版．北京：高等教育出版社，2007．

［51］陈万柏．思想政治教育载体论［M］．武汉：湖北人民出版社，2003．

[52] 陈先达，杨耕. 马克思主义哲学原理［M］. 4版. 北京：中国人民大学出版社，2016.

[53] 陈序经. 文化学概观［M］. 长沙：岳麓书社，2010.

[54] 范国睿. 教育生态学［M］. 北京：人民教育出版社，2000.

[55] 费孝通. 社会学初探［M］. 厦门：鹭江出版社，2003.

[56] 冯刚，彭庆红，佘双好，等. 新时代高校思想政治教育学原理［M］. 北京：人民出版社，2021.

[57] 冯刚，沈壮海. 中华人民共和国学校德育编年史［M］. 北京：中国人民大学出版社，2010.

[58] 冯刚. 改革开放40年高校思想政治教育编年史（1978—2018）［M］. 北京：北京师范大学出版社，2019.

[59] 冯刚. 改革开放以来高校思想政治教育发展史［M］. 北京：人民出版社，2018.

[60] 冯刚. 高校思想政治教育工作质量评价研究［M］. 北京：人民出版社，2020.

[61] 冯刚. 思想政治教育研究热点年度发布. 2020［M］. 北京：团结出版社，2021.

[62] 冯契. 哲学大辞典［M］. 修订本. 上海：上海辞书出版社，2001.

[63] 郭齐勇. 文化学概论［M］. 武汉：武汉大学出版社，2014.

[64] 郭庆光. 传播学教程［M］. 北京：中国人民大学出版社，1999.

[65] 何纯. 思想政治教育叙事学［M］. 长沙：岳麓书社，2006.

[66] 洪汉鼎. 通向解释学辩证法之途［M］. 上海：上海三联书店，2001.

[67] 李斌. IP生态圈泛娱乐时代的IP产业及运营时间［M］. 北京：中国经济出版社，2017.

[68] 李秀林，王于，李淮南，等. 辩证唯物主义和历史唯物主义原理［M］. 5版. 北京：中国人民大学出版社，2004.

[69] 李泽厚. 历史本体论·己卯五说：增订本［M］. 2版. 北京：生活·读书·新知三联书店，2006.

[70] 林定夷. 问题与科学研究［M］. 广州：中山大学出版社，2006.

[71] 骆郁廷. 思想政治教育引论［M］. 北京：中国人民大学出版社，2018.

[72] 骆郁廷. 思想政治教育原理与方法 [M]. 北京：北京师范大学出版社, 2019.

[73] 孟子. 尽心上 [M]. 长沙：岳麓书社, 1988.

[74] 欧阳林. 思想政治教育传播学 [M]. 北京：北京交通大学出版社, 2005.

[75] 潘德荣. 西方诠释学史 [M]. 2版. 北京：北京大学出版社, 2016.

[76] 浦安迪. 中国叙事学 [M]. 北京：北京大学出版社, 1996.

[77] 邱伟光, 张耀灿. 思想政治教育学原理 [M]. 北京：高等教育出版社, 1999.

[78] 邵培仁. 传播学 [M]. 北京：高等教育出版社, 2000.

[79] 申丹, 王丽亚. 西方叙事学：经典与后经典叙事学 [M]. 北京：北京大学出版社, 2010.

[80] 申丹. 叙述学与小说文体学研究 [M]. 北京：北京大学出版社, 2005.

[81] 沈壮海. 思想政治教育的文化视野 [M]. 北京：人民出版社, 2005.

[82] 孙爱春, 牛余凤. 思想政治教育原理与方法 [M]. 北京：光明日报出版社, 2018.

[83] 王辉. 思想政治工作与社会学 [M]. 天津：天津人民出版社, 1988.

[84] 王会勇, 姚兵, 赵永军. 当代思想政治教育体系建构及其有效性研究 [M]. 北京：九州出版社, 2018.

[85] 王学俭. 现代思想政治教育前沿问题研究 [M]. 北京：人民出版社, 2008.

[86] 王学俭. 新时代思想政治教育基本问题研究 [M]. 北京：人民出版社, 2021.

[87] 韦尔伯, 施拉姆. 大众传播媒介与社会发展 [M]. 金燕宁, 等, 译. 北京：华夏出版社, 1990.

[88] 萧浩辉. 决策科学辞典 [M]. 北京：人民出版社, 1995.

[89] 杨保军. 新闻真实论 [M]. 北京：中国人民大学出版社, 2006.

[90] 杨威. 思想政治教育的社会学研究 [M]. 北京：中国社会科学出版社, 2014.

[91] 杨义. 中国叙事学 [M]. 北京：人民出版社，2009.

[92] 张傅，付长海，李静霞. 传播学视域下的"生命线" [M]. 北京：知识产权出版社，2017.

[93] 张广智. 西方史学史 [M]. 上海：复旦大学出版社，2000.

[94] 张耀灿，郑永廷. 现代思想政治教育学 [M]. 北京：人民出版社，2001.

[95] 张耀灿. 思想政治教育学前沿 [M]. 北京：人民出版社，2006.

[96] 张寅德. 叙述学研究 [M]. 北京：中国社会科学出版社，1989.

[97] 雅斯贝尔斯. 什么是教育 [M]. 邹进，译. 北京：生活·读书·新知三联书店同，1991.

[98] 安斯加·纽宁，维拉·纽宁. 文化学研究导论：理论基础·方法思路·研究视角 [M]. 闵志荣，译. 南京：南京大学出版社，2018.

[99] 伽达默尔. 哲学解释学 [M]. 上海：上海译文出版社，1994.

[100] 伽达默尔. 真理与方法：哲学诠释学的基本特征（下卷）[M]. 洪汉鼎，译. 上海：上海译文出版社，1999.

[101] 海德格尔. 海德格尔选集 [M]. 孙周兴，译. 上海：上海三联书店，1996.

[102] 施托克曼，梅耶. 评估学 [M]. 唐以志，译. 北京：人民出版社，2012.

[103] 狄尔泰. 精神科学引论：第一卷 [M]. 童志奇，王海鸥，译. 北京：中国城市出版社，2002.

[104] 亚里士多德. 修辞术·亚历山大修辞学·论诗 [M]. 颜一，崔延强，译. 北京：中国人民大学出版社，2003.

[105] 麦克卢汉. 理论媒介：论人的延伸 [M]. 何道宽，译. 南京：南京大学出版社，2004.

[106] 罗希，李普希，弗里曼. 评估：方法与技术 [M]. 邱泽奇，等，译. 重庆：重庆大学出版社，2007.

[107] 加拉格尔. 解释学与教育 [M]. 张光陆，译. 上海：华东师范大学出版社，2009.

[108] 格尔茨. 文化的解释 [M]. 韩莉，译. 北京：译林出版社，1999.

[109] 库恩. 科学革命的结构 [M]. 金吾伦，等，译. 北京：北京大学出版社，2012.

[110] 马尔库塞. 单向度的人 [M]. 刘维,译. 重庆:重庆出版社,1993.

[111] 杜威. 民主主义与教育 [M]. 王承绪,译. 北京:人民教育出版社,2001.

[112] 克莱恩. 跨越边界:知识 学科 学科互涉 [M]. 姜智芹,译. 南京:南京大学出版社,2005.

[113] 池田大作,汤因比. 展望二十一世纪 [M]. 荀春生,等,译. 北京:国际文化出版公司,1985.

[114] 拉波特,奥弗林. 社会文化人类学的关键概念 [M]. 北京:华夏出版社,2005.

二、期刊类

[1] 习近平. 贯彻落实新时代党的组织路线不断把党建设得更加坚强有力 [J]. 求是,2020(15).

[2] 习近平. 在党史学习教育动员大会上的讲话 [J]. 党建,2021(4).

[3] 习近平. 在庆祝中国共产党成立100周年大会上的讲话 [J]. 党建,2021(7).

[4] 白显良,章瀚丹. 推进思想政治教育质量评价改革需把握十对关系 [J]. 思想理论研究,2021(3).

[5] 蔡如军. 思想政治教育学科范式的反思与建构 [J]. 思想政治教育研究,2015(4).

[6] 曹杰. 新时代大学生网络思想政治教育议程设置创新研究 [J]. 思想理论教育导刊,2020(6).

[7] 陈平. 理论语言学、语言交叉学科与应用研究:观察与思考 [J]. 当代修辞学,2020(5).

[8] 代玉启,朱惠羽. 讲故事:思想政治教育的重要呈现方式 [J]. 思想理论教育导刊,2021(8).

[9] 冯刚,陈步云. 深刻把握新时代思政课"八个相统一"的建设规律 [J]. 中国高等教育,2019(9).

[10] 冯刚. 互联网思维与思想政治教育创新发展 [J]. 学校党建与思想教育,2018(3).

［11］冯刚. 交叉学科视野下思想政治教育的创新发展［J］. 思想理论教育导刊，2011（11）.

［12］冯刚. 论新时代高校思想政治工作守正创新［J］. 上海交通大学学报（哲学社会科学版），2021（5）.

［13］冯刚. 深化高校思想政治教育范畴研究［J］. 马克思主义理论学科研究，2021（9）.

［14］冯刚. 深化新时代思想政治教育基础理论研究［J］. 思想政治教育研究，2020（1）.

［15］冯刚. 深刻把握高校思想政治教育热点研究实践导向的价值意蕴［J］. 思想政治教育研究，2021（37）.

［16］冯刚. 深刻把握新时代马克思主义理论学科发展的重点［J］. 思想政治教育研究，2019（2）.

［17］冯刚. 以问题为导向推进思想政治教育创新发展［J］. 思想教育研究，2013（6）.

［18］冯刚. 在遵循规律中提升思想政治工作质量［J］. 思想教育研究，2017（4）.

［19］冯刚. 增强高校思想政治教育持续发展的内生动力［J］. 中国高等教育，2017（13）.

［20］付耀霞，池忠军. 传播学"受众理论"对破解思想政治教育困境的适用［J］. 大连理工大学学报（社会科学版），2016（2）.

［21］洪汉鼎. 论哲学诠释学的阐释概念［J］. 中国社会科学，2021（7）.

［22］洪涛，张苗苗，马冰玉. 新媒体背景下高校网络思想政治教育新思路：基于议程设置理论的解析［J］. 思想政治教育研究，2017（6）.

［23］侯丽羽，张耀灿. 论思想政治教育话语的三种基本形态［J］. 马克思主义研究，2018（12）.

［24］胡建，何沙沙. 高校思想政治理论课视域下大学生政治认同教育的问题及对策［J］. 思想教育研究，2016（8）.

［25］胡玉宁. 思想政治教育话语传播要素的协同性分析［J］. 学校党建与思想教育，2021（7）.

［26］胡元林. 高校微信公众平台的思想政治教育实践逻辑［J］. 思想政治教育研究，2020（12）.

［27］胡中月. 新时代高校思想政治教育话语优化的三维审视［J］. 思

想教育研究，2020（9）.

[28] 黄艳，李佳玲，黄金岩. 互联网接触对大学生思想政治教育传播效果的影响研究：基于全国35所高校调查数据的实证分析［J］. 高校教育管理，2021（11）.

[29] 姜红，印心悦. "讲故事"：一种政治传播的媒介化实践［J］. 现代传播（中国传媒大学学报），2019（1）.

[30] 金林南. 思想政治教育学科范式论：现状、问题与发展［J］. 思想理论教育，2014（5）.

[31] 李思颖，刘学坤，孙其昂. 思想政治教育社会学的问题意识"三思"［J］. 思想教育研究，2020（2）.

[32] 刘妍. 全国高校思想政治教育基础理论创新高端论坛综述［J］. 思想教育研究，2017（5）.

[33] 刘燕，刘龙飞. 新媒体时代思想政治教育话语表达研究［J］. 学校党建与思想教育，2021（9）.

[34] 鲁杰，边卫军. 思想政治教育传播学：领域、内容与方法［J］. 教学与研究，2016（6）.

[35] 陆风. 新时代背景下思想政治教育话语创新研究［J］. 中国矿业大学学报（社会科学版），2021（3）.

[36] 满忠坤. 教育研究的文化学范式及其方法论阐释［J］. 中国教育学刊，2021（4）.

[37] 莫玉音. 第三方教育评价的困境及策略［J］. 上海教育评估研究，2018（2）.

[38] 全根先. 口述史、影像史与中国记忆资源建设［J］. 国家图书馆学刊，2015（1）.

[39] 佘双好，董梅昊. 马克思主义理论学科的发展历程及趋势［J］. 马克思主义理论学科研究，2020（6）.

[40] 沈东，孙其昂. 思想政治教育社会学：目标、问题及超越［J］. 思想教育研究，2018（4）.

[41] 沈壮海. 论思想政治教育理论研究的新范式与新形态［J］. 思想理论教育导刊，2007（2）.

[42] 石书臣. 思想政治教育现象论析［J］. 思想理论教育导刊，2009（6）.

[43] 孙其昂. 论思想政治教育社会学的缘起和意义［J］. 思想政治课

研究，2019（4）.

[44] 汤晓蒙，刘晖. 从"多学科"研究走向"跨学科"研究：高等教育学科的方法论转向[J]. 教育研究，2014（35）.

[45] 王嘉，张维佳. 论沉浸传播时代下的思想政治教育[J]. 教学与研究，2020（1）.

[46] 王孝如，王立仁. 思想政治教育的本质是政治信仰教育[J]. 思想教育研究，2015（10）.

[47] 王学俭，顾超. 思想政治教育整体性协同创新[J]. 湖北社会科学，2016（12）.

[48] 王振. 增强新时代思想政治教育文化蕴涵的理论思考[J]. 思想政治教育研究，2019（2）.

[49] 魏晓文，李晓虹. 新媒体环境下高校思想政治教育传播效果研究[J]. 大连理工大学学报（社会科学版），2015（1）.

[50] 温小平，何华珍. 社会记忆与思想政治教育叙事建构、挑战及优化[J]. 思想教育研究，2021（8）.

[51] 吴琼，林冬芳. 短视频时代思想政治教育话语面临的挑战与进路[J]. 思想理论教育，2021（10）.

[52] 向勇. 故宫文创：传承优秀传统文化的先锋实验[J]. 人民论坛，2019（9）.

[53] 邢海燕. 第三方教育评价的内涵探讨[J]. 中国高等教育评估，2018（3）.

[54] 杨威，符莹. 论思想政治教育的社会根源[J]. 思想政治教育研究，2015（3）.

[55] 杨威. 思想政治教育学与社会学：学科交叉的视角[J]. 思想教育研究，2014（4）.

[56] 杨增崟. 思想政治教育学科交叉研究的历史回溯[J]. 学术论坛，2020（5）.

[57] 游士兵，惠源，崔娅雯. 高校协同创新中交叉学科发展路径探索[J]. 教育研究，2014（35）.

[58] 叶方兴. 当前思想政治教育社会学学理拓深的前提反思[J]. 思想政治教育研究，2019（5）.

[59] 张建晓，孙其昂. 思想政治教育社会学研究方法论建构：兼论思想政治教育社会学研究方法的发展走向[J]. 探索，2017（3）.

［60］张恂，吕立志．网络"泛娱乐化"影响下高校思想政治理论课困境审思［J］．思想教育研究，2021（8）．

［61］张耀灿，钱广荣．思想政治教育研究范式论纲：思想政治教育研究方法的基本问题［J］．思想教育研究，2014（7）．

［62］张瑜．论思想政治教育传播媒介的主要特征、历史发展及其影响［J］．思想理论教育导刊，2020（12）．

［63］张智．新时代高校思想政治教育工作第三方评价机制研究［J］．学校党建与思想教育，2020（13）．

［64］赵春丽．创新思想政治教育话语表达方式的路径［J］．思想教育研究，2018（3）．

［65］赵浚．关于德育哲学的思考：论思想政治教育的本质［J］．中国青年社会科学，2018（1）．

［66］赵志业．思想政治教育的文化本质及其实现［J］．理论与改革，2015（1）．

［67］郑永廷．思想政治教育学科建设的前沿课题及应有态度［J］．思想教育研究，2013（12）．

三、报纸类

［1］习近平．在知识分子、劳动模范、青年代表座谈会上的讲话［N］．人民日报，2016-04-30（2）．

［2］习近平．在哲学社会科学工作座谈会上的讲话［N］．人民日报，2016-05-19（2）．

［3］习近平．在庆祝中国共产党成立95周年大会上的讲话［N］．人民日报，2016-07-02（1）．

［4］习近平．在全国高校思想政治工作会议上强调：把思想政治工作贯穿教育教学全过程　开创我国高等教育事业发展新局面［N］．人民日报，2016-12-09（1）．

［5］习近平．举旗帜聚民心育新人兴文化展形象　更好完成新形势下宣传思想工作使命任务［N］．人民日报，2018-08-23（1）．

［6］习近平．坚持中国特色社会主义教育发展道路　培养德智体美劳全面发展的社会主义建设者和接班人［N］．人民日报，2018-09-11（1）．

［7］习近平．用新时代中国特色社会主义思想铸魂育人　贯彻党的教

育方针落实立德树人根本任务[N]. 人民日报,2019-03-19(2).

[8] 习近平. 在庆祝中国共产党成立100周年大会上的讲话[N]. 人民日报,2021-07-02(2).

[9] 中共中央 国务院印发《关于加强和改进新形势下高校思想政治工作的意见》[N]. 人民日报,2017-02-28(2).

[10] 中共中央关于坚持和完善中国特色社会主义制度 推进国家治理体系和治理能力现代化若干重大问题的决定[N]. 人民日报,2019-11-06(1).

[11] 中央教育工作领导小组印发《深入学习宣传贯彻党的教育方针的通知》[N]. 人民日报,2021-05-27(6).

四、政策文件类

[1] 教育部 财政部 发展改革委印发《关于高等学校加快"双一流"建设的指导意见》的通知:教研〔2018〕5号[EB/OL]. (2018-08-27). [2021-05-15] http://www.moe.gov.cn/srcsite/A22/moe_843/201808/t20180823_345987.html.

后　记

改革开放以来，随着思想政治教育实践的不断深化，思想政治教育学实现了创新发展，同时也涌现出与其他学科交叉的研究趋势，形成了如思想政治教育文本学、阐释学、治理学、叙事学、传播学、评估学、生态学、社会学等一系列新的研究领域和一批跨学科、高质量的研究成果。梳理这些研究成果，把握学科研究新进展，总结研究新特点，明晰研究存在的不足，对于加强思想政治教育学学科自身建设，提高思想政治教育科学化水平，都具有十分重要的价值与意义。有鉴于此，我们组织了部分中青年学者共同研究撰写了《思想政治教育学学科发展新论域》一书。

《思想政治教育学学科发展新论域》一书由北京师范大学思想政治工作研究院院长冯刚教授负责整体策划和框架设计。课题组经过多次研讨和认真准备，编写工作于 2021 年 8 月正式启动。全书各章对应具体分工如下：绪论（冯刚）、第一章（徐先艳）、第二章（王楠）、第三章（武传鹏）、第四章（高山、陈元）、第五章（龚超）、第六章（胡玉宁）、第七章（陈梦霖）、第八章（冯刚、聂小雄）、第九章（李树学）、第十章（张智）。冯刚、徐先艳、武传鹏、龚超、王振、王楠等对全书进行了统稿和修订，王莹、黄渊林、杨小青等则负责全书文献的整理。

本书的编撰除了引用经典著作，还参考了大量专家、学者的研究成果，在此深表感谢！文中不仅采用脚注方式标明引用文献，还在书末列出了主要参考文献，若有遗漏之处，恳请相关专家、学者理解与指正。我们深知，本书只是对思想政治教育学学科发展新论域进行了初步的梳理和概括，仍有待进一步深入分析和研究，不当之处，恳请各位专家、读者批评指正。

本书编写组
2022 年 1 月 10 日